HISTOIRE

DE

BÉARN ET NAVARRE

IMPRIMERIE DE A. GOUVERNEUR

A NOGENT-LE-ROTROU.

HISTOIRE

DE

BÉARN ET NAVARRE

Par Nicolas DE BORDENAVE

(1517 à 1572)

HISTORIOGRAPHE DE LA MAISON DE NAVARRE

PUBLIÉE, POUR LA PREMIÈRE FOIS, SUR LE MANUSCRIT ORIGINAL

POUR LA SOCIÉTÉ DE L'HISTOIRE DE FRANCE

Par Paul RAYMOND

A PARIS
CHEZ Mme Ve JULES RENOUARD
LIBRAIRE DE LA SOCIÉTÉ DE L'HISTOIRE DE FRANCE
RUE DE TOURNON, N° 6

M DCCC LXXIII

EXTRAIT DU RÉGLEMENT.

ART. 14. — Le Conseil désigne les ouvrages à publier, et choisit les personnes les plus capables d'en préparer et d'en suivre la publication.

Il nomme, par chaque ouvrage à publier, un Commissaire responsable, chargé d'en surveiller l'exécution.

Le nom de l'éditeur sera placé en tête de chaque volume.

Aucun volume ne pourra paraître sous le nom de la Société sans l'autorisation du Conseil, et s'il n'est accompagné d'une déclaration du Commissaire responsable, portant que le travail lui a paru mériter d'être publié.

Le Commissaire responsable soussigné déclare que l'édition de L'HISTOIRE DE BÉARN ET NAVARRE, *préparée par* M. PAUL RAYMOND, *lui a paru digne d'être publiée par la* SOCIÉTÉ DE L'HISTOIRE DE FRANCE.

Fait à Paris, le 4 août 1873.

Signé BORDIER.

Certifié,
Le Secrétaire de la Société de l'Histoire de France,

J. DESNOYERS.

PRÉFACE.

Aucun recueil biographique n'a consacré à Nicolas de Bordenave une notice spéciale. Le seul renseignement que l'on ait sur lui se trouve dans la *France Protestante*, qui le mentionne à l'article de Pierre Merlin, pasteur de La Rochelle, comme député, avec Le Gay, par les églises de Navarre au synode de Sainte-Foi en 1578.

Bordenave naquit probablement en Béarn ou en Bigorre (départements des Basses et Hautes-Pyrénées) vers 1530, mais je n'ai pu retrouver ni le lieu de sa naissance ni sa famille. Le nom de *Bordenave*, en français *Grange-Neuve*, est un des plus répandus dans ces régions, c'est ce qui me fait supposer qu'il y naquit.

Je dis qu'il vint au monde vers 1530, parce qu'il a écrit lui-même dans son « Histoire » qu'il était écolier à Bordeaux en 1548[1]. On perd de vue Bordenave jusqu'en 1565, époque à laquelle il est ministre de la parole de Dieu à Nay (Basses-Pyrénées), et le 21 août, sert de caution à un certain Guillaume de Saint-Lezer, de Nay, qui s'engageait comme apprenti chez maître Jean d'Espoey, apothicaire[2].

Les comptes municipaux de Nay font connaître

1. Voyez page 48.
2. Archives des Basses-Pyrénées, E. 1735, f° 166.

qu'en 1567 et 1568, Bordenave était logé, aux frais de cette ville, chez Pierre de Baas, l'un des jurats, et que ce logement coûtait 18 francs par an[1].

En 1569, Bordenave fut fait prisonnier par les troupes catholiques qui envahirent le Béarn[2].

Le 21 avril 1570, il fut l'un des témoins signataires du contrat de mariage de M⁰ Jean de Lafont, de Tarbes, avec Marie de Vidau, de Lézignan en Bigorre[3].

Le rôle de Bordenave paraît avoir été assez important après les troubles; en 1572, il faisait partie du conseil de la ville de Nay, et on le voit appeler des soldats de Coarraze, village voisin, pour garder la ville un jour de marché[4].

Dans le compte du trésorier général de Navarre de 1572, je trouve cette mention :

« A Nicolas de Bordenave, ministre de la parolle de Dieu à Nay, la somme de cinquantes escuz sol, à LVI sols tournois par escu, dont le Roy luy a faict don pour aucunement le récompenser de partye de poenes, vacations et despence par luy souffertes à dresser, faire et rédiger par escript l'histoire de ce présent pays de Béarn, preste pour estre mise à l'impression, par mandement du XXII⁰ de may an M V⁰ LXXII et quitance[5]. »

« Honorable homme maître » Nicolas de Bordenave, ministre de l'église de Nay, est témoin de l'acte de vente d'un cheval de 422 livres par Jean du Bordiu,

---

1. Arch. de Nay, CC. 11.
2. Voyez page 311.
3. Arch. des Basses-Pyrénées, E. 1736, f° 44.
4. Arch. de Nay, CC. 11.
5. Arch. des Basses-Pyrénées, B. 148, f° 21.

dit le capitaine Poqueron, à Pierre de La Torte, seigneur de Caussade (Nay, 27 juin 1577)[1].

Le 10 septembre 1577, à Nay, Nicolas de Bordenave est témoin du contrat d'apprentissage de Jacob, fils de Guillaume Rodier, ministre de Laruns, qui s'engageait avec Me Arnaud Places, tailleur de Nay[2].

Le synode national choisit, en 1578, Bordenave pour l'un des députés qu'il chargea d'aller faire des remontrances, de la part de l'Eglise Réformée, au roi de Navarre alors à Nérac[3].

Pour cette même année 1578, j'ai recueilli deux autres indications; la première fait connaître que les gages de Bordenave, comme ministre à Nay, étaient de 300 livres tournois par an[4]; la seconde, plus intéressante, le désigne comme historiographe officiel de Béarn et Navarre; c'est ainsi qu'il est qualifié dans un mandement du roi de Navarre du 30 septembre 1577. Il reçut 200 livres de gages à cet effet, à dater du 1er janvier 1578[5]. Je crois qu'il conserva les fonctions d'historiographe jusqu'en 1599, époque à laquelle ce titre est porté par Claude de Lagrange dans une transaction relative aux gages attachés à cet office[6].

Nicolas de Bordenave signe, le 28 octobre 1587, à Nay, un contrat de mariage, comme témoin, avec le capitaine Poqueron, gouverneur de la ville[7].

---

1. Arch. des Basses-Pyrénées, E. 1742, f° 123.
2.   id.   id.   E. 1742, f° 143.
3.   id.   id.   B. 2368, f° 403.
4.   id.   id.   B. 2368, f° 311.
5.   id.   id.   B. 2368, f° 321.
6.   id.   id.   E. 2018, f° 110.
7.   id.   id.   E. 1745, supplément, f° 40.

Bordenave assiste le 15 avril 1589, à Nay, et signe comme témoin, avec le sénéchal de Bigorre et d'autres gentilshommes de cette province, au contrat de mariage conclu par Pierre de Sivord, fils du procureur du Roi à Maubourguet, avec Marguerite de Lestrem, de Nay[1].

Dans un fragment de compte d'Arnaud de Pabine, trésorier des pauvres de Nay, de 1592, se trouve la mention suivante :

« Item fait dépense de cincq sols et miey per tres pintes de bin tremetudes (envoyées) au lotgis de Mons de Bordanabe, lou detz deu mes de jun passat, per le disna de Mos. de Carrère, menistre de la parolle de Diu, quant viengo far la vesite a l'église de Nay[2]. »

Le 8 mars 1595, Bordenave fut cité par les jurats de Nay, à la requête de la veuve de Bertrand du Frexou, jurat de Nay, pour assister à l'ouverture du testament de ce dernier. Sa signature est au bas de l'acte de dépôt, à la date du 15 janvier 1595[3].

Enfin Nicolas de Bordenave, toujours ministre Nay, parrain de Jean de Pérer, de Nay, vient assiste à Paû, le 13 janvier 1599, au contrat de mariage de son filleul avec Anne, fille de Robert Remy, valet de chambre de Henri IV et concierge garde-meubles du château de Pau[4].

Les registres des délibérations des jurats de Na m'ont fourni la date de la mort de l'auteur :

Le 28 juillet 1603, ces magistrats demandèrent a

---

1. Arch. des Basses-Pyrénées, E. 1747, f° 40.
2.   id.   id.   E. 1750.
3.   id.   id.   E. 1750.
4.   id.   id.   E. 2018, f° 58.

synode de leur envoyer pour ministre Abbadie, alors ministre à Serres-Castet, en remplacement de Bordenave mort depuis plus de deux ans [1]. Il termina donc sa vie dans les sept premiers mois de l'année 1601, âgé d'environ soixante et onze ans.

Les renseignements qui précèdent forment tout ce que j'ai pu recueillir sur Nicolas de Bordenave. On y trouverait difficilement les éléments d'une biographie.

Ce fut Jeanne d'Albret elle-même qui commanda le travail de Bordenave et qui peut-être en fut l'inspiratrice. On pouvait le supposer d'après le compte de 1572 cité plus haut, mais lui-même le dit dans son épître dédicatoire [2], et un passage d'Olhagaray, que je vais citer bientôt, ne laisse aucun doute sur ce point.

L'auteur mit plusieurs années à composer son ouvrage : en 1591, il n'était arrivé qu'aux trois quarts de sa tâche. En effet à la page 357 du manuscrit, on lit après la généalogie de la maison de Bourbon :

« C'est le commencement et le progrès de la maison de Bourbon, laquelle encores aujourdhuy a six princes vivans, outre la personne du roy Henri IV par qui ce tige, sorty de la souche royale de France l'an 1246, y est rentré l'an 1589, ayant cette famille duré, jusques aujourdhuy 1591, trois-cent-quarante-cinq ans. »

Mon intention n'est pas de faire un éloge exagéré de l'œuvre de Bordenave, mais on ne saurait refuser à son langage une fermeté et une honnêteté dignes de remarque. J'ajoute que, vû les circonstances où il

---

[1]. Arch. de Nay, BB. 2, f° 70.
[2]. Voyez page 2.

écrivait, il est modéré et ne se laisse pas aveugler par l'esprit de parti. On peut ajouter à cela une grande sûreté d'informations. Il pouvait dire : « j'étais là, telle chose m'advint », tantôt c'est la Reine qui lui rapporte tel ou tel fait, ou bien ses renseignements sont tirés de sources officielles[1].

En ce qui touche les persécutions religieuses dont les protestants eurent à souffrir en Béarn, l'*Histoire des Martyrs*, par Jean Crespin (édit. de 1619, folios 847 et suivants), contient des détails qui semblent puisés aux mêmes sources que le récit de Nicolas de Bordenave.

Celui-ci mort, son œuvre fut utilisée par les auteurs qui se sont occupés de l'histoire du Béarn et de la Navarre. Olhagaray[2] s'exprime ainsi :

« Au lecteur. — Les lecteurs seront advertis qu'en l'histoire de Béarn, je me suis servi du recueil que feu maistre Nicolas de Bordenave avoit fait, par long travail, par commandement de Madame Jeanne, royne de Navarre, souveraine de Béarn et comtesse de Foix, des archifs et registres anciens de la Maison. » Le même auteur cite (p. 600) les « recherches nompareilles que le feu sieur de Bordenabe a fait de la maison de Navarre, Béarn et Foix. »

Marca a fait également usage des travaux de Bordenave[3].

Enfin de nos jours, il a paru quelques fragments

---

1. Voyez p. 39, 48, 122 et 311.
2. *Histoire des comptes de Foix, Béarn et Navarre*, par Pierre Olhagaray, in-4°, Paris, 1629; page 200.
3. *Histoire de Béarn* par Pierre de Marca, in-folio, Paris, 1640, p. 581.

de l' « Histoire de Béarn et Navarre » dans la *Revue des Sociétés Savantes*[1] et dans le tome II de la *Chronique d'Oloron* par M. l'abbé Menjoulet[2].

Néanmoins, si l'on a plus ou moins tiré parti de l'ouvrage, le manuscrit original de Bordenave est demeuré inédit. Après avoir servi à Olhagaray, il tomba entre les mains d'un catholique ardent qui prit soin de le façonner et de l'adapter à sa croyance, en raturant de nombreux passages qu'il remplaça par d'autres. Les mots rayés sont placés dans cette édition entre [ ] et les additions mises en note comme variantes. On a ainsi les deux textes.

Le manuscrit forme un volume sur papier in-folio dont la dernière page porte le n° 487. Les pages 388 à 395, 404 à 415 ont été mutilées et coupées à dessein. L'écriture est de la fin du XVIe siècle. La dédicace est de la main même de Bordenave, ainsi qu'un assez grand nombre de corrections dans le corps du texte.

L'ouvrage est divisé en sept livres :

Le premier (pages 1 à 66 du manuscrit) va du commencement du monde à l'an 1063.

Le second (p. 66 à 145) de 1063 à 1274.

Le troisième (p. 145 à 225) de 1274 à 1425.

Le quatrième (p. 225 à 282) de 1425 à 1483.

Le cinquième (p. 282 à 353) de 1483 à 1555.

Le sixième (p. 353 à 429) de 1555 à 1568.

Le septième (p. 429 à 487) de 1568 à 1572.

Quoique la Société de l'Histoire de France se soit

---

1. 4e série, tome VIII, 1868, 2e semestre, p. 285.
2. In-8°, 1869, Oloron, imp. Marque.

surtout appliquée à donner des éditions faites avec tout le soin possible de nos Chroniques et de nos Mémoires classiques, elle a aussi montré le prix qu'elle attache à mettre en lumière des documents inédits. Elle a saisi avec empressement l'occasion que lui offrait Bordenave d'ajouter le Béarn et la Navarre à la liste déjà longue des provinces qui figurent sur la liste de ses études. Toutefois, sans méconnaître le mérite qu'offre le reste de l'« Histoire de Béarn et Navarre », il a paru convenable à la Société de ne publier que la partie de l'œuvre de Bordenave où il a raconté les événements dont il a été le témoin ou le contemporain (fin du cinquième livre, sixième et septième), parce qu'alors son travail a la valeur et l'intérêt d'un Journal ou de Mémoires.

Il est cependant utile de faire connaître, en quelques mots, l'esprit qui a présidé à l'ouvrage de Bordenave.

Imbu des principes d'une éducation toute classique, l'auteur procède à la manière de Tite-Live et met dans la bouche de ses personnages des discours appropriés aux circonstances. Voici un exemple de ces harangues ; c'est une allocution adressée par Eneco, roi de Navarre, à ses soldats qui assiégeaient Pampelune au pouvoir des Sarrasins. La scène se passe dans la seconde moitié du IXe siècle.

« L'armée navarroise, faschée et lasse de la longeur de ce siège, le vouloit quitter et s'en retourner en ses montagnes. Mais ce brave Roi les retint, leur remonstrant « que les précipices, cavernes, bari-
» caves et brossailles des montagnes estoient faites
» pour le repaire des ours, loups, daims, chamois et
» sangliers, non pas pour l'habitation des hommes

» magnanimes et vaillans, tels qu'ils estoient. Que le
» temps leur offroit le moyen de se loger commodé-
» ment, par la voye de la vertu et au pris de leur
» travail, et leur présentoit une asseurée revanche des
» grands maux, injures attroces et barbares cruautez
» qu'ils avoient receues de cette gent infidelle . . . . .
» Que dedans cette ville, ils trouveroient les riches
» bagues et précieux joyaux que leurs mères souloient
» porter jadis, avec un trésor infini que cette gent
» pillarde y avoit transporté d'ailleurs ; et tout cela
» seroit infailliblement à eux, s'ils avoient seulement la
» volonté de les aller prendre. » (Ms. p. 39.)

Il me serait facile de multiplier les citations et de montrer ainsi que l'auteur a su trouver le ton convenable pour animer sa longue « Histoire ». Mais je veux me borner seulement à deux autres extraits.

Dans le premier, il s'agit de la Jacquerie. J'appelle l'attention du lecteur sur ce court morceau qui touche de près notre histoire nationale et m'a paru bien traité.

« La guerre victorieuse des Anglois, les factions du roy de Navarre et la prise du Roy, de son fils et de tant de noblesse, avoient réduit la France en si misérable estat, qu'on pouvoit dire que sa vie ne tenoit plus qu'à un bien petit filet ; lequel encor la cruellement séditieuse Jaquerie, comme une funeste Atropos, vouloit couper pour la faire du tout mourir. Car l'enragée populasse, s'estant séditieusement eslevée en Beauvoisin, Brie, Laonois et Soysonois, conduite du commencement par un garnement, nommé Jaques Colet (dont toute cette sédition fut appelée Jaquerie), couroit par tout le païs ; et, irritée contre la noblesse (la superbe de laquelle elle disoit estre cause de toutes les misères du Royaume, et sa cruauté de la ruine du peuple, qui estoit traitté par les nobles comme serfs ou esclaves, sans nulle discrétion d'aage ni de sexe), qu'elle massacroit inhumainement, autant qu'elle pouvoit attraper des nobles, forçoit leurs maisons, pilloit leurs biens, brusloit les édifices. Les premiers, qui commencèrent cette exécrable conjuration, n'estoient du commencement plus haut que cent hommes ; mais, tout ainsi qu'une pelote de neige s'agrandit et grossit où plus on la roule, pareillement ces séditieux creurent si bien, qu'en peu de jours ils furent plus de cent mille. Car les artisans quittans les bouttiques et les paisans la charrue, y accoururent de tous costés. »

« Cette désolation fut la plus grande qu'on eut encores jamais veue en France ; et, si elle eust duré guère plus long tems, le Royaume estoit infaliblement du tout ruiné et perdu. Mais Dieu eust pitié de lui et donna courage à la noblesse de s'opposer à cette séditieuse confusion, et l'osta à cette canaille. Et, comme cent mille brebis tremblent et fuyent devant un seul loup, aussi toute cette séditieuse multitude s'effraya et fuit à la seule ouye de l'arrivée de quelque petite compagnie de nobles. » (Ms. p. 194.)

Au XIe siècle les Béarnais, mécontents de leur seigneur, le tuèrent. Aussitôt l'anarchie régna parmi eux, les seigneurs particuliers se disputant les lambeaux du pouvoir. « Et estoit, dit Bordenave, le païs en voye de tomber en une grande confusion, si quelques-uns des plus modestes et plus sages, prévoyans la prochaine ruine que cette confuse arnachie ourdissoit peu à peu, n'y eussent pourveu, persuadans par beaucoup de bonnes raisons à tout le peuple (lesquels les uns estoient jà demy las de mal faire et les autres d'endurer) de revenir à l'élection d'un souverain qui entretint tout le cors en paix et union, et contint un chascun en office et debvoir, reprenant l'insolent et conservant le paisible. Estans donc les Estas ensemble, l'un d'eux parla ainsi : « ....

» Ceux que nous avons meurtris n'estoient pas
» entrez en ceste nostre seigneurie par la force des
» armes, ni par la secrette ruse des brigues, ni par la
» corruption des présens, mais par les francs suffrages
» de tous les Béarnois, qui les avoient recerchez avec
» beaucoup de prières et non pas eux le Béarnois par
» présent ou promesses. Il falloit donc, lorsqu'on les
» avoit veus forligner du devoir des justes seigneurs,
» non pas recourir séditieusement aux armes, mais
» paisiblement aux loix ..... car le fer est un remède
» trop extrême et ne peut être mis en usage sans
» grande violence et quelque espèse de cruauté.
» Aussi le chirurgien ne l'applique jamais (encore
» qu'il fasse quelquefois de petites incisions) que la
» malice de la gangrène n'ait monstré l'abcision d'un
» membre estre très nécessaire pour la conservation
» de tout le corps. Et combien que quelquefois il
» vienne à l'extirpation de quelque membre, la teste
» néantmoins demeure tousjours exempte de telle
» opération, bien que souvent elle sente la démenga-
» çon du caustique, l'ardeur du cautère, le trenchant
» du rasoir, la pointe de la lancète et la roue du trai-
» pan. C'est certainement l'office d'un bourreau d'ar-
» racher la teste. Or un estat est un corps duquel le
» souverain est le chef, les sujets les membres, les

» Estas le médecin, et les loix la médecine propre à
» la curation de toutes les maladies que le désordre,
» l'injustice, la violence et la tyrannie lui pourroient
» causer. Il failoit donc réprimer la superbe, l'inso-
» lence et la rupture des fors et libertés de noz sei-
» gneurs, mais non pas espandre leur sang, appelant
» sur tout le pays l'ire de Dieu et la haine des
» hommes, et laisser à la postérité une telle marque
» de cruelle perfidie qu'elle ne sera jamais effacée de
» leur front............ » (Ms. p. 266.)

Ce que je viens d'extraire suffit pour que l'on puisse se rendre compte du style de l'écrivain, lorsqu'il raconte des faits passés depuis longues années. Si toutefois ces fragments ne font pas regretter une publication plus étendue du manuscrit, du moins on jugera, je l'espère, que l'auteur n'a rien perdu de ses qualités quand il écrit l'histoire de son temps.

Bordenave a arrêté son récit en 1572, à la mort de Jeanne d'Albret. Je crois que c'est à dessein, et qu'il n'a pas voulu, bien qu'historiographe officiel, tracer une suite d'événements qui l'aurait conduit à faire l'histoire de la réaction catholique qui se prépara bientôt, sous la protection occulte de Henri IV, grand roi auquel je ne retire rien de sa gloire, en disant qu'il subordonna toujours la religion à la politique.

Je me suis efforcé d'éclaircir le texte par des notes, et mon attention s'étant appliquée aux noms de personnes qui ne sont pas citées dans les travaux publiés jusqu'à ce jour, le dépôt des archives départementales des Basses-Pyrénées m'a été d'un grand secours, et surtout la collection des registres de notaires qu'il renferme.

Le manuscrit original de Bordenave entra, avant 1789, dans la bibliothèque d'un savant avocat au parlement de Navarre, Jean-François-Régis de Mourot, qui fut élu par la province de Béarn premier député du Tiers aux États-Généraux. Il est resté depuis dans la bibliothèque de sa famille devenue la mienne, et c'est de là que je l'ai tiré.

J'ajoute à titre de renseignement que Mourot possédait à Nay (où Bordenave exerça le ministère évangélique pendant plus de trente-cinq ans) le domaine patrimonial de Gère, et qu'il est possible que ce docte professeur de droit, grand ami des livres, ait recueilli le manuscrit à Nay même.

Gère, juin 1873.

SOMMAIRES [1]

LIVRE CINQUIÈME (fin).

Henri II, roi de Navarre, nourri en France (1517), page 3. — Charles, roi d'Espagne, est élu empereur (1519), p. 4. — Maux qui adviennent quand les princes préfèrent les étrangers aux naturels sujets, p. 5. — Esparros envoyé en Navarre (1521), p. 6. — Prise de Saint-Jean-Pied-de-Port, *ibid.* — Reddition du fort du Pignon, p. 7. — Pampelune se rend à Esparros, p. 8. — Le comte de Lérin et autres se retirent en Espagne, p. 10. — Siége de Logroño, p. 12. — Les Castillans entrent dans Logroño, p. 13. — Les Espagnols suivent Esparros, p. 14. — Défaite et prise d'Esparros, p. 15. — Bonnivet dépêché pour aller en Navarre (1521), p. 17. — Brave passage de rivière, p. 19. — Siége de Fontarrabie par l'Espagnol, p. 22. — Le maréchal de Châtillon meurt à Dax et La Palice lui est substitué, *ibid.* — Ravitaillement de Fontarrabie, p. 23. — Bayonne assaillie par l'Espagnol et défendue par Lautrec (1523), p. 24. — Fontarrabie rendue par Franget, p. 25. — Franget dégradé de noblesse, p. 26. — Le prince d'Orange entre en Béarn, p. 27. — Déroute des Oloronais, p. 29. — Retraite du prince d'Orange, *ibid.* — Le roi Henri de Navarre fait prisonnier à la bataille de Pavie (1524), p. 29. — Il se sauve par une fenêtre, p. 30. — Il épouse Marguerite, sœur de François I*er*, p. 31. — Il demande avis aux États de Béarn sur le mariage de la princesse, sa fille, avec le duc de Clèves, p. 32. — Réponse des États, p. 33. — Célébration du mariage avec le duc de Clèves, p. 38. — Annulation dudit mariage par le Pape, p. 39. — La reine Jeanne mariée à Antoine (1548), *ibid.* — Mort de Marguerite, reine de Navarre (1549), p. 40. — Décès du roi Henri de Navarre (1555), *ibid.* — Ses vertus, p. 41. — Milices de Béarn, p. 44. — Naissance de Henri le Grand (1553), p. 45. — Feu de Nay (1543), *ibid.* — Émeute à Bordeaux (1548), p. 46.

---

1. Ces sommaires sont de Bordenave, le lecteur s'en apercevra au style archaïque.

SOMMAIRES.

LIVRE SIXIÈME.

Les États de Béarn, voulant faire le serment de fidélité et l'hommage à la reine Jeanne seulement, refusent de le faire au roi Antoine, p. 52. — Albret érigé en duché (1557), p. 53. — Commencement de l'exercice de la religion réformée en la maison de Navarre, p. 54. — Le roi de Navarre diffamé d'être luthérien, p. 55. — Le cardinal d'Armagnac légat en Béarn, *ibid.* — Propos de l'archidiacre du Mas d'Aire au ministre Henri, p. 58. — Réponse dudit Henri, p. 59. — Le roi de France ne voulut faire comprendre celui de Navarre en la paix qu'il fit avec l'Espagnol l'an 1559, p. 62. — Sédition des soldats béarnais contre leurs capitaines, p. 63. — Le roi Antoine reprend l'exécution faillie, p. 64. — Il est trompé par ceux qui menaient l'intelligence, *ibid.* — Exécution de Gamboa, p. 66. — Les princes punissent sur autrui les fautes qu'eux-mêmes ont faites, *ibid.* — Mort de Henri II, roi de France (1559), p. 67. — Prétentions et brigues de la régence de France, *ibid.* — Raisons de ceux de Guise pour rendre suspect le roi de Navarre à celui de France, p. 68. — La surintendance de toutes les affaires de France est donnée au duc de Guise et au cardinal de Lorraine, p. 69. — La Reine-mère est de leur côté, p. 70. — Remontrance du connétable au roi de Navarre, *ibid.* — Elle est rejetée par le dit Roi, p. 71. — Faveur de cour est inconstante, p. 72. — Autorité des États de France, *ibid.* — Le roi de Navarre sollicité de faire tenir les États de France, p. 73. — Déloyauté de ses conseillers, p. 74. — L'ambition ennemie de concorde, p. 76. — Intention de l'entreprise d'Amboise (1560), p. 77. — Prise et exécution de quelques-uns des entrepreneurs, p. 79. — Le prince de Condé déçoit les Guises et se sauve en Gascogne, p. 80. — Le maréchal Saint-André visite le roi de Navarre au Mas d'Agenais, p. 81. — Voyage du cardinal d'Armagnac vers le dit Roi et sa remontrance, p. 84. — Bouchard, chancelier du roi de Navarre, avertit le cardinal de Lorraine des déportements du dit Roi, p. 87. — Remontrance du cardinal de Bourbon au roi de Navarre, p. 88. — Remontrance des députés au roi de Navarre, p. 90. — Généalogie de la maison de Lorraine et de Guise, p. 91. — Le roi Antoine renvoie Bèze, ministre de Genève, p. 104. — Il arrive à Orléans, *ibid.* — Le prince de Condé prisonnier et condamné à mort, p. 105. — Pratiques contre la vie du roi Antoine, *ibid.* — Mort de François II (1560), p. 107. — Le roi de

Navarre se réconcilie avec ceux de Guise, *ibid.* — On l'abuse par des promesses de lui faire rendre le royaume de Navarre, p. 110. — Il poursuit de répudier sa femme pour hérésie, *ibid.* — Retour de la reine en Béarn, *ibid.* — L'Espagnol veut donner au roi de Navarre la Sardaigne en récompense de la Navarre, p. 112. — Mort du roi Antoine, p. 114. — Beauvais et La Caze, gouverneurs du prince Henri, p. 115. — Le sieur d'Audaux, sénéchal de Béarn, p. 116. — Tumulte de Sainte-Marie-d'Oloron, p. 119. — Gramont, lieutenant-général en Béarn, p. 120. — La Reine citée devant l'Inquisition, p. 121. — Le roi de France prend la reine de Navarre en sa protection, *ibid.* — Complot contre ceux de la religion réformée, p. 126. — Découverte du dit complot, p. 128. — Commencement du tumulte d'Oloron, p. 129. — Garnison à Oloron, p. 130. — Le peuple se fâche aussitôt de son profit que de son dommage, p. 131. — États à Pau et leurs demandes, p. 133. — La diversité d'avis et l'irrésolution sont fort dangereuses aux affaires d'État, p. 135. — Réponse de la Reine aux États, p. 137. — Les États se rompent sans rien faire, p. 139. — Seconds troubles de France pour la religion, *ibid.* — Ligue de ceux de la Basse-Navarre, *ibid.* — La Reine envoie savoir les causes de cette ligue, p. 141. — Le peuple s'apaise et envoie ses députés à la Reine, p. 142. — Convocation de la ligue pour divertir le peuple, p. 143. — Réponse du peuple, p. 144. — Le capitaine Lalanne, Navarrais, est envoyé en la Basse-Navarre pour tenir main forte à la justice, *ibid.* — Il est assiégé à Garris par les ligueurs et la populace, p. 145. — Le prince de Navarre va contre les séditieux qui s'enfuient, *ibid.* — Sa remontrance au peuple, p. 146. — La Reine va en la Basse-Navarre et y assemble les États, p. 149. — Le roi de France se rend avocat des Navarrais rebelles, *ibid.* — Il donne l'Ordre à Luxe, p. 150. — Persuasions pour faire aller la reine de Navarre en France, *ibid.* — Losses envoyé en Béarn pour enlever le prince, p. 152. — La Reine en est avertie et se retire à Nérac, *ibid.* — Elle en part, p. 155. — Fénelon retourné vers elle, *ibid.* — Lettres de la reine de Navarre au roi de France, p. 157, — à la Reine-mère, p. 159. — Le prince de Navarre est déclaré général de toute l'armée de ceux de la religion réformée, p. 164. — Lettre de la reine Jeanne à la reine d'Angleterre, *ibid.*

LIVRE SEPTIÈME.

Le seigneur d'Arros lieutenant-général en Navarre et Béarn,

p. 168. — Commission envoyée à Luxe pour saisir Béarn et Navarre, *ibid.* — Arrêt du parlement de Toulouse contre la souveraineté de Béarn, *ibid.* — Remontrances du seigneur de Gramont aux Béarnais, p. 171. — Douze compagnies levées en Béarn, *ibid.* — Lettres d'Arros à Luxe, p. 172. — Lettres du même aux villes de la Basse-Navarre, *ibid.* — Première exécution sur les gens de Luxe, p. 173. — Remuement de Bigorre, p. 174. — Réponse du gouverneur de Béarn, p. 176. — Monluc déclare la guerre aux Béarnais, p. 177. — Commencement de guerre en Béarn, p. 178. — Bonnasse vient en Béarn pour y dresser des pratiques, p. 180. — Raisons de ceux qui voulaient que d'Arros reçût la protection du roi de France, p. 183. — En une sédition faut punir exemplairement les chefs, *ibid.* — Raisons de la harangue du président Etchart aux Béarnais, p. 184. — Le prince de Condé tué à Bassac, p. 191. — Remontrance d'Arros à Esgarrabaque, p. 192. — Arros se retire d'Oloron, p. 196. — Le capitaine Laas est tué par le capitaine La Motte, *ibid.* — Soldats de La Motte tués de sang-froid, p. 197. — Les conseils douteux sont dangereux, *ibid.* — Lettre de Sainte-Colomme à Bonnasse, p. 198. — Révolte générale de tous les Béarnais, p. 200. — Reddition de Pontacq, p. 201. — de Morlaas, p. 202. — Prise de Nay, p. 203. — Cruautés exercées après la prise de Nay, *ibid.* — Arros se retire à Navarrenx, p. 205. — Neuf compagnies des ennemis reçues à Lescar et leur déportement, p. 206. — Une ladresse violée à Lescar, p. 207. — Tarride se fâche que la guerre soit commencée sans lui, *ibid.* — Réponse des gentilshommes béarnais de la protection à Tarride, p. 208. — Pau assiégé, p. 212. — Reddition d'Orthez, p. 213. — de Sauveterre, *ibid.* — Lettre du duc d'Anjou aux jurats de Pau, p. 216. — Sommation de Tarride, p. 218. — Remontrances des États à Tarride, p. 220. — Capitulation et reddition de Pau, p. 223. — Lettres de Sabatier à Tarride, p. 225. — Lettre du parlement de Bordeaux à Tarride, p. 228. — Remontrances du syndic de Béarn au roi de France, p. 229. — Navarrenx sommé par Tarride (1569), p. 243. — Lons veut entrer dans Navarrenx, p. 245. — Les premières canonnades tirées contre Navarrenx, p. 247. — Découverte de trahison, p. 250. — Tarride veut lever le siège, p. 252. — Assemblée des États à Lucq, p. 253. — Mongommery envoyé pour faire lever le siége de Navarrenx, p. 255. — Mort du jeune baron d'Arros, p. 256. — Mongommery passe la Garonne, p. 258. — Son arrivée en Béarn, p. 259. — Siége de Navarrenx levé, p. 260. — Le château de Sainte-Colomme brûlé, p. 261. — Bonnasse fait massacrer le sieur d'Abère, *ibid*. — Peyre fait pendre cinq ministres, un président et quatre autres hommes sans aucune procédure, p. 263. — Monluc à Aire, p. 264. — Orthez pris en plein jour par escalade, p. 268. — Tarride se retire au château, p. 269. — Il parlemente avec Mongommery, p. 270. — Commission de celui-ci, p. 272. — Lettre du Conseil de Pau aux jurats de la vallée d'Ossau, *ibid*. — Bonnasse pille Ossau, sa fuite, p. 276. — Fuite de Peyre, p. 277. — Bonnasse quitte Nay, p. 279. — Esgarrabaque abandonne Oloron, p. 280. — Bassillon tué, p. 284. — L'exercice de la justice rétabli à Pau, p. 285. — Tarbes rendu, *ibid*. — Reddition de Mont-de-Marsan, p. 286, — de Saint-Sever, p. 287. — Mont-de-Marsan saccagé par Monluc, p. 288. — Tarride meurt à Eauze, p. 290. — Lettres du roi de France et du duc d'Anjou à Bonnasse, p. 294. — Losses est envoyé en Béarn pour y recommencer la guerre, p. 295. — Luxe entre en Béarn et surprend les Béarnais à Sainte-Marie-d'Oloron, p. 296. — Défaite des Basques au pont d'Osserain, p. 297. — Bonnasse traverse le Béarn et se retire en Bigorre, p. 298. — Le siége mis devant Tarbes par les Béarnais, p. 302.— Prise de Tarbes, p. 303. — Nouvelle grâce octroyée aux Béarnais par la Reine, p. 305. — Luxe recommence les troubles, p. 306. — Rabastens assiégé par Monluc, p. 307. — Prise de Rabastens, p. 308. — Monluc laisse l'armée à Montespan qui va sommer Montaner, mais en vain, p. 309. — La paix de France du 11 août 1570, p. 310. — Nouvelle abolition publiée en Béarn, *ibid*. — États de la Basse-Navarre, p. 311. — Le Nouveau-Testament traduit et imprimé en langage basque, *ibid*. — Poursuite du mariage de la sœur du roi Charles avec le prince de Navarre, p. 312. — Raisons de ceux qui y contredisaient, p. 313. — Les États de Béarn demandent loi de l'abolition et interdiction de la religion romaine, p. 319. — La Reine rend les biens ecclésiastiques à l'Église, p. 322. — Érection du Conseil ecclésiastique de Béarn, p. 324. — Université de Béarn, p. 326. — Le Pape et le roi d'Espagne veulent empêcher le mariage du prince de Navarre, p. 328. — Réponses du Roi à leurs ambassadeurs, p. 329. — Conclusion du mariage, p. 332. — Mort et testament de Jeanne, reine de Navarre (1572), p. 334.

ESPITRE LIMINIAIRE

DE L'HISTOIRE DE NAVARRE[1].

Sire, ce grand Alexandre avoit acoustumé de dire qu'il se sentoit plus estroitement redevable à son maistre qu'à son père, d'aultant, disoit-il, qu'il avoit receu la vie et le vivre de son père, mais le bien vivre de son maistre. Se sien maistre, Sire, n'estoit rien plus que l'aquisition d'une infinité de belles vertus qu'il c'estoit faite par la cognoïsance de l'histoire et de la philosophie qui estoit la guide de sa vie et de ces actions. Vous qui estes ce jourd'hui le seul résignataire et successeur de la valeur et du mérite de ce grand monarque, qui assurés vostre Estat par la vive force de l'un, rompés et dissipés les plus hauts desseins de vos ennemis par la vertu de l'aultre, et comme ce grand Hercule, vostre devancier, ayma mieux de suivre la vertu avec toutes les difficultés que ceste difforme vielle luy proposoit, que de croupir oysif seur le gyron de la déesse Vénus, qui lui promettoit sans paine plus que la possession des Isles

---

1. Cette dédicace adressée par Nicolas de Bordenave à Henri IV est autographe.

Fortunées, vous aussi, poussé d'une divine inspiration pour attaindre la perfection de ce grand héros, avés mesprisé tous hasarts pour savourer avec plus de douceur les fruicts qu'ons retire de la vertu, layssant un éternel tesmognage à la postérité, que l'ambition des grandes natures ne pouvant s'asservir que par l'exécution des plus haultes entreprises, elles doivent estre guidées plus par prudence et sagesse que nous retirons de la cognoissance de l'histoire que par une violance ou force naturelle, tellement que layssant des préceptes infaillibles pour passer avec plus d'assurance. Vous conformant à la volonté de Madame vostre mère, nostre Roine, de glorieuse mémoire, vous m'avés comendé de tracer l'histoire de Navarre et Béarn, laquelle je vous offre à vous qui estes le miroir de vertu, de perfection, de proesse et de valeur, brief la seule marque de divinité qu'on voit reluire ici baas et en effect ce grand Mars qu'on nous figure par imagination ; recevés la donc, o grant Hercule, avec pareille affection que fit ce grant Roy l'eau qui lui feust offerte à deux mains par un vilagois, vous asseurant que je ne m'eselogneray de mon devoir ni de la sainte intention que je ay.

HENRY II[1].

A sa mère Catherine[2] succéda Henry II, aagé seulement d'environ seze ans; son ayeul Alain, sire d'Albret[3], fut ordonné son tuteur, lequel voyant les affaires de Béarn descousues et confuses pour les choses avenues durant le règne de François-Phébus[4] et de Catherine et Jean[5], son mari, pensa de les remettre en meilleur estat.

. . . .

Or François Iᵉʳ, roy de France, incontinent après le trespas de la royne Catherine, avoit fait venir Henry, son fils, en France, pour le faire nourrir, disoit-il, auprès de sa personne : mais, à la vérité, plustot pour empescher qu'il n'entrast en quelque traitté d'alliance avec Charles, roy d'Espagne. Car l'ambition avoit déjà engendré au cœur de ces deux puissans princes de grandes émulations, qui se convertirent en haine mortelle pour l'élection impériale de l'Espagnol, esleu

---

1. Henri II, roi de Navarre, né en 1503, mort en 1555.
2. Catherine, reine de Navarre, fille de Gaston, prince de Viane, vicomte de Béarn, et de Madeleine de France, régna de 1483 à 1517.
3. Alain le Grand, sire d'Albret de 1471 à 1522.
4. François-Phœbus, frère de Catherine, roi de Navarre de 1479 à 1483.
5. Jean d'Albret, roi de Navarre, mort en 1516.

Empereur des Romains à Francfort le 28 de juin 1519, au très grand regret du François, qui avoit beaucoup despendu pour l'estre. Et ceste élection avoit tellement accreu leur maltalent qu'encores qu'ils retinssent leur inimitié cachée, néantmoins tous deux espioient la commodité de quelque spétieux prétexte pour entrer en jeu l'un contre l'autre, et faire ouverture de guerre. Le François demandoit l'accomplissement du traitté de Noyon à l'Espagnol qui n'avoit volonté de restituer le royaume de Navarre à Henry[1], héritier d'iceluy, ni de rendre la moitié de celuy de Naples au roy de France, ne luy payer les cent mille escus qu'il lui devoit annuellement jusques à la consumation du mariage dudit Charles avec la fille de France (comme tout cela estoit porté par ledit traitté), usoit de tous les artifices, longueurs et tergiversations desquelles les Princes ont accoustumé d'user, lorsqu'ils délibèrent de faire tout le contraire de ce qu'ils auront promis et juré. L'an donc 1521 s'offrit au roy de France quelque apparente commodité pour ouvrir la guerre à l'Empereur avec quelque avantage, qui le plus souvent est le principal droit qui jette les Princes à la guerre. L'alliance qu'il fit avec le pape Léon X lui facilita les moyens de la commencer en Italie, pour le recouvrement du royaume de Naples, et le souslèvement des peuples de Castille pour la jetter en Espagne pour le recouvrement du royaume de Navarre. Car il estoit lors survenu un grand tumulte entre les

---

1. Le royaume de Navarre avait été en grande partie enlevé à Catherine et Jean, reine et roi de Navarre, en 1512, par Ferdinand le Catholique.

Castillans et les gouverneurs, conseillers et officiers du Roy, qui pour leur insasiable avarice, plustot que par nécessité que le Prince eut, avoient surchargé le peuple d'imposts insuportables et rendus vénaux tous les offices, priviléges, grâces et expéditions ; ce qui avoit mis le peuple en telle fureur [et désespoir] que ne pouvans plus endurer l'inhumanité de ses sangsues estrangères (car ceux qui manioient les affaires et approchoient plus près du Roy estoient Flamans ou Borguignons), ils commencèrent premièrement de tumultuer à Valedolit[1], et puis par tous les autres lieux, et ne voulans plus obéir aux officiers du Roy, mirent sus une forme de gouvernement qu'ils nommèrent la Santa Gonta[2], c'est-à-dire Sainte Ligue. Pareils accidens aviennent ordinairement quant les Princes préfèrent aux honneurs, dignitez et maniement des affaires les estrangers aux naturels sujets, car les grands, ne pouvans souffrir qu'un estranger les précède en leur propre terre, et les petis, marris de les voir enrichir de leur povreté et emporter en leur pais le profit de leurs sueurs et travaux, entrent par désespoir en haine contre leur Prince, et, s'incitans les uns les autres, se jettent en manifeste sédition. (Pour telles choses, plusieurs monarchies ont receu de grands changemens et plusieurs seigneurs perdu leurs seigneuries.) Cette esmotion donc donna telle espérance au roy de France de pouvoir facilement recouvrer le royaume de Navarre en faveur dudit Henri, qui, estant à sa suite, l'en

1. Valladolid, capitale de la province de ce nom, dans la Vieille-Castille.
2. Pour *Santa-Junta*.

solicitoit tous les jours, qu'il y envoya une armée commandée par André de Foix, seigneur d'Esparros[1] et frère du seigneur de Lautrec[2], auquel il donna pour principaux conseillers Antoine, seigneur de Tornon en Languedoc, et Sainte-Colome, sieur d'Esgarrebaque en Béarn[3], et l'évesque de Coserans, qui estoit de la maison de Gramont[4].

Cette armée arriva le 15 de may 1521 à Saint-Jean-dé-Pé-dès-Pors[5] qui étoit demeuré és mains de l'Espagnol depuis l'an 1512 que le duc d'Albe[6] l'avoit pris : et l'ayant battu, ceux de dedans n'osans attendre l'assaut se rendirent vies et bagues sauves. Le sieur de Larboust[7] y fut laissé pour gouverneur. Durant la

---

1. On appelle souvent par erreur André de Foix, sire de Lesparre, il faut dire Esparros. Cette baronnie dépendait du comté de Bigorre (Arch. des Basses-Pyrénées, B. 962 et suivants). Esparros avait épousé Françoise Du Bouchet, dame de Bornezay; il testa le 3 janvier 1547 et mourut la même année (même dépôt, E. 383).

2. Odet de Foix, vicomte de Lautrec, mort devant Naples en 1527.

3. Jacques I de Sainte-Colomme, seigneur d'Esgoarrabaque, Cardesse, Oroignen, Castillon, Ledeuix, etc., maire de Bayonne, gouverneur de Plaisance (Italie), etc., marié à Catherine de Méritein (Arch. des Basses-Pyrénées, E. 1464, 1475). Nous avons mis un numéro d'ordre après le prénom, parce que trois membres de cette famille figurent dans l'œuvre de Bordenave et portent le même. Mais ce numéro ne signifie pas que ce Jacques Ier est le premier du nom.

4. Charles de Gramont, qui devint archevêque de Bordeaux.

5. Saint-Jean-Pied-de-Port, chef-lieu de canton, arrondissement de Mauléon (Basses-Pyrénées).

6. Frédéric de Tolède, duc d'Albe, marquis de Coria, mort en 1527.

7. Menaud d'Aure, seigneur de Larboust et de Serremédan, sénéchal de Nébouzan.

baterie le comte de Lerin[1] se monstra vis à vis de Saint-Jean au haut des montagnes, tant pour donner courage aux assiégés que pour garder les destroits des passages. Esparros envoya incontinant contre luy Dollique, fils du viscomte de Chaux[2], avec deux mille enfantassins : toutesfois ayant veu la reddition de Saint-Jean, le dit comte quitta la montagne et se retira, et les François marchèrent outre. L'endemain ils assiégèrent le fort du Pignon[3], qui avoit esté basti par les Espagnols, entre Saint-Jean et Roncevaux, pour empescher l'entrée en la haute Navarre ; où le cappitaine ayant seulement enduré deux coups de canon, rendit la place à mesme composition que celuy de Saint-Jean. Ces empeschemens ostés, l'armée ne chomma guère au pié de la montagne, ainçois l'ayant passée en dilligence, arriva à Roncevaux et de là à Pampelonne[4] qui fut trouvée despourveue de suffisente garnison pour que le duc de Nagera[5], vice-roy de Navarre, avoit esté appellé avec toutes ses forces en Castille pour la guerre qui estoit entre les officiers du Roy et le peuple. L'absence du duc servit plus à Esparros que ses forces propres. Et les habitans de Pampelonne faschez de la dommination

---

1. Don Louis de Beaumont, comte de Lérin, connétable de Navarre, mort en 1529.

2. Ce viçomte était alors Gratian, seigneur d'Echaux, vicomte de Baïgorry. Le nom de son fils nous semble altéré, il faudrait peut-être lire *Onigo*. (Arch. des Basses-Pyrénées, E. 564.)

3. Le Château-Pignon, sur la frontière d'Espagne, commune de Saint-Michel, canton de Saint-Jean-Pied-de-Port, arrondissement de Mauléon (Basses-Pyrénées).

4. Pampelune, capitale de la Navarre.

5. Don Antonio Manrique, duc de Nagera.

des Castillans (le règne desquels n'est jamais exempt de superbe et insolence) n'entendirent plustot nouvelles de l'entrée des François qu'ils n'abatissent soudain les armories de Castille, et envoyèrent quelques uns des principaux hommes de leur ville porter les clef à Esparros, qui, estant à Villenefve[1], y envoya le mesme jour Esgarrabaque, colonnel de l'enfanterie, avec trois cens hommes choisis. Il fut receu avec grande joye et acclamations de tout le peuple, très aise de rentrer en l'obéissance de son prince naturel. Esgarrabaque ne s'amusa pas longuement à entretenir les Pampelonnois, ainçois soudain somma le chasteau de se rendre, ce que le capitaine refusa faire. Mais Esparros, qui y arriva bien tost après avec tout le reste de l'armée et l'artillerie, luy fit chanter une autre chanson. Car ayant fait bresche et mis en bataille ses compagnies pour donner l'assaut, le dit capitaine demanda composition, qui luy fut aussi tost accordée telle, qu'il sortiroit avec ses soldats, la vie et leurs propres armes et bagues sauves, laissant toutes les vivres et munitions de guerre. Mais comme ils sortirent, l'enfanterie irritée de ce que plusieurs de leurs compagnons avoient esté tuez durant le siége, les chargèrent. Quelques uns furent tuez, plusieurs desvalisez et tout le reste estoit en danger de passer le mesme pas, si Esparros avec la cavalerie ne les eut deffenduz et ne leur eut faict escorte jusques auprès de Logrogne[2]. Tolet fut estably capitaine dudit

---

1. Villanueva, village de la vallée d'Araquil, en Navarre.
2. Logroño, capitale de la province de ce nom, dans la Vieille-Castille.

chasteau, où furent trouvées 17 pièces de grosse artillerie et grand nombre de menue, avec grande qantité de piques et arbalestes (car les harquebuses estoient encores lors fort rares) et 500 corselets. Estant Esparros maistre de Pampelonne, fit publier la commission et puissance qu'il avoit du roy Henry et fit quantequant abbatre les armories d'Espagne plantées aux portes de la ville, chasteau et aux lieux publiques, et fit battre monnoye au coin dudit Roy, combien que quelques uns disent qu'il y mit les armories de France, non pas celles de Navarre, et que cela offensa beaucoup les Navarrois et aliéna fort leurs volontez de luy, car d'autant qu'ils s'estoient resjouis de sortir de la dommination du Castillan, ils furent marris de voir les commencemens de la françoise. Et Luxe[1], qui avoit grande créance parmi le peuple, despité de n'avoir en ceste armée nulle charge, mettoit secrettement aux oreilles du peuple des bruits que cette guerre se faisoit en faveur du roy de France, non pas de celuy de Navarre et qu'on se servoit seulement de son nom, pour mieux piper les cœurs du peuple, mais que s'ils se pouvoient une fois emparer du pays, on n'orroit plus parler d'Henry, ains de François. Esparros fit aussi publier une abolition générale de tout ce qui pouvoit avoir esté fait par le peuple contre le service de leur Roy naturel en faveur de l'Espagnol. Quelques uns, plus Espagnols que Navarrois, envoyèrent demander sauf-conduit audit

1. Jean, baron de Luxe. — Luxe est une commune du canton de Saint-Palais, arrondissement de Mauléon (Basses-Pyrénées). Au XVIIIe siècle c'était une petite souveraineté appartenant aux Montmorency.

Esparros pour le venir trouver et un terme suffisant pour au préalable pouvoir aller en personne ou envoyer en Castille renoncer au serment de fidélité et hommage qu'ils avoient fait au roy Charles. Mais Esparros, averti que ceste demande n'estoit que pour gaigner tems, affin que leurs biens ne fussent si tost saisiz, leur fit responce qu'aux estrangers et aux ennemis, non pas aux naturels sujetz falloit ottroyer sauf-conduit, qu'ils estoient tous Navarrois naturels, sujetz et hommes liges d'Henry, naturel et légitime roy de Navarre, par ainsi qu'ils pouvoient et devoient sans autre sauf-conduit ou excuse se joindre à son armée, de quoy il les prioit bien affecteusement et leur commandoit en vertu du pouvoir et commission à lui donnée par ledit Roy, afin qu'il ne fut contraint d'user contre eux de la rigueur et hostilité establies et ordonnées contre les rebelles et les ennemis ; quant au terme qu'ils demandoient pour se descharger du serment, le droit divin et humain les en dispensoit et deschargeoit comme fait par violence et par force et à celuy qui n'avoit eu aucun légitime droit de l'exiger. Mais ces raisons ne servirent de rien envers ceux qui, ayans plus les cœurs castillans que navarrois, désiroient demeurer en l'obéissance de l'Espagnol. Parquoy, craignans d'estre attrapez par l'armée, le comte de Lerin, ses enfans, parens et partisans, avec les sieurs de Gongorra, de Gondalin et le capitaine Done Marie[1], se retirèrent incontinent en Castille

---

[1]. Voici les noms des fugitifs : Louis de Beaumont, comte de Lérin, François, Pierre, Thibaut, Gratien et Martin de Beaumont, le seigneur de Gongora, le seigneur de Guendulain, le capitan Dona Maria, Nicolas de Guya, le docteur de Gonin, le

et se joignirent à l'armée que le connestable[1] et l'amiral de Castille dressoient pour venir rencontrer les François.

Durant le siége de Pampelonne, Esparros ne sachant encore quelle [en] seroit l'issue, voyant l'affection du peuple, pensa de se faire maistre de bonne heure de tout ce qu'il pourroit. Par ainsi dépescha Pierre Navarre[2], fils du défunt mareschal de Navarre, avec quelques troupes pour aller sommer Olite[3], Taphaille[4] et leurs mirandats[5] ou bailliages, et le marquis de Falces[6], aussi Navarrois, à Tudelle[7]. Elles se rendirent aussi tost, comme à leur exemple firent toutes les autres places du royaume, les chasteaux d'Esteilla[8] et Larraga[9] exceptez, lesquels ayans attendu le canon, se rendirent à la seule veue d'iceluy. Le viscomte de Soline[10] fut laissé gouverneur à Esteille. Après cela (comme s'il n'y eût plus autre chose à

---

licencié Balança, le bachelier de Ozcariz, avocat royal, Bernard Cruzat, juge de Pampelune et maître des finances, Diego Cruzat, essayeur de la monnaie, Lope de Esparça, les seigneurs de Mendivete, Ayanz et Arbiçu, Louis et Martin Diez (Arch. des Basses-Pyrénées, E. 554).

1. Inigo de Belasco.
2. Don Pedro de Navarre, de la maison de Gramont.
3. Ville de Navarre.
4. Tafalla, ville de Navarre.
5. Pour *merindad*.
6. Juan Del Bosquete était seigneur de Falces, près Olite, depuis 1508 par donation de Catherine, reine de Navarre; mais en 1513 Ferdinand le Catholique donna Falces à Alonso Carrillo de Peralta.
7. Tudela, ville de Navarre.
8. Estella, ville de Navarre.
9. Larraga, ville de Navarre.
10. Juan de Garro, vicomte de Zólina.

faire ou que les Espagnols eussent esté tellement desconfitz qu'il ne leur restast plus [ny] force ny courage pour se resentir de cette bravade et essayer de recouvrer le perdu), Esparros licentia une bonne partie des Gascons par l'advis d'Esgarrabaque, leur colonel, qui donnoit congé à quiconques en vouloit en luy restituant la demi-solde d'un mois, pour lequel n'avoit guères jours ils avoient fait monstre, ce qu'il mettoit en ses boutges, dit le seigneur de Langeay[1]. (L'avarice, racine de tous maux, fait souvent tomber les meilleurs en de bien lourdes fautes.) Tout le Royaume donque fut heureusement conquis en un mois. Et si les victorieux se fussent contentez de garder ce qu'ils avoient conquis, et eussent, comme leur devoir estoit, fortifié, avituaillé et muny de gens de guerre les places défensables et ouvert les autres, les légitimes héritiers posséderoient encores aujourd'hui ce Royaume. Mais pensant aussi aisément conquester toute l'Espagne, comme ils avoient conquis la Navarre, par le conseil du mesme Esgarrabaque, Esparros alla assiéger Logrogne, ville lors tenue du royaume de Castille, mais qui est de l'ancien patrimoine du royaume de Navarre. Dedans avoit plus de quatre mille soldatz de ceux qui estoient sortis des places qui s'estoient rendues et soixante hommes d'armez commandez par Dom Pedre Belas de Guenare qui se défendirent vaillemment, et en plusieurs sorties firent mourir maints François. Ce siége fut plus long que Esparros n'avoit pensé pour ce qu'à faute de muni-

---

1. Guillaume Du Bellay, seigneur de Langeais, né en 1491, mort en 1543, auteur de *Mémoires*.

tions la batterie estoit fort lente. Les Espagnols s'y assemblèrent, et les Aragonois, qui sont les plus voisins, arrivèrent aussi les premiers à Sangoesse[1] de Navarre en nombre de 6,000 infantasins et trois cens chevaux, d'où ils molestoient tellement les fourrageurs et vivandiers de l'armée, qu'elle souffroit grande disette de vivres. Et le 2 de juin 1521, Inigue de Belasco, connestable de Castille, l'amiral, le duc de Nagera et le comte de Lerin avec une forte armée, composée de Castillans et Biscains, entrèrent dedans la ville à la veue des assaillans. Esparros cognut lors sa faute, mais trop tard, d'avoir licentié les Gascons et d'estre entré plus avant qu'il ne devoit, car se trouvant foible et ne se fiant beaucoup du reste qu'il avoit d'infanterie qui, ayant été nouvellement levée, estoit sans expérience, asseurance ni obéissance, fut contraint de lever le siége et se retirer au deça la rivière d'Ebre en un village nommé Thiebes[2], qui est à deux lieues de Pampelonne. Il se vouloit retirer dedans Pampelonne, mais Charles de Gramont, évesque de Coserans, qui estoit un des principaux de son conseil, luy remonstra qu'il affameroit incontinent la ville. Ce fut un très mauvais conseil, et le plus salutaire et le plus expédiant estoit, pour conserver l'armée et le Royaume, de départir toutes les troupes par les forteresses défensables et les faire combatre aux Espagnols l'une après l'autre, car rien ne fasche et desvalise tant une armée que les longs et fréquents

1. Sanguesa, ville de Navarre, où naquit Henri II, roi de Navarre.
2. Tiebas, village de la vallée d'Elorz, merindad (district) de Sanguesa en Navarre.

siéges, d'autant qu'aux aproches, qu'aux assauts meurent volontiers les plus braves soldats, et les maladies qui suivent une armée travaillée, mal nourrie et pis logée, consument et dissipent promptement le reste. Et si Esparros eut fait ainsi, l'armée espagnole se fut elle mesme ruinée, et il eust donné loisir de luy envoyer secours, ce qui eut esté fait en peu de tems, car le roy de Navarre qui estoit à Navarrens en Béarn avec tous ses sujets béarnois et autres, se tenoit prest pour marcher au premier advertissement. Mais Esparros ne l'advertit jamais de la nécessité en laquelle il estoit, et le povre Prince eut aussi tost nouvelle de la deffaitte de l'armée que de sa conqueste. Le connestable de Castille, général de l'armée espagnolle, n'eut plus tot joint les Aragonois qu'il ne suivit Esparros, et se vint camper à sa veue. Plusieurs belles et chaudes escarmouches furent attaquées par plusieurs jours entre ces deux armées, sans venir en autre combat, car Esparros, qui attendoit 8,000 Navarrois qu'il fesoit lever, s'estoit campé tellement à l'avantage et si serré que, sans leur grand désavantage, les Espagnols ne le pouvoient contraindre de combattre. Toutesfois le dernier de juing ils l'attaquèrent de si près qu'il luy convint, maugré qu'il en eust, venir aux mains et recevoir la bataille audit Thiebes deux heures devant le soleil couchant. Il fut combatu plus d'une grosse heure, sans qu'on peut juger de quel costé tomberoit la victoire et si toutes les forces françoises eussent esté là et tous ceux qui entrèrent en la meslée et rendirent quelque combat l'eussent fait avec la mesme hardiesse que fit leur général, ou qu'il eut peu attendre les absens et les compagnies navarroises qui le venoient joindre, vraysemblablement la victoire fut demeurée de la part des François, encores que les Espagnols fussent trois contre un, car les François, qui estoient à Taphaille avec Oillique[1], leur colonnel, et 6,000 Navarrois s'estoient assemblez en la faveur d'Esparros, se joignoient avec lui. Mais les ennemis, qui à toutes heures estoient advertis de l'estat de ses affaires, sachans la prochaine arrivée des dits Navarrois et l'absence d'une bonne partie des François qui estoient espars à Pampelonne, Taphaille et ailleurs, et ce qui estoit avec Esparros mal aguerri et sans discipline et obéissance, le réduirent à l'extrémité ou d'une ignominieuse fuite, infaliblement accompagnée d'une pernicieuse route ou d'un combat très hasardeux. Il choisit le dernier, comme ayant plus d'espérance et moins de déshonneur. Plusieurs chevaliers, capitaines, gentilshommes et soldats moururent en ce conflict et Esparros combatant valeureusement y perdit la veue d'un coup de lance qui luy faussa la visière, et fut pris prisonnier par Dom François de Beaumont, auquel il se rendit, comme fit aussi le seigneur de Tournon au capitaine Done Marie. Leur prise estonna si fort le reste de ce qui combatoit encores, que tout s'enfuit à vauderoute, et sans la faveur de la nuit, peus fussent eschapez de mort ou de prison. Les sieurs de Dufort[2] et d'Aurignac, Foixens, y moururent, et Charles de Mauléon[3], le capitaine Saint-

1. C'est le personnage appelé Dollique plus haut, page 7.
2. Hugues d'Espagne, seigneur de Durfort, marié à Brunette de Coarraze.
3. Charles et Victor de Mauléon sont signalés en 1521 comme

Martin[1], Dom Jean de Sarasa[2] et Charles de Nabas[3], Navarrois. Mais Arnaud de Gramont, Féderic de Navarre, Esgarrebaque, l'esveque de Coserans et plusieurs autres des principaux de l'armée, qui estoient au camp ou dedans les forteresses, au lieu de recueillir l'armée rompue et esgarée, quittèrent les villes et s'en fuirent de tel effroy et vistesse qu'ils ne s'arrestèrent qu'ils ne fussent dedans Bayonne, dont ils escrivirent tant au roy de France que de Navarre la perte de la bataille et du royaume de Navarre. Les victorieux ne s'amusèrent longuement à suivre les fuyars, mais suivans leur victoire, trouvans Pampelonne et toutes les autres places abandonnées, regaignèrent tout le Royaume, aussi aisément qu'il avoit esté perdu. Après ils tournèrent leurs armes contre les Navarrois qui s'estoient armez ou en quelque autre sorte déclarez pour le party d'Henry, leur légitime Roy. Plusieurs furent meurtris par les soldats, autres exécutez par le bourreau et tout le royaume fort tyrannisé par Francisco de Cuniga, comte de Mirande, qui en fût fait vice-roy en la place du comte de Nagera, qui pour quelque mescontentement l'avoit quitté, connoissant qu'on le suspitionoit de l'entrée des François, d'autant qu'il sortoit des légitimes rois de Navarre. Jaimes de Belas

---

partisans de la maison d'Albret. (Diccionario de Antiguedades de Navarra.)

1. Jean, seigneur de Saint-Martin d'Arberoue.

2. Juan de Sarasa, petit-fils de Martin Ferrandiz de Sarasa et de Margarita, qui avaient eu leurs biens confisqués en 1452.

3. Probablement le seigneur de Nabas, commune du canton de Navarrenx, arrondissement d'Orthez (Basses-Pyrénées), sur la limite du pays basque.

de Medrano, son fils, et environ 200 Navarrois, la pluspart gentilshommes, s'estant retirez aux montagnes de Navarre à la faveur de la forteresse de Maya[1], fesoient la guerre au vice-roy, plus en hommes désespérez et furieux qu'autrement, mais enfin ils furent clusez dedans ladite forteresse et s'estans rendus à la discrétion du vice-roy et conduits à Pampelonne, moururent en prison le 14e jour après, non sans suspeçon d'y avoir esté aidez, et peu de ceux qui avoient esté pris avec eux les survescurent. Le comte de Medinda[2], vice-roy, fit fortifier la ville de Pampelonne.

Le roy de France, adverti de la deffaite d'Esparros et de la reprise du royaume de Navarre, délibéra de le recouvrer et d'y envoyer une nouvelle armée. Par ainsi au commancement de setembre 1521, il despêcha Guillaumes Goufier, seigneur de Bonivet, amiral de France et gouverneur de Guienne[3], avec sa compagnie de cent hommes d'armes, et celle du duc d'Albanie[4] de pareil nombre, celles des sieurs de Saint-André[5] et de Sainte-Mesme et une partie de celle de Jaques Galliot de Genoillac[6], seigneur d'Acier, grand maistre de l'artillerie de France et sénéchal d'Armaignac, et six mille lansquenets, desquels Claude

---

1. Ville de la vallée de Baztan, merindad (district) de Pampelune.
2. Pour Miranda.
3. Tué à Pavie en 1525.
4. Jean Stuart, duc d'Albany, de la maison royale d'Écosse, mort en 1536.
5. Pierre de Saint-André qui avait été ambassadeur de France en Espagne en 1506 (?).
6. Mort en 1546.

de Loraine[1], comte de Guise (qui despuis fut érigé en duché), estoit colonel. Gouffier avoit ample pouvoir de lever en Guienne autant de compagnies de enfanterie qu'il jugeroit estre nécessaires. Arrivé donques à Bordeaux, il leva sur les habitans plusieurs grosses sommes que le Roy leur avoit imposées pour les frais de cette guerre, et y ayant pris une bande de grosse artillerie, print le chemin de Bayonne ; sur la fin du mois, il arriva à Saint-Jean-de-Lus[2], et de là, afin que l'ennemy pensast sa délibération estre de prendre la route de Navarre, il despescha Saint-André avec deux mille lansquenets et mille Gascons, Navarrois et Basques et sa compagnie de gens d'armes pour aller forcer la forteresse de Maya, cependant qu'il feroit sommer le chasteau du Pignon, assis sus la montagne de Roncesvaux, qui refusa de se rendre jusques à ce que celui qui y commandoit vit arriver quelques pièces de légère artillerie, à l'arrivée desquelles le capitaine Mondragon[3] qui estoit dedans avec cinquante soldats se rendit, vie et bagues sauves. Delà l'amiral prit la route de Pampelonne, mais le second jour il rebroussa chemin à travers la montagne où la cavalerie fut contrainte de mettre pied à terre et tirer les chevaux par la bride l'espace d'un jour. Estant arrivé sur le soir auprès de Maya, il fit tirer

---

1. Connu aussi sous le nom de duc d'Aumale, mort en 1550. C'est le père de François, duc de Guise, et du cardinal.

2. Saint-Jean-de-Luz, chef-lieu de canton de l'arrondissement de Bayonne (Basses-Pyrénées).

3. C'est le nom d'un corsaire français, pris par les Espagnols en 1506, qui n'obtint sa liberté qu'à la condition de servir le roi d'Espagne. (Hist. d'Espagne par J. de Ferreras, VIII, p. 335.)

une boulée de toutes ses pièces, afin de faire penser à la garnison des ennemis qu'il estoit là pour l'assiéger, battre et assaillir; mais il avoit toute autre volonté et tous ses desseins estoient sur Fontarabie [1], par quoy il deslogea l'endemain bon matin avec telle dilligence que le soir mesmes il vint loger au village d'Esteigna [2] près de Saint-Jean-de-Lus, et y ayant refreschi deux jours son armée, partit le troisiesme bon matin pour aller passer la rivière de Bahobie [3], mais la trouvant bordée du costé de delà par l'ennemi, et la marée fort haute, fut contraint de faire haut et d'attendre le destroit qui fut l'endemain environ huit heures. Le comte de Guise, la picque au poing, servant d'exemple à ses soldats, sauta le premier dedans l'eau et suivi des Alemans et tout le reste de l'enfanterie, ayant la cavalerie à sa main gauche, qui passoit au dessus d'eux tous pour rompre l'impétuosité du fleuve, se présenta à l'autre rive avec si hardie contenance qu'encore que les Espagnols qui leur estoient en teste en nombre quasi égal et avec l'avantage que ceux qui attendent en terre ferme peuvent avoir sur ceux qui, tous mouillés à travers une rivière, les vont combattre, s'estonnèrent tellement de cette brave charge, qu'ils se mirent d'eux mesmes, premièrement en route et depuis en fuite, laissans la rive franche aux assaillans. La plus part gaignèrent les montaignes et quelques

---

1. Ville du Guipuzcoa.
2. Ascain, canton de Saint-Jean-de-Luz.
3. Béhobie est un hameau de la commune d'Urrugne, canton de Saint-Jean-de-Luz. La rivière qui passe à Béhobie est la Bidassoa.

uns avec Diego Vere [1], leur chef, se rendirent dedans Fontarabie, et l'amiral quittant la poursuite des fuyars, tira droit au chasteau de Bahobie où avoit bonne garnison d'Espagnols, qui eussent pu empescher les vivres de venir en son camp devant Fontarrebie, s'il y fut allé plustot qu'au dit Bahobie. La battérie fut incontinent commencée avec quatre gros canons et quelques pièces bastardes, et de la première volée une canonière basse fut embouchée et une des meilleures pièces rompue, et le canonier avec autres qui estoient auprès de luy tuez. Cela mit tel effroy parmi les soldats qu'ils contraignirent leur capitaine de se rendre à la discrétion de l'amiral. Les principaux furent envoyez prisonniers à Baionne, les autres desvalisez et licentiez, et dedans le chasteau fut mise une forte garnison de François, pour asseurer le chemin aux vivandiers. De là l'armée alla camper devant Fontarrebie, qui fut quasi plus tost battue qu'assiégée. Si grande estoit la provoyance et la diligence de ce chef et l'obéissance de ses soldats sy prompte, qu'ils ne virent plustot par terre un petit pan de muraille, que les Navarrois, les Basques et les Gascons ne demandassent l'assaut, qui leur fut ottroyé plustot par importunité que par raison, car la brèche n'estoit encore suffisante ny raisonnable, comme l'issue le monstra, car jaçoit que les assaillans s'y présentassent avec toute l'impétuosité et hardiesse qu'on eut peu désirer et combatissent longuement avec une très grande furie, néantmoins ceux de dedans les receurent

---

1. Don Diego de Vera fut commandant de Tripoli, de Saint-Jean-Pied-de-Port et de Fontarrabie.

avec tel courage et les soustindrént avec si constante résolution qu'ils furent contraints de se retirer avec beaucoup de perte et de honte. L'amiral, fort marri de la témérité de ses soldats au dommage et deshonneur de son armée, toutesfois bien aise d'avoir connu leur hardiesse et s'asseurant de recouvrer en un coup l'honneur perdu et emporter la place, fit tirer l'endemain plusieurs volées de canon aux lieux dont estoit venu le plus grand mal et fit loger une colovrine sur un haut qui voyoit la brêche en flanc, pour battre ceux qui se voudroient présenter à sa défense. Les bataillons estoient jà dressés et ceux qui devoient donner les premiers commençoient de partir, quand les assiégez ne voulans expérimenter une autre fois la vertu des assaillans, demandèrent composition, qui leur fut aussi tost accordée. Ils sortirent avec les armes et bagues sauves. Le comte de Guise et quelques autres estoient d'advis qu'on ruinast et rasast Fontarrebie et qu'on fortifiast Handaye[1], mais l'amiral, qui disoit n'avoir assez de loisir pour séjourner si long tems en ces marches, fut de contraire opinion. Le gouvernement fut donné au sieur de Saint-Bonet[2], mais d'autant qu'il fust bien tost après tué au village de Sainte-Marie avec Carreges et Saint-Romans[3], où ils estoient allez pour en desloger quelque troupe d'ennemis qui s'i estoient logées et pour faire apporter des vivres dedans la ville, Jaques d'Aillon, sieur de

---

1. Hendaye, canton de Saint-Jean-de-Luz, arrondissement de Bayonne (Basses-Pyrénées).
2. Gabriel d'Escars, seigneur de Saint-Bonnet.
3. François Motier de La Fayette, seigneur de Saint-Romain(?).

Lude[1], fut mis en sa place. Et l'amiral ayant conquis pour son Roy Fontarrebie, ramena son armée en France, sans se soucier de la conqueste de Navarre pour le roy Henry, qui, estant sous la protection d'un plus fort que soy, estoit contraint de se contenter, et approuver tout ce qu'il vouloit et faisoit.

Bien tost après la retraitte de l'armée françoise, les Espagnols estimans ne pouvoir vivre en repos et seurté tant que les François seroient logez en leur pays, mirent sus la plus forte armée qu'ils peurent pour les en déchasser et reprendre Fontarrebie ; et l'eussent peut estre aisément fait, s'ils n'eussent trouvé le comte de Lude et ses soldats asseurez et résolus de mourir devant qu'entendre à composition aucune avec l'Espagnol et de faire plustot un pont de leurs cors mors pour passer par dessus, s'ils estoient contrains de quitter la ville. Mais tout ainsi que ceux de dedans se résolurent à la défense, ceux de dehors s'opiniastrèrent à les avoir par force ou par famine, ce qu'à la parfin ils eussent fait, car les assiégez n'ayans laissé espèce d'herbes ni animaux qu'ils n'eussent mangée, estoient combatus du travail et de la faim, qu'ils estoient demi-mors, lors que bien à point, dix mois après le commencement du siége, le roy de France dépescha le mareschal de Chastillon[2] pour les secourir et avituailler. Et d'autant qu'il décéda de maladie à Aqs[3], le mareschal de Chabanes, seigneur

---

1. Jacques de Daillon, baron du Lude, sénéchal d'Anjou.
2. Gaspard de Coligny, seigneur de Coligny, Andelot et Châtillon-sur-Loing, maréchal de France en 1516, marié à Louise de Montmorency, sœur du connétable.
3. Dax (Landes).

de La Palisse[1], luy fut substitué. Ayant receu l'armée il marcha droit à Baionne et de là à Saint-Jean-de-Lus, où, ayant mis toutes ses forces ensemble, print le chemin de Hendaye, attandant l'armée de mer que le capitaine Lartigue, vice-amiral de Bretaigne, menoit pour l'avituaillement. Mais la nécessité des assiégez estoit tant extrême, que sans avoir nouvelles dudit Lartigue, La Palisse fut contraint de passer la rivière et approcher les ennemis qui n'osans entrer au combat en gros, après quelques escarmouches deslogèrent la nuict et se retirèrent par les montaignes encore qu'ils fussent égaux en nombre d'hommes aux François. Leur inopiné deslogement resjouit beaucoup les assiégez qui craignoient tout autre effort des assiégeans. La Palisse refreschit la garnison et avituailla la place. Lanusse, dit le capitaine Franget, gentilhomme béarnois et lieutenant de la compagnie des gens d'armes du défunct mareschal de Chastillon, avec une compagnie de 50 hommes d'armes que le Roy luy donna, et le capitaine Pedre Navarre avec mille hommes de pié, Gascons, Basques et Navarrois, furent laissez dedans, en la place de Lude et de ses soldats qui furent ramenez en France. Le gouvernement de la place et le principal commandement sur les gens de guerre furent donnez à Franget. L'année suivante l'Empereur, avec l'aide du roy d'Angleterre, entreprit d'assaillir la France tout à la fois par la Champaigne, Picardie et Guienne et de recouvrer Fontarrebie. Le commandement de l'armée pour l'expédition de Fontarrebie et Guienne fut donné à Philibert de

1. Jacques de Chabannes, seigneur de La Palice, maréchal de France en 1515, tué à Pavie en 1525.

Chaloon, prince d'Orenge[1], qui commença de marcher le sixième de setembre 1523, avec espérance de prendre non-seulement Fontarrebie mais aussi Baionne. Mais le seigneur de Lautrec, gouverneur de Guienne, le prévint avec toute la célérité et prudence qu'une telle entreprise requéroit. Estant donc Lautrec arrivé à Baionne, fit conduire en diligence dedans Fontarebie tout ce de quoy on pouvoit avoir besoin, tant d'hommes, vivres que munitions de guerre pour attendre un long siége et soustenir un grand effort et fit retirer dedans Baionne les vivres et bestails qui se trouvèrent au païs de Labour, tant pour la provision de la dite ville qu'à ce que l'ennemi ne s'en peut prévaloir. Et d'autant qu'il n'avoit assés de forces pour attendre l'ennemi à la campaigne, estant les plus grandes forces de France empeschées en Italie, Picardie et Champagne, et qu'il n'avoit moyen de pourvoir Baionne du nombre de gens de guerre qu'il estoit requis et craignoit que l'ennemi, faignant de vouloir attaquer Fontarrebie, se jettast tout d'un coup sur Baionne, se resolust de demeurer lui-mesmes dedans la ville. Cela fut la sauvation de cette place, car les Espagnols estans arrivez le 16 du dit mois de septembre 1523 à Saint-Jean-de-Lus, vindrent l'endemain assaillir Baionne par eau et par terre, avec telle impétuosité, que, sans la présence de Lautrec, il est aparent qu'ils l'eussent forcée, veu le peu de gens de guerre qui estoient dedans. Mais la vertu et diligence de ce grand capitaine les empescha, qui de trois jours et de trois nuits ne bougea de dessus les

---

1. Philibert de Châlon, prince d'Orange et de Melfi, né en 1502, tué à Pistoye en 1530.

murailles, commandant toutes les choses nécessaires, selon que l'occurence et la nécessité monstroit estre à faire, et confortant, tant de parolle que par son propre exemple, le peuple avec tel visage et magnanimité que les habitans (qui du commencement se monstroient fort estonnez, n'estans accoustumez à telles escrimes et voyant les grands efforts des assaillans et la multitude de leurs vaisseaux) tant hommes, femmes qu'enfans, prindrent courage et mirent si bien la main à l'œuvre que bien tost toutes les avenues et entrées des rivières furent bouchées, et les plus couards devenus hardis se présentoient au combat, avec la mesme hardiesse, asseurance et persévérance qu'ont accoustumé faire les plus vaillans et mieux aguerris, de manière que l'ennemi trompé de son attente, pour ne perdre tems, se mit à sa retraitte et alla assiéger Fontarrebie. Mais il n'y trouva pas semblable résistance qu'il avoit fait à Baionne, encore qu'elle fut pourveue de plus grand nombre de gens de guerre et de toutes autres choses nécessaires pour la défendre un bien long tems, car Franget, après avoir tenu peu de jours, la rendit fort mal à propos et sans avoir enduré grande batterie et point d'assaut. Voilà combien peut aux affaires de la guerre la vaillance ou la pusillanimité des chef. Cest homme estoit en estime de bon capitaine et avoit beaucoup d'expérience en l'art de la guerre et avoit toute sa vie bien fait, néantmoins fit cette lourde faute. Il n'y a jamais eu si grand capitaine, qu'une fois en sa vie n'ait fait quelque pas de clerc, car Dieu, duquel seul vient la hardiesse et la vaillance, oste souvent l'entendement et le cœur aux plus sages et aux plus hardis, afin qu'on connoisse telles vertus procéder de sa seule grâce, non pas des forces et longs labeurs des hommes et qu'on apprenne de despendre de luy et l'invoquer en toutes actions. Franget excusoit cette sienne faute, partie sus l'infidélité de Pedro Navarre, qu'il disoit avoir intelligence avec l'ennemi, partie sus l'impatience des soldats qui faschez de la longueur de cette guerre ou craignans de tomber à la discrétion des ennemis se desroboient tous les jours. Toutesfois ses excuses ne feurent receues par le Roy, ains fut Franget à Lion sur un eschafaut dégradé des armes et de noblesse, et luy et ses descendans déclarez roturiers, pour avoir esté négligent et failly de cœur à prévoir et prouvoir à l'inobéissance des soldats et à la conspiration de Pedro, laquelle fut clerement vérifiée pour ce que, quittant le service du Roy, il se retira avec l'ennemi, et l'Empereur le remit en tous ses biens et l'apointa beaucoup mieux que ne faisoit le roy de France. Tous les Navarrois suivirent Pedro et les François se retirèrent en France, mais tous ceux qui tomboient ès mains de Lautrec estoient incontinent pendus comme infidèles à leur Prince et déserteurs de son service.

Estant le prince d'Orenge maistre de Fontarrebie, il la rempara, fortifia et avituailla et y mit bonne garnison de Castillans. Après cela, solicité par Luxe, il entra en Guienne du costé de Baionne, et ayant passée la rivière du Gave[1] (fleuve tellement impétueux qu'il semble plustot torrent que rivière) entra dans Sorde[2]

---

1. Il s'agit ici du Gave d'Oloron.
2. Sorde, canton de Peyrehorade, arrondissement de Dax (Landes).

laquelle il brusla, la trouvant abandonnée. Delà il mena son armée à Peirehorade[1] qu'il print et saccagea, et brusla Hastingues[2], la trouvant vuide et abandonnée des habitans, qui intimidez du bruit de la cruauté des Espagnols, s'estoient retirez dedans les bois plus prochains, dont ils fesoient prou de maux aux ennemis qui s'escartoient pour aller aux fourrages ou pillage. Mais il n'eust pas si bon marché de Vidachen[3], où il perdit beaucoup d'hommes durant le siége qui dura vingt jours ; toutesfois il s'en vengea fort cruellement, faisant passer au fil de l'espée indiférement tout ce qui se trouva dedans. Et puis passant par Mauléon de Soule[4] la saccagea, et entrant en Béarn vint assiéger Sauveterre[5] où il perdit beaucoup de bons hommes, combien qu'à la fin il la print, comme aussi il fit Navarrenx. Car outre que la place n'estoit point tenable et la fortification qui avoit esté faite à haste estoit imparfaite, les compagnies Béarnoises qui estoient dedans, levées à la haste du peuple nullement aguerri, n'ouirent plustot nouvelles de l'intention de l'ennemi que les soldats ne se desrobassent à grandes troupes, voire jusques à sauter par les murailles, laissant leurs enseignes si mal accompagnées que Estienne d'Albret, baron de Mieussens[6], qui com-

---

1. Peyrehorade, arrondissement de Dax (Landes).
2. Canton de Peyrehorade (Landes).
3. Bidache, chef-lieu de canton de l'arrondissement de Bayonne (Basses-Pyrénées). C'est là qu'est encore le château des Gramont.
4. Chef-lieu d'arrondissement (Basses-Pyrénées).
5. Chef-lieu de canton de l'arrondissement d'Orthez (Basses-Pyrénées).
6. Étienne d'Albret, baron de Miossens, marié à Françoise de Béarn.

mandoit dedans Sauveterre en titre de lieutenant de Roy, après avoir enduré quelques coups de canon, fut contraint de recevoir composition et de sortir luy et tous ceux qui estoient demeurez avec luy, les armes et bagues sauves. Tous les capitaines et les gentilshommes qui estoient avec Mieussens, demeurèrent avec luy et après la composition se retirèrent tous à Pau, où estoit le roy Henry. Durant le siége de Sauveterre, Ferrier Lanuce, frère du vice-roy d'Aragon[1], avec trois mille hommes de guerre, entra en Béarn par la vallée d'Aspe, ayant fait quitter la garde des passages de la montagne au capitaine Menauton, bastard de Gerderest[2], qui se retira dedans Oloron, d'où le sieur de Loubié[3], sénéchal de Béarn, estoit gouverneur. Les Aragonois se vindrent camper à Sainte-Marie lez Oloron[4], sur lesquels ceux de dedans firent l'endemain une sortie, pensans estre soustenus de trois compagnies de gendarmes qui estoient logées à demi lieue de là et se devoient mettre en embuscade auprès dudit Sainte-Marie, afin de charger les Espagnols par derrier, s'ils vouloient suivre l'infanterie d'Oloron qui les alla agasser pour les attirer à la campagne; mais lesdites compagnies, ne se trouvans à l'assignation, furent cause que tout ce qui estoit sorti fut mis à vauderoute, et une grande

1. Le vice-roi d'Aragon était Jean de Lanusse, seigneur de Béon (Arch. des Basses-Pyrénées, E. 1872).
2. Les seigneurs de Gerderest étaient des douze barons de Béarn et leur baronnie dans le canton de Lembeye, arrondissement de Pau (Basses-Pyrénées).
3. François de Béarn, seigneur de Louvie-Soubiron.
4. Ville qui a été réunie à celle d'Oloron (Basses-Pyrénées) en 1858.

partie massacrés ; et si, le gouverneur n'eust fait lever le pont, les Espagnols entroient pesle et mesle avec les Béarnois qui se retiroient en tel désordre que plusieurs, trouvans le pont levé, se jettèrent dedans l'eau, plusieurs se noyèrent et d'autres furent tuez. Le peuple qui juge ordinairement indiscrètement des choses, plus par l'évènement d'icelles ou par affection ou passion que par la raison, suspitionoit Lobié d'avoir intelligence avec l'ennemi, combien qu'il n'en fut rien ; et s'il n'eust eu la discrétion de hazarder plustot une partie de ses gens que le tout, sans doubte il perdoit en un coup la ville et tout le demeurant de ses hommes. Ayant donc les Aragonois failli de prendre Oloron, ils s'allèrent joindre au prince d'Orenge à Sauveterre, qui peu de jours après ramassa son armée et s'en retourna en Espagne et en passant pilla Biarris[1] et Saint-Jean-de-Lus et tous les pais de Labourt[2].

Au mois de février 1524 le roy Henry de Navarre ayant suivi François, roy de France, en Italie, lorsqu'il suivoit l'armée de l'Empereur conduite par Bourbon[3] et le marquis de Pesquaire[4] se retirant de Provence où elle estoit entrée, cuydant prendre Marseille, vaillamment combattant fut fait prisonnier devant Pavie avec ledit roy François, et mené dedans

---

1. Biarrits, canton de Bayonne N-O (Basses-Pyrénées).
2. Le pays de Labourd est compris dans l'arrondissement de Bayonne.
3. Charles, duc de Bourbon, connétable, né en 1489, tué à l'assaut de Rome en 1527.
4. Ferdinand-François d'Avalos, marquis de Pescaire et d'Aquin, grand chambellan du royaume de Naples, né en 1489, mort devant Milan en 1525.

le chasteau de Pavie. Toutesfois, par la diligence de François, baron d'Arros en Béarn[1], furent pratiquez deux capitaines de ceux qui avoient charge de le garder, l'un espagnol nommé Coimbres, l'autre italien des terres du duc de Mantoue, auquel le Navarrois s'estoit rendu le jour de la bataille. Ceux-ci firent provision d'une eschele de cordes, laquelle dressée à la fenestre de la chambre dudit Roy, Coimbres descendit le premier et le Roy après, qui eut telle frayeur qu'il ne fut allé guère bas, ains seroit remonté, si Francisco, navarrois et son valet de chambre, ne l'eut pressé, luy proposant le danger de demeurer estre beaucoup plus grand que celuy de la descente par l'eschelle, « car indubitablement, disoit-» il, Vostre Majesté n'aura plus tot payée sa ranson, » qu'on lui donnera le boucon pour mettre fin par ce » moyen à la querelle du royaume de Navarre. » Il descendit doncques et ledit Francisco après luy, et ayant trouvé le baron d'Arros et le Mantouan au bord du fossé avec des chevaux prests, le roy Henry se rendit sans nul destourbier à Lion où estoit Madame la Régente, mère du roy François. Or pour avoir plus de loisir et de tems de se sauver, François de Rochefort, sieur de Viviers en Foix[2], page dudit Roy, et un valet de chambre avoient esté laissez dedans la chambre, tant pour retirer l'eschelle que pour amuser le matin le capitaine du chasteau qui avoit accoustumé tous les matins de venir donner le bon jour au

---

1. Arros près Nay, l'une des douze baronnies de Béarn.
2. Nous retrouvons François de Rochefort, gouverneur du comté de Pardiac et capitaine du château de Montlezun, en 1564 (Arch. des Basses-Pyrénées, B. 1584).

Roy, d'assister à son lever. Mais ce matin le valet de chambre l'entretint jusques après midy, luy faisant entendre que son maistre s'estoit trouvé si mal toute la nuict qu'il n'avoit pris aucun repos, qu'il s'estoit endormi sus le matin. Le capitaine le creut et eut patience jusques après midi qu'ayant tiré le rideau trouva le page Rochefort couché en la place du Roy. Chacun peut penser quelle fut la tristesse de ce gardien, sçachant principalement l'intention de l'Empereur estre de ne lascher ce prisonnier qu'il ne fut au préalable bien asseuré du royaume de Navarre. Toutesfois le page ny le valet de chambre ne receurent autre dommage, qu'une grande louange d'avoir constamment hazardée leur vie pour le service de leur maistre.

L'an 1528, au mois de janvier, ledit roy Henry espousa Marguerite, sœur unique du roy François et vefve du duc d'Alençon[1], décédé à Lion après la bataille de Pavie. De ce mariage sortirent quatre enfans, Jeane qui nasquit dix mois après les nopces de ses père et mère, le 16 de novembre à Saint-Germain en Laye, Jean qui ne vescut que neuf mois, et deux filles qui trespassèrent avant d'estre baptisées. Ceste mesmes année, au mois d'avril, Charles, prince de Navarre, frère du roy Henri, surnommé le Vachier de Béarn, désireux en son adolescence d'acquérir honneur par les armes, estant allé trouver, avec une troupe de gentilshommes Gascons et Béarnois, l'armée françoise qui estoit devant Naples sous la conduite d'Odet de Foix, seigneur de Lautrec, mourut prison-

---

1. Charles IV, duc d'Alençon.

nier à Naples d'une fièvre chaude. Et l'an 1540, le 15 de juillet, le roy François pour se fortifier d'alliances en Alemaigne contre l'Empereur Charles V, maria sa niepce Jeane, fille dudit roy de Navarre, avec Guillaumes, duc de Clèves, Gueldres et Julliers. Le roy de France pressoit avec grande importunité le père de donner son consentement à ce mariage, qui estoit du tout contre la volonté d'iceluy, car il luy faschoit fort de donner sa fille à un prince duquel lui ny son peuple ne pouvoient espérer aucune faveur ou support en cas de nécessité, et de la confiner en un païs si loingtain de toutes les seigneuries auxquelles elle devoit un jour succéder, et entre une nation différente de langage et meurs de sa fille et de tous ses sujets. Néantmoins il n'osoit refuser le roy François, ne déclarer ouvertement son intention, mais cerchoit des excuses et dilais les plus longs qu'il pouvoit, attendant si le tems aporteroit quelque nouvelleté qui destourbast ou rompit ce coup. Pour gaigner donques tems, il s'avisa de dire qu'il vouloit communiquer le fait aux Estas de ses païs souverains, par l'advis desquels les Rois et seigneurs, ses prédécesseurs, avoient tousjours marié leurs enfans héritiers. Il leur escrivit donques (comme j'ay veu par la mesmes lettre et la responce des Estas[1]) que le roy François, son beau-frère, avoit cerché parti de mariage à sa fille, nièce d'iceluy, avec Guillaumes, duc de Clèves, Juliers et Gueldres, qui estoit un puissant et riche prince d'Alemaigne et tellement apparenté et allié

---

1. Les remontrances des États de Béarn à ce sujet sont en tête du Ve volume des *Établissements de Béarn* (Arch. des Basses-Pyrénées, C. 683).

avec toutes les principales maisons de cette grande province et nommément des Électeurs, que la dignité d'Empereur venant à vacquer, il n'y avoit prince en tout le païs qui fut pour y parvenir plustot que lui, ce que, s'il avenoit, apporteroit un grand honneur à luy d'estre beau-père et à sa fille d'estre femme de l'Empereur des Romains, premier prince des Chrestiens ; outre le grand support que lui et eux en pouvoient espérer pour la défense des Estas qu'il possédoit, et le recouvrement de ceux qui avoient esté ravis à ses ancestres et lui estoient retenus par tyrannie ; qu'il savoit qu'en accordant ce mariage, il feroit chose fort agréable au roi François, et au contraire très désagréable, et il ne vouloit lui desplaire en rien, ains désiroit de lui complaire en toutes les choses qui seroient en son pouvoir ; toutesfois qu'il n'avoit voulu rien arrester avant leur avoir communiqué le tout, à l'exemple des seigneurs, ses prédécesseurs, pour entendre leur advis sur ce fait qui n'atouchoit pas moins à eux qu'à luy ; qu'il les prioit donques y adviser meurement et luy envoyer le plustot qu'ils pourroient leur advis. Les Estas respondirent que tous bons mariages devoient estre non seulement agréables aux parties, mais aussi profitables à tous ceux qui y avoient intérest ; mais que ceux des princes souverains devoient sur toutes choses regarder le bien et profit de tous leurs peuples, qui avoit esté cause que les plus sages et plus justes Rois n'y estoient jamais entrez qu'avec l'avis de leurs sujets, qui estoient en cela les meilleurs conseillers qu'ils eussent sceu prendre, et avoit tousjours esté ainsi prattiqué en Navarre en Béarn, comme il apparaissoit par plusieurs actes. Combien donques que le mariage de madame la Princesse avec le duc de Clèves fut très honnorable, néantmoins il sembloit aux Estas estre fort préjudiciable à tous les sujets de Sa Majesté, qui par ce moyen demeureroient non seulement privez de pouvoir jamais voir leur princesse et dame naturelle en défaut du père, laquelle pour estre née et nourrie en autre terre que la leur, leurs yeux n'avoient jamais eu cest heureux contentement de l'avoir peu voir seulement et perdroient par ce mariage toute espérance de la voir à l'avenir, après que le Duc l'auroit retirée en Alemaigne, comme vraysemblablement il feroit aussi tost qu'il l'auroit espousée. Et après que Dieu auroit appelée Sa Majesté (comme le commun ordre de nature, non troublé, est qu'en ce chemin les pères précèdent leur enfans et qu'ils succèdent aux pères) ses povres sujets seroient contraints d'aller cercher justice si loing hors de leur pais, non seulement contre leurs fors, qui astraint les seigneur de leur y rendre en leur propre terroir, mais avec tant de grands peines et frais, que pour ne les pouvoir supporter, ils seroient forcez de quitter tout, pour ce que la despence qu'il leur conviendroit faire, excéderoit le profit qu'ils en pourroient espérer, outre que la plus part n'auroient moien de fournir seulement aux frais d'un si long voyage, d'ont aviendroit que le pais qui est assés povre seroit dedans peu d'années espuisé de toutes ses finances, pour ce qu'elles seroient transportées dehors et en lieu d'où le pais n'en retireroit onques aucune utilité, chose desraisonnable, car le prince doit dévider les deniers qu'il reçoit du peuple sur les lieux d'où il les prent, afinque, par la vendition de leurs denrées, salaires, gaiges et soldes, les dits deniers puissent revenir ès mains de ceux de qui il les auroit prins, et que par cette voie les sujets ayent tous les ans nouvelle resource pour fournir aux devoirs ordinaires, tout ainsi que la mer renvoie tous les jours aux fontaines, ruisseaux et rivières l'eau qu'ils lui rendent continuellement, et par ce mutuel prest et paiement perpétue leur cours. Que tant s'en faloit que cette alliance fortifiast Sa Majesté pour la défense où recouvrement de ses estas, que plustot il l'affoiblissoit, d'autant qu'aiant l'Empereur, ancien ennemi de la maison de Navarre, la guerre avec ce Duc pour la duché de Gueldres qu'il prétent lui appartenir, comme héritier de la maison de Bourgogne, elle ne pourroit moins faire que de favorir son gendre, et ainsi lui conviendroit despendre pour la défense d'autrui ce qu'elle auroit besoin pour la sienne propre, et de soustenir celui duquel elle espéroit d'estre soustenue ; outre que cela irriteroit l'Empereur, prochain voisin de ses estas souverains, et l'inciteroit d'y venir glaner ce que la moisson de Ferdinand, son grand-père, y avoit laissé. Que si cela n'avenoit et que le Duc parvint à la dignité impériale par le décès de l'empereur Charles, qui, par le cours de nature, n'estoit encor si prochain du jour de son trespas, outre que cela lui feroit mespriser le petit de sa femme, il se trouveroit si chargé des urgens affaires qui suivent ce grand estat, qu'il n'auroit loisir de penser seulement à ceux de sa femme et seroit si occupé aux guerres que la convoitise, l'ambition et le désir de vengence des plus grands princes succitent journellement, qu'il n'auroit moyen de venir en ces quartiers, si d'avanture l'Espagnol y vouloit rien attenter, comme il estoit à craindre, mèsmes quand le dit Duc, n'estant retenu par aucune juste occupation, auroit la volonté de venir secourir les païs de sa femme, on ne savoit si le roy de France luy voudroit accorder le passage pour n'irriter l'Espagnol ou peut estre que lui mesme voudroit conquester le païs pour soy, car on ne savoit si la bonne affection du roi François demeuroit tousjours telle qu'elle estoit maintenant, ou si son successeur succéderoit aussi bien en la bonne amitié envers ses parens, alliez et amis, qu'il feroit à sa grande puissance, car les hommes sont sujets à changement de volontés, et la mort romp les plus forts liens d'amitié et les plus fermes alliances. Qu'il n'estoit pas question en ce mariage des affaires de quelque peu de tems, mais peut estre de tousjours mais, car Madame la Princesse laissera, s'il plaist à Dieu, des enfans qui en feront d'autres, et ceux-là encor d'autres qui retiendroient toujours Navarre et Béarn sous la domination des Allemans. Mais puis qu'il plaisoit au roi François d'avoir tant de soin de bien marier sa niepce, de quoy tous les Estas se sentoient grandement obligez à Sa Majesté et l'en remercioient très humblement, ils supplioient La Majesté du père qu'encores que Madame la Princesse, sa fille, ne fut arrivée en l'aage, que quelque nécessité ou commodité, plustot que l'honnesteté, permettoit le mariage aux filles, qu'il luy pleust procurer mari en France plus tôt qu'en Alemagne et la marier avec quelque prince François, non pas Aleman, et ils espéroient, s'il plaisoit à Sa Majesté d'en prier à bon escient le roi de France, qu'il accorderoit qu'un prince de sa maison et de son sang espousast sa niepce, plustot qu'un prince estranger. Que les maisons de Navarre et Béarn qui de long tems avoient commencée et continuée l'alliance avec celle de France s'en estoient tousjours si bien trouvées, que tout le païs craignoit qu'il lui mesavint sy maintenant on en vouloit cercher une nouvelle ailleurs. Et la situation de Navarre et Béarn qui abotissoient avec la France sans aucune séparation de rivières, mers ne montaignes, faisoit clerement voir aux plus aveugles qu'il n'y avoit alliance en toute la chrestienté si sortable pour eux que la Françoise, pour ce que la couronne de France outre sa grande puissance avoit meilleur commodité de leur bien ou mal faire que toute autre. Que tous les Estas supplioient donques Sa Majesté de prendre en bonne part qu'ils le suppliassent avec toute la révérance et humilité qu'ils lui devoient de cercher mari à Madame la Princesse, sa fille, de la maison de France, et de ne vouloir donner consentement au mariage du duc de Clèves, qui ayant quelques commodités en apparence, avoit de si grandes incommodités en effect et, pour un petit profit incertain qu'il sembloit promettre, apportoit plusieurs maux très certains à tous ses sujets, à quoy il lui supplioient vouloir avoir esgard, comme tous Princes devoient sur toutes choses faire, et où il ne lui plairoit d'admettre leur très humble remonstrance, ils supplioient très humblement Sa Majesté prendre en bon part, s'ils protestoient devant Dieu et toute la terre de leur non consentement et de la violence qui par ce mariage seroit fait à leurs fors, libertés et coustumes qui portoient que les enfants héritiers de leurs Rois ou seigneurs ne seroient mariez sans l'avis et consentement des Estas du pais. Le père eut désiré d'accorder leur remonstrance aux Estas et de suivre leur advis, mais l'oncle, qui s'asseuroit de tirer de grands commoditez de l'Alemagne pour faire la guerre à l'Empereur par le moien de ce Duc, ne peut estre destourné de son intention pour chose qu'on luy sceut alléguer et y estoit si ahurté que le très grand regret qu'il connoissoit au beau-frère, ni les pleurs de la niepce, qui fondoit en larmes toutes les fois qu'on lui en parloit, n'eurent pouvoir de le faire desmordre de son opinion. Le mariage fut donques accordé contre la volonté du père, et le 15 juillet la célébration des nopces fut faite à Chasteleraut[1] avec tous les triomphes et pompes dignes de la grandeur d'un si grand Róy, mais contre la volonté de l'espousée et du père, qui le souffrit pour n'irriter le François, plus tot que consentit, et la fille n'y osa ouvertement contredire, tant pour la crainte et le respect de son oncle que de sa mère (la volonté de laquelle le frère avoit gaignée), que pour l'honeste érubescence de son sexe et aage, car elle n'avoit encores atteint le tems auquel les loix politiques ottroyent aux filles de donner consentement de mariage. Néantmoins soit qu'elle fut ainsi conseillée ou que cela vint d'elle mesme, elle fit secrètement retenir un acte de protestation[2] de son non consentement et de la violence faite à sa volonté par l'autorité de son oncle,

---

1. Châtellerault (Vienne).
2. Deux protestations autographes de Jeanne d'Albret sont conservées aux Arch. des Basses-Pyrénées, E. 573.

et comme le cardinal de Tournon[1], le jour des espousailles, la pressoit par trois diverses fois de dire si elle vouloit ce mari, elle ne respondit jamais ouy ne non, mais seulement lui dit : ne me pressez point (ainsi que Sa Majesté m'a autrefois dit). Le soir l'espous fut mené en la chambre et au lict de l'espousée, auquel il mit l'un pié seulement en la présence de l'oncle et des père et mère de la fille et de tous les plus grands seigneurs et dames de la cour, qui ne bougèrent de là qu'ils n'eussent mis dehors le povre espous pour aller coucher ailleurs, ainsi il n'eust de tout ce mariage que du vent et quelques festes et cérémonies matrimoniales sans nul effect et consumation. Peu de jours après le Duc, ayant ouy nouvelles que l'Empereur ravageoit toutes ses terres et qu'il s'estoit déjà emparé d'une partie d'icelles, s'en retourna en Alemagne où, s'estant raccointé avec l'Empereur, il quitta sa femme. Et après que l'an 1542, à Tours, ce mariage eust esté déclaré nul par quelques cardinaux délégués juges *in partibus* par le Pape pour connoistre dudit mariage, comme fait par force et avec une partie qui, pour la minorité de son aage, n'avoit puissance de rien promettre, donner, accepter ny stipuler, et pour la crainte, respect et autorité de son oncle n'avoit osé déclarer sa volonté. [J'ay adjouté icy la sentence]. Ledit Duc se maria depuis avec Madame Marie, fille de Ferdinand, roy d'Hongrie et frère dudit Empereur. Et l'an 1548 en octobre, à Molins en Bourbonois, Henry II, roy de France, maria ladite Princesse avec Antoine de Bour-

---

1. François de Tournon, né en 1489, archevêque d'Embrun, Bourges, Auch et Lyon, cardinal d'Ostie en 1530, mort en 1562.

bon, duc de Vendosmois, premier prince du sang de France et légitime successeur de la couronne, avenant le décez des enfans masles dudit roy Henry, sans laisser postérité masculine, ce que ledit Henry confessa et advoua et voulut qu'il fut couché au contract du mariage [1], et qu'en cette qualité ledit Duc espousast ceste Princesse. Après les nopces, le père et la mère menèrent la fille et le gendre en Béarn, où la fille n'avoit encores jamais esté. Et l'an 1549, le 21 décembre, trespassa Marguerite, royne de Navarre; cette princesse a surmonté en savoir, charité et piété toutes les dames de ce siècle. Elle aimoit fort les lettres, et sur tout la lecture de la parole de Dieu estoit son plus ordinaire exercice, par laquelle elle s'estoit tellement asseurée des mystères de la foy chrestienne, qu'il y avoit peu de théologiens qui en parlassent ou escrivissent avec plus de pureté et de profondité. Le roy Henry vescut cinc ans après sa femme et trespassa à Haget-Mau [2] le 25 de may 1555. Il fut enterré à Lescar [3], auprès de sa femme, au sépulchre de ses ancestres. Aux funérailles se trouvèrent la noblesse de Navarre et Béarn et de toutes les autres terres qu'il possédoit en France, et les députez des villes tous vestus de dueil [4]. Ses convoy,

1. Le contrat de mariage existe aux Arch. des Basses-Pyrénées, E. 574.

2. Hagetmau, chef-lieu de canton de l'arrondissement de Saint-Sever (Landes).

3. Chef-lieu de canton de l'arrondissement de Pau. Ancien évêché. La cathédrale était le lieu de sépulture des souverains de Béarn.

4. Ce deuil était payé par les communes. On trouve dans les registres des notaires de Lagor (Arch. des Basses-Pyrénées, E. 1335) une obligation de 14 écus par les habitans de Lagor en

obsèques et enterrement furent avec toute la magnificence qu'il estoit possible, mais le dueil que tout le peuple fit et le triste regret que tous enportèrent estoient la pompe plus solennelle et le plus grand honneur de toute cette action, car le peuple ne pouvoit essuyer ses larmes, ne retenir ses pleurs, quand il lui souvenoit d'avoir perdu plustot son père que son Roy ou seigneur. La valeur de ce Prince n'a peu estre bien connue pour n'avoir eu autant de seigneurie que de vertu, et s'il n'eust esté adonné aux femmes tant qu'il estoit, il eut esté irrépréhensible. Il aimoit son peuple comme ses propres enfans et leur procuroit tous moyens pour les enrichir et les retirer d'oisiveté et desbauche, et d'autant que le peuple cultivoit mal les terres et la plus grande partie demeuroit en friche, il en fit desfricher une grande quantité à ses propres despens et fit venir de Santonge des laboureurs, afinque le peuple apprint d'eux le labourage[1]; comme aussi il fit venir de France des ouvriers de laine et des tinturiers pour faire des fins draps en Béarn [2]. Il en fut

faveur d'Antoine d'Ossau, marchand de Lescar, qui avait fourni du drap noir pour la robe, le chaperon et le bonnet de Bernard du Sabater, député de Lagor aux obsèques de Marguerite, femme de Henri II, roi de Navarre.

1. En effet il existe des conventions entre Henri II, roi de Navarre, et des laboureurs des environs d'Angoulême qui s'engageaient à travailler au parc de Pau (Arch. des Basses-Pyrénées, E. 1993) et des baux de terres à cultiver donnés à des laboureurs du même pays par Thomas Rocher, prêtre de Normandie, commissaire du roi de Navarre pour le parc de Pau, en 1554 (E. 1994).

2. Une manufacture royale de drap et une teinturerie existaient à Nay avant 1560. Un riche marchand de cette ville, Dominique Ferran, en était le directeur. Les teinturiers étaient des ouvriers étrangers au Béarn; ils exerçaient à Oloron dès

venu un grand profit au païs, pour ce qu'ils eussent eu meilleur conte des matières que ceux qui les font en France, car les fines laines d'Espagne qui vont en France passent par Béarn et les pastels leur sont voisins. Mais encore que les terres ayent esté depuis plus et mieux labourées, néantmoins le lanifice n'a esté nullement poursuivi. L'amour de la justice (qui est la vertu qui fait plus chérir un Prince, d'autant que c'est celle dont les suites ont plus d'affaire et d'expérience et de laquelle l'usage et l'exercice est le plus continuel et du fruit de laquelle plus de gens se resentent ordinairement) n'estoit pas moindre en ce Prince que la charité du peuple. Car d'autant que la justice criminelle estoit ès mains d'un seul juge, qu'on nommoit juge des crimes, qui n'avoit pas grande autorité et ne y pouvoit seul satisfaire, le païs estoit remply de querelles et bandes, d'où procédoit une infinité de meurtres, et les adultères y estoient fréquens, encores qu'ils y soient punis de la peine du fouet, il érigea une chambre criminelle par laquelle les maléfices furent, sinon du tout abolis, au moins de beaucoup amoindris. Surtout ce Prince estoit fort retenu aux grâces qui sont la pépinière des plus grands maux qui règnent aux seigneuries, car l'impunité est un grand alèchement au mal. Il n'en donnoit donques que fort peu et celles de justice apparente et non par faveur. On dit de luy qu'estant un jour fort importuné par le sieur de Montesquieu, sien fort favori, de donner grâce à un

---

1538. (Arch. des Basses-Pyrénées, E. 1732, 1735, 1772). Toutefois Henri II de Navarre ne fit qu'encourager l'industrie des teinturiers, car il y en avait à Nay dès 1501 (même dépôt, E. 1714).

criminel détenu aux prisons, il luy refusa avec grande constance, et ayant sceu que le criminel lui avoit promis un cheval d'Espagne, luy en envoya un des plus beaux de son escurie, et commanda que le détenu fut exécuté selon ses démérites. Une autre fois que Jaques de Foix, évesque de Lescar[1], le jour qu'on appele Vendredy-Saint, pensant mieux délivrer, l'importunant de la grâce d'un autre criminel, le supplioit de lui accorder au nom de Jésus-Christ, qui en pareil jour avoit esté mis au gibet de la croix, luy refusa, disant que justifier et relascher le meschant estoit deshonnorer, non pas honnorer Jésus-Christ et Dieu son père, et le fit exécuter ce mesme jour. J'ay adjousté ces deux exemples pour ce qu'ils sont fort notables et dignes d'estre suivis. Or d'autant qu'il y avoit au païs plusieurs divers fors et en iceux beaucoup de choses absurdes et d'autres desquelles le tems avoit changé l'usage; car les valées d'Ossau, Aspe et Barétous et la ville d'Oloron avoient chacune le sien particulier, et Morlas un autre qui estoit suivi par tout le reste du païs, dont procédoient plusieurs troubles aux affaires du peuple; l'an 1551 et le 26 de novembre ledit Henri, avec l'avis des Estas du païs, les réforma et les renouvella et les réduisit tous en un, qui tous jours depuis a esté suivi en tous jugemens[2]. Sa prudence peut estre

1. Fils de Corbeyran, comte de Rabat, marquis de Foix; d'abord évêque d'Oloron de 1521 à 1534, chancelier de Béarn, évêque de Lescar, 1535 à 1553, lieutenant-général pour Henri II, roi de Navarre.

2. L'original de ces fors est un manuscrit in-4° de 122 feuillets, papier (Arch. des Basses-Pyrénées, C. 678). Le texte a été souvent imprimé jusqu'en 1790. La première édition est de 1552, imprimée à Pau par Jean de Vingles et Henri Poyvre. Quant

connue par deux autres exemples, car se voyant logé
entre la France et l'Espagne et n'osant désobéir au
François ne desplaire à l'Espagnol, il demeuroit en
continuelle crainte que l'un ou l'autre saisit son pays
de Béarn pour s'accommoder contre son ennemi et se
faciliter l'entrée en ses pays. N'osant faire démonstration de sa deffiance, pensant sagement en tems de paix
de la guerre, il s'avisa de faire trouver bon au roy
François, qu'il fortifiast une ville en sa souveraineté
de Béarn qui pourroit servir, disoit-il, à l'avenir pour
arrêter l'Espagnol, s'il vouloit entrer en France par ce
costé, ainsi qu'autrefois avoit fait le prince d'Orange. Il
fit donc fortifier la ville de Navarrens[1], pour pouvoir
à loisir cercher parti avec l'un de ses voisins, si l'autre
lui commençoit la guerre, cette ville ne doit aujourdhuy rien de fortification et de munitions de guerre à
autre place forte. Et pour ce que les forteresses
seroient plus dommageables que profitables, si on
n'avoit le moyen de les fournir promptement de gens
de guerre au besoin, ayant divisé tout son pays en six
quartiers[2], appelez parsans, il y dressa aussi six capi-
taineries, une pour chascun parsan, et establit en
chacune un capitaine homme de cœur et d'expériance

aux anciens fors de Béarn, le manuscrit unique, copie du
xive siècle, sur papier, est conservé au même dépôt (C. 677). Ces
derniers ont été publiés et traduits par MM. Mazure et Hatoulet,
Pau, in-4°, sans date.

1. Les travaux furent dirigés de 1543 à 1548 par deux ingé-
nieurs, l'un Italien, Fabrici Siciliano, l'autre Français, François
Girard, sieur de Garris, de Bayonne. Ce dernier est désigné
quelquefois simplement comme maître maçon (Arch. des Basses-
Pyrénées, E. 1620, f° 192).

2. Pau, Morlaas, Nay, Oloron, Orthez et Sauveterre.

au fait de la guerre, à chacun desquels furent payez tous les ans seulement le sergent, l'enseigne et le tabourin. Et afin que le peuple se trouvast armé à la nécessité, il fit faire dedans le pays et apporter de dehors grande quantité d'harquebuses qui furent départies à tous ceux qui avoient moyen de les payer, les entretenir et maintenir. Tousjours depuis cest ordre de militie a esté entretenu et se treuvent aujourdhuy plus de six mille harquebusiers ensemble dedans vingt et quatre heures, toutes les fois que ces six capitaines leur commandent. Pareillement se souvenant de n'avoir peu jouir ne disposer de sa fille, qui avoit esté tousjours nourrie en France sous la puissance de son oncle le roy François, estant grosse pour la seconde fois, il la fit venir faire ses couches en Béarn, afin que l'enfant fut nourri auprès de soy, et au pays auquel avec le tems il devoit dominer. Elle s'accoucha donc à Pau, le douze décembre 1553 de Henri III, à présent régnant en France et Navarre[1]. De son tems advint une chose mémorable en Béarn, laquelle plusieurs ont escrit, à savoir l'an 1543 et le 14 de may la ville de Nay (lieu de ma demeure) se brusla tout à plat avec ses fauxbourgs et ne demeura le feu (chose esmerveillable) plus de trois heures, et l'endemain on ne trouvoit de tout ce grand embrasement charbons, brasier ne cendres. Et estoit la flamme si violente qu'elle ne donnoit respit ne loisir de l'esteindre, car elle sauteloit d'un costé à l'autre avec telle vitesse, qu'à peine ceux de l'une rue estoient accourus au secours de l'autre

---

1. Ce passage indique que la rédaction de l' « Histoire de Béarn et Navarre » est postérieure à 1589.

qu'ils voioent leurs maisons embrasées. Et combien que le clocher fut fort haut, si se print le feu plustot au sommet d'iceluy qu'au corps du temple[1]; et tout ce qui se monstroit dessus l'eau des meubles qu'on y jettoit pour les conserver estoit incontinent allumé et se brusloit jusques à fleur d'eau. Bodin[2] a voulu rendre quelque raison naturelle de ce feu ; quelques autres ont escrit qu'il estoit provenu du ciel, mais il est certain qu'un petit garçon, qui est encores aujourdhuy vivant, par inadvertance, comme il cerchoit un esteuf[3] sous le lict, y mit le feu avec une chandelle et les bastimens qui estoient faits de bois de sapin et couverts de bardeau de fau[4], prinrent incontinent le feu et jettèrent sy prompte flamme, qu'elle fut aussi tost espandue par toute la ville.

Ce Roy fut gouverneur et amiral de Guienne, car le roy François joingit ces deux estas pour plus honnorer ce prince son beau-frère. De son temps l'an 1548 fut la sédition des gabeleurs en Guienne, esmeue premièrement en Santonge par le peuple menu, à cause de quelques imposts nouveaux que le roy Henri II avoit mis sur les salines. Cette furie populaire s'espandit incontinent par toute la Guienne, avec tant d'insolences et cruautez que plusieurs officiers du Roy et autres notables personnages furent massacrez et leurs maisons pillées, et ne falloit pour incontinent fere massacrer

---

1. Ce clocher avait été construit en 1504 (Arch. des Basses-Pyrénées, E. 1715).
2. Jean Bodin, né en 1530, mort en 1596. Auteur de *La République*, *La Démonomanie*, *Theatrum universæ naturæ*.
3. Balle pour jouer.
4. Bardeau de hêtre (fagus).

un homme que crier au gabeleur. En la ville de Bordeaux, où la présence et respect du lieutenant de Roy qui estoit en la ville et de la cour de Parlement devoit contenir le peuple en quelque crainte et révérance de l'autorité du Roy, furent exercées les plus grandes insolences et plus brutales cruautez, car le   d'auost [1], le seigneur de Moneinh [2], gentilhomme béarnois, lieutenant général en Guienne, en absence d'Henry, roy de Navarre, sorty du Chasteau-Trompette, où il s'estoit retiré à la persuasion du président La Cassaigne [3], envoyé vers luy par tous le cors du Parlement, pensant par la présence dudit lieutenant faire retirer la populasse, qui au son de la grande cloche de Saint-Aliege [4] avoit pris les armes, fut inhumainement massacré par quelques belistres sur la porte de la maison de la Mairerie avec le sieur de Montolieu [5] aux Landes et un autre gentilhomme. Ce mesme jour le receveur Andraut qui deux jours auparavant avoit esté mis ès prisons de la maison de la ville par un pastisier de la rue Boqueire [6], en fut tiré et massacré avec les fers aux

---

1. La date du jour manque.
2. Tristan, baron de Monein, gouverneur de Bayonne, marié à Françoise de Lomagne, dame de Montignac (Arch. des Basses-Pyrénées, E. 1478).
3. Geoffroy de Lachassaigne.
4. La porte Saint-Eloi (en gascon *Seint-Elegi*) près l'emplacement actuel de La Grosse Cloche. (Arch. municipales de Bordeaux. — Livre des Bouillons (p. 249), in-4°, Bordeaux, imp. Gounouilhou, 1867).
5. Montaulieu, commune et canton d'Arjusanx, arrondissement de Mont-de-Marsan (Landes).
6. La porte Béqueyre ou Bégueyre se trouvait vers l'extrémité méridionale de la rue du Pas-de-Saint-Georges. (Livre des Bouillons, p. 249).

piés, comme furent aussi un cordelier du couvent de Bazas et un jeune advocat sur le fossé Saint-Aliege ; et le président La Cassagne, homme vénérable tant pour la dignité de son office que par son aage, savoir et vertu, fut constraint par cette enragée populasse de luy servir de capitaine, marchant devant elle par ville. Et ceux qui passaient auprès du cors mort du lieutenant de Roy, qui gissoit nud sur la rue, ensanglantoit le fer de leurs piques dedans ses playes, et branslans lesdites piques jettoient plusieurs cris de joyeuses acclamations, comme en un triomphe de victoire. J'estois escolier en cette ville et fus spectateur de toute cette tragédie, de laquelle un orfèvre, un chausetier, un scellier et un pastisier estoient les principaux auteurs et conducteurs. La fureur de ses mutins ne dura guère plus de vingt-quatre heures et la cour de Parlement commença d'en faire justice bien tost après, de manière que plusieurs avoient jà esté exécutez par le bourreau, quand Anne de Montmorenci [1], connestable de France, avec une armée entra en la ville par la porte des Augustins [2], non pas par la bresche, comme dit Paradin [3]. Le sieur de Saut [4], capitaine de la ville, eust la teste tranchée pour ne s'estre opposé aux séditieux avec le courage et la diligence que le fait

---

1. Né en 1493, maréchal de France en 1522, connétable en 1538, mort en 1569.

2. Le couvent et par conséquent la porte des Augustins étaient situés à l'est de la porte d'Aquitaine actuelle, à l'extrémité méridionale du prolongement de la rue Sainte-Catherine.

3. Guillaume Paradin, né en 1510, mort en 1590, auteur d'une « Histoire de notre temps » Lyon, 1550, in-16.

4. Raymond Dessault, écuyer, avait été nommé, le 25 juillet 1548, jurat de Bordeaux quoique déjà capitaine de la ville.

requéroit et son frère pour leur avoir rendu le chasteau du Hart [1], duquel il estoit capitaine, et L'Estonna [2], jurat, pour s'estre mis avec quelques hommes dedans le chasteau Trompete où Monsieur de Moneinh avoit laissé le sieur d'Arros en Béarn [3] avec trois ou quatre autres gentilshommes. Dedans ce chasteau n'habitoit personne qu'un basque, avec grâce, pour fermer seulement les portes, et lorsque le lieutenant de Roy s'y retira, il n'y trouva nulles vivres ny poudres, et y vescut deux jours de la place et de la taberne, tant la longue paix avoit rendus nonchalens ceux qui avoient la principale charge de cette forteresse très importante pour la conservation de toute la Guienne.

Or pour n'obmettre rien qui serve à l'histoire de Navarre, j'ay icy adjousté ce qui fut fait en la haute Navarre l'an 1551. L'empereur Charles donques espérant de faire tomber la couronne impériale sur la teste de son fils Philipe, par la renonciation de la dignité de roy des Romains par Ferdinand, roy d'Hongrie, frère du père, manda à son fils de le venir trouver en Flandres, mais qu'avant de partir d'Espagne il se fit reconnoistre et recevoir Roy en tous ses estas et principalement aux Navarrois, desquels pour estre de nouvelle conqueste, il se doubtoit plus que des autres. Philipe, jà empereur par fantasie, avoit telle haste de partir qu'il ne pouvoit prendre le loisir de venir en personne en Navarre, mais demandoit aux Estas d'estre

---

1. On trouvera un plan du château du Hâ, situé à Bordeaux, dans le tome VIII des Archives Historiques de la Gironde, p. 463.
2. Jean de Lestonnac.
3. François, baron d'Arros.

receu par procureur à faire et recevoir les sermens accoustumez en la réception des nouveaux Rois. Les Estas y firent résistance et ledit Philipe vint à Tudelle, où le 26 d'aoust il fut reconnu et receu pour Roy et fit le serment aus dits Estas et eux à luy. Entre autres choses le jurement du Roy contenoit qu'il ne mettroit gouverneurs, capitaines ne garnisons aux places fortes ni officiers de la justice que Navarrois naturels, mais tout ainsi que lors qu'il le juroit, il n'avoit aucune volonté de le tenir, aussi n'en fit-il rien après le jurement, car les forteresses et les principaux estas de la justice demeurèrent et sont encores aujourdhuy ès mains des Castillans. Voilà comme les Princes, qui ne reconnoissent autre Dieu que leur force, ni loy que leur ambitieuse convoitise, sans aucune crainte de Dieu ni honte des hommes, osent jurer publiquement tout le contraire de ce qu'ils font et ont arresté de faire, et pensent s'estre bien acquitez de leur devoir, si seulement ils ont juré de le faire. Mais le jurement oblige la conscience et l'observation d'iceluy l'acquitte. Et celuy est plus coulpable qui jure le bien qu'il ne veut fere que celuy qui fait le mal sous jurement de ne le faire. Et les Estas lui firent le jurement de fidélité et hommage avec toutes les cérémonies requises, le sacre et le couronnement exceptez qui furent réservez jusques après le décez du père.

LIVRE SIXIÈME

JEANE II ET ANTOINE DE BOURBON IER

Tout ainsy que toutes les roynes Jeanes ont esté malheureuses et funestes au royaume de Naples, au contrere elles ont aporté tout bonheur au royaume de Navarre, lequel par toutes ses Jeanes est entré en la coronne ou en l'alliance de France, car Jeane première de ce nom, fille d'Henry, roy de Navarre, fut femme de Philipe le Bel, roy de France et de Navarre, Jeane II, fille de Loys Hutin, roy aussi de France et de Navarre, espousa Philipe d'Evreux, prince du sang françois, et Jeane troisiesme, fille d'Henry second, roy de Navarre, Antoine de Bourbon, père d'Henry III qui, de roy de Navarre, est parvenu à la corone de France par la succession de son dit père, ainsy qu'il appert par la généalogie suivante de la maison de Bourbon, laquelle j'ay pensé devoir icy représenter au vray, auparavant d'entrer au narré de la vie desdits Antoine et Jeane.

(Nous n'avons pas cru devoir reproduire la généalogie de Bourbon qui n'offre aucun fait nouveau, mais qu'il était indispensable à Nicolas de Bordenave d'insérer dans une histoire de Navarre).

Je retourne donques aux affaires de Navarre. Jeane, fille unique et héretière d'Henry, et Antoine de Bourbon, son mari, furent receus des Navarrois de la basse Navarre pour roy et royne de Navarre, et des Béarnois pour seigneurs souverains de Béarn. Tous leur firent le serment de fidélité et l'hommage accoustumé à tous nouveaux Rois et seigneurs, mais il y eût du commencement quelque contestation sur ce fait : les Navarrois et Béarnois refusoient de faire le jurement au mari et le vouloient faire à la femme seulement, et le Roy demandoit qu'ils le fissent à luy seul comme seigneur de sa femme et de tous ses biens. La Royne s'i accordoit pour complaire au mari, alléguant puisqu'elle, qui estoit leur Royne et dame, le reconnoissoit pour son seigneur, qu'ils devoient faire le mesme, car le mari est seigneur de la personne et biens de sa femme. Les Estas respondoient y avoir grande différence entre la seigneurie maritale et la royale, que Dieu et nature donnoient au mari seigneurie amiable sur la personne de sa femme pour la conduite et défense d'icelle en toute amitié, douceur et équité; et les loix vouloient que le mari fut usufrutuaire des biens de sa femme, mais non pas seigneur directe ne mesme propriétaire. Et l'hommage et serment de fidélité n'estoient deus qu'au souverain seulement; qu'elle estoit leur vraye et naturelle Royne et dame et luy par accident, à cause d'elle et comme son mari, et si elle venoit à défaillir, il ne seroit plus leur Roy ou seigneur ni eux ses vassaux et sujets, mais le droit reviendroit à leurs enfans ou en défaut d'eux au plus prochain de la Royne, qui par les loix, fors et coustumes de Navarre et Béarn, seroit appelé à la succession. Toutesfois après longue altercation l'hommage et le jurement furent faits conjointement à tous deux. Bientost après le mari et la femme reprinrent le chemin de France, laissant le prince Henry, leur fils, sous le gouvernement de Susanne de Bourbon, femme de Jean d'Albret, sieur de Mieussens [1]. Et l'an 1557 firent ériger en duché leur seigneurie ou sirauté d'Albret, laquelle jusques lors leurs prédessesurs avoient possédée en titre de sires.

Dès lors la religion réformée (qu'on appeloit secte ou hérésie luthérienne) se multiplioit fort par toute la France où en plusieurs bonnes villes l'exercice d'icelle se fesoit secrettement. Une grande partie des gentilshommes et officiers desdits Roy et Royne, ayant abjurée la religion romaine, fesoient profession de cette religion et désiroient d'en avoir exercice à la suite de leur maistre et maistresse. Par ainsi n'ayans peu recouvrer ministre à Paris (où l'église réformée commençoit de se fortifier) le sieur de Saint-Martin [2] pour en avoir un fut envoyé par ses compagnons à Genève, où beaucoup d'hommes doctes tant aux bonnes lettres que langues s'estoient retirez pour éviter les feus qui estoient allumés en France contre tous ceux qui parloient mal des traditions de la Papauté ou les

---

1. Miossens, canton de Thèze, arrondissement de Pau (Basses-Pyrénées), l'une des douze baronnies de Béarn.

2. Nous pensons qu'il s'agit de Pierre de Saint-Martin, alors auditeur à la Chambre des Comptes de Pau (Arch. des Basses-Pyrénées, E. 1997). Il mourut en 1595.

quittoient. Le 14 d'octobre il fut de retour à Pau en Béarn, où la cour de Navarre fesoit lors son séjour, avec François Le Gay autrement dit Bois-Normand ou La Pierre[1], homme docte et ayant grande connoissance de la langue hébraïque[2], esleu ministre pour l'Église de la maison desdits Roy et Royne. Il fut conduit du commencement en la maison du sieur de Masères lez Pau[3], où il prescha le dimanche prochain publiquement au temple au prosne de la messe parrochielle. Quelques-uns, tant de la cour que de la ville, assistèrent à sa prédication, lesquels voulurent qu'il allast faire sa demeure et l'exercice en la ville, ce qu'il fit et plusieurs [abjurèrent la religion romaine et receurent la réformée[4]]. Cela fut incontinent divulgé par tout le voisinage, de manière que de tous les quartiers de Béarn et lieux circonvoisins de Gascogne, hommes et femmes de tous aages et qualité y accoururent. Mais, pour ce que le tems les contraignoit de faire les assemblées de nuict, ils furent incontinent diffamez de toutes les vilainies desquelles les Nicolaïtes, Gnostiques et autres exécrables hérétiques furent jadiz entachez.

C'est une ruse de Satan pour rendre odieuse et haye

---

1. Ce ministre se fixa plus tard à Navarrenx où nous le trouvons encore témoin d'un contrat de mariage le 1er juillet 1589 (Arch. des Basses-Pyrénées, E. 1641, f° 208).

2. On a ajouté : *qui fut*.

3. Mazères, canton de Pau-Ouest, arrondissement de Pau (Basses-Pyrénées). — François, seigneur de Mazères et de Lezons, fut capitaine du château de Pau (Arch. des Basses-Pyrénées, E. 1990 et 1992).

4. Variante : *plusieurs quittèrent la religion catholique et prinrent la prétendue réformée.*

la doctrine de l'Evangille qui seule peut troubler son repos et ruiner son règne, de diffamer les pasteurs et les brebis de tous les plus abominables forfaits qu'on puisse penser ou dire. Mais le temps descouvrit cette calomnie et la probité du ministre ferma la bouche aux calomniateurs. Par sa diligence, plusieurs églises furent dressées non-seulement en Béarn mais aussi en Guienne, tant deçà que de là la Garonne.

Or combien que le roi Antoine vid fort volontiers le ministre et communiquast souvent familièrement avec luy des points desquels les deux religions sont en controverse, néantmoins il n'abjura jamais la sienne et ne se rangea poinct à l'autre. Mais pour cela il ne peut éviter le supçon [d'estre luthérien] et de sentir mal de la religion [romaine], car le bruit courut incontinent par tout qu'un prédicant luthérien estoit à sa suite, et ceux de sa maison qui fesoient profession de la religion romaine [1] en donnoient les avertissemens. Et comme il n'y a rien tant isnel [2] que la renommée, aussi ces bruits parvindrent incontinent jusques à Rome où estoit lors George, cardinal d'Armaignac [3], avoué parent de la royne de Navarre, qui escrivit soudain audit Roy que le Pape avoit entendu que Sa Majesté favorisoit les hérétiques luthériens, voire les entretenoit en sa propre maison, ce qui avoit tellement fasché Sa Sainteté, qu'elle avoit esté en délibération de fulminer à l'encontre de luy. Henry, roy de France, lui escrivit le mesmes avec grandes menaces.

1. Variante : *catholique*.
2. Rapide.
3. Évêque de Rodez, archevêque de Toulouse, puis d'Avignon, mort en 1585.

Ces lettres intimidèrent tellement ce Prince [qui estoit d'un esprit inconstant et craintif] qu'il fit donner congé audit ministre qui s'en retourna à Genève. Mais quelque temps après il fut rappelé et treuva ledit Roy avec la Royne, sa femme, à Lusignan en Poitou, comme ils alloient en France, ayant laissé en Béarn pour leur lieutenant général leur fils Henri, prince de Navarre, aagé seulement de six ans, et estant encor sous le gouvernement de Susanne de Bourbon, femme de Jean d'Albret, sieur de Mieussens, et pour ses principaux conseillers ledit Mieussens et Loys d'Albret, évesque de Lescar[1], qui se portèrent tellement en leur charge (car tous deux estoient entendeurs) que pendant le gouvernement de ce Prince [œuvre merveilleuse] par un enfant, une femme et un prestre et quelques autres ses conseillers faisans tous publique profession de la religion romaine[2], les [principaux] fondemens de la[3] réformée furent plantez en Béarn et la [romaine][4] y fut fort esbranlée. Pour y remédier ledit cardinal d'Armaignac, qui avoit esté fait expressément légat en Béarn, y fut envoyé pour tenir les Estas et y estre lieutenant général avec Monsieur le Prince. Pour confondre ceux qui y preschoient cette doctrine, le cardinal avoit amené quelques théologiens, comme s'il eut désiré de mettre quelque bon ordre aux affaires de la religion par une paisible conférance et dispute. Car[5] du vivant de la royne de Navarre,

1. Louis d'Albret, évêque de Lescar de 1556 à 1569, oncle de la reine Jeanne d'Albret.
2. Variante : *catholique*.
3. On a ajouté : *prétendue*.
4. Variante : *catholique*.
5. On a ajouté : *on dict que*.

Marguerite, il avoit toujours fait démonstration de n'approuver pas beaucoup [les]¹ traditions romaines. Néantmoins ou convaincu de la vérité de cette religion ou ne se voulant rendre suspect ni aux uns ni aux autres ou réprouvant lors ce qu'autrefois il avoit approuvé, il [n'osa]² entrer en cette lice, mais molesta par toutes voyes ceux qui suivoient la doctrine des ministres, lesquels demandoient d'entrer en conférance et s'offroient de monstrer par la parole de Dieu la doctrine qu'ils enseignoient estre celle mesme que les prophètes, Jésus-Christ et ses apostres avoient preschée et laissée par escrit. Boynormand estoit lors à Nérac en Gascogne et Pierre-Henry de Barran³ à Pau, homme savant et grand prescheur. Les docteurs du cardinal le connoissoient et [le] redoutoient [et ne l'osoient] attaquer⁴. D'autre costé le cardinal ne le vouloit souffrir davantage au pays, car tous les jours plusieurs se joignoient à luy [et ne se fesoit guère un presche que quelqu'un ne protestast; mais il craignoit de recevoir honte de la dispute et voyoit le dommage évident de la demeure d'icelui pour la religion romaine aussi prévoyoit-il qu'user] de la force pourroit ap-

1. Variante : *quelques*.
2. Variante : *il ne voulut*.
3. En renvoyant à la *France protestante*, nous pouvons de plus faire connaître que les prédications de Henri de Barran, connu en Béarn sous le nom de *maître Henri*, commencèrent avant le mois de mars 1557 (v. s.) dans l'église de Nay. Il était favorisé par Jean d'Albret, baron de Miossens, qui résidait à Coarraze tout près de Nay. Par lettre du 16 février 1559 (v. s.) Antoine de Bourbon et Jeanne d'Albret lui ordonnèrent de prêcher le carême à Nay (Arch. des Basses-Pyrénées, E. 1732, fᵒˢ 95, 118 et 374).
4. Variante : *et redoubtoient de l'attaquer*.

porter [1] tel remuement au pais que les Roy et Royne lui en sentiroit mauvais gré (c'estoit ce que plus il redoutoit), car ceux qui fesoient publique profession de la religion [2] réformée ou qui la favorisoient estoient de nombre et qualité suffisens pour n'endurer injure estre faite à leur pasteur. En cette perplexité (comme il estoit homme de grande prudence et expérience aux affaires du monde) le cardinal s'avisa de faire intimider ledit Henry de Barran, afinque de soy-mesme il abandonnast le pais. Il lui fit donc dire par l'archidiacre du Mas [3] (comme de soy-mesme) qui estoit familier dudit Henry [et peu zélé aux constitutions romaines], que le meilleur seroit, tant pour son propre bien que celuy de son troupeau, de s'absenter au moins pour quelque temps, afin que le cardinal ne fut contraint d'employer la main de la justice contre lui et ses complices, ne d'esayer d'avoir par la rigueur ce que la douceur lui dénieroit, car il avoit commandement exprès d'employer le verd et le sec pour l'extermination de cette religion et la punition de ceux qui la suivoient ; qu'il seroit donc cause de tous les maux que cette voye apporteroit à tout le pays et de la ruine particulière de tous ceux qui avoient adhéré à sa doctrine, [le salut desquels il devoit racheter par sa propre vie] ; que le cardinal n'estoit point homme de sang et ne désiroit le mal de personne, mais cerchoit seulement le chemin de pouvoir [donner quelque contentement au Pape et au roy de France, par lesquels il avoit esté principalement envoyé là, plustot

1. Variante : *arriver*.
2. On a ajouté : *prétendue*.
3. Le Mas-d'Aire (Landes).

contre les ministres que contre le peuple, lequel on pensoit suivre cette nouvelle religion plus par curieusité que par zèle de foy], et ne faisoit ledit cardinal nulle difficulté que, les prédicans chasez, le peuple ne receut volontairement toutes les conditions qu'il luy voudroit bailler. [Et d'autant qu'on savoit ceux de sa profession n'estre pas toujours fort bien pourveus de tout ce qu'il leur fesoit besoin, le cardinal luy avoit dit qu'il luy fairoit donner de ses coffres de quoy se pouvoir entretenir à la part où il se voudroit retirer.] Le ministre respondit n'estre pas beaucoup estonné si le cardinal et les autres de sa profession [et religion] jugeoient nouvelle la doctrine divine que luy et les autres ministres preschoient, car ce blasme luy avoit esté donné par ses semblables, du tems mesmes des prophètes, Jésus-Christ et ses Apostres qui n'avoient trouvé pires ennemis que ceux qui tenoient le lieu de pasteurs en l'église ; mais qu'il estoit bien esbahy que le cardinal, qui avoit avec soy tant de docteurs en théologie, ne fesoit convaincre par la parole de Dieu de nouveauté et d'erreur la doctrine qu'il preschoit, qui estoit la droicte réforme qu'il devoit tenir à l'exemple de l'église ancienne, qui avoit tousjours tenu cest ordre, pour vérifier, réfuter et condamner les hérésies ; que si le Pape et tous les siens avoient autant de justice en cette cause, comme ils vouloient que le peuple pensast qu'ils avoient, ils ne feroient nulle difficulté de publier un libre concile, ni le cardinal de faire entrer ses théologiens en cette lice, à laquelle luy et les autres ministres, ses compagnons, les appeloient avec cette condition que où par la parolle de Dieu ils se trouveroient entaschez d'aucune hérésie, on les fit punir comme hérétiques et séducteurs et lors ledit cardinal ne seroit plus en peine de les chasser ; mais d'autant qu'il savoit la doctrine de l'Évangile preschée par les ministres estre du tout contraire aux traditions romaines, il ne vouloit entrer en ce combat, afin que le [pouvre] peuple n'entrast en connoissance des erreurs auxquels il vivoit sous ombre de piété et religion ; qu'il voyoit bien qu'en lui voulant persuader de s'en aller et quitter son troupeau, il ne cerchoit autre chose, que de finement faire prononcer à soy-mesme sentence contre la doctrine qu'il avoit preschée et le faire trouver mercenaire plustot que pasteur ; car que pourroit estre autre chose ce deslogement qu'une tacite confession que tout ce qu'il avoit enseigné estoit tel qu'il ne l'osoit maintenir ny défendre devant les doctes et la justice ; mais c'estoit à faire aux larrons de haïr la lumière et aux mercenaires d'abandonner le troupeau lorsque le loup arrivoit ; par ainsi il s'estoit résolu de demeurer avec son bercail et attendre ce qu'il plairoit à Dieu leur envoyer et de la seule providence duquel toutes choses avec tous leurs accidens et évènemens procèdent, non pas de la sagesse, malice et puissance du monde, desquelles néantmoins le Tout-Puissant se servoit pour le bien des siens et pour la manifestation de la gloire de ses justices ou miséricordes, dont avenoit que les hommes se trouvoient le plus souvent trompez aux exécutions de leurs desseins ; et le cardinal se trompoit fort s'il le pensoit si lourdaut qu'il ne connût l'intention d'iceluy estre de le séparer de son troupeau, pensant d'en avoir meilleur marché en son absence qu'en sa présence ; mais combien qu'il ne fit nulle doubte de la foy et constance de ses brebis, toutesfois son devoir estoit de leur assister en un affaire de telle importance où il y alloit du salut ou de la perte de leurs âmes, confession ou renoncement de Jésus-Christ; car quelque vigueur ou courage que tout un troupeau de brebis puisse avoir, la présence du seul pasteur leur sert plus à repouser les loups, que tout ce qui pourroit estre en elles de plus fort et de plus courageux; qu'il n'abandonneroit donc le païs pour ne laisser son troupeau à la mercy des flateries du monde et des sophisteries scholastiques [et en proye à la cruauté de magistrats superstitieux et enyvré du calice d'erreur; qu'il remercioit très humblement monsieur le cardinal des offres qu'il luy faisoit, car il n'estoit, Dieu merci, tant convoiteux des richesses de ce monde qu'il ne se contentast de ce que luy estoit donné de son église pour son vivre, laquelle ne luy avoit encore laissé souffrir disette de ce qui lui estoit nécessaire.] Le cardinal fut plus fasché de la [constance]¹ du ministre qu'il n'avoit esté de toutes ses prédications et le fit mettre prisonnier et l'eust fait exécuter, s'il n'eust craint de mescontenter le roy Antoine qui [estimoit et réveroit la doctrine et probité de] cest homme² et le mit en liberté aussi tost qu'il fut de retour en Béarn.

Durant que ces choses passoient en Béarn, la paix se traittoit en France avec Philipe, roy d'Espagne, et après plusieurs voyages et altercations fut conclue à Chasteau-Cambressis, le 3 d'avril 1559, au désavantage

---

1. Variante : *responce*.
2. Variante : *aymoit cest homme*.

du François et très grand avantage de l'Espagnol qui espousa Elizabet, fille du roy Henry, et Philibert, duc de Savoie, Marguerite, sœur unique du mesme Roy. Le roy de Navarre avoit fort solicité celui de France de le faire comprendre en ladite paix pour la restitution de son royaume de Navarre ou recompence équivalente, suivant la promesse des défuncts roys Louis XII et François Ier, comme il monstroit par escrit authentique. Toutesfois encore que ledit Henry incistast tant pour le prince de Salerne [1] et le duc de Some [2], banis de Naples, pour y avoir voulu introduire les François, que Philipe leur accorda l'usufruict de leurs biens, néantmoins il ne se soucia point du Navarrois, duquel ne fut faite nulle mention en tout ce traitté, car le roy de France ne voulut desplaire en rien à celuy d'Espagne. Ainsi se trouvant le roi de Navarre frustré de son espérance, avant que la paix ne fut publiée, manda au sieur de Burie [3], lieutenant en Guienne en son absence, et au capitaine Arné [4], lieutenant de sa compagnie d'hommes d'armes, d'exécuter une entreprise qu'il avoit sur la ville de Fontarrebie, espérant, s'il la pouvoit surprendre, que cela pourroit donner occasion à l'un et à l'autre de ces deux Roys de faire quelque chose en sa

1. Ferdinand de San-Severino, né en 1507, mort à Avignon en 1568 ou 1572.
2. Jean-Bernard de San-Severino, duc de Somma, colonel général des Italiens sous Charles IX, mort en 1570 à 64 ans.
3. Charles de Coucy, seigneur de Burie.
4. François d'Arné reçut en 1561 un don de 1,166 écus sol pour services notables rendus en portant les armes pour le service du roi et de la reine de Navarre (Reg. de la Chambre des Comptes, Arch. de M. le baron de Laussat). Il mourut en 1569.

faveur. Mais ayans conduit leurs troupes jusques à Handaye à la veue de Fontarrebie, ils s'en retournèrent sans rien faire, pour ce que n'ayans prouveu aux moyens de passer la rivière[1], il leur fut impossible de passer outre. Et comme Burie avoit mandé pour faire conduire sus des chars quelques petites barquettes, les vivres leur faillirent (car ce pais est fort stérille) et par un grand déluge de pluyes la rivière et les ruisseaux se desrivèrent si impétueusement qu'ils couvroient toute la campagne et plusieurs des moins habiles furent noyés. L'une partie des soldats béarnois fit bien son devoir en ce voyage, mais le reste ne voulut jamais passer le pont du Serain[2]; quelque remonstrance, prière ou menace que leurs chef leur fissent, lesquels ils voulurent tuer; et Arros[3] et Esgarrebaque[4], capitaines des quartiers d'Ossau et d'Oloron, furent en danger de leurs vies, qui néantmoins passèrent outre avec les membres et officiers de leurs compagnies et quelques soldats, les autres s'en retournèrent. Ceux des valées d'Ossau, Aspe et Barétous[5]

---

1. La Bidassoa.
2. Le pont d'Osserain, dans la commune de ce nom, canton de Saint-Palais, arrondissement de Mauléon (Basses-Pyrénées). Ce pont sur le Gave d'Oloron était l'un des passages les plus fréquentés pour aller en Espagne.
3. Bernard, baron d'Arros, plus tard lieutenant général de Jeanne d'Albret.
4. Jacques II de Sainte-Colomme, seigneur d'Esgoarrabaque, marié d'abord à Catherine de Montbrun (Arch. des Basses-Pyrénées, E. 1477), puis à Gratianne de Navailles, dite de Saint-Saudens, fille de Jean de Navailles et de Madeleine de Saint-Saudens (même dépôt, E. 1626, f° 182).
5. Ces trois vallées sont dans l'arrondissement d'Oloron (Basses-Pyrénées).

et ceux d'Asson[1] furent les autheurs de cette sédition.

Le roy Antoine qui estoit encores en France fut fort fasché du mauvais succez de cette exécution et, espérant de la rendre plus heureuse par sa présence, s'en vint en poste en Béarn. Gamboua[2] le vint trouver et luy dit que dom Bertrand de La Cueva, duc d'Alburlzerque[3], et les autres seigneurs d'Ipuscoa[4], lesquels il asseuroit estre de l'intelligence, vouloient estre asseurez par escrit de la récompense qu'ilz auroient après l'exécution en laquelle ils ne vouloient entrer sans la dite asseurance. Le Roy, qui avoit jà faict estat certain de ce qu'il espéroit, signa incontinent la liste de toutes leurs demandes et la fit contresigner par Brodeau[5], son secrétaire d'Estat, lequel luy remonstra fidèlement (mais en vain) l'imprudence de ceste signature, avec le dommage et déshonneur qui luy en pouvoit avenir, si d'aventure ceste entreprise se trouvoit double comme il estoit à craindre ; car ceste liste seroit infailliblement portée au roy d'Espagne qui en feroit plainte au roy de France par

---

1. Commune du canton de Nay-Ouest, arrondissement de Pau (Basses-Pyrénées).

2. Valet de chambre d'Antoine de Bourbon, appelé Gamure par Monluc (édit. de la Société de l'Hist. de France, II, p. 323). Bordenave un peu plus loin l'appelle Micheau. Ni l'un ni l'autre de ces renseignements ne nous paraissent exacts : les Archives des Basses-Pyrénées (E. 582) renferment trois déclarations autographes de Gamboa qui contiennent les preuves et l'aveu de sa trahison ; elles sont signées : *Pero-Fernandez d'Elciçaola y Gamboa*. Toutefois il est possible que le surnom de *Micheau* ait été donné à ce personnage.

3. Albuquerque.

4. Guipuzcoa, province d'Espagne.

5. Victor Brodeau, seigneur de La Chassetière.

lequel cette entreprise seroit trouvée mauvaise et s'en tiendroit autant offencé que l'Espagnol en seroit irrité. Par ainsy que Sa Majesté ne devoit rien bailler par escrit qui le peut convaincre d'avoir voulu entreprendre une chose laquelle il seroit contraint de nier, si d'aventure la fin s'en trouvoit malheureuse, mais tout ainsy que Gamboua avoit tousjours négotié par parole sans escrit et la liste de ses demandes estoit sans signature cognüe, il ne devoit aussi donner autre asseurance de sa promesse que de parole, laquele Sa Majesté pourroit nier en tout évènement. C'estoit un bon conseil, lequel ce Roy ne devoit rejetter comme il fit. Mais l'ambition luy avoit tellement opilé[1] la raison que ce fidèle et prudent advis ne peut entrer en son esprit. Par quoy ayant promtement fait assembler toutes ses troupes, le Roy se mit en chemin avec les sieurs de Monluc[2], de Gernac, de Duras[3] et plusieurs autres. Toutesfois ayant entendu par Sanche d'Ursua[4], soldat pour le roy d'Espaigne à Fontarrebie, que ceux qui lui avoient promis de le mettre dedans, jouans le double et s'entandans avec le gouverneur[5], le menoient avec ses troupes à la boucherie, s'en retourna depuis Baionne. Micheau Gamboua et

---

1. Obstrué.
2. Blaise de Monluc, l'auteur des *Commentaires*.
3. Symphorien de Durfort, seigneur de Duras, tué au siége d'Orléans en 1563.
4. Pour ce service une pension de 365 livres était encore payée en 1566 au « seigneur d'Ursue, navarroys » par le trésorier général de Béarn et Navarre (Arch. des Basses-Pyrénées, B. 147).
5. Don Diego de Carbajal (Arch. des Basses-Pyrénées, E. 582. *Confession de Gamboa sur les pratticques qu'il avoyt avec le roy d'Espaigne contre le roy de Navarre*).

Esparse, espagnols, estoient ceux qui menoyent cette trafique et avoient asseuré le roy de Navarre que la garnison de la ville de Fontarrebie estoit fort petite. Or comme on void ordinairement tous les traistres estre doubles, ces deux traistres avoient descouvert leur menée au gouverneur de Fontarrebie, qui ayant secrettement assemblé bonnes forces, en bonne dévotion attendoit l'arrivée du roy de Navarre, et si Dieu par sa bonté ne l'eust miraculeusement conservé, il estoit sans doubte mort ou pris par la mesme finesse qu'il pensoit prendre les autres. Esparse ne savoit rien de ce que Gamboua avoit traitté avec le gouverneur et s'excusoit envers le roy de Navarre, qui l'eut fait mourir, si pour preuve de son innocence, il n'eust fait prisonnier ledit Gamboüe qui fut mené ès prisons de Pau. Et afin que le roy de France n'eut occasion de lui reprocher d'avoir troublé le repos et cerché la guerre en la paix, le roy de Navarre luy envoya un gentilhomme pour luy déduire tout le faict, et fit cependant faire son procès au détenu, qu'il fit pendre avant la responce du dit roy de France, craignant qu'il luy demandast en faveur de son gendre le roy d'Espagne, comme il fit peu de jours après l'exécution. Le roy d'Espagne aussy envoya vers luy à Pau un gentilhomme pour mesmes effect, mais il trouva Gamboüe mort, auquel avoit esté attaché un escriteau disant : *Pour avoir voulu brouiller en nouvelles guerres et discorder les Princes qui estoient en bonne paix et amitié.* C'est ainsi que les Princes couvrent plustot en apparence qu'en vérité leurs prattiques et menées et punissent sur autruy les maux desquels eux-mesmes sont les auteurs et les fauteurs.

Cette mesme année le 10 de juillet, Henry II, roy de France, mourut à Paris d'un contre-coup de lance qui lui faussa la visière et lui entama le test, comme il joustoit pour plaisir avec Gabriel, comte de Mongomeri[1]. Sa mort apporta beaucoup de grands changemens en France ; car ayant laissé quatre fils, tous moiendres d'aage pour prendre en main le maniement du Royaume, Catherine de Medecis, vefve du défunt, comme mère, et Antoine de Bourbon, roy de Navarre, en qualité de premier prince du sang après les frères du Roy, prétendoient à la tutelle de François II qui avoit succedé à son père Henry. La Royne, outre sa qualité de mère, avoit pour elle l'exemple de quelques mères et sœurs des Roys, qui autrefois avoient eus la garde noble de leurs enfans ou frères, avec la régence du Royaume. Au roy de Navarre favorisoient les loix fondamentales de cest estat qui ne déboutent pas moins les femmes de la régence (quelque tollérance qu'on ait quelquefois veu au contraire) que de la succession du Royaume, de laquelle ce sexe a esté privé par les anciens François pour son imbécilité et incapacité au commandement absolu d'une si généreuse et guerrière nation. Mais François de Lorraine, duc de Guise[2], qui estoit oncle maternel de Marie d'Estuart, royne d'Escosse et de France, aspirant de mesmes affection à cette honnorable charge que les autres deux et n'ayant loy ny exemple qui favorisast sa convoitise, trouva un expédient plus

1. Gabriel de Lorges, comte de Montgomery, capitaine de la garde écossaise du roi de France, Henri II, mis à mort en 1574 par ordre d'une commission militaire après la prise de Domfront.
2. Né en 1519, assassiné en 1563.

court pour avoir, sans titre de régent ni de régence, le Roy à sa disposition, et le maniement du Royaume en sa main. Par le moyen donques de la roine Marie, sa niepce, et les ruses du cardinal de Lorraine[1], son fraire, jà devant que le père fut arrivé à ses derniers abois, il s'estoit tellement insinué en la bonne grâce du fils, que Henry ne fut plustot trespassé, que François ne se jettast entre les bras des deux frères Lorrains, qui n'osans parler de la mère selon la passion de leur âme pour n'aigrir le fils et luy descouvrir leur passion, jettèrent tout leur venin sur le roy de Navarre, qui estoit celuy qui pouvoit plus traverser leur dessein. Pour le rendre plus odieux au Roy, ils l'accusoient de sentir mal de la foy et estre infecté de l'hérésie luthérienne et d'aspirer à la Régence pour luy tollir la couronne de dessus le chef. Car encores, disoient-ils, que durant les régences les Roys portassent le nom, toutesfois les régens tenoient la royauté, chose très dangereuse, principalement quant la régence tomboit aux mains d'un qui fut habile à la succession et fut irreligieux, turbulent et ambitieux, comme ils disoient le roy de Navarre avoir ces qualitez et estre entasché de tous ses vices. Parquoy il estoit à craindre qu'ayant les finances, les armes et la justice du Royaume en son pouvoir, il n'aspirât plus hault que la régence. Mais que Sa Majesté avoit atteint l'aage de la majorité des roys de France et estoit capable de gouverner luy-mesme son Royaume et pourroit choisir pour conseillers ceux qu'elle penseroit

---

1. Charles de Guise, né en 1525, cardinal en 1555, mort en 1574.

lui estre plus fidèles et qui eussent plus d'intérest
et de profit en sa vie qu'en sa mort; qu'eux deux
frères, du vivant du roy Henri, de très glorieuse
mémoire, avoient manié tous les plus importans
affaires de la couronne, fut pour la police ou les
armes, et pour l'honneur que leur maison avoit
d'estre alliée de si près de Sa Majesté, ils avoient aussi
plus d'intérest à la conservation de sa vie que tous
autres, et se tiendroient tousjours très heureux d'employer leurs vies et moyens pour son service avec
toute la fidélité que le devoir leur commandoit, la
sincérité de l'alliance méritoit et leur propre intérest
leur recommandoit. Car tout ainsi qu'ils reconnoissoient
franchement leur grandeur despendre de la seule
libéralité de Sa Majesté, aussi ils confessoient leur vie
descouler tellement de la sienne qu'icelle esteinte,
infaliblement la leur tariroit aussi tost. Ce jeune
Prince creut facilement toutes ses choses et, remettant toute l'autorité royale ès mains de ces deux
frères, donna au cardinal la surintandance des finances
et de la justice, et au duc le commandement des armes,
avec mandement exprès sur peine de la vie à toutes
personnes de quelle qualité, dignité et office qu'elles
fussent de leur obéir, comme à sa propre personne.
Ainsi pour un monarque la France en eust lors trois.
La Royne mère fut bien faschée de voir la maison de
Guise si monstreusement eslevée, et encore plus de la
desmesurée puissance donnée aux deux frères, et
leur eut deslors donné quelque lourde secousse, si
elle eut eu quelque un en qui elle se fut osé fier, mais
craignant quelque chose sinistre contre sa propre
personne, elle leur fit bonne mine jusques à rudoyer

le connestable et tous les autres qu'elle savoit leur estre contraires ou estre hays d'eux. Et eux pour ne porter seuls la haine et l'envie de tout le Royaume et se prévaloir du nom spétieux de mère, l'entretenoient en quelque grade et lui complaisoient en quelques choses de médiocre importance. Et pour ce que Diane de Poitiers, duchesse de Valentinois, par don du défunt Henri, et par lui entretenue trop privément et scandaleusement, et qui par son scandaleux crédit avoit avancée la maison de Guise, n'estoit veue de bon œil de la Royne, pour luy avoir plusieur fois deshontement desrobée la bonne grâce, la faveur et le lict de son mari, ils consentirent qu'elle fut chassée de la cour où ils n'avoient eu nul crédit que par elle.

Et les deniers provenans de la confirmation des offices furent partagez entre la vefve et les deux nouveaux gouverneurs. Anne de Montmorancy, connestable et le plus ancien serviteur de l'ayeul et du père du Roy, fut honteusement deffavori et renvoyé en sa maison, et eut eu pis si la honte plus que la conscience n'eust retenu ses ennemis. Car l'envie de la faveur de ce vieillart avoit rendu les Guises très ennemis des Montmorancis. Et le connestable qui avoit préveu l'orage qui se levoit contre luy, l'avoit voulu conjurer par le moyen du roy de Navarre, qui estoit en Béarn lors que Henri fut blessé. Car voyant le dit Roy hors d'espérance de guérison, il avoit averti le Navarrois de ce que les Guises ourdissoient et des présages qu'il y avoit que, venant le père à mourir, ils s'emparassent de la personne du nouveau Roy et du maniement de l'Estat, qui seroit un grand mal pour tout le Royaume et injure à luy à qui, comme premier prince du sang, cest honneur estoit justement deu. Parquoy il l'exortoit de s'acheminer en toute diligence en cour et s'y trouver, s'il estoit possible, avant le dernier soupir du Roy, pour se saisir incontinent de la personne du successeur et du gouvernement du Royaume, en quoy lui, tous ses parens, alliez, amis et serviteurs et quasi toute la noblesse de France le serviroient si fidèlement que ceux qui estoient jà Roys par fantasie demeureroient frustrez. C'estoit un très bon conseil et peut-on vraysemblablement dire qu'il eust eu un heureux succès, et n'y eut servi de peu la crainte que tous les plus grands avoient de tomber à la discrétion des Guises qui estoient connus de tous très ambitieux [et avares] et d'un esprit turbulent [mesmement le cardinal qui servoit de pédagogue à son aisné, qui n'estoit que l'exécuteur des arrests du cardinal et qui en sa profession militaire avoit la conscience plus entière que le cardinal en sa pestrise[1].] Mais le roy de Navarre, fut qu'il ne se souciast lors de changer le repos domestique avec le travail publique ou qu'il craignit que le connestable, pour le tromper, voulut seulement sonder et descouvrir sa volonté ou bien (qui est le plus vraysemblable) prévoyant ce qui aviendroit au connestable, fut fort aise de lui voir prendre une grande cheute, car il estoit grandement irrité contre lui, l'estimant la seule cause de ce qu'il avoit esté obmis en la paix de Cambrésis. Néantmoings mal avisé et suivant plus la passion que la raison, se voulant venger d'autruy, se vengea de soy-mesmes; et cuidant honnir et abaisser autrui, se deshonnora et

1. Pour *prestrise*.

perdit soy-mesmes, car outre qu'il tomba en hazard très éminent de perdre vie et biens, jamais depuis ses affaires n'allèrent qu'en décadence. Et comme la promptitude et vivacité de l'esprit de ce Roy surpassoit les plus vifs esprits, aussi sa vanité et inconstance naturelles surpassoient la vanité et l'inconstance mesmes; de manière qu'il n'eust plustot nouvelles du grand changement que la mort d'Henry avoit apporté qu'il ne se repentit de n'avoir suivi le conseil du connestable (mais le repentir ne peut amender les fautes passées), lequel ayant esté forcé de partir de la cour (mesme avec honte) n'avoit plus le moyen de luy aider beaucoup (tant est sujette à se changer la faveur de la cour et l'occasion de se perdre). Et les Guises qui s'estoient hastez de changer toutes choses avoient desapointez, chassez et déposez de leurs charges tous les meilleurs et les plus grands et tous ceux qui leur estoient contraires ou seulement suspects ou qui avoient quelque moyen de leur nuire ou traverser leurs desseins, et mis en leurs places les pires et leurs confidans, [avoient aussi fait défendre tout port d'armes à feu. C'est le chemin qu'ont tousjours tenu ceux qui, plus par la force que par le droit, se sont voulu avancer en quelque estat ou s'en emparer.]

La convocation des Estas sembloit pouvoir apporter quelque remède à tous ces maux, car cette assemblée a tousjours eu tel crédit en ce Royaume, qu'en cas de controverse elle jugeoit de la succession des Roys, de la tutelle et appanage de leurs enfans, des régences, des levées extraordinaires des finances, de la guerre, de la paix et de toutes autres choses qui attouchoient l'Estat. Parquoy maints de tous estas et de toutes les

contrées du Royaume vinrent treuver le roy de
Navarre en Béarn pour l'exorter de s'acheminer en
France et de y fere assembler les Estas pour se faire
déclarer régent ou, si le Roy estoit trouvé majeur,
surintendant de tous les affaires. Car les princes du
sang qui sont conseillers naiz du Roy et protecteurs du
Royaume, sont aussi appelez par les loix de France à la
tutelle des Roys mineurs et à la régence du Royaume
et protection des François et de leurs priviléges et
libertez. Et pour ce que le défaut de ses finances et de
forces l'eussent peu retarder, ils lui donnèrent asseurance de lui fournir l'un et l'autre; et à ces fins levée
de deniers et enroulement de gens de guerre furent
faits entre eux et plusieurs entreprises basties sur
quelques villes pour servir de retraite, s'il en estoit
besoin. Or ceux qui solicitoient le Navarrois estoient
tant de la religion [romaine[1]] que de la[2] réformée; et
les derniers, outre les affaires communs de l'Estat,
demandoient particulièrement relasche des [grandes]
persécutions qui estoient journellement exercées contre
eux, et estoient lors grandement augmentées, [au
moins] jusques à ce qu'on les eut ouys en la défense
de leur cause [offrans de monstrer la justice d'icelle
par l'expresse parole de Dieu]. Le roy de Navarre
leur fesoit de belles promesses, mais tout ainsi que les
figures tracées sur l'eau ou sur le sable sont aussi tost
effacées que faites, pareillement toutes les délibérations de ce Prince avourtoient quasi avant leur conception, et il reprovoit et dénioit le jour suivant ce

---

1. Variante : *catholique.*
2. On a ajouté : *prétendue.*

qu'il avoit approuvé et promis le précédant. Il estoit nourry en ceste irrésolution par quelques ses plus privez conseillers, desquels le sieur d'Escars[1] et l'évesque de Mande[2] estoient les principaux, qui luy conseilloient de ne rejetter du tout les offres qui lui estoient faites par ces gens, ains d'entretenir leur espérance par ordinaires promesses. Cependant ils luy fesoient les choses, non seulement de dificile et dangereuse exécution, mais aussi du tout impossibles et jointes à son entière ruine, tant pour les grandes forces de ceux de Guise, qui avoient en main les finances et les armes du Royaume, que principalement à cause du roy d'Espagne, lequel ils disoient avoir espousé cette querelle et l'estimer sienne, pour ce qu'il craignoit qu'estant Sa Majesté saisie du maniement de ce grand estat, elle ne l'employast à recouvrer la Navarre et les païs sur lesquels comme roy de Navarre il pouvoit prétendre droit. Mais ils avertissoient secrettement les Guises de tout ce qui se faisoit auprès de leur maistre. La propre irrésolution de ce Roy et la desloyauté de ses conseillers mirent en hazard de ruine plusieurs grandes maisons du Royaume. Ceux de la religion[3] réformée, qui, sur ses promesses, s'estoient déclarez plus ouvertement que les autres et avoient mis sus beaucoup de grandes entreprises qui réussirent très mal, furent en plus grand danger que

1. François de Peyrusse, comte des Cars ou d'Escars, lieutenant de Roi en Guienne en 1561, gouverneur de Limoges, marié en 1579 à Isabeau de Beauville, veuve de Monluc, mort vers 1589.
2. Nicolas Dangu, évêque de Mende, chancelier de Navarre.
3. On a ajouté : *prétendue*.

les autres. A la fin plus par importunité et honte que de bonne volonté, le Navarrois entreprit le chemin de France où il estoit journellement solicité et appelé de plusieurs de l'une et l'autre religion, ausquels il continuoit tousjours ses promesses [et prioit particulièrement ceux de la réformée de ne se scandaliser s'il ne quittoit point encore la messe, à laquelle il alloit quelquefois, plus pour n'estranger du tout ceux de la religion romaine, disoit-il, que par dévotion. Cependant ses propos firent penser aux meilleurs et plus sages qu'il avoit aussi peu de religion que de résolution et de courage, car quand il est question des choses de la foy, il faut marcher rondement et rejetter simplement ce que Dieu défend et faire ce qu'il commande, quelque danger qui se puisse présenter du costé du monde.] Mais où plus il approchoit de la cour on remarquoit beaucoup de changement en sa volonté et de refroidissement en son zèle, cela donna juste occasion à la plus grande partie de ceux qui avoient délibéré de le suivre de se retirer, jugeans dès lors qu'il ne feroit rien, ains plustot tout le contraire de ce qu'il leur avoit promis, comme il fit. Il arriva à Saint-Germain en Laye où il eut eu la basse cour pour logis et le ciel pour poelle, si le mareschal Saint-André[1] ne lui eut quitté sa chambre, et fut receu du Roy avec si maigre visage, que chascun peut connoistre qu'il ne l'aimoit guère et le prisoit moins. Pour la harangue de sa bien venue le Roy lui déclara qu'il avoit donné la surintendance de tous les affaires de son Royaume à ses deux

---

1. Jacques d'Albon, dit le maréchal de Saint-André, nommé maréchal de France en 1547, tué à la bataille de Dreux en 1562.

oncles, le cardinal de Lorraine et le duc de Guise, ausquels il entendoit que tous ses sujets, de quelle qualité qu'ils fussent, obéissent sur peine de la vie. Le Navarrois ne respondit rien et ceux de Guise firent nul semblant de le réconnoistre jusquez à ce qu'il les eut recerchez. Tous ses serviteurs et amis furent plus faschez de ce dernier trait que de tout ce qu'il avoit encore fait, et le quittèrent et se retirèrent. Toutesfois le tems ny le lieu n'estoit lors là de faire le mauvais garçon et faloit avoir commencé plus tot et ailleurs et mis tout autre ordre à ses affaires qu'il n'avoit, [mais l'esprit de ce Prince estoit incapable de toute hazardeuse résolution.] Il reconnoissoit lors la faute qu'il avoit faite de s'estre venu mettre à la discrétion de ses ennemis et n'avoir creu le conseil de ceux qui luy conseilloient d'y aller en tel équipage, qu'il leur peut donner la loy. [C'est la coustume des inconstans de se r'aviser hors tems.] Se voyant donques le Navarrois mesprisé du Roy, gourmandé des Guises et abandonné des siens, il reprint le chemin de Béarn; et pour lui donner occasion de partir, plus tot que pour le favorir ny honnorer, la conduite de la royne d'Espagne jusques à l'entrée du royaume d'Espagne luy fut donnée avec le cardinal de Bourbon[1] et le prince de La Roche-sur-Yon[2].

De ceux de Vendosme estoient cousins germains ceux de Guise, mais l'inimitié se trouvoit plus forte entre eux que le parentage, tant l'ambition a de pou-

---

1. Charles de Bourbon, frère d'Antoine, roi de Navarre, né en 1523, archevêque de Rouen, mort en 1590.
2. Charles de Bourbon, mort en 1565.

voir à desnaturer les cœurs superbes et audacieux ; et la parenté et affinité qui font les ennemis amis et entretiennent tous autres hommes en concorde, rendent ordinairement ennemis les grands et les mettent en guerre et discorde. Ainsi l'ambition des Guises leur fit oublier l'honneur de leur parentage avec les Bourbons qu'ils hayssoient de mal de mort, non pas pour la religion, le prétexte de laquelle néantmoins ils prenoient ; mais d'autant qu'ils pouvoient empescher plus que tous autres l'autorité qu'ils avoient [usurpée[1]] sur tous les François et sus la personne du Roy mesme. L'animosité des Guises contre [les Bourbons et] tous ceux qui pouvoient traverser leur desseins croissoit tous les jours et les recerches contre ceux de la religion[2] réformée s'aigrissoient d'heure à autre avec des édits très rigoureux. [Et ils couvoient plus tot qu'esclorre leur maltalent contre les Princes et se déclaroient ouvertement contre les autres et cela principalement contre ceux de la religion.] Ce qui les précipita en tel désespoir qu'ils résolurent de se présenter au Roy [à quelque prix que ce fut] et luy faire eux-mesmes leurs plaintes. Mais d'autant que le chemin jusques en sa présence estoit clos à tous, sinon à ceux à qui les Guises le vouloient ouvrir, ils pensèrent de faire par les armes telle esplanade jusques à Sa Majesté, environnée plus tot d'une armée que d'une simple garde, que rien ne les pourroit empescher de parler à elle pour lui faire leurs doléances et lui présenter leur requeste. [Cette entreprise estoit fort hazardeuse et sujette à

---

1. Variante : *prinse*.
2. On a ajouté : *prétendue*.

calomnies de vouloir entreprendre quelque chose sinistre contre le Roy, et faut que le mal soit extrême avant qu'on entre en cette voye et que toutes autres se treuvent du tout innutilles ou soient totalement deniées, comme elles estoient à ces misérables, contre lesquels sentence de mort estoit jà prononcée par édits cruels, sans les vouloir ouyr en leur défense, et plusieurs estoient journellement plus tot exécutez que convaincuz d'hérésie ou autre crime digne de mort par les loix.] Et pour ce que toutes entreprises sont sujettes à tomber en de grandes confusions si elles ne sont conduites par un chef auquel tous les autres se raportent et obéissent, ces gens esleurent un gentilhomme de Peirigort, sieur de La Renaudie [1], pour lieutenant du principal chef, qu'ils nommoient chef muet, qui ne vouloit estre connu ny nommé que sur le point de l'exécution. Et certains conseillers lui furent ordonnez pour faire et ordonner avec leur advis tout ce qui seroit nécessaire pour l'exécution de leur entreprise. Levée de gens de guerre et de finances fut faite par toutes les provinces du Royaume et le rendez-vous donné au 10 de mars 1560 ès environs de la ville de

---

1. Godefroy de Barry, seigneur de La Renaudie, dit La Forest. — En 1565, mademoiselle de La Renaudie était gouvernante des filles de la reine de Navarre. (Arch. des Basses-Pyrénées, B. 13.) — On trouvera un capitaine La Renaudie dans la suite de l' « Histoire » de Bordenave. — Dans les pièces du fonds Périgord (Arch. des Basses-Pyrénées, E. 850) le nom de La Renaudie est écrit *L'Arnaudie*, notamment dans les lettres d'érection en châtellenie de la terre de L'Arnaudie, située dans la paroisse de Saint-Front-la-Rivière, par Alain, sire d'Albret, en faveur de Bertrand Du Barry, son premier chambellan, datées de Montignac le 6 juillet 1469.

Blois[1] où lors séjournoit le Roy. Mais leur délibération ayant esté descouverte par l'indiscrétion de La Renaudie et l'infidélité d'un advocat de Paris, nommé Avellenes[2], plusieurs des entrepreneurs furent tués ou pris et menez audit Blois par le duc de Nemours et quelques autres partisans de ceux de Guise où la plus part furent exécutez par le bourreau. La [constance[3]] de ses hommes fut telle qu'ils ne nommèrent jamais leur chef muet, soit qu'ils ne le sceussent point ou que [leur[4]] résolution fut plus grande[5] que le tourment de la geine qui leur fut donnée, espérant[6] de leur faire nommer le roy de Navarre ou son frère le prince de Condé, lesquels les Guises soupçonnoient estre les chefs de toute cette entreprise; [ils[7]] fondoient leurs présomptions sur ce qu'une partie des prisonniers estoient sujets, domestiques ou fort favoris dudit Roy. Et le Prince, comme à point nommé, s'estoit trouvé en cour où le chef muet se devoit trouver à l'heure de l'exécution. Mais nul ne fit mention du roy de Navarre, encore que quelques uns chargeassent le Prince de savoir ladite exécution. Quoy qu'en fut ledit Prince tint si bonne mine et après que sa maison et ses coffres eurent esté fouillés par le prévost de l'Hostel sans rien trouver, parla si haut en la présence du Roy, séant en son conseil, que ses ennemis, estonnez

---

1. A Amboise.
2. Pierre Avenelles ou Des Avenelles, avocat au parlement de Paris, chez qui logeait La Renaudie.
3. Variante : *résolution.*
4. Variante : *telle.*
5. On a ajouté : *en eulx.*
6. Variante : *on espéroit.*
7. Variante : *Et.*

tant de son asseurance que de la hardiesse de cette faction et craignans le grand nombre des conjurés [comme de plusieurs Scœvolas,] n'osèrent entreprendre de le retenir prisonier. [Tous s'esbahirent qu'en cest affaire de la plus grande importance, que jamais leur soit avenue, la subtilité manquast au cardinal et l'audace à son frère (mais les glaives mieux acérez et esmolus sont ceux qui s'esmoucent le plus tot, et la veue plus pénétrante s'esblouit par une soudaine et inopinée clerté.) Tout ainsi donc que le mal avisé court fermer l'estable après que le cheval est eschapé ou travaille pour reprendre l'oiseau qu'il a laissé sortir de la cage, aussi les deux frères ne laissèrent nulle pierre qu'ils ne remuassent pour reprendre celuy qu'ils avoient laissé eschaper.] Ils pressoient néantmoings le Roy d'user envers luy tantost de prières, tantost de commandemens de le venir trouver et la Royne mère de lui donner toute asseurance de bon récueil et espérance d'obtenir ce qu'il voudroit. Mais luy qui ordinairement avoit avertissement par ses amis, non pas seulement de ce que ce faisoit en cour, mais aussi de ce que vraysemblablement y devoit estre fait contre luy, s'il y venoit, trompoit leurs espérances par l'asseurance qu'il donnoit à Leurs Majestez de leur venir baiser les mains bien tost. Mais le mesme jour qu'on attendoit son arrivée en cour, vinrent nouvelles qu'il avoit prins la route de Gascongne vers son frère le roy de Navarre. Cest opiné partement mit nouveau martel in teste aux Guises, qui s'augmentoit tous les jours par les advis qu'ils recevoient de ce qui se délibéroit auprès de ces deux Princes. Car tous les principaux malcontens en personne ou par lettres et hommes exprès et les députés des églises[1] réformées estoient à Nérac pour induire le roy de Navarre de se trouver aux Estas que ceux de Guises avoient fait convoquer au Roy pour le dixiesme de décembre à Meaux, avec grandes promesses et asseurances d'avoir abondance de toutes choses nécessaires, pour commander le haro aux Guises, qui cependant, par le moyen de leurs partisans et du clergé, cuidoient avoir si bien pourveu à leurs affaires par les Estas Provinciaux qu'ils se tenoient asseurez qu'aux Généraux ne seroit rien traitté à leur préjudice. Mais les pratiques qui se fesoient auprès du roy de Navarre troubloient fort cette asseurance et les tenoient tellement en crainte qu'ils pensoient la seule mort de ces deux Princes les pouvoir bien asseurer et les garentir de mal. Par ce, laissant toutes autres choses derrier, ils dressèrent tous leurs conseils et efforts à cela. En l'exécution se trouvèrent plusieurs difficultés : la deffiance des deux Princes les retardoit d'aller en cour, et le doubte d'embraser un feu qui les consumât eux mesmes, reculoit les Guises d'user de force; leur semblant donques la ruse plus asseurée que la force, ils employèrent tous les artifices desquels ils se peurent aviser pour les attirer en cour par promesses et asseurances, menaces et commandemens. Et pour ce que la vive voix a plus de puissance de persuader que l'escriture, ils prattiquèrent les principaux serviteurs du roy de Navarre, qui n'estoit pas lors plus fidèlement servi, ne lui plus constant que l'autrefois, et envoyèrent en Gascogne le mareschal Saint-André pour sonder la volonté et

---

1. On a ajouté : *prétendues.*

espier les actions du Navarois et de son frère le Prince. Il les trouva au Mas d'Agenois[1] où il ne fit nul séjour, jasoit qu'il eust tousjours fait démonstration d'estre très affectionné serviteur de ses deux frères et eut esté fort familier du prince de Condé, mais les Guises l'avoient gaigné et attiré de leur costé, ce que rendit son voyage suspect et ses paroles de nulle efficace. Il les vouloit asseurer de la bonne volonté du Roy et de la Royne, sa mère, envers eux et de la sincère servitude que le cardinal et le duc de Guise protestoient publiquement leur avoir vouée. Parquoy, disoit-il, ils ne devoient faire nulle difficulté de s'acheminer en cour où ils estoient grandement désirez du Roy, de la Royne et des Guises et en général de toute la cour, et leur présence y estoit très nécessaire pour aider de mettre quelque fin aux troubles qui affligéoient la France, en quoy le dit roy de Navarre avoit plus d'intérest que tout autre après le Roy et messieurs ses frères, pour sa qualité de premier prince du sang après la maison du Roy. Ce que ledit mareschal protesta leur avoir dit en fidèle serviteur qui désiroit leur repos, bien et grandeur, sans qu'il en eust receu charge ne commandement, car il n'estoit venu là que pour les visiter seulement et leur offrir son service. Cela retint le roy Antoine de luy faire autre response pour le regard du Roy et de la Royne, protestant que luy ni le Prince, son frère, n'estoient jamais entrez en nulle deffiance de la bonne volonté de Leurs Mayestés; comme aussi de leur costé, ils n'avoient jamais eu

---

1. Chef-lieu de canton de l'arrondissement de Marmande (Lot-et-Garonne).

autre intention que de leur rendre le fidèle service et obéissance qu'ils leur devoient, mais qu'ils estoient très bien acertainez que ceux de Guise, leurs capitals ennemis, avoient rempli les oreilles du Roy de plusieurs choses sinistres et pleines de calomnies pour l'irriter contre eux. Sur quoy-ledit roy Antoine, en très grande colère, dit plusieurs choses accompagnées de menaces contre le gouvernement des Guises, et le prince de Condé fit de grands reproches au mareschal de ce que, pour plaire aus Guises, il avoit entrepris de le suivre pour l'arrester. C'est une grande indiscrétion de menacer celuy qu'on ne peut abattre ne luy apporter aucun dommage important, car cela luy sert d'avertissement pour se tenir en garde, et le provoque pour le tenir en garde et le provoque pour son propre salut de prévenir le menaçant et luy faire le premier cela de quoy il l'aura menacé. Aussi les menaces de ces deux Princes ne servirent que d'accroistre la deffiance et l'inimitié des Guises, qui pour attraper les Bourbons, sans courir aucun danger de leur costé, importunoient tous les jours le Roy de leur commander de venir en cour et se trouver aux Estas, qui avoient esté remués de Meaux à Orléans. Mais la pluralité de tant de commandemens et promesses du Roy augmentoit plus qu'elle ne diminuoit la défiance et reculôit plus qu'avancer le voyages du roy de Navarre; et les Guises se servoient finement de ces délais pour rendre plus suspects et plus odieux les deux frères au Roy, qui conseillé d'envoyer vers eux en Gascogne quelques personnages qui, sans leur estre suspects, leur fussent agréables pour essayer de gaigner sur eux par paroles ce qu'il n'avoit peu obtenir par lettre, y envoya les cardinals de Bourbon et d'Armaignac, et le prince de La Roche-sur-Yon et le sieur de Crussol[1].

Le cardinal d'Armaignac, avoué parent de la maison de Navarre, et par la faveur d'icelle parvenu à tant de bénéfices et dignitez ecclésiastiques, arriva le premier à Nérac en qualité de légat en Navarre et Béarn. Il représenta au roy Antoine avec beaucoup de paroles et gestes, pleins d'affection en apparence, l'indignation du roy François contre luy, qu'il tenoit pour chef de tous ceux qui en France fesans profession de la religion nouvelle, avoient remué les armes et donné commencement aux troubles qui estoient par tout le Royaume. Car le dit seigneur Roy s'asseuroit que telles gens n'auroient jamais eu l'audace de se monstrer en public ny d'abattre les images, ruiner les autels et saisir les églises, si quelques uns des plus grands du Royaume ne leur eusent levé le menton ; que la profession publique que le prince de Condé fesoit de cette religion et la demeure et prédications en sa cour et en sa présence de Boynormand, David[2] et Henry[3], ministres de cette secte, estoient tesmoignages certains que Sa Majesté et le Prince, son frère, favorisoient les déportemens de ces hérétiques séditieux et très pernitieux à l'Estat. Mais que le Roy s'estoit délibéré de mettre tellement la main sur eux, qu'il ne la lèveroit avant les avoir tous exterminez et son intention estoit de commencer l'exécution par les plus grands et par

1. Antoine, comte de Crussol, duc d'Uzès, mort en 1573.
2. « Maistre David, prédicateur, » figure pour 120 livres de gages au compte du trésorier de Navarre de 1557 (Arch. des Basses-Pyrénées, B. 143).
3. C'est Henri de Barran (voir la note 3, page 57).

les plus suspects qui, sous ombre d'aller à la messe, portoient plus de dommage à [Sainte-Mère] Eglise[1] que les prédicans mesmes ; que [le[2]] Saint Père le Pape et le Roy Catholique solicitoient ordinairement le Roy de mettre à bonnescient la main à cette exécution, pour laquelle ledit Roy Catholique offroit au Roy Très Chrestien toute aide et faveur, et à ces fins avoit déjà fait levée de plusieurs compagnies de gens de guerre pour les faire entrer en France, et le Roy avoit plusieurs troupes ensemble pour cest effect ; que pour éviter cest orage, Sa Majesté et le prince de Condé, son frère, devoient aller trouver le Roy et luy rendre conte de leurs actions, et il les ouiroit bénignement et en toute asseurance, car le Roy les aimoit comme ses parens et les honnoroit comme princes de son sang et ne désiroit que leur advancement et grandeur, comme il leur feroit paroistre incontinent qu'ils seroient arrivez près de Sa Majesté ; que ledit roy de Navarre devoit pareillement escrire à [la Sainteté du Pape[3]] pour luy [arracher de l'entendement[4]] la mauvaise opinion qu'il pouvoit avoir de luy par tant de sinistres bruits et advertissemens qu'il avoit ouis de ses déportemens ; que où il ne feroit l'un ou l'autre, infailliblement le Roy le ruineroit en son cors et biens et le Pape l'excommunieroit ; qu'il supplioit Sa Majesté y vouloir bien penser avant le fait, car le repentir après ne serviroit que d'aggraver son mal ; que Sa Majesté se souvint que pour semblable censure le roy Jean et la royne Cathe-

---

1. On a ajouté : *catholique*.
2. Variante : *nostre*.
3. Variante : *Sa Saincteté*.
4. Variante : *faire perdre*.

rine, ayeuls de la Royne, sa femme, avoient perdu le royaume de Navarre, et il estoit à la vigile de perdre le reste; qu'il avoit receu une bulle du Pape pour excommunier, en qualité de légat en Navarre et Béarn, Boynormand et David, prédicans, et La Gaucherie[1], précepteur de Monsieur le prince de Navarre, son fils, mais que, pour le respect qu'il pourtoit à Sa Majesté, il ne l'avoit voulu exécuter sans l'en avoir advertie; qu'il supplioit le Roy de prendre en bonne part la liberté de son langage, que la sincère affection qu'il pourtoit à la maison de Navarre, de laquelle il avoit cest honneur d'en estre avoué parent, avoit arraché de sa langue contre sa propre volonté, qui eust désiré parler en autres termes à Sa Majesté, mais les remèdes plus salutaires sont ceux qui font plus de douleur.

Le roy Antoine qui connoissoit le cardinal pour un gascon italianisé et un des plus grands courtisans de France, ne tint pas grand conte de cette [longue] harangue, mais s'excusa seulement de l'hérésie qu'on luy mettoit sus, avec grandes protestations de n'avoir jamais donné faveur de rien qui fut contre le bien du service du Roy, son seigneur, ny de son Estat, ni contre la fidèle obéissance que tout François luy devoit; qu'il n'y avoit homme en France qui de meilleur cœur sacrifiast sa vie pour la conservation du dit seigneur Roy et l'accroissement de sa couronne et le repos de tout le Royaume, ainsi qu'il feroit toujours

---

1. Le nom de La Gaucherie manque à presque toutes les biographies. — En 1562, Anne de La Gaucherie était au nombre des filles de la reine de Navarre; elle reçut un don de 40 livres pour la nourriture de sa sœur (Arch. des Basses-Pyrénées, B. 10).

paroistre en toutes les occasions qui se présenteroient; qu'il savoit que le cardinal de Lorraine et son frère, ennemis mortels de toute la maison de Bourbon, par plusieurs calomnies avoient rendu odieux luy et le Prince, son frère, au Roy, afin qu'ils n'approchassent en seurté de Sa Majesté pour y tenir rang selon leur qualité; mais qu'il espéroit que leurs impostures seroient un jour connues du Roy et leur fidélité reconnue, après qu'il seroit délivré des mains des Guises; que s'il plaisoit au Roy de leur garder l'une aureille libre et leur donner audience en seurté, le Prince, son frère, et luy se présenteroient tousjours seuls devant Sa Majesté pour luy rendre raison de leurs déportemens et respondre aux calomnies de leurs ennemis; qu'il défendoit audit cardinal cependant de n'attenter rien contre Boynormand, David, Henry ny La Gaucherie. Le cardinal donna incontinent advis en cour de ce qu'il avoit entendu du roy de Navarre et communiqua particulièrement du tout avec le sieur d'Escars, l'évesque de Mande et Bouchard[1], principals conseillers dudit Roy.

L'avertissement du cardinal d'Armaignac augmenta la deffiance des Guises et leur osta l'espérance de pouvoir attirer le roy de Navarre si facilement en cour qu'ils avoient espéré. Toutesfois ils ne perdirent point courage et ne désistèrent de leur entreprise en laquelle ils estoient nourris par les conseillers plus confidans dudit Roy et cela principalement par Bouchard, son chancelier, qui s'estant retiré en sa maison depuis la descouverte de l'entreprise de Lion[2], avoit

1. Amaury Bouchard, chancelier de Foix et Béarn.
2. Il existe aux Arch. des Basses-Pyrénées (E. 582) une déposi-

escrit au cardinal de Lorraine tout ce qui s'estoit passé auprès dudit Roy, son maistre, lequel cependant avoit esté conseillé en toutes ces choses plus par ledit chancelier que par autre. Cest avertissement remit en espérance les Guises de pouvoir obtenir avec le tems ce qu'ils demandoient du roy de Navarre ; et pour ce que la Royne mère leur estoit moins suspecte, ils moyenèrent qu'elle envoyast le sieur de Crussol en Gascogne, qui fut expressément choisy d'autant qu'il estoit fort favori de la Royne et suspect d'adhérer à la religion[1] réformée, de laquelle il fit quelque tems après [publique] profession. Et le Roy y envoya le cardinal de Bourbon, frère du roy de Navarre et du prince de Condé. Tous deux esbranlèrent si fort les deux frères que le roy Antoine fit publiquement chanter la messe à Nérac et y alla luy-mesmes et y mena son fils le prince de Navarre. Cest acte donna occasion aux députez de l'une et de l'autre religion qui, quasi de tous les quartiers de France, estoient auprès dudit Roy de craindre qu'il estoit en délibération de les quitter du tout ; mais il les asseuroit tous les jours du contraire et à toutes heures leur faisoit nouvelles promesses, mais l'inconstance de son langage et le changement de sa contenance mettoit au jour le trouble qu'il nourrissoit en son esprit. Son frère le cardinal et Crussol ne l'abandonnoient jamais et le tenoient tellement assiégé qu'il n'avoit moyen de parler en privé auxdits députez. Ils lui fesoient beaucoup de promesses de la part du Roy

tion faite par Gilles Trion, dit Pierre Ménard, devant Fournel Pourret, commissaire, au sujet d'un complot des protestants qui voulaient s'emparer de Lyon.

1. On a ajouté : *prétendue*.

et de la Royne pourveu qu'il les allast trouver en cour et y menast son frère et où il ne le feroit, luy proposoient l'ire du Roy, ses grandes forces et celles du Pape et du roy d'Espagne, qu'ils disoient estre toutes prestes pour marcher contre luy, incontinent que le Roy auroit entendu son refus; que les promesses que ceux qui estoient auprès de luy luy fesoient, n'estoient que chimères et vent qui se trouveroient sans nul effect au besoin, car le peuple est prodigue en promesses et très ciche et très avare au fait; et le Roy avoit tellement pourveu par toutes les provinces qu'il estoit impossible d'y fere aucune levée sans son sceu; et quand bien elle se pourroit faire, se seroit populace sans cœur, expérience, ny discipline militaire, qui seroit aussi tost défaite que levée par les gens du Roy, qui estoient toutes les compagnies de gens d'ordonnances et tous ceux qui en ce Royaume s'estoient jamais meslez de la guerre; de sorte qu'il seroit à luy une grande imprudence de se mettre aux champs sous les vaines promesses de ces gens qui estoient sans force et sans moyens; que s'il avoit envie de se perdre avec ses désespérez, qu'il eust au moins quelque esgard à toute la maison de Bourbon de laquelle il estoit chef de linage et à sa femme et à ses enfans, la perte de tous lesquels indubitablement suivroit la sienne; qu'estant en cour il pourroit rabatre l'audace de ses ennemis, qui, quelque mine qu'ils fissent, le désiroient plustot loin que près, craignans que la présence de luy et du prince de Condé n'apportassent quelque changement aux affaires et diminution au gouvernement qu'ils avoient usurpé; que tous les princes du sang se joindroient infailliblement à eux avec les officiers de la couronne et toute la principale noblesse de France. Ses plus privez conseillers [secrets partisans des Guises] chantoient tous les jours secrettement cette mesmes chanson à ce Roy, lequel enfin resolust le voyage de la cour qu'il avoit si longtemps dilayé.

Cela ne fut plustot venu à la connoissance des deputez, qui estoient auprès dudit Roy, qu'ils délibérèrent de parler à luy plus ouvertement qu'ils n'avoient encore fait pour luy oster, s'il estoit possible, la crainte qui l'avoit saisy et asseurer en quelque manière [son inconstance[1]]. Ils luy remonstrèrent donq qu'il redondoit au grand détriment de toute la France et au mespris de toute la noblesse, principalement des Princes, officiers de la couronne plus anciens conseillers et serviteurs du Roy deffunt, que deux seuls hommes descendus d'autre nation, et qui ne pouvoient prétendre en France tiltre ne rang que de simples gentilshommes, usurpassent une telle autorité sur tout le royaume, qu'ils manioient le Roy à leur volonté et disposoient non seulement des finances, de la guerre et de la justice, mais aussi de l'honneur, vie et biens de tous les François de quelle qualité qu'ils fussent, sans compagnon ni contreroleur de leurs actions et sans esgard à la qualité, vertu, fidélité, expérience et longs services des personnes, haulçoient et abaissoient, introduisoient et deschassoient ceux qu'il leur plaisoit ou qu'ils pensoient les pouvoir aider ou empescher en l'exécution de leur secret préparatif de saisir un jour cest Estat qu'ils prétendoient leur appartenir et le fesoient ainsi

---

1. Variante : *et l'asseurer en quelque manière que ce fust.*

courir entre leurs plus confidans comme sortans de l'estoc de Charlemaigne et des rejettons de cette souche. Et pour le persuader à ceux qui ignoroient l'histoire françoise avoient fait dresser une généalogie de la maison de Lorraine remplie de faucetez et mensonges pour la faire descendre dudit Charlemaigne, afin qu'ayans gaigné ce point, ils puissent venir à l'exécution du décret du pape Étienne II : que nul qui ne seroit de la race de Charlemaigne ne puisse estre roy de France, avec malédiction aus François s'ils fesoient autrement. Mais que le royaume de France n'estoit en rien sujet au Pape et ne pouvoit tomber en censure d'interdit ny excommunication, et estoit notoire par l'histoire françoise que la postérité masculine de Charlemaigne estoit deffalie, il avoit plus de 500 ans, en Charles, duc de Lorraine, frère du roy Lothaire et oncle de Loys V, fils d'iceluy, à qui l'empereur Othon II avoit donné le duché de Lorraine, pour le distraire de l'affection des François, aux conditions qu'il tiendroit ledit duché en foy et hommage de l'Empire. En quoy ledit Charles luy avoit si bien obéy qu'il en avoit encouru la malegrace de tous les François et avec sa vie en avoit perdue la succession du Royaume, car comme il en vouloit prendre possession, les François conduits par Hue-Capet s'estoient tellement opposez à luy qu'après l'avoir combatu, défait et prins à Laon, il mourut prisonnier à Orléans avec deux enfans que sa femme luy fit durant la prison. Depuis le duché de Lorraine avoit changé de race, de nom, d'armes et de seigneurs pour le moins six ou sept fois, ayant esté donné par les Empereurs comme fief de l'Empire à divers gentilshommes, ou estant tombé en quenouille avoit esté transporté à plusieurs maistres qui n'estoient que simples gentilshommes jusques à tant que Isabeau, fille de Charles, duc de Mozelane, qui possédant quatre ou cinq places de ce duché sur la rivière Muse[1], se fesoit nommer duc de Lorraine, l'avoit apporté à René, duc de Bar, frère et successeur de Loys III, duc d'Anjou et roy de Sicile, qui laissa une fille, nommée Yoland, qui fut femme de Ferry de Vaudemont, fils d'Antoine de Vaudemont, frère dudit Charles, duc de Mozelane, qui descendoit de la maison de Graville en Normandie. De ce Ferri descend la maison de Lorraine qui est aujourdhuy en pied, car Ferry et Yoland laissèrent un fils nommé René qui fut père d'Antoine, duc de Lorraine, et de Claude, duc de Guise, père des Guises ; qu'il estoit à craindre que ces hommes enyvrez de l'ambition et ensorcellez de cette fausse opinion qu'ils estoient les légitimes successeurs de Charlemaigne ne voulussent un jour avoir en effect ce qu'ils tenoient jà par fantasie ; ce que leur seroit très facile puisqu'ils possédoient le Roy à leur volonté et manioient le Royaume avec l'autorité absolue ; et autre chose ne pouvoit rompre cette exécution que l'opposition des bons françois qui n'estoient encores infectez de la contagion Lorraine ; par ainsy qu'ils feroient bonne mine jusques à tant qu'ils auroient achevé de désapointer et chasser du près de Sa Majesté tous les plus gens de bien et tous ceux qui pour leur sang ou le devoir de leurs offices la devoient tousjours environner et appuyer et par manière de dire luy servir d'yeux, oreilles, bouche, mains et pieds, pour voir, juger, con-

---

1. La Meuse.

duire et exécuter tout ce qui est pour le bien public ; qu'ils avoient déjà rendus suspects au Roy tous ceux qui pouvoient descouvrir leurs intentions, esclerer leurs conseils et empescher leurs exécutions, dont estoit sortie la casserie de tant de bons capitaines et le changement de plusieurs gouverneurs et l'emprisonnement de quelques uns de robe longue, et taschoient de piper les volontez des cours des Parlemens, dedans lesquelles ils avoient beaucoup de créatures et plusieurs partisans qui leur servoient de soliciteurs et d'espions ; qu'il falloit conjurer cest orage qui commençoit encores de se bastir avant qu'il fut tombé sur la France et prévenir le mal devant qu'il fut avenu, et purger cest humeur malin plustot qu'il n'eust infecté les parties nobles, à quoy un seul remède sembloit salutaire prouveu qu'il fut bien dosé et fidèlement préparé et donné en tems oportun ; qu'ensuivant donq les bons médicins qui curoient les maladies par remèdes contraires à l'humeur peccant, il faloit appliquer à cette maladie causée de désordre un bon ordre pour médecine ; car tous les grands maux desquels la misérable France se trouvoit affligée procédoient de ce que les Guises par grand désordre avoient esté si monstreusement eslevez, que le nom de Roy excepté, ils estoient plus grands, plus craints et mieux obéis que le Roy mesmes ; parquoy la raison vouloit et la nécessité commandoit de les remettre par bon ordre en leur rang, réprimer leur audace et leur fere rendre còmte de leur déréglée administration par devant une légitime et libre convocation d'Estas-Généraux, qui estoit l'ancienne médecine de laquelle nos pères avoient tousjours usé pour la cure de semblables maladies survenues en l'Estat et l'ordre qu'ils avoient tenu pour remettre les règnes desordonnez et réprimer l'audace et punir les insolences et injustices des ministres des Roys, abusans du nom et de l'autorité du Roy, tesmoins Ébroin et Bretchaire au tems du roy Théodoric Ier, et Porcher, principal conseiller de Théodobert, roy de Mets, Pierre de La Broche de Philipe-Hardy, Enguerrant de Marigni de Philipe-le-Bel, Pierre Remy de Charles-le-Bel et plusieurs autres qui pour s'avancer avoient renduz odieux aux Rois les princes et la plus qualifiée noblesse, afin qu'ils n'aprochassent près de Leurs Majestez et ne fussent receus au maniement des affaires et administration des plus grandes charges; et pour s'enrichir de la substance du peuple l'avoient surchargé de tailles et imposts extraordinaires. Que les Guises qui avoient fait publier la convocation des Estas au Roy, avoient eux-mesmes préparé le chemin pour venir à ce nécessaire remède, non pas que telle fut leur intention, car le cardinal de Lorraine avoit plusieurs fois dit que tenir Estas estoit brider le Roy et luy oster la puissance souveraine; par ainsi que ceux qui demandoient Estas devoient estre justement suspects au Roy comme capitals ennemis de la suprême autorité royale. Qu'il estoit donq à présumer la publication desdits Estas avoir esté faite pour entretenir et accroistre les désordres non pas pour les oster et que par icelle les Guises vouloient affermir leur gouvernement et faire faire le procès comme criminels de lèze-majesté à tous ceux qu'ils tenoient pour ennemis ou qui auroient fait ou dit quelque chose contre eux ou leur gouvernement, car ils tenoient fait contre la majesté du Roy et de son Estat tout ce qui avoit esté fait contre eux et leur gouvernement. Et pour donner cette fin à leur secret conseil, ils avoient envoyé leurs partisans par les provinces pour faire tenir les Estas Provinciaux, afin que les cayers y fussent dressez selon les mémoires qu'ils y avoient envoyées et les députez y fussent esté choisis suivant leur nomination et mandement. Lesquels députez devoient communiquer leurs cayers au cardinal au préalable de les présenter. Et tout y avoit esté fait avec telle violence que plusieurs qui avoient parlé de réformer l'Estat avoient esté mal traittez ou fort menacez. Et pour tenir en crainte l'assemblée, ils avoient remply la ville d'Orléans de compagnies de gens de guerre tirées du Piémont, de Picardie et du Metzin, sous couleur de bailler gardes suffisantes au Roy ; mais en effect pour se garder eux-mesmes et donner la loy ausdits Estas [et exterminer les bons françois.] Mais les tyrans, non pas les Roys, avoient accoustumé d'entretenir des armées pour les garder, car la plus seure garde des bons et légitimes Roys estoit la bienveillance de leurs peuples ; et anciennement les roys de France n'avoient pour toute garde qu'un portier ou huissier de sale, pour garder seulement la porte. Ce qui devoit rendre plus suspecte l'armée qui avoit esté assemblée auprès du Roy et servir d'avertissement audit roy de Navarre et à son frère qui avoient droit de se trouver aux Estas et à tous ceux qui avoient intérest à la tenue d'iceux. Qu'il estoit nécessaire que ledit Roy fit le voyage de la cour et se trouvast aux Estas, de quoy tous les bons françois le supplioient très humblement, mais qu'il le devoit faire en telle sorte qu'il fut à luy honnorable et utile à la France, et peut garentir de mal et danger tous les bons françois qui s'y trouveroient. Qu'en cette manière ledit roy de Navarre seroit favorablement receu du Roy, craint et respecté des Guises, et toute la compagnie parleroit en toute liberté et seroit bénignement escoutée et obtiendroit tous justes appointemens à ses requestes et au contraire. Qu'à l'exemple donc des Guises qui, sous le nom du Roy, s'estoient le premiers armez, non poinct pour la défense du Roy et de son Estat, mais pour opprimer la liberté de la France et la vie des bons françois, il leur estoit plus nécessaire de recourir à la justice des armes, justes à ceux à qui elles sont nécessaires et ne trouvent seurté ny refuge qu'en elles, ne seur accès à leur Roy que par elles. Ainsi Charles, duc de Berry, frère du roy Loys XI, voyant le [tyrannic et] mauvais gouvernement des ministres dudit Roy, qui [comme maintenant fesoient les Guises] luy avoient tellement rendus suspects et odieux les Princes et plus grands seigneurs du Royaume, qu'il avoit changé les anciens conseillers de feu son père, ne fit difficulté de prendre ouvertement les armes pour faire tenir les Estas en liberté et fere rendre conte auxdits ministres de leur administration; dont estoit sortie la guerre du bien public, la journée de Montlhéry, le siège de Paris et enfin les Estas de Tours, qui avoient donné audit roy Loys trente six conseillers. Qu'ils ne cerchoient de recourir aux armes de gaieté de cœur, ny pour offencer personne, mais que la nécessité les y contraignoit pour garentir leur vie et parler en seurté et liberté à leur Roy. Ce qu'ils fesoient d'autant plus à regret qu'il sembloit contraire à la mesmes nature que le sujet se présentât armé devant son Roy, père et pasteur du peuple; outre que les armes, principalement les civiles, dissipoient les biens, ruynoient les personnes et corrompoient les mœurs; mais que la violence des Guises qui tenoient le Roy plus tot assiégé que gardé par une armée de leurs partisans leur avoit fermé toute autre voye et les avoient jettez en ce désespoir qu'ils estoient contraints de s'ouvrir par le fer le chemin jusques en la face de leur Roy ou mourir par le bourreau, sans estre ouys; car les Guises ne permettoient à Sa Majesté d'ouyr librement ses sujets et juger leurs causes selon les choses alléguées et prouvées ny à eux de voir leur Roy et luy faire leurs plaintes, car ils avoient tellement préocupé l'esprit de ce jeune Prince que sans autre vérification que leur simple raport, par un préjugé, il tenoit pour rebelles, séditieux et hérétiques tous ceux qu'ils lui disoient estre tels et ils accusoient pour tels tous ceux qui leur estoient ouvertement contraires ou ils soupsçonnoient l'estre ou ceux qu'ils craignoient pour leur qualité, probité, doctrine ou richesses. Qu'ils s'asseuroient que leur sincère intention seroit prise en mauvaise part et qu'on les prendroit pour rebelles et séditieux et criminels de leze-majesté; mais qu'ils avoient Dieu scrutateur des cœurs pour tesmoin de leurs volontez et juge de leurs actions, auquel ils remettoient le jugement de tout cest affaire. Que les plus sincères intentions et plus justes actions de plus gens de bien estoient suspectes aux méchans et sujètes à plusieurs calomnies; mais qu'il valoit mieux souffrir mal parler de soy que porter le mal sur soy, et estre calomnié plustost que tué; et, comme disoient les jurisconsultes, il valoit mieux repousser le mal de bon heure qu'attendre de le venger après sa mort et le sépulchre, car la mort estoit sans deffense, réplique ne justification où la vie pouvoit respondre, soy deffendre et justifier.

Car encores que le Roy, entré en sa seziesme année, eust passé l'aage que l'ordonnance du roy Charles VI avoit donné à la majorité des Roys, il n'avoit pourtant peu disposer des affaires et du gouvernement du Royaume selon sa seule volonté, car cette loy ne fesoit nulle mention du gouvernement de l'Estat, mais seulement du sacre, couronnement, reconnoissance et réception par le peuple, afin d'asseurer le Royaume ès mains des enfants des Roys défunts, demeurez en bas aage, ainsi qu'il apparoissoit par les propres mots de la loy salique disant que tout légitime héritier de France seroit sacré et couronné comme Roy, aussi tost qu'il auroit atteint le quatorsiesme de son aage, et que tous ses sujets luy feroient foy et hommage et serment de fidélité; mais après ledit sacre le gouvernement du Royaume estoit toujours demeuré en la disposition des Estas : ainsy d'autant que le roy Louis II, fils de Charles-le-Chauve, avoit disposé des gouvernemens et dignitez du Royaume, les Estas s'y opposèrent. Et pour ce que Charles V avoit ordonné par testament sa femme et le duc de Bourbon, frère de sa femme, pour tuteurs à son fils Charles VI, et Loys, duc d'Anjou, frère dudit Roy, pour gouverneur du Royaume, les Estas rescindèrent le testament et par leur autorité les mesmes tuteurs furent donnez à la personne dudit Roy et le mesmes gouverneur au Royaume. Que par cette mesme compagnie tuteurs avoient esté ordonnez au roy Charles VIII. Et après la prise du roy Jean, combien que monsieur le Dauphin, son fils, fut en aage de toute majorité, les Estas assemblez à Paris luy avoient baillé un conseil avec lequel il fesoit toutes choses. Suivant donc les anciennes loix et coustumes de France, Sa Majesté n'avoit deu chasser les Princes ny les anciens officiers de la Couronne et les conseillers du feu Roy du conseil et gouvernement du Royaume, pour le mettre ès mains des deux frères Guises, sans l'advis des Estas; ce qu'ayant esté bien connu par les deux frères, ils s'estoient tellement rendus maistres desdits Estas qu'ils s'estoient asseurez qu'ils ne feroient rien que ce qu'ils leur commanderoient. Et n'y avoit autre moyen de rompre leur dessein que par les armes conduites par ledit roy de Navarre. Que pour éviter ce coup, les frères, ayant despouillé la peau du lion, avoient pris celle du renard, pour attirer par beaucoup de fauces asseurances et promesses lesdits roy de Navarre et le Prince, son frère, désarmez à Orléans, s'asseurans qu'eux despéchez, le reste feroit incontinent joug, sans qu'il y eust personne qui osast rien parler ne remuer contre eux et leur gouvernement.

Et d'autant qu'ils se tenoient asseurez que ledit Roy ny son frère ne prendroient jamais asseurance d'eux ny de leurs offres et promesses, ils employoient finement l'autorité du Roy pour leur commander, la bonne grâce de la Royne mère pour les prier et asseurer, et la familiarité du mareschal de Saint-André, la servitude du cardinal d'Armaignac et la parenté du cardinal de Bourbon pour leur persuader ledit voyage sans armes; qu'encores que la négotiation des autres peut estre justement suspecte, ils s'asseuroient que M. le cardinal de Bourbon marchoit de droit pié en tout cest affaire, n'y estant poussé que du désir qu'il avoit à la conservation de ses frères qu'il craignoit estre perdus s'ils n'alloient promptement à Orléans désarmez et sans compagnie extraordinaire, s'asseurant sur la promesse du Roy, qui par plusieurs foys luy avoit asseuré, qu'ils y seroient receus en toute bien-veuillance et asseurance, et auroient auprès de Sa Majesté le rang et l'autorité que leur qualité de premiers princes du sang méritoit. Mais que le cardinal ne jugeoit pas, comme il faloit, des paroles du Roy selon l'intention des Guises qui estoit de les tromper par promesses, comme l'on fait les petis enfans par des pomes. Par ainsi que le roy de Navarre et le prince de Condé, ausquels cest affaire touchoit de plus près, devoient prendre les promesses et asseurances du Roy comme provenantes des Guises et s'en servir d'advertissement pour se mettre de bonne heure en défense et prévenir par célérité leur malice, qui estoit le seul moyen pour estre bien receus du Roy et traittez comme ses bons parens et craints des Guises et démourer asseurez contre leurs artifices et pouvoir parler en toute liberté et se justifier sans aucun danger, qu'autrement ils seroient mal receus du Roy et traittez en séditieux et rebelles, et moquez et bravez par les Guises. Que les offres que les provinces de France leur avoient faites de gens de guerre et tous autres moyens pour les accompagner en ce voyage estoient très asseurées, et lesdites provinces feroient sans doute plus qu'eux, députez d'icelles, ne leur avoient promis, sy elles voyoient audit Roy et son frère le Prince une constante résolution et une prompte exécution, et plusieurs troupes de gentils-hommes qui estoient toutes prestes seroient jà auprès dudit Roy, s'il eust voulu donner un ouvert commencement à tant de grandes promesses qu'il leur avoit tant de fois fait, de se déclarer chef de cette juste entreprise. Qu'ils le supplioient donq de ne se laisser tromper par paroles fraudeleuses et de prendre quelque bonne résolution pendant que son frère et luy en avoient encore le loisir, le moyen, la liberté et la force, qu'indubitablement ils perderoient de mesmes qu'ils approcheroient de la cour désarmez. Qu'ils se souvinssent du traittement fait à ceux de l'entreprise d'Amboise, desquels le Roy, au raport de ceux de Guise, tenoit ledit roy de Navarre et son frère pour chef. Par ainsi s'ils tomboient au pouvoir des Guises, qui savoient toute cette entreprise avoir été dressée contre eux et leur gouvernement, infaliblement, quelques grandes promesses qu'on leur fit du contraire, ils recevroient le mesmes jugement que les autres, ausquels monsieur de Nemours avoit donné tant de grandes promesses et asseurances.

[Le roy de Navarre fit quelque demonstration d'avoir pris leur dire en bonne part et continuoit tousjours ses accoustumées promesses de fere le voyage en telle manière que luy et les Estas pourroient parler et délibérer de toutes choses en toute liberté et asseurance. Ceux de la religion réformée, qui fesoient le plus grand nombre, demandoient particulièrement d'estre ouys librement par la parole de Dieu sur les points de leur religion qui estoient en controverse avec la romaine ; protestant qu'ils ne vouloient estre supportez en hérésie quelconque, ains seulement enseignez où ils seroient trouvez en ignorance, et redressez s'ils estoient en erreur, car tous hommes sont sujets à ignorance et erreur. En quoi ils promettoient de se monstrer tellement dociles que chacun pourroit facilement connoistre qu'ils ne désiroient rien tant en ce monde que bien connoistre et démonstrer Dieu et le servir selon sa volonté, la gloire duquel ils cerchoient non pas la leur, les choses spirituelles, non pas les temporelles, le repos et le salut de leurs âmes non pas des corps. Que tel estoit l'ordre que l'église avoit anciennement tenu en l'endroit de ceux qu'elle avoit veus errer en quelque article nécessaire à salut, et les apostres l'avoient ainsi prattiqué sur le différent sy l'observation de la loy estoit nécessaire pour estre sauvé, et l'église l'avoit plusieurs fois fait d'elle-mesme, et sans l'aide ny faveur des magistrats, jusques au tems de l'empereur Constantin-le-Grand qui avoit convoqué ce grand et célèbre concile, le premier de Nicée, où Arius avoit esté pleinement ouy et convaincu par la parole de Dieu, et son hérésie condamnée par l'église et interdite par lédit Empereur à tous les sujets de l'Empire. Et depuis à son exemple plusieurs Empereurs avoient fait le mesmes et ne se trouvoit royaume chrestien où cela n'eust esté prattiqué, et les rois de France s'y estoient portez avec plus de diligence que pas un des autres, desquels on trouvoit encore plusieurs belles constitutions pour la réformation et entretenement de la religion chrestienne. Dont ils prenoient espérance, si les Estas pouvoient estre assemblez avec l'asseurance et la liberté requises et eux paisiblement ouis, de recevoir non seulement relasche de leurs tormens, mais aussi d'obtenir authentique permission de continuer publiquement en toute asseurance et liberté l'exercice de leur religion ; lequel ils ne pouvoient quitter ny abandonner quelque commandement que le Roy leur en fit, sans quitter Dieu et renoncer Jésus-Christ, qui en ce cas les renonceroit devant Dieu son père. Non pas qu'ils ne désirassent de tout leur cœur d'obéir au Roi, mais qu'aux affaires de la religion et de la conscience, il falloit prendre la loi de Dieu, non pas des hommes, et on devoit obéir à Dieu plustot qu'aux hommes. Qu'il supplioient donc de rechef ledit roy de Navarre de vouloir prendre la protection de leur juste cause et suivre l'advis qui lui estoit donné de ne se fier aux Guises et n'aller en cour mal accompagné ny désarmé pour ne tomber au danger éminent et certain auquel il sembloit se vouloir sciemment précipiter plus par désespoir que par raison] et où il seroit en cette délibération qu'il laissast au moins le Prince, son frère, pour lui servir d'ostage et de garent contre ses ennemis qui vraysemblant se garderoient d'offenser Sa Majesté, tant que ledit Prince seroit hors de leur puissance, craignans la vengence qu'il pourroit prendre sur eux. Outre qu'ayant fait le Prince publique profession de la religion [1], il estoit déjà condamné pour hérétique, et aussi tost qu'il arriveroit désarmé en cour l'exécution s'ensuivroit. Mais tous deux frères avoient promis le contraire au cardinal de Bourbon qui en avoit déjà donné advis au Roy.

Ainsi ils partirent sur la fin de septembre encore que la princesse de Condé leur eust donné certain advertissement du danger où ils s'alloient metre, et n'eurent plustot commencé de marcher qu'on ne lit en leurs faces et ne jugeast par leurs paroles qu'ils alloient plus tot prendre la loy de leurs ennemis que leur y donner.

1. On a ajouté : *prétendue réformée*.

Estant à Bertrueil [1] ils renvoièrent Théodore de Bèze, ministre de [l'église de] Genève. De ce renvoy les députez, jugeans par cest échantillon de toute la pièce, se confirmèrent du tout qu'ils ne fairoient autre chose pour eux en ce voyage, que les mettre en plus grand danger qu'ils n'estoient, ny pour eux-mesmes que donner commodité à leurs ennemis de les faire mourir. Parquoy ils se retirèrent en leurs maisons pour entendre plustot de loin en abscence que voir de près en présence la tragédie laquelle volontairement ces Princes alloient mettre sur l'eschafaut.

Approchant de Poitiers, ils se trouvèrent environnez de plusieurs compagnies de gens de guerre conduites par le mareschal de Termes [2]; et Montpezat [3], [créature de ceux de Guise], séneschal de Poitou, leur fit commandement de la part du Roy de n'entrer en aucune ville close sur peine de la vie. Chacun peut penser avec quelle contenance ces deux Princes furent spectateurs des scènes de ce premier acte auquel ils eussent volontiers rompu le jeu, s'ils eussent osé ou peu, mais force leur fut de passer outre et d'arriver à Orléans. Ils y entrèrent le pénultième d'octobre, plus en prisonniers qu'en Princes, et furent receus du Roy, non pas en parens, selon ses promesses, mais en criminels contre ses promesses et selon l'intention des Guises. Le Prince fut incontinent reserré en prison

---

1. Verteuil d'Agenais, canton de Castelmoron, arrondissement de Marmande (Lot-et-Garonne).

2. Paul de La Barthe, seigneur de Thermes, né à Couserans, maréchal de France en 1558, mort en 1562.

3. Melchior Des Prez, seigneur de Montpezat, lieutenant de Roi en Guienne.

estroite et fut commandé à certains personnages de prendre garde sur le roy de Navarre et d'observer toutes ses actions; de manière qu'il n'estoit pas moins prisonnier ny en moindre péril que son frère qui fut condamné d'avoir la teste tranchée et eust esté exécuté, si le roy François ne fut si tost décédé. Et combien que mesmes sentence n'eust esté encor donnée contre le roy de Navarre, il ne fut pas toutesfois en moindre danger par autre voye, car (comme la Royne, sa femme, a laissé par escrit imprimé) ceux de Guise le voulurent faire empoisonner, mais estant adverti du boccon qui lui estoit destiné, il s'excusa d'aller à un disner auquel ils l'avoient fait inviter. Ayant failly ce coup, ils succitèrent un garnement pour luy tirer une pistolade, comme il se retireroit le soir, mais il n'osa l'exécuter d'autant que le connestable avec ses enfans et maints autres gentilshommes le conduisirent ce soir jusques dedans sa chambre. Il tomba incontinent en plus grand péril, car ses ennemis persuadèrent au roy François de luy dresser une querelle d'Alemagne et de le tuer de sa main propre ou au moins commencer de le frapper, afin que les autres l'achevassent. Ce qu'ayant ledit Roy arresté [de faire,] manda le Navarrois de le venir trouver un soir en sa chambre où il faignoit d'estre malade. Il s'excusa au premier messager, mais estant rechargé d'un second, qui mesmes luy descouvrit l'intention du Roy, n'osa plus délayer. Parquoy, asseuré qu'il ne tombe un seul cheveu de nostre teste que par la disposition de ce grand Dieu qui seul fait mourir, et vivre, et démène les cœurs des Roys à son plaisir, s'achemina au lieu où il estoit appelé. Montant les degrez, il dit au capitaine Ranti, gentilhomme auquel

il avoit beaucoup de confiance : « Je m'en vay au lieu
» où l'on a conjuré ma mort, mais jamais peau ne fut
» si chèrement vendue, que je leur vendray la mienne.
» S'il plaist à Dieu, il me sauvera. Cependant je vous
» conjure me faire ce dernier service, qu'avenant que
» je y meure, vous taschiez de recouvrer la chemise
» que j'ay vestue et l'aportez toute sanglante à ma
» femme et à mon fils, lequel pour n'estre d'aage
» pour pouvoir venger ma mort, je conjure madite
» femme, par la grande amour qu'elle m'a toujours
» portée, d'envoyer madite chemise à tous les princes
» chrestiens et les supplier vouloir venger un si
» meschant acte. »

Sur ce propos estant entré seul dedans la chambre du Roy, le cardinal de Lorraine ferma incontinant la porte par dedans et le Roy attaqua le Navarrois de quelques propos fort rudes, ausquels il respondit avec telle modestie que les choses passèrent seulement en paroles, au grand regret du cardinal et de son frère et du mareschal de Saint-André, qui estoient dedans, attendans le commencement de cette tragédie, et sortans de la chambre, le cardinal dit parlant du Roy : « Voilà le plus poltron cœur qui fut jamais. » Cette entreprise faillie, les Guises en dressèrent incontinent un autre avec moindre apparence d'injustice, mais avec plus de trahison. Ils firent donc commander au Navarrois par le Roy mesme de le suivre à Chambourg[1] et Chenonceaux où il délibéroit aller prendre le plaisir de la chasse, et là, comme on courreroit quelque beste rousse, certains assassins le

---

1. Chambord.

devoient assassiner, et on devoit faire courir le bruit après qu'il auroit esté tué par quelque beste furieuse. Et le mareschal de Termes avoit commandement d'aller incontinent en Béarn saisir la royne de Navarre, ses enfans et son pais. Mais le dispensateur de toutes choses garentit le mari, la femme, les enfans et leur pays par une soudaine maladie qu'il envoya au roy François. Durant sa maladie les deux frères Bourbons furent en plus grand danger qu'ils n'avoient encores esté, car leurs ennemis voulans jouer à quitte ou double, arrestèrent de faire exécuter le puisné et meurtrir l'aisné, comme il seroit au Conseil, qui, en ayant esté averti par une grande dame, fit le malade et en donna advis à la Royne mère qui lui destourna ce coup.

Cependant le 5 de descembre la mort du Roy mit hors de tout danger les Bourbons qui furent aussitost suivis de toute la cour qui tourna le dos à ceux de Guise, lesquels se trouvèrent en un moment descheus de leur crédit, grandeur et espérances, et en aussi grand hazard de leur vie qu'ils avoient mis les autres, si le roy de Navarre eust voulu croire ses amis et serviteurs qui estoient d'advis que, sans user d'aucune violence ou perfidie, il les mit seulement aux mains de la justice pour leur faire rendre conte de leurs actions et leur faire le procès. Mais la Royne mère sceut si bien amadouer le Navarrois qu'elle lui fit tout oublier et le réconcilia avec les Guises; non pas qu'elle leur portast aucune bonne affection, mais afin de se servir d'eux pour rabattre les coups qu'elle craignoit du Navarrois pour la régence, laquelle tous espéroient qu'il prendroit lors suivant sa qualité de premier prince. Toutesfois il voussit ladite Royne lui estre préférée et lui quitta par escrit tout ce que nature, la loy et les Estas luy pourroient donner sur cette tant honnorable charge. J'ay réduit cette histoire le plus brief que j'ay peu pour ce qu'elle a esté escrite au long par d'autres. [Voyez l'*Histoire ecclésiastique de France*[1] et celle *des affaires de France* par La Popilinière*[2].]

La Roine [de Navarre], femme dudit roi Antoine avoit tousjours [deffavori] plustot que favori la religion réformée et de tout son pouvoir reculé son mary d'icelle; [mais au tems de la plus grande captivité de son dit mari et au plus grand danger de la ruine de sa maison, remettant toutes choses en la disposition de la providence de Dieu]; contre l'opinion de plusieurs ses serviteurs, elle se déclara ouvertement de ceste religion [avec une telle constance que jamais depuis elle n'en peut estre destournée, quelques assauts que Satan et le monde lui ayent peu donner. L'an donc 1561 à la cène de Noël, elle abjura à Pau en Béarn la religion romaine et receust la réformée, et après avoir fait confession de sa foy, communiqua au sacrement de la sainte cène suivant la forme de ladite religion. Et pour ce que quelques particuliers, ses sujets, poussez d'un zèle indiscret, d'eux-mesmes avoient abbatu quelques images, ils en firent ce mesmes jour réparation publique en présence de ladite Dame; laquelle après avoir déduit telle chose devoir estre faite par les Roys et Princes, non pas par les particuliers et confessé que le Roy, son mari, et elle le

---

1. Par Théodore de Bèze.
2. Lancelot Voisin de La Popelinière, historien protestant, né vers 1540, mort en 1608.

devoient avoir fait, remit tout l'intérest qu'elle pouvoit avoir en ceste faute aux délinquans[1].

Après cela elle s'achemina en France pour trouver le Roy, son mari, qui [lors favorisoit] la religion[2] reformée et fut cause du colloque de Poissi entre les ministres et les évesques et de l'édit de janvier qui permettoit à tous les françois d'avoir exercice de la religion réformée en tous lieux pourveu que les prédications se fissent dehors les villes. Mais ce Prince estoit tellement commandé par son inconstance naturelle, ambition, voluptez, lubricitez et flateries qui (tout ainsi que le caméléon reçoit toutes les couleurs des choses sur lesquelles il est posé) n'ayant autre conception, jugement ni volonté que celles que l'ambition, la lubricité et la flaterie lui mettoient en teste ou plus tot luy commandoient, changeoit plus souvent de délibérations que d'habillemens, ne demeura guère long tems en volonté de favorir la dite religion, mais se banda contre elle avec le mareschal Saint-André, les Guises et le connestable, qui, en toutes autres choses ennemis capitals, s'accordèrent en ce seul point [de chasser cette] religion [réformée de] France[3].

[De ce discordant accord prinrent leur commencement tous les grands maux qui tourmentent encor aujourdhuy

---

1. Variante : *Tost après, l'an 1561 au moys de décembre, la Roine, femme dudit roi Antoine, laquelle avoit tousjours abhorré la religion prétendue réformée et de tout son pouvoir reculé son mari d'icelle, contre l'opinion de plusieurs ses serviteurs, se déclara ouvertement de ceste religion, estant lors à Pau en Béarn où elle fist confession de foy selon les formes qui avoient esté prescriptes par quelques ministres qui estoient à sa suitte.*

2. Variante : *presta aussy faveur à la dite religion prétendue.*

3. Variante : *d'exterminer telle religion de la France.*

la France qui, invincible à toutes autres, s'est elle-mesme vaincue, appovrie, ruinée et deschirée par ses propres mains.] D'Escars, qui avoit esté appelé par le Navarrois, fut celuy de qui les Guises se servirent le plus pour attirer ce Prince à leur volonté. Ils lui firent donner espérance par le Pape de luy fere rendre le royaume de Navarre au roy d'Espagne et luy promettoient de luy faire espouser Marie d'Estuart, royne d'Escosse et douairière de France, qui a depuis eu la teste tranchée en Angleterre, et l'irritèrent tellement contre sa femme qu'il en poursuivoit le divorce en cour de Rome pour crime d'hérésie, et à la persuasion du cardinal de Lorraine la vouloit confiner en une de ses maisons, si elle ne se fut retirée en son pays de Béarn. En y allant, Monluc eust commandement de l'arrester, mais elle fut jà passée lorsque le commandement lui fut apporté. Arman de Gontaut, sieur d'Audaux[1], qui estoit lieutenant de Roy au païs de Béarn, lui sortit au devant jusques à la Garonne avec cinq ou six cens harquebusiers à cheval Béarnois[2]. L'arrivée de cette princesse en Béarn servit de beaucoup à ceux de [la[3]]

---

1. Armand de Gontaut, marié à Jeanne, fille de Fredéric de Foix, grand écuyer de Navarre. Dans son testament, il ordonna que l'on construisit dans l'église d'Audaux « un beau tombeau jusques à la despense de cinq cents livres. » 28 septembre 1591 (Arch. des Basses-Pyrénées, E. 1646, f° 27).

2. On trouve à ce sujet, dans le compte du trésorier de la maison de la reine de Navarre de 1562, la mention suivante : Aux capitaines Moret et Chevallier, ayant charge de chacun vingt arquebusiers à cheval. retenus par la Royne à Caumont, de la compagnie amenée de Béarn par M. d'Audaux pour la garde, sûreté et défense de la Royne, 1122 livres (Arch. des Basses-Pyrénées, B. 10).

3. Variante : *ceste religion*.

religion [réformée] qui, contrains [par les sanglantes poursuites qui se fesoient] lors par toute la France [contre tous ceux qui suivoient cette religion,] d'abandonner leurs maisons, se retiroient en Béarn comme à un asyle ou lieu de refuge, et y eussent esté fort mal traittez sans la présence de la Royne, qui les empara de tout son pouvoir et [usa de toute humanité envers eux[1]]. Et combien qu'elle fut contrainte par les bravades et menaces de Monluc, qui usa envers cette princesse de plusieurs indignitez, comme il estoit d'un naturel audatieux [et téméraire], de faire publier commandement à ces réfugiez de sortir de Béarn, néantmoins secrettement elle leur faisoit dire le contraire. Ce qui estant venu à la connoissance du Roy, son mari, il despescha en Béarn Jean L'Escrivain, dit Boulongne[2], son secrétaire, avec créance et commandement au Parlement de Béarn de mettre dehors tous les estrangers et d'interdire à ceux du païs tout exercice de la religion[3] réformée et de déposer de leurs offices tous ceux qui en fesoient profession. Et avoit ledit Boulongne mandement exprès de ne communiquer rien de sa charge à la Royne, mais elle en ayant esté advertie, avant mesme qu'il arrivast en Béarn, le fit constituer prisonnier dès son entrée avec ses lettres, instructions et commissions.

Après que l'accord du mareschal, Guise et le connestable fut un peu asseuré et les Guises se trouvèrent

---

1. Variante : *les receut en sa sauvegarde.*
2. « Messire Jean de Lescripvan, recteur de Boloingne », secrétaire du roi de Navarre (Arch. des Basses-Pyrénées, E. 1993, f° 41, acte notarié du 17 octobre 1552).
3. On a ajouté : *prétendue.*

remis à cheval et par le moyen du roy de Navarre
eurent recouvert la créance qu'ils avoient perdue, le
roy d'Espagne, [qui n'avoit donné espérance de rendre
le royaume de Navarre que pour disunir le roy Antoine de ceux de la religion réformée et principalement
pour remettre en crédit ceux de Guise, ses pension-
naires et principaux partisans], ne voulut plus entendre
à ladite reddition, car il disoit ce Royaume lui estre de
telle importance que la perte d'iceluy mettoit en danger [et hazard] tous ses autres estas d'Espagne, desquels la Navarre estoit comme la garde et la porte qui
les fermoit. Mais pour entretenir tousjours en halaine
ce Roy, il promettoit de luy donner en récompense le
royaume de Sardaigne[1], aux conditions qu'il feroit
renoncer la royne Jeane, sa femme, à tous les droits
qu'elle pouvoit prétendre sur la Navarre. Cette promesse contenta tellement le Navarrois, aveuglé par
l'ambition, qu'encore que tous ses serviteurs, et mesme
la Royne mère, luy remonstrassent par beaucoup de
raisons que le roy d'Espagne, qui se mouquoit évidem-
tement de luy, le tromperoit, et quand bien il ne le
feroit, qu'il lui estoit impossible de tenir long tems le
royaume de Sardaigne, qui estoit une isle en la mer
Méditarenée, voisine d'Italie, d'Espagne et d'Affrique,
où il ne pouvoit aller sans avoir un port bien asseuré,
qui fut du tout à luy, en la coste de Languedoc ou Provence et un bon nombre de galères entretenues pour
y aller et venir, outre qu'il luy faudroit entretenir une

---

1. Philippe II proposa aussi à Antoine d'échanger le royaume
de Navarre contre la royauté de Tunis et s'engagea à en faire la
conquête (Arch. des Basses-Pyrénées, E. 585).

grande garnison de gens de guerre estrangers à pié et à cheval pour tenir les habitans en crainte, lesquels ne s'aprivoiseroient jamais à son obéyssance que par force, ce qui seroit une despence à laquelle les rentes de trois Royaumes tels que la Sardaigne ne sauroient fournir; et il n'avoit moyen de faire le surcroist et du sien, outre qu'il estoit vassal du roy de France qui ne luy permettroit pas de disposer de ses ports ny de ses galères à sa volonté. [Mais qu'il se devoit saisir d'Avignon et de tout le comté de Venisse occupé pour le Pape, par l'interdit duquel ses prédécesseurs avoient esté espoliez du royaume de Navarre, et lors vraisemblablement le Pape s'emploieroit à bonnescient envers l'Espagnol pour lui faire rendre la Navarre.] C'estoit le meilleur conseil qu'il eut sceu prendre, mais il estoit si ensorcellé d'un Royaume en peinture (la charte duquel il avoit tousjours entre ses mains) qu'il ne peut jamais connoistre la vérité et fidélité du conseil de ses serviteurs ny descouvrir la tromperie des Guises et de l'Espagnol. Parquoy résolu d'avoir ce Royaume envoya à la Royne, sa femme, une minute de procuration pour faire la permutation de Navarre avec Sardaigne[1]; elle ne lui osa refuser, cependant pour conserver le droit à ses enfans, si Dieu leur donnoit un tems plus paisible et plus favorable, et auquel la justice eut plus de crédit que la force, elle fit pardevant le juge du senneschal de Béarn un acte de révocation de cette procure, comme faite par force et crainte, ne l'ayant osée refuser à son mari. Et le sieur d'Escars estoit jà des-

---

[1]. Cette procuration existe aux Arch. des Basses-Pyrénées (E. 585).

pesché pour aller passer le contrat en Espagne, lorsque ce Roy fut blessé d'une harquebusade devant Roan[1], de laquelle il mourut à Andeli[2] peu de jours après le 17 de setembre 1562. [Il ne donna pas moins de tesmoignage de son inconstance en sa mort qu'il avoit fait en sa vie, car tantost, il demandoit qu'on lüy parlast de son salut selon la religion réformée et protestoit s'il guérissoit de faire prescher les ministres par toute la France, et soudain changeant d'avis, il oyoit les prestres et les moines et se confessa à eux et communiqua selon la religion romaine.] Ce prince estoit d'un esprit fort gentil, vaillant de sa personne, bien disant et libéral et avoit beaucoup d'autres vertus dignes d'un grand prince qui le rendoient bien voulu de tous, et si la constance eut accompagné ces vertus, il eut esté l'un des plus princes accomplis de son tems; mais il n'y a rien de parfait en l'inperfection de ce monde et le plus souvent les plus grands vices logent avec les vertus plus héroiques et communément ès plus entiers le vice surmonte la vertu.

Le roy Antoine mort, sa femme, qui pendant la vie d'icelui n'avoit osé faire tout ce qu'elle eut bien voulu pour l'avancement de sa religion, commença de dresser tous ses desseins à cela ; et afin que le prince Henri, son fils, fut continué d'estre nourri en cette religion, elle l'osta du gouvernement de Losses[3] qui estoit fort zélé à sa religion [romaine[4]] et auquel le

---

1. Rouen.
2. Les Andelys (Eure).
3. Jean de Losses, lieutenant de Roi en Agenais et Quercy, capitaine des gardes du roi de France Henri III, mort en 1580.
4. Variante : *catholique*.

père l'avoit donné en charge expressément pour le divertir de [sa] religion et le nourrir en [la romaine[1], laquelle ce jeune Prince en son enfance avoit tellement en horreur qu'il le falut foëter pour le fere aller à la messe; et y ayant esté mené une fois par force, tomba malade, soit qu'il le fut à bonnescient ou qu'il le contrefit, car il a tousjours esté d'un esprit vif et subtil. Depuis son père et après luy ses parents et le roy de France mesme défendirent de le contraindre en sa religion, de laquelle il eut tousjours depuis exercice libre en sa maison, et ayant accompagné le Roy allant à la messe jusques à la porte de la chapelle, s'en retournoit sans y entrer.] La Gaucherie [homme de savoir et fort zélé à la religion reformée] estoit son précepteur; et Beauvais[2] et La Case[3], puisné de la maison de Miranbeau en Santonge, [tous deux de la religion réformée], furent mis par la mère gouverneurs de sa personne et surintendans de sa maison par semestre en la place de Losses. Ayant ainsi prouveu à la personne et maison de son fils, la Royne fit le mesme en la justice [et l'église]. Et d'autant que le feu Roy avant sa blessure avoit donné l'estat de senneschal de Béarn vaquant par la mort de Paul de Béarn, seigneur d'Andoins[4], à Antoine d'Aidie, sieur de

1. Variante : *en la première*.
2. Louis Goulard, seigneur de Beauvais et Clousures, marié à Marguerite, fille de Talleyrand, prince de Chalais. Beauvais fut massacré à la Saint-Barthélemy.
3. Pons de Pons, seigneur de Marsan, La Caze et Montgaillard, sénéchal de Marsan, gentilhomme du conseil privé de Jeanne d'Albret, marié à Françoise de Marsan, tué en 1574.
4. Marié à Marguerite de Cauna, père de Corisande d'Andoins.

Sainte-Colomme[1], gentilhomme béarnois, la Roine après le décez de son mari lui refusa [tout à plat] la confirmation [non tant] pour ce qu'il estoit de la religion [romaine[2], que pour ce qu'il estoit fort] affectionné serviteur des Guises, et en prouveut Armand de Gontaud, sieur d'Audaux, qui l'avoit beaucoup assistée durant ses grandes destresses et mauvais mesnage avec le Roi, son mari, et faisoit profession de la religion[3] réformée. [Touchant la réformation de l'église[4]] elle fit venir Remon Merlin[5], ministre de [l'église de] Genève, et plusieurs autres [savans personnages[6]], la plus part [de] la langue gasconne et béarnoise, pour prescher au peuple en son langage, lesquels ayans esté [canoniquement[7]] esleuz, furent envoyez aux lieux où il y avoit plus de gens faisans profession de la[8] religion [réformée]. Jean de La Rive, basque, fut envoyé à Saint-Palais de la Basse-Navarre pour y prescher en langage basque, et Lissarague[9], ministre de La Bastide, traduisit le Nouveau

1. Antoine de Montesquiou, dit d'Aydie, seigneur de Sainte-Colomme, fils d'Imbert de Montesquiou et de Madeleine de Sainte-Colomme, marié à Anne de Montalmart, massacré à Navarrenx en 1569 (Arch. des Basses-Pyrénées, E. 1778, f° 39; 1887, 1276).

2. Variante : *catholique.*

3. On a ajouté : *prétendue.*

4. Variante : *Et pour augmenter davantage ceste religion.*

5. Jean-Raymond Merlin, né à Romans en Dauphiné, mort en 1578 à Genève (voy. *La France protestante*).

6. Variante : *qui entendoient.*

7. Variante : *par elle choisiz et.*

8. On a ajouté : *dite.*

9. Jean de Lissarague ou Liçarrague ou mieux Leiçarraga, né à Briscous, canton de La Bastide-Clairence, arrondissement de Bayonne (Basses-Pyrénées). — Le 12 novembre 1573, le Conseil

Testament en cette mesme langue. Et en un synode tenu à Pau l'an 1563 au mois de setembre fut dressé un cors de dissipline ecclésiastique[1] pour entretenir à l'avenir tout le ministère de l'Évangile en [bon] ordre et remettre sus la [légitime] vocation des pasteurs, diacres et anciens et le droit usage de l'administration des clefs du royaume des cieux, qui est la juridiction spirituelle que Jésus-Christ [seul chef de l'église] luy a donnée [et qui ont esté toutes trois fort corrompues si non du tout perverties en l'église]. Et pour l'entretènement du ministère et du collége dressé en la ville de Lesca[2], elle imposa quinze mille livres sur le clergé, desquelles Antoine de La Rose[3], fut esleu receveur par le synode en titre de diacre général des églises[4] réformées de Béarn. Trois mois auparavant Sa Majesté avoit interdit les prédications aux moines et aux prestres les processions, principalement celles que l'église [romaine[5]] fait le jour appelé du Sacre, condamnées par le pape Urbain l'an 1263, [après qu'Honorius III, l'an 1216 eut rédigé en loy l'adoration de l'hostie de la messe]. Elle fit aussi abbatre les images de l'église cathédrale de Lesca et de la parochiale de Pau[6], et fit

ecclésiastique de Béarn lui accorda 50 écus soleil pour faire imprimer à La Rochelle le Nouveau-Testament en basque (Reg. de la Chamb. Ecclés., Arch. de M. le baron de Laussat).

1. On a ajouté : *à leur mode*. — Nous avons trouvé dans les archives de l'ancien évêché de Bayonne un manuscrit contenant cette « discipline » (Archives des Basses-Pyrénées, G. 4).

2. On prononce encore Lesca pour Lescar.

3. On le qualifiait aussi du titre de *trésorier de la Reine* (Arch. des Basses-Pyrénées, E. 1999).

4. On a ajouté : *prétendues*.

5. Variante : *catholique*.

6. L'église Saint-Martin.

faire le mesmes quelque tems après par toutes les principales villes du païs, laissant toutes fois la messe et tout l'office romain aux autres lieux où tous ceux qui vouloient pouvoient aller en toute liberté et seurté, et nul estoit contraint de faire rien contre sa religion.

Le bruit de cest abattement d'images et autels fut soudain espandu partout. Le roy de France et la Royne, sa mère, en firent de grands reproches à ceste Princesse, et le cardinal d'Armaignac qui se disoit son parent [pour l'intimider et destourner] lui escrivit [la lettre suivante que j'ay pensé devoir icy ajouster avec la response d'icelle [1]]

. . . .

Or [d'autant [2]] que la Roine taschoit d'amener [3] le peuple à sa religion, il se roidissoit [davantage] contre [icelle [4]], y estant [secrettement] incité par les prestres [5] et quelques uns de la noblesse. Et tout ainsi qu'il

---

1. Variante de la main de Bordenave : *une lettre, mais elle en devint plus courageuse.* Le correcteur catholique a ajouté : *elle n'en tint conte.*

Vers la fin du xviiie siècle, ainsi qu'il résulte d'une note anonyme, les pages 388 et 389 en partie, 390 à 395 du manuscrit ont été coupées. La page 396 contient encore la fin de la réponse de Jeanne d'Albret au cardinal d'Armagnac. La lettre de ce dernier et celle de la reine de Navarre ayant déjà été publiées (notamment par l'abbé Poeydavant, tome I, p. 89, copiant Olhagaray qui avait copié Bordenave), cette lacune n'altère pas l'ensemble du manuscrit. Nous n'avons pas cru devoir publier la fin de la lettre royale que contient la page 396, nous reprenons le texte immédiatement après ce document.

2. Variante : *de tant plus.*
3. On a ajouté : *tout.*
4. Variante : *plus il se roidissoit contre ses effors.*
5. On a ajouté : *et pasteurs.*

n'y a si petit [estat auquel on ne trouve plusieurs disposez à sédition et la populasse d'elle-mesme a assez de fureur, sans qu'on l'embrase par paroles et promesses[1]], aussi par plusieurs endroits du païs plusieurs tumultoient journellement [avec telle audace qu'il estoit aisé de juger qu'ils ne cerchoient que l'occasion d'entrer ouvertement en sédition] et quelques gentilshommes empeschoient [ou troubloient] les prédications des ministres en leurs villages. Et le 25 de décembre 1563 à Sainte-Marie, siège de l'évesché d'Oloron, comme Pierre de Bonnefont[2], conseiller et maistre des Requestes, et Archambaut Colomiès[3], juge dudit Oloron, y voulurent establir la prédication du ministre, le peuple se mutina avec telle furie que les commissaires et le ministre eurent assez à faire de se sauver. Le peuple conduit par Guillem d'Abadie[4], chanoine, saisit la maison épiscopale et le temple assez forts pour battrie de mains. Ils le tindrent sept ou huict jours, mais ils furent contrains de le quitter pour ce qu'on délibéroit d'y mener le canon et de les y battre, et qu'ayant Abbadie escrit partout, nul ne se déclara en sa faveur.

1. Variante : *n'y a si petit changement en un Estat qui ne soit suffisant motif pour induire la populace à sédition.*
2. Pierre de Bonnefont, originaire d'Oloron, épousa Brune de Pappus; il devint président au Conseil souverain de Béarn; dès 1547 il était conseiller (Arch. des Basses-Pyrénées, E. 1785 et 1990).
3. Nous trouvons en 1559, comme étudiant à Genève, Archambaldus Colomerius, bearnensis, Samarianus, c'est-à-dire Archambaud de Colomiès, béarnais, de Sainte-Marie d'Oloron (Livre du Recteur, p. 3).
4. Guillaume d'Abbadie était aussi trésorier du chapitre de Sainte-Marie d'Oloron (Arch. des Basses-Pyrénées, E. 1098).

Les chef furent menez prisonniers à Pau, qui néantmoins furent relaschez sans rien souffrir, à la réquisition des Estas, qui firent grandes plaintes du bris des images, [et encore plus d'instance du restablissement de ce qui avoit esté chassé de la religion romaine]. Mais ils trouvèrent la Roine si [constante[1]] qu'ils ne peurent obtenir d'elle autre chose, sinon que le tout demeureroit en l'estat qu'il estoit, attendant [si Dieu donneroit plus de connoissance au peuple et] qu'elle fut de retour de France où elle estoit contrainte de faire un voyage pour satisfaire à la volonté du Roy, qui l'en solicitoit avec grande instance. Elle laissa Antoine, seigneur de Gramont[2], pour son lieutenant général en ses païs souverains.

Or les affaires de dedans ne troubloient pas seulement la Royne, et les ennemis domestiques n'assailloient pas seuls sa [constance[3]], mais aussi ceux de dehors la poursuivoient avec plus d'animosité et de forces, car le pape Pie IV, [à l'exemple des Papes de ces derniers siècles, qui s'exemtans non-seulement de la sujettion et jugement de tous Princes, mais aussi de l'église mesme, se sont attribuez l'autorité des juges souverains sur toutes créatures et sur toutes principautez], commença de fulminer les foudres de ses excommunications et interdits contre ladite Princesse, et [sous le faux prétexte de n'avoir[4]] seur accès en ses terres [pour la faire citer personnellement] la fit adjourner

---

1. Variante : *résolue*.
2. Antoine d'Aure, comte de Gramont, beau-père de Corisande d'Andoins, mort en 1576.
3. Variante : *résolution*.
4. Variante : *pour ce qu'il n'i avoit*.

par une citation affigée par les cantons de la ville de Rome, pour comparoistre audit Rome par devant l'Inquisition dedans six mois, sur peine incontinent après le terme escheu d'estre solemnellement excommuniée, tous ses biens confisquez et mis en interdit pour pouvoir estre occupez par le premier qui auroit la volunté et la puissance de ce faire. Cette manière de procéder fut trouvée injuste de toutes personnes non passionnées, car, disoient-ils, quel droit a le Pape sur les biens, dignitez, autoritez et personnes des chrestiens ni sus les sacrées Majestez et puissances des Rois et Princes, ni sur leurs Roiaumes ou seigneuries, et par quelle forme de justice peut estre tenue pour sufissamment citée la personne à laquelle ny à aucun des siens la citation n'aura jamais esté notifiée? Est-il possible de deviner de quatre cens lieues ce qui se fait à Rome. Parquoy le roy de France, considérant sagement combien il estoit dangereux pour soy-mesmes que le Pape, en ce tems turbulent, s'atribuast l'autorité de confisquer non seulement les biens des Princes souverains non féodataires de l'église, mais aussi de ses prochains parens et sujets de sa couronne, qui est exempte de toute jurisdiction [papale[1]] (car ladite Royne estoit sa tante et possédoit plusieurs belles et grandes seigneuries en son Roiaume en sa foy et son hommage dudit Roy), print tellement à cœur cest affaire, qu'ayant prins ladite dame en sa protection, fit remonstrer au Pape qu'il avoit trouvé estrange la procédure faite contre sa tante la royne de Navarre, et de pernicieux exemple pour soy et tant d'autres souverains, et se tenoit particulièrement injurié qu'en

---

1. Variante : *temporelle du Pape*.

ce tems que [tant] d'autres Princes fesoient profession de la mesmes religion que sadite tante [et avoient bani de leurs seigneuries toute religion catholique romaine, ce qu'elle n'avoit fait], Sa Sainteté passant sous silence ce que les autres fesoient, s'attachast particulièrement et seulement à sadite tante, sa justitiable et sujette naturelle, entreprenant par ceste voye sur les autoritez et immunitez de sa couronne. Parquoy il supplioit Sa Sainteté vouloir faire cesser ceste voye et luy laisser entière l'autorité qu'il avoit sur les personnes et biens de ses sujets et ne trouver mauvais qu'il eust pris la défense de sa tante et de ses enfans, prochains parens de la maison de France, et ne le contraindre de recourir aux moyens et remèdes qui avoient esté autrefois suivis en cas semblables par ses prédécesseurs, ce qu'il feroit à son très grand regret et extrême nécessité, estant forcé de ce faire pour une occasion si juste et si raisonnable qui lui commandoit de n'espargner toutes les forces et puissances que Dieu lui avoit données, lesquelles il estoit délibéré d'y mettre et employer. Ce sont quasi les mesmes mots de la protection qui est imprimée. Or soit que le Pape fut retenu par cette remonstrance, craignant d'offenser le roy de France en la personne de la royne de Navarre ou qu'il eut quelque autre considération, cette poursuitte ne passa plus outre pour lors. Et la Royne appela comme d'abus de toute la procédure du Pape au concile, et trouva moyen par quelques siens serviteurs de fere plaquer sadite appelation en quelques cantons à Rome. Le sieur de Candé, secrétaire d'Estat de ladite Dame, m'a donné à Tours la copie de ladite appelation.

Gramont, qui estoit demeuré lieutenant général, faisoit profession de la religion[1] réformée et l'avançoit de son pouvoir. [Il estoit homme de gentil esprit et meilleur jugement, libéral et fort accostable et avoit ceste grâce que sans mescontenter l'une religion, il donnoit contentement à l'autre et estoit respectivement aimé, révéré et craint des uns et des autres. Il[2]] rendit le ministère[3] paisible à Saint-Palais en Navarre où il n'avoit jamais peu estre receu et fit prescher le ministre publiquement au temple, [encores qu'il ne s'y trouvast que sept ou huit auditeurs et depuis tousjours[4]] ce peuple, qui auparavant avoit excité beaucoup de tumultes, se tint coy, car l'autorité de cest homme estoit si grande [mesmes envers les plus mutins] que sa présence ou mandement refroidissoit les plus eschaufez [et appaisoit les plus séditieux. La[5]] religion [réformée] accreut beaucoup en Béarn durant son gouvernement et les [églises réformées[6]] y estoient en aussi grande seurté et liberté qu'en aucune autre province de l'Europe.

Par un synode tenu en la ville de Nay l'an 1565, Michel Vignaux[7], ministre de la ville de Pau, fut envoyé en France vers la Royne pour lui remonstrer qu'il

1. On a ajouté : *prétendue*.
2. Variante : *et*.
3. On a ajouté : *de ceste religion*.
4. Variante : *et du depuis par son moien*.
5. Variante : *Par ainsy ceste*.
6. Variante : *ministres*.
7. Michel Vignaulx, dont on verra plus loin la mort, avait épousé Marguerite Rossignol, de Beaune (Côte-d'Or); devenue veuve elle se remaria, le 26 février 1570, avec Jean Béquel, apothicaire de Pau, puis avec Bertrand Duluc, apothicaire, en 1573 (Arch. des Basses-Pyrénées, E. 2001, f° 69 ; 2002).

n'estoit assez que les Princes servissent à Dieu comme hommes chrestiens, si, comme souverains magistrats, ils ne contraignoient leurs sujets de vivre chrestiennement et n'ostoient tout ce qui estoit contraire à la pureté du service de Dieu commandé en sa loy, de laquelle les Roys estoient les protecteurs. Que Sa Majesté doncques suivant le commandement de Dieu et l'exemple des meilleurs Rois du peuple Israëlitique et des Empereurs et Princes chrestiens devoit achever d'oster tout ce qui restoit en Béarn du levain de la religion romaine. Et pour ce que l'église est la communion des saints et la sainteté se monstre par les œuvres de la foy, de laquelle elles ne peuvent non plus estre séparées que la chaleur et la lumière du feu et du soleil, Sadite Majesté devoit aussi interdire et punir tant de grandes dissolutions, jeux de hazard, usures, paillardises et blaphêmes, etc., qui régnoient entre son peuple au grand déshonneur de Dieu et scandale du prochain, et défendre aux moines les questes publiques, car telle mendicité avoit tousjours esté condamnée par les plus doctes et plus gens de bien, comme contraire à la profession chrestienne et institution première des moines qui ne vivoient pas lors en oisiveté du labeur d'autrui, comme maintenant, ains gaignoient leur vie en travaillant et nourrissoient de leur travail grande quantité de povres. Que la présentation des bénéfices par le Pape et les évesques répugnoit à la légitime élection des pasteurs, enseignée par la parolle de Dieu et plus anciens canons, et à la prattique de l'église primitive, laquelle n'avoit connu l'autorité des vicaires et officiaux, contraire à la puissance que Dieu avoit donnée aux vrays magistrats et à l'ancienne égalité du prestre et de l'évesque. Et afin que la jeunesse, qui est semblable au pot neuf qui retient l'odeur de la première chose qui y est mise, ne fut infectée des superstitions romaines, la charge des escoles fut défendue à tous ceux qui ne feroient profession de la religion réformée et n'auroient tesmoignage de bonne vie et suffisante doctrine. Finalement pour ce que l'enterrement des morts dedans les temples, défendu par les loix et les anciens canons et est sorti de l'opinion du purgatoire et de la superstition de la prière pour les mors, qu'à l'avenir les vifs se contentassent d'ensevelir leurs mors aux cemitières, laissans les temples pour la prédication de l'Evangile et administration des sacremens, à quoy ils estoient proprement dédiés. Ces remonstrances furent appointées par une patente en bonne forme en présence de plusieurs théologiens, jurisconsultes et politiques, appelez expressément pour ce fait par la Royne ; mais estans apportées en Béarn, elles furent trouvées si aspres par maints de la religion réformée et tous ceux de la romaine qui disoient qu'il faudroit estre anges et non pas hommes pour pouvoir vivre selon icelles, qu'ils donnèrent tous les empeschemens qu'ils peurent à la publication, et y avoit danger qu'ils n'en vinssent à une manifeste sédition. Parquoy Gramont craignant que cela fit esclater la malice de plusieurs, suspendit ladite publication et envoya Jean d'Areu, advocat général, en France vers la Royne pour l'advertir du tout. Elle trouva fort mauvais le délay de la publication et chargea le Conseil d'une seconde jussion, sur laquelle ladite patente fut publiée.

[Peu de tems après] la Roine arriva cependant en Béarn avec le Prince, son fils, lequel, par grande importunité, elle avoit obtenu du roy de France, pour seulement faire un tour en ses païs. Elle se monstroit tousjours plus affectionnée à l'augmentation de sa religion et abolition de la [romaine [1]] et l'eust entièrement abolie, si son conseil qui craignoit une sédition générale ne l'eut retenue, néantmoins elle fit abbatre les images en quelques lieux. Cela aigrit fort [ceux de la religion romaine [2]] lesquels pour regarder aux moyens de s'y opposer s'assemblèrent en la maison de Gabriel de Béarn, baron de Gerderet [3], du nom et authorité duquel ils se servoient [plus que de sa malice, car il n'estoit pas fort factieux]. Henri de Navailles, sieur de Peire [4] [qui avoit plus de malice, que l'autre de simplicité,] estoit le principal de la noblesse après Gerderes [5], qui se trouva en cette congrégation, de laquelle avoient esté les principaux promoteurs et conducteurs J. de Bordenave [6], conseiller au Conseil ou Parlement de Béarn, et J. Supresantis [7], G. Testa [8], advocats, Carsu-

1. Variante : *catholique*.
2. Variante : *ce qui restoit de catholiques*.
3. Fils de François de Béarn, baron de Gerderest, sénéchal de Béarn.
4. Henri de Navailles, seigneur de Peyre et d'Arbus, gouverneur de la ville et du château de Pau, marié à Michelle de Corcelles. Ce personnage donna en 1569 procuration à Pierre de Lassun, curé de Peyre, pour régir ses biens pendant les troubles (Arch. des Basses-Pyrénées, E. 2000).
5. Pour Gerderest.
6. Les biens de ce personnage, qui plus tard furent saisis, furent rendus à ses parents (Arch. des Basses-Pyrénées, B. 259, f° 67).
7. C'est la forme latinisée des noms *Sobersens* et *Sopesens*, qui tous deux étaient ceux d'anciennes familles du lieu d'Etsaut dans la vallée d'Aspe (Arch. des Basses-Pyrénées, E. 306, f° 73). — Jean Supersantis avait pour mère Marguerite d'Aleman, de Léès (même dépôt, B. 259, f° 69).
8. Le nom est mal écrit comme on le verra plus loin. Il s'agit

san [1], chanoine de Sainte-Marie, et Lartet [2], chanoine de Lesca, de la part de leurs chapitres, comme firent aussi quelques députez des villes et des vallées d'Ossau et d'Aspe. Ils arrestèrent de s'opposer avec les armes à l'abbatement des images et de chasser du païs tous les ministres [et s'emparer des personnes de la Royne et de Monsieur et Madame, ses enfans] et contraindre ladite Dame de mettre hors de Béarn tout exercice de la religion [3] réformée et remettre [la romaine au mesmes estat qu'elle l'avoit trouvée [4]] et renvoyer tous ceux de son conseil privé qui n'estoient pas naturels béarnois ou qui fesoient profession [de la [5]] religion [réformée], car ils ne vouloient estrangers ny hugenots auprès d'elle, mais eux-mesmes luy vouloient servir de conseil et vouloient gouverner leur propre païs. Ils mirent aussi en délibération de massacrer le jour de la Pentecoste tous ceux de la religion [6] réformée, comme ils célébreroient la [sainte] cène; et d'autant qu'ils craignoient de n'estre assez forts pour exécuter leur intention, arrestèrent d'envoyer en France pour essaier d'obtenir promesse de secours et faveur, en cas qu'ils

---

d'Alamanet de Tasta, de Sainte-Marie d'Oloron, dont les biens furent saisis en 1570 (Arch. des Basses-Pyrénées, B. 2155, f° 32).

1. Pierre-Arnaud de Carsusan, chanoine de Sainte-Marie d'Oloron.
2. Fils de Bernard de Lartet, d'Orthez, seigneur de Labeyrie, et d'Isabelle d'Abbadie (Arch. des Basses-Pyrénées, B. 259, f° 76).
3. On a ajouté : *prétendue.*
4. Variante : *la religion catholique en son pristin estat.*
5. Variante : *d'aultre.*
6. On a ajouté : *prétendue.*

en usent besoin, et pour frayer à la despence fut arresté que les chapitres de Lesca et Oloron bailleroient promptement argent, lequel ils pourroient après égaler sur tout le clergé. La levée en fut commise ausdits Lartet pour Lesca, et Carsusan pour Oloron, qui les devoient incontinent remettre entre les mains de Supersantis, pour les distribuer secrettement selon qu'il avoit esté arrêté. Mais [Dieu voulut] cette entreprise [estre [1]] descouverte [quelques jours avant l'exécution] par le sieur de Muneing [2], gentilhomme béarnois [fesant profession de la religion romaine qui, ayant esté sommé d'y entrer [3]], en advertit secrètement le sénéschal Audaux et l'asseura que dedans deux ou trois jours quelques uns se devoient emparer de la ville d'Oloron et des ministres avec tous ceux de [la] religion [réformée]. [Or Audaux [4]], qui pour quelque mescontentement se tenoit coy en sa maison, craignant que le retardement n'accreust [l'audace [5]] aux entrepreneurs et leur fit avancer leur exécution, pensa qu'il devoit courir au plus pressé [et porter le remède à la maladie la plus aigue]; par ainsi il prit incontinent le chemin d'Oloron, accompagné de son frère le capitaine Saint-Geniez [6], enseigne des gensd'armes du prince de Navarre, et de tous ses amis et serviteurs qu'il peut promptement assembler, et ayant laissé son

1. Variante : *fut tost*.
2. Guillaume de Munein, seigneur de Castéide-Candau, capitaine du parsan (district) d'Orthez et Sauveterre, marié à Jeanne de Sautarisse (Arch. des Basses-Pyrénées, E. 1201, 1282, 1286).
3. Variante : *qui usa de trahison et*.
4. Variante : *Luy donq*.
5. Variante : *la hardiesse*.
6. Bernard de Gontaut-Saint-Geniez, seigneur de Campagnac.

frère audit Oloron avec le capitaine Cortade[1], menant Muneing avec soy, alla trouver la Royne qui estoit à Vielle en Ossau[2], allant aux Eaux-Chaudes[3], afin qu'elle entendit de Muneing mesme la vérité de cette [conjuration[4]]. Mais Audaux ne fut plus tot parti d'Oloron que l'abbé de Saubalade[5] ne commençast de quereller ceux qui estoient en garde à la porte et voussist tuer un soldat, mais les capitaines Saint-Geniez et Cortade, accourus au bruit, l'arrestèrent prisonnier. Cela irrita davantage le peuple qui avoit déjà commencé de tumultuer en faveur dudit Saubalade et de fourrager quelques maisons de ceux de la religion[6] réformée. Pour les appaiser Saubalade fut relasché, mais les [séditieux[7]] s'en rendirent plus [furieux[8] et le firent leur chef] et se logèrent au faux bourg Saint-Pierre[9], d'où ils se transportèrent à Sainte-Marie [pour attirer le peuple à leur sédition, qui toutesfois ne bougea, mais d'autres lieux maints

---

1. Guillaume de Cortade, d'abord lieutenant de la compagnie d'Esgoarrabaque, devint gouverneur d'Oloron; il était marié à Marie Du Caber, de La Bastide-Villefranche (Arch. des Basses-Pyrénées, E. 1632, f° 389; 1634, 1999).

2. Bielle, canton de Laruns, arrondissement d'Oloron (Basses-Pyrénées), ancien chef-lieu de la vallée d'Ossau.

3. Station thermale située dans la commune de Laruns. Elle était fréquentée avant le XVI° siècle.

4. Variante : *entreprinse*.

5. Tristan de Sainte-Colomme, abbé du monastère de Sauvelade, fils de Jacques II de Sainte-Colomme, seigneur d'Esgoarrabaque (Arch. des Basses-Pyrénées, E. 1627).

6. On a ajouté : *prétendue*.

7. Variante : *autres*.

8. Variante : *hardis*.

9. Le faubourg Saint-Pierre était près de l'église du même nom, hors de l'enceinte d'Oloron.

se joignirent à eux]. Ils eussent esté facilement rompus, mais on doubtoit d'esmouvoir tout le reste du païs et donner commencement à une guerre civile, vraye peste des Estas. Pour donc l'éviter fut trouvé meilleur de [séparer les séditieux[1]] plustot par douceur que de les combattre par armes. A quoi servirent le [préu] Audaux, l'évesque d'Oloron[2] et Esgarrebaque[3], père de Saubelade, qui à leur solicitation se retira. [Cela vint bien à point, car] Supersantis arriva incontinent après d'Aspe à Sainte-Marie avec cent harquebusiers. [Il[4]] essaya d'esmouvoir le peuple et pour ce faire il crioit tout haut qu'il estoit là pour la défense de [sainte mère[5]] église catholique [romaine], suivant la délibération qui en avoit esté prise entre les meilleurs catholiques du pays. Tous lui firent la sourde oreille et il s'en retourna sans faire ne recevoir autre mal. Et cent hommes furent mis en garnison dedans Oloron sous la charge du capitaine Pierre Du Til[6], à cause que Esgarrebaque, qui en estoit capitaine, estoit suspect à ceux de la religion[7] réformée, pour estre père dudit Saubelade. Cette garnison tenoit la ville en quelque paix,

---

1. Variante : *contenter ce peuple*.
2. Claude Régin, né à Riom, évêque d'Oloron de 1556 à 1592, mort à Vendôme.
3. Jacques II de Sainte-Colomme, seigneur d'Esgoarrabaque. Voyez la note 4, p. 63.
4. Variante : *qui*.
5. On a ajouté : *l'*.
6. Capitaine de la ville de Navarrenx, marié à Anne, fille de Pierre de Casanave, marchand de Navarrenx, par contrat du 7 janvier 1561 (Arch. des Basses-Pyrénées, E. 1626, f° 376).
7. On a ajouté : *prétendue*.

car les catholiques se fioient du¹ capitaine qui estoit de leur religion, et les autres ne s'en deffioient point, l'estimant fidèle au service de la Royne.

Mais, [comme le naturel du peuple est de se fascher des choses proffitables aussi tost que des dommageables, et les Princes font le plus souvent espargne où la despense seroit nécessaire et despendent où il faudroit espargner²], cette compagnie fut cassée, dès la fin du premier mois, à la réquisition des habitans qui se faschoient de loger les soldats et la Roine de les payer, encore qu'ils tinssent les habitans en paix et la ville en seurté. [Et les ligueurs ausquels la garnison avoit plustot ostée la commodité que la mauvaise volonté d'exécuter leur conjuration remirent incontinent sus leurs premières menées³] à la persuasion de Tasta et d'un [moine] cordelier nommé Pesquitez. Ils fesoient leurs assemblées au couvent des Cordeliers et fesoient jurer sur le *Te Igitur* de la messe les conjurez d'employer leurs biens et vies pour [l'exécution de leur ligue et de la tenir secrette jusques au jour ordonné par les chef⁴]. Mais ils ne sceurent sy bien faire que la Royne estant à Tarbe, où elle tenoit les Estas, n'en eust avertissement, et estant promptement retournée en Béarn, envoya à Oloron le sénéschal Audaux, Guillaumes de La Borde⁵, conseiller, et Jean

1. Variante : *au.*
2. Variante : *tost après.*
3. Variante : *Ce qui donna nouveau courage aux catholiques de remettre sus leur première intention.*
4. Variante : *la liberté de la religion catholique.*
5. Guillaume de La Borde, seigneur de Saint-Aubin d'Assat, marié à Gillette de Barthélemy, fille d'un président au Conseil souverain de Béarn. Il vendit sa seigneurie de Saint-Aubin à

d'Etchard¹, procureur général, pour s'enquérir du tout. Tasta fut fait prisonnier et conduit à Pau par le capitaine Pierre² et une grande partie de sa compagnie. Leur absence donna hardiesse au cordelier d'esmouvoir de rechef le peuple et de s'emparer de la ville avec ses partisans. Ils saisirent Bertrand Ponteto³, ministre, et un riche marchand de Lago, nommé Bertrand de La Borde, dit Le Loup⁴, afin d'avoir en eschange d'eux ledit Tasta, et firent soudain conduire ces prisonniers aux montagnes d'Aspe en la garde de Supersantis. Tasta demeura en la ville [où quelques maisons de ceux de la religion furent pillées] et Esgarrebaque, capitaine du parsan, y accourut aussi tost qu'il en ouit le bruit et l'endemain les somma au nom de la Royne de lui remettre la ville ce qu'ils firent (car le peuple est aussi tost apoury⁵ qu'enhardi [et appaisé qu'esmeu].) Les chefz [de la sédition] eurent permission de sortir avec leurs biens et de se retirer à la part où ils voudroient. Ils se retirèrent en Aspe avec

Jean de Bordeu, seigneur d'Idron, en 1567 (Arch. des Basses-Pyrénées, E. 1125, 1127, 1997).

1. Devint président de la chambre criminelle de Béarn; il était marié à Jeanne de La Torte (Arch. des Basses-Pyrénées, E. 2014).

2. Du Tilh.

3. Pontet, né à Oloron, étudia à Montauban et à Cahors, nommé *recteur* par Gérard Roussel, évêque d'Oloron (1539-1555) et ministre de l'église Sainte-Croix d'Oloron, par Jeanne d'Albret (Chron. d'Oloron, II, p. 89). Le 5 juin 1566 il fut désigné par le synode de Pau pour exercer le saint ministère aux Eaux-Chaudes pendant le mois de septembre. (Notices sur la vallée d'Ossau par M. le comte d'Angosse, Pau, 1838, p. 58.)

4. Il y avait à Lagor plusieurs familles de ce nom; peut-être ce marchand est-il le père de François de Laborde, de Lagor, qui devint valet de chambre de Henri IV?

5. Saisi de crainte.

Supersantis, dont ils renvoyèrent les prisonniers Ponteto et La Borde. Le ministre solicitoit la Royne de donner grâce à tout le [povre] peuple qui[1], comme la mer ne s'agite que par la violence des vents, n'avoit rien fait qu'à la persuasion des plus grands, encores qu'ils ne se fussent déclarez. Mais elle n'y voulut entendre sans savoir le fonds de toute la conjuration, par ce envoya à Oloron [toute] la chambre criminelle, comme en forme de Grands Jours, pour faire le procès aux [coulpables[2]] ; et d'autant que Tasta estoit aux prisons de Pau, il fut conduit à Oloron.

Sur la fin du mois les Estas furent assemblez à Pau où [plusieurs se fourrèrent au reng des nobles, qui jamais n'y avoient eu entrée, y estans introduits par les menées de ceux de la religion romaine, pour fortifier leur parti et multiplier leurs suffrages, d'autres y vindrent qui ne s'y estoient trouvez longs tems auparavant. Ils pressèrent fort et quasi plus avec menaces que requestes[3]], l'abolition des patentes du mois de juillet 1566 et la restitution de ce qui avoit esté osté [et aboli] en quelques lieux de l'exercice de la religion [romaine[4]]. Claude Régin, évesque, qui, [comme la Royne lui dit devant toute l'assemblée, avoit autres fois conseillée ladite Dame de n'aller à la messe] ; estoit celui qui conduisoit tous les autres et leur conseilloit ce qu'ils devoient faire et dire, et pour se résoudre de ce qu'ils feroient l'endemain, les principaux de la noblesse et les [plus factieux du] peuple

1. On a ajouté : *disoit-il*.
2. Variante : *accusez*.
3. Variante : *Quelques catholiques demandèrent par requeste*.
4. Variante : *catholique*.

avec l'un des scindiques, nommé Prato[1], toutes les nuicts à l'heure que tous les autres dormoient, s'assembloient au logis dudit évesque, sans que le reste de ladite compagnie en sceut rien. La malice du tems et l'importunité de ces[2] gens [que la Roine sçavoit estre suscitez d'ailleurs] tenoient cette Dame en telle perplexité qu'elle ne pouvoit prendre certaine résolution de ce qu'elle leur devoit respondre. La très-grande puissance et prochain voisinage des ennemis de sa religion, la crainte d'une sédition en ses propres païs, l'intelligence secrette de ses sujets avec leurs partisans forains, [et le commandement de Dieu fait aux Princes d'oster toutes choses contraires à sa parole, planter, entretenir et deffendre la pureté de son service et les grandes promesses à ceux qui y obéiroient et les horribles menasces contre ceux qui désobéiroient], engendroient en son esprit, diversité d'avis. [Le premier lui donnoit crainte et inclinoit aucunement sa volonté d'accorder leur demande aux Estas, et le dernier lui persuadoit le contraire]. Elle eust desiré d'estre autant aimée qu'elle estoit haie de ses ennemis et autant agréable au roy de France, qui l'en solicitoit fort, qu'elle luy estoit désagréable et donner contentement à tout son peuple, mais[3] que cela ne fut aux despens de son âme et sans encourir la malveillance, disgrâce

---

1. Pierre Du Prat, dit Prato, nommé syndic de Béarn le 21 mars 1557, mort en fonctions en 1567 (Inventaire-sommaire des Arch. des Basses-Pyrénées, tome III, introduction, p. 92).
2. On a ajouté : *pauvres*.
3. On a ajouté : *cela ne pouvoit compatir aveque la profession qu'elle avoit faicte et protester devant tous les ministres. C'est pourquoy...*

et mescontentement de son Dieu [lequel elle vouloit préférer à tout autre chose. Et pour ce qu'il n'y a rien plus dangereux en affaires d'Estat que de fluctuer en délibérations contraires sans prendre une conclusion ferme et arrestée], outre les gens ordinaires de son privé conseil, elle assembla plusieurs autres grands personnages de tous estas et professions, pour consulter avec eux cest affaire et en prendre résolution, afin que, quoiqu'avint, elle ne peut estre accusée d'y avoir procédé par légèreté, inprudence ou opiniastreté plustot que par prudence et raison. Elle conjura donc toute cette grande compagnie de lui dire franchement [tout ce que la parole de Dieu disoit de ce fait et les meilleurs princes avoient fait en cas pareil et la conseiller fidellement de ce qu'elle devoit faire[1]], leur asseurant que crainte ou respect de chose qui fut au monde ne l'esbranleroit ne lui fairoit faire rien qui fut contre Dieu et le devoir que les Roys luy doivent comme Roy, car elle [savoit[2]] qu'il ne suffisoit à un Prince de vivre chrestiennement comme homme, s'il n'employoit l'autorité et la force que Dieu lui avoit baillée pour faire vivre ses sujects de mesme. L'importance du fait rendit la consultation longue et les advis divers, selon que la diversité des esprits, affections, passions, crainte, asseurance ou raison commandoient l'entendement, la volonté et la langue des opinans.

[Les uns disoient la religion romaine pour son ancienneté avoir tant gaigné sur les hommes qu'elle

---

1. Variante : *et conseiller franchement tout ce qu'elle pouvoit faire en ceste affaire.*
2. Variante : *croioit.*

n'en pouvoit estre desracinée que par la mort, ou particulière inspiration de Dieu. Parquoy on devoit attendre ce qu'il plairoit à Dieu faire de leur conversion par son Saint-Esprit, et prier seulement pour eux, non pas les empescher en leur religion; que tant de personnes, nations et provinces suivoient cette religion qu'il sembleroit témérité plustot que prudence qu'une femme entreprit de la condamner et d'oster ce qui par tant de siècles et de grands personnages avoit esté jugé bon et receu pour tel, et sembleroit grande cruauté qu'estant la liberté de conscience aux hommes, on les voussit contraindre de croire et faire les choses]

. . . .

(Ici il existe dans le manuscrit une lacune depuis la page 404 jusqu'à la page 415. Ces feuilles ont été enlevées et contenaient des passages rayés.)

[. . . . . esté constraints de leur laisser plus par la volonté de Dieu que la leur. La victoire donc estoit demourée du costé d'iceux. Que cela devoit donner asseurance à Sa Majesté de la continuelle faveur de Dieu en l'exécution d'une si juste cause qui appartenoit à lui plus qu'à elle, car c'estoit l'avancement et la défense du service d'iceluy et la ruine de l'idolâtrie. Que si Sa Majesté n'avoit les mers pour murailles ni le voisinage de ceux de sa religion pour bastions, Dieu seroit sa roche, son rempart et sa forteresse autant de tems qu'elle dépendroit de sa seule providence et lui obéiroit non seulement comme femme chrestienne, mais aussi comme Royne. De cela il conclut que la Royne ne devoit accorder à ses sujets leur requeste ni au roy de France sa prière, non plus qu'Asa avoit fait à sa mère et Théodose aux Égiptiens demandans semblables choses. Et faisant fin il suplia la Roine de vouloir excuser la prolixité delaquelle il avoit esté constraint d'user pour justifier son opinion qui estoit très odieuse au plus grand monde, mais qu'il estoit théologien et n'avoit peu opiner que suivant sa profession sans regarder derrier soy ny fleschir à dextre ny à senestre.]

[Finalement[1]] la Royne [qui contre le naturel de son sexe dépendoit de la providence de Dieu plus que de la sagesse et force humaine] print résolution de n'accorder ladite requeste avec beaucoup de grandes protestations, que s'il lui eust esté possible et sans discorder avec Dieu, elle eut desiré d'accorder leur requeste à ses sujets et n'y avoit rien qu'elle eut plus à cœur que s'entretenir en bon mesnage avec les deux Princes, ses voisins, desquels elle avoit cest honneur d'estre prochaine parente ; mais puis qu'elle ne pouvoit contenter son peuple sans mescontenter Dieu, ny entretenir l'amitié de ses voisins qu'avec l'inimitié de Dieu, elle aimoit mieux plaire à Dieu qu'au peuple et estre plustot aimée de Dieu, son père, que des Roys, ses parens, lesquels elle gratifieroit volontiers aux despens de sa propre vie, mais que la gloire et service de Dieu lui estoient plus chers que ses biens ne sa vie. Par ainsi remettant les évènemens des choses en la main de celui qui dispose de ses créatures et conduit toutes leurs actions comme il luy plaist et est expédiant pour sa gloire et le bien de ses esleuz, elle print [une ferme] résolution de n'intériner la requeste des Estas, quoyqu'en deut avenir, et prioit Dieu la vouloir forti-

---

1. Variante : *Néantmoings*.

fier en cette sienne délibération et lui faire la grâce de pouvoir achever la réformation [1] commencée en son pays, et vouloir ouvrir les yeux de l'entendement de son peuple, afinque connoissant la vérité qu'il refusoit, il l'embrassast pour servir le seigneur Dieu selon sa parole, et tout ainsi qu'il tenoit les cœurs des Rois en sa main, changeast celui des Rois, ses voisins, ou leur baillast d'autres fusées à desmeller, les empeschans ailleurs. [Ceux de la religion romaine [2]] furent fort marris et plus estonnez de voir [la constante] résolution de cette princesse [laquelle ils appelloient téméraire et opiniastre, nom que le monde a accoustumé de donner à l'asseurance de la foy des fidelles, néantmoins ils n'osèrent si tost commencer les remuemens, que chascun craignoit qu'ils fairoient et Dieu les confondit tellement que délibérez de se despartir et de se retirer sans faire aucune conclusion des autres affaires, vinrent [3]] demander congé à la Royne qui leur respondit les mauvais sujets et serviteurs n'avoir besoing de congé; qu'elle ne les vouloit forcer de rien; qu'ils demeurassent donc ou se retirassent selon qu'ils voudroient, combien qu'elle eut fort desiré qu'ils eussent mis fin à tous les autres affaires qui concernoient le bien public, en quoy ses sujets la trouveroient tousjours aussi facile à leur accorder toutes justes requestes; qu'elle s'estoit montrée difficile à l'intérinement de celle qu'ils lui avoient faite pour la religion, d'autant qu'ils lui demandoient une chose que Dieu lui défendoit, et tout bon Prince devoit estre aussi restif

1. On a ajouté: *par elle.*
2. Variante: *Les catholiques.*
3. Variante: *ce qui leur fit.*

d'accorder les choses injustes et contre Dieu que prompt à donner les justes et selon Dieu. [Ceux donc de la religion romaine[1]] se retirèrent et l'évesque d'Oloron avec eux, qui estoit leur conducteur et directeur en tout cest affaire. Gramont lui fit teste durant tous ses Estas [et son autorité et suffisence servirent beaucoup pour rompre leurs desseins et complots de ceux de la religion romaine].

Quelque tems après la Royne avec ses enfans eut volonté de visiter son comté de Foix, mais estant en chemin, à Saint-Gaudens au viscomté de Némousan[2], un gentilhomme du prince de Condé, son beau-frère, la vint advertir que le 28 de setembre, qui estoit deux ou trois jours après, ceux de la religion réformée de France, pour obvier aux desseins faits pour leur entière ruine, estoient contraints pour la seconde fois de prendre les armes. Ces nouvelles firent rebrousser chemin à ladite Dame qui s'en revint en Béarn avec ses enfans, où elle se tint coy durant tous ses troubles, sans rien remuer ny altérer et empescha plusieurs gentilshommes de [la[3]] religion [réformée] de prendre cette fois les armes comme ils en estoient en volonté.

Cependant ceux de la Basse-Navarre, conduits par les sieurs de Luxe[4] et de Damesan et quelques autres gentilshommes[5], voyans la Royne, vefve et le Prince,

---

1. Variante : *ils se retirèrent donc.*
2. La vicomté de Nébouzan est comprise dans les départements de la Haute-Garonne et des Hautes-Pyrénées.
3. Variante : *ceste.*
4. Charles, comte de Luxe, fils de Jean mentionné plus haut, page 9.
5. Bordenave a modifié sa première rédaction qui portait : *des-*

son fils, enfant, solicitez par quelques uns des principaux du conseil de France, quelques Béarnois et autres malcontens, sous ombre de défendre la religion romaine, les fors, priviléges et libertez tant de Navarre que de Béarn, firent une ligue secrette pour mettre hors du Royaume la religion réformée et chasser quelques ministres qui y preschoient. Ceux de cette ligue qui fesoient profession de la religion réformée, pour n'estre estimez du tout sans religion, ne voulurent estre compris en la vindication de la romaine et la rejection de la réformée, mais promirent de ne défaillir en rien, sous ombre de la vindication des fors, priviléges et libertez, et solicitoient les autres de se mettre promtement aux champs, leur asseurant en secret qu'il n'y avoit religion qui les empeschast de se joindre à leur cause. [Ces ligueurs donc] au mois[1] de setembre commencèrent de faire quelques assemblées à Saint-Palais et y appellèrent quelques uns du viscomté de Soule[2]. Ils avoient délibéré de saisir La Rive, ministre dudit Saint-Palais, comme ils

---

quels estoient les chef Charles, sieur de Luxe, Valentin, sieur de Damesan et de Moneing, Antoine, viscomte d'Etchaux, Jean, sieur d'Armendarits, Jammes, baron d'Uhard, Menaut et Jean de Camo, frères, Artiède et quelques autres. Valentin de Domezain, baron de Monein, Domezain et Carresse, fils de Jean de Domezain et de Catherine de Monein (Arch. des Basses-Pyrénées, E. 1198 et 1474). Cette dernière était la sœur de Tristan de Monein, assassiné à Bordeaux en 1548. — En 1557 Antoine de Bourbon donne à Rodigon, serviteur du capitaine Artiedde, 24 livres pour soigner une maladie qu'il avait contractée à Vendôme (Arch. des Basses-Pyrénées, B. 143, f° 50).

1. On a ajouté : *donq*.
2. La vicomté de Soule est comprise dans l'arrondissement de Mauléon (Basses-Pyrénées).

firent le mesme jour Tardès[1], ministre d'Ostabarès[2], qui fut conduit prisonnier en la maison de Luxe[3].

La Royne, advertie de ces remuemens, envoya en Navarre Roques[4] et Bergara[5], ses maistres d'hostel, avec Jean d'Echart, procureur général en Béarn, pour parler aux principaux chef et descouvrir leur intention et retirer le peuple d'avec iceux et l'asseurer que quelques choses que présuposassent ceux qui les vouloient distraire de son obéissanse, qu'elle n'estoit jamais entrée en volonté de leur oster l'exercice de leur religion [romaine attendant que Dieu par son Saint-Esprit leur eut fait connoistre la pureté de la réformée, qu'elle tenoit du tout conforme à la doctrine de l'Évangile] moins encores avoit-elle pensé de changer ou altérer en aucune manière leurs fors, priviléges et libertez, ains les vouloit entretenir en iceux, tout ainsi qu'avoient fait les Roys, ses prédécesseurs. Echart, qui estoit de la nation et de la langue, parla à

---

1. Le nom de ce ministre est Tardets, il résidait à Ostabat, canton d'Iholdy, arrondissement de Mauléon. Il mourut en septembre 1578 (Arch. des Basses-Pyrénées, B. 2368, f° 319). Il ne faut pas le confondre avec Sans de Tartas, autre ministre du pays basque, à la même époque.

2. Le pays d'Ostabaret est compris, sauf une commune (Pagolle), dans le canton d'Iholdy, arrondissement de Mauléon.

3. Le château de Luxe, commune de ce nom, canton de Saint-Palais, arrondissement de Mauléon. Cet édifice est détruit.

4. Jean Secondat, seigneur de Roque, maître ordinaire de l'hôtel de la reine de Navarre, président de la Chambre des Comptes de Nérac. C'est lui qui, selon l'usage, rompit son bâton de maître d'hôtel à Vendôme le 2 juillet 1572 devant le cercueil de Jeanne d'Albret (Arch. des Basses-Pyrénées, B. 35; E. 1998, 2002). Jean Secondat est un des ancêtres de Montesquieu.

5. Pierre de Bergara, gouverneur du comté de L'Isle-en-Jourdain, en 1564 (Arch. des Basses-Pyrénées, B. 1584, f° 53).

Luxe et à quelques autres, ce qu'il ne peut faire à Damazan, pour ce qu'il estoit allé en Gascogne communiquer à Monluc, lieutenant de Roy en Guienne en abscence du prince de Navarre, leur entreprise et les moyens qu'ils avoient de faire la guerre. Le peuple print du commencement ces [remonstrances[1]] en bonne part et s'en resjouit, et quantequant députa quelques uns des principaux de leur cors pour aller remercier Sa Majesté, qui leur confirma tout ce que leur avoit esté dit par son procureur et leur promit que si le païs en général ou quelques particuliers lui fesoient apparoistre d'avoir receu quelques grief d'elle ou d'aucun de ses officiers, de leur y réparer et les contenter. Tout le peuple par deux diverses fois promit et jura solennellement de demeurer bons et fidelles sujets, sans rien attenter contre l'obéissance qu'ils lui devoient, quelque chose qu'on leur sceut dire à l'avenir. Et pour ce qu'au pays se commettoient plusieurs excès et maléfices et la justice n'y estoit si droitement administrée qu'il eut esté besoin, d'autant que ceux qui devoient poursuivre, captionner ou juger les criminels, leur servoient d'advertisseurs, recélateurs, advocats et soliciteurs, ils supplièrent la Roine de leur donner un vice-chancellier (ainsi est nommé le président du Parlement de ce Royaume) qui sans respect de personnes leur administrât justice et quantequant pour mieux le faire obéïr l'accompagnast de quelques forces; car l'impunité avoit rendu les meschans si audacieux qu'ils ne respectoient plus aucun officier de justice et soustenus de quelques grands

---

1. Variante : *parolles*.

l'oppressoient par la force. Mais les chef de la ligue ne furent plustot advertis de ces remonstrances et des promesses de la Royne qu'ils ne taschassent de divertir le peuple. Et pour ce faire firent une[1] convocation de la noblesse, villes et vallées du païs en la baronnie de Lantabat [2]. Là ils remonstrèrent au peuple que toutes les belles parolles et grandes promesses faites tant par la Royne que ses députez, n'estoyent que pour les tromper et les amuser jusques à tant qu'elle eut meilleure commodité d'exécuter sa délibération, qui estoit d'oster tout à plat l'exercice de la religion [romaine [3]], tout ainsi qu'elle avoit fait en plusieurs lieux de Béarn. Parquoy estans bien acertenez de son intention et pousez du seul zèle de [leur [4]] religion, ils s'estoient résolus de s'y opposer et y employer tous leurs moyens, amis, alliez, parens et vies, et exortoient tout le peuple vouloir faire le semblable et donner à ce coup l'aide à leur religion que tous bons catholiques lui devoient, en quoy ils les asseuroient d'estre si bien secourus que la Roine connoistroit qu'ils n'estoient sa [5] suport. Mais pour ne descouvrir leur intention et n'aliéner d'eux les esprits du peuple, ils ne firent lors nulle mention des fors, et protestoient leur volonté estre de n'attenter rien contre l'autorité de la Roine, ny faire rien contraire à la fidèle obéissance qu'ils luy devoient. [Plusieurs, qui n'avoient

---

1. On a ajouté : *seconde.*
2. Lantabat, canton d'Iholdy, arrondissement de Mauléon (Basses-Pyrénées).
3. Variante : *catholique.*
4. Variante : *la.*
5. Il faudrait : *sans.*

connoissance de leur sinistre intention [1]], promirent incontinent de faire tout ce qui seroit arresté et ordonné par cette compagnie pour la deffense de leur religion, exceptant tousjours le devoir de fidélité qu'ils devoient à leur Royne, contre lequel ils disoient ne vouloir rien faire. Mais [ceux ausquels cette fable estoit mieux connue [2]] firent response ne pouvoir rien promettre sans avoir au préalable communiqué le tout à ceux de qui ils avoient esté envoyés. Endementiers [3] la Royne suivant la promesse faite aux députez donna l'estat de vice-chancelier à A. La Motte [4], navarrois naturel et advocat général en Béarn, et pour faire obéir la justice donna commission au capitaine La Lane [5], aussi navarrois, maistre-de-camp de l'infanterie de Béarn et Navarre, et qui avoit commandé une compagnie en capitaine en chef en France, de lever cinquante harquebusiers, et se tenir à Garris [6], où lors estoit le siége de la souveraine justice de toute la Basse-Navarre, afin de faire exécuter les arrests de la justice. Mais il n'y fut plustot arrivé que, sans lui donner le loisir de mettre aucunes vivres dedans quelques masures d'un vieux chasteau ruiné [7] où il s'estoit retiré, il fut promp-

1. Variante : *Quelques-uns.*
2. Variante : *d'aultres.*
3. Pendant ce temps-là.
4. Il y a une erreur dans le prénom, car le 13 mars 1568 (v. s.) nous trouvons Michel de La Motte, vice-chancelier de Navarre (Archives des Basses-Pyrénées, E. 2000).
5. Son fils, Marc Lalanne reçut de Montgomery un brevet de capitaine de Saint-Jean-Pied-de-Port, à Salies le 2 octobre 1569 (Arch. des Basses-Pyrénées, B. 2152).
6. Canton de Saint-Palais, arrondissement de Mauléon (Basses-Pyrénées).
7. Il en reste encore des vestiges.

tement assiégé par les gentilshommes de la ligue, accompagnez de la populasse de Navarre et de Soule qu'ils avoient eslevée par un baffroy général. Cela fut cause que deux jours après La Lane, destitué de toutes munitions, se rendit, ses soldats furent desbalisez et lui mené prisonnier à Tardès[1], maison de Luxe en Soule, qui est de la souveraineté de France, dont il sortit en eschange du capitaine Amaro, détenu aux prisons de Pau. Durant le siège La Lane ne perdit aucun homme et de ceux de dehors moururent trois seulement, quelques uns furent blessez. Et la Roine pour esteindre le feu de cette sédition avant qu'il fut embrasé davantage, assembla promptement la noblesse et les compagnies des parsans de Béarn, et envoya en Navarre le Prince, son fils, avec quelques pièces d'artillerie. Avec le Prince furent en ce voyage les seigneurs de Gramont, de Bénac[2], de Basillac[3], de Larboust[4], le viscomte de Labadan[5] et plusieurs autres gentilshommes des terres de la Roine; mais les ligueurs [n'ouirent plustot[6]] le bruit de la levée de ces troupes

---

1. Le château de Tardets, aujourd'hui en ruines, situé dans la commune de ce nom, chef-lieu de canton de l'arrondissement de Mauléon (Basses-Pyrénées).

2. Philippe de Montaut, baron de Bénac, nommé sénéchal de Bigorre le 10 mai 1560 (Arch. de M. le baron de Laussat, reg. de la Chambre des Comptes).

3. Jean, baron de Basillac, sénéchal de Nébouzan.

4. Savary d'Aure, baron de Larboust, seigneur de Montégut et Lombres.

5. Henri de Bourbon-Malauze, vicomte de Lavedan, fils de Jean de Bourbon et de Françoise de Silly, marié à Françoise de Saint-Exupéry, mort en 1611.

6. Variante: *ayans ouy*.

[qu'ils ne se retirassent¹] aux montagnes et ferrières de la Valcarde². [Et pour couvrir leur fuite et ne descouvrir leur peu de forces, ils fesoient entendre au peuple qu'ils se retiroient seulement pour le respect qu'ils devoient à la personne de leur Prince et non pour crainte qu'ils eussent de ses forces.] Le Prince les poursuivit jusques au delà de Sainct-Jean-de-Pé-des-Pors, et, ne les ayant peu attraper, assembla le peuple en un lieu appelé La Camargue³ où il leur fit remonstrer en leur langue par Etchard, qui estoit de leur nation, la faute qu'ils avoient faite de suivre les chef de cette séditieuse ligue, qui au premier vent de l'arrivée des forces de la Roine, sa mère, s'en estoient fuis intimidez de leur propre conscience et faute et combattus par leur mesme foiblesse, plus que par ses forces, les ayans laissés misérables en proye et à la merci de l'avarice et cruauté des soldats estrangers, si par l'exprès commandement de la Roine, sa mère, il ne leur tenoit la bride, laquelle comme la mère fesoit ses enfans, les aimoit plus puissans que foibles, vif que mors, riches que povres et convertis que subvertis ; et ne tiendroit qu'à eux qu'ils ne jouïssent d'un long, asseuré et libre repos. Que ceux-là sembloient dignes de quelque excuse qui, leur estant refusé l'accès vers leur Prince pour luy présenter leurs doléances et estans traittez plustot en esclavez qu'en sujets avec toute injustice, tyrannie et cruauté, estoient contraints de

---

1. Variante : *se retirèrent*.

2. Il s'agit ici des montagnes du Val-Carlos entre Saint-Jean-Pied-de-Port et Roncevaux, territoire espagnol.

3. Nous pensons que c'est le lieu appelé Gamarthe, situé à 10 kilomètres de Saint-Jean-Pied-de-Port.

recourir aux armes, pour la défense de leur vies, patrie et libertez, mais qu'eux ne s'estans jamais présentés à leur Royne sans avoir receu d'elle toute bénigne audience et appointement aussi favorable que la loy, les fors et la raison lui permettoient, estoient plustot entrez en une volontaire sédition que contrainte défense et s'estoient rendus indignes de toute excuse, et dignes plustot de punition que de commisération, de peine que de pitié, de suplice que de grâce. Mais qu'il espéroit que sa venue les rendroit plus sages et plus avisez, et les fairoit mieux considérer les horribles maux qui talonnent une sédition auparavant de la commencer, et ne se laisseroient une autre fois tromper si facilement à ceux qui cerchoient d'exécuter leurs passions [et affections] à leur despens et s'agrandir par leur ruine et par la désolation de leurs misérables familes; et sous couleur de défendre la liberté publique les vouloient finement mener captif en la servitude d'un autre Prince qu'ils ne connoissoient point, ou, comme il estoit vraysemblable, eux-mesmes se vouloient rendre leurs tyrans; et sous ombre de religion les distraire de la fidèle obéissance que la religion enseignoit de rendre aux supérieurs. Toutesfois qu'ils s'asseurassent que tout ainsi que leurs pères avoient jadis expérimenté la bénignité, clémence et bénévolence des Rois, ses prédécesseurs, que la Royne, sa mère, et lui, qui descendoient de droite ligne des premiers rois de Navarre, ne se laisseroient jamais surmonter à eux en justice, bonté ne bonne volonté en l'endroit de leurs sujets. Et s'ils se montroient bons sujets, la Roine se monstreroit encore meilleure princesse, et n'altéreroit leurs privilèges, fors, coustumes et libertez ni les forceroit en leur religion [attendant que Dieu par sa grâce les appelast à la connoissance de sa vérité, comme il l'en prioit très humblement] et leur promettoit qu'encores qu'il fut très bien asseuré de la bonne volonté de la Roine, sa mère, en leur endroit, il leur serviroit néantmoins de bon advocat et meilleur ami envers elle, et vouloit qu'en tous leurs affaires ils s'adressassent à luy sans honte ni crainte de l'importuner, et ils connoitroient par effect quelle estoit l'affection qu'il leur portoit, et ne se pourroient jamais plaindre qu'il les eut trompez ou repeus de la fumée de la cour, comme fesoient plusieurs, qui après avoir long tems entretenu les poursuivans de vaines espérances et receu force présens les renvoyoient sans rien.

Le peuple presta attentivement l'oreille aux remonstrances de ce jeune Prince et avec grandes acclamations promit d'estre à l'avenir plus fidèle et ne fere plus rien au descervice de leur Roine et d'estre plus avisez pour ne se laisser piper à ceux qui, sous un prétendu zèle de religion et de la vindication de leurs fors et coustumes générales, prétendoient finement leur particulière grandeur et vindicte de leurs mescontentemens.

[D'autre costé les chef de la ligue, soit qu'ils le fissent pour se descharger sur autruy ou que la vérité fut telle, disoient partout que plusieurs de ceux qui sous le Prince leur faisoient maintenant la guerre, estoient les autheurs et prometteurs de tout ce qu'ils avoient fait, et contoient leur entreprise en tant de diverses façons que les plus occulez n'y pouvoient rien voir ; sur tous autres ils chargeoient fort Gramont, qu'ils disoient avoir voulu embrouiller la Roine pour la faire condescendre de lui accorder l'héritière d'Andoinx[1] en mariage pour son fils[2], mais il nioit le tout instament avec des desmenties et offroit de se coupper la gorge avec celuy d'eux qui le voudroit accuser, et cela sans avoir esgard à son ordre ni à autre dignité. A quoi personne ne respondit rien.] Peu de jours après la Roine alla à Saint-Palais où elle assembla les Estas de la Basse-Navarre et ouit paisiblement les doléances de son peuple. Trois [des plus[3]] séditieux qui s'estoient trouvez au siége du chasteau de Garris, furent pendus, et à tout le demeurant fut donné pardon général à la réquisition des Estas, les chef exceptez, contre lesquels fut ordonné[4] seroit procédé par la Chancelerie, si dedans huict jours, ils ne se présentoient par devant Sa Majesté, qui en tel cas leur promettoit la mesme grâce en particulier, qui avoit esté donnée aux autres en général. Mais fut qu'ils n'osassent prendre fiance de la Royne ou ne voulussent reconnoistre avoir falli, ils ne se présentèrent point au temps préfix, ains trouvèrent moyen par l'entremise de Lansçac[5], beau père de Luxe, de faire rendre le roy de France, intercesseur pour eux. La Mote-Fénelon[6], chevalier de l'Ordre, fut le messager, qui après plusieurs voyages tant en Béarn, Navarre que France,

---

1. Corisande d'Andoins, née en 1554, morte en 1620.
2. Philibert de Gramont, comte de Guiche, marié en 1567 à Corisande d'Andoins, mort en 1580.
3. Variante : *que l'on appeloit.*
4. On a ajouté : *qu'il.*
5. Louis de Saint-Gelais, seigneur de Lansac.
6. Bertrand de Salignac, seigneur de la Mothe-Fénelon.

obtint de la Roine perpétuelle obliance de toutes choses passées pour cest effect, et conduisit à Pau pour baiser les mains de Sa Majesté, Luxe, Damezan, le viscomte d'Echaux, et plusieurs autres. Tous furent bénignement receus et honnorablement caressez de Sa Majesté et quelques uns honnorez de présens, autres subvenus et tous s'en retournèrent contens, au moins en apparence. Peu de jours après le collier de l'Ordre fut envoyé à Luxe. Cela offença maintes personnes [non passionnées[1]] qui, sachans les services du nouveau chevalier, trouvoient estrange qu'on n'eut attendu une occasion plus spétieuse, pour ne descouvrir [si deshonnêtement] la sédition navarroise estre descoulée de la France. [Mais la desloyauté qui a la force pour compagne n'a point de honte.]

La ruine de ceux de la religion réformée s'ourdissoit cependant en France, mais l'abscence de la royne de Navarre apportoit beaucoup de difficultez à la trame d'icelle. Car ceux qui vouloient attraper en un mesme filé tous les principaux chef, craignoient d'embraser plutost qu'esteindre le feu, s'ils exécutoient les autres sans ladite Dame et ses enfans. Les moyens de laquelle avec l'autorité du Prince, son fils, sembloient suffisens pour venger l'injure qui seroit faite aux autres. Par quoy Fénelon eut charge de lui persuader d'aller en France et y mener Monsieur et Madame[2], ses enfans, où, disoit-il, le Roy et la Royne, sa mère, les désiroient fort, tant pour les y caresser selon que leur parentage et qualité méritoient que pour l'espérance, ou plustot

---

1. Variante : *de la religion prétendue réformée.*
2. Henri de Navarre et Catherine.

asséurance, qu'ils avoient prise que leur présence apporteroit une heureuse fin aux misères de ce désolé Royaume. Car le Roy qui pour les choses passées ne s'osoit bien fixer de ceux de la religion[1] ne eux s'asseurer de Sa Majesté par les injures prétendues, se fieroient et asseureroient ensemblement d'elle, qui estoit si prochaine du Roi et en si bonne réputation parmi ceux de sa religion, que facilement toutes deux parties prendroient en bonne part tout ce qu'elle négotieroit et fairoit et se fieroient de toutes choses en sa sincérité. Qu'elle ne devoit donc denier ce bien à la France en laquelle elle estoit née et y tenoit tant de grandes seigneuries et son fils le premier rang après Messieurs les frères du Roy. Mais la Roine qui par [l'expériance du passé et] les avertissemens qu'elle en recevoit tous les jours, savoit l'intention de ceux qui luy fesoient tenir ce langage, estre du tout contraire à ce que l'harengeur luy disoit, n'osant refuser du tout, ne déclarer ouvertement sa volonté, mettoit tantost une excuse, tantost une autre et prenoit les délais les plus longs qu'elle pouvoit, ce qui commença de fascher le conseil de France qui, ayant toutes choses prestes pour faire attraper le prince de Condé à Noyers[2], et l'amiral[3] à Tanlay[4] par Tabanes[5], et Andelot[6] en

1. On a ajouté : *prétendue réformée*.
2. Canton de Saint-Aignan, arrondissement de Blois (Loir-et-Cher).
3. Gaspard de Coligny, tué à la Saint-Barthélemy.
4. Canton de Cruzy, arrondissement de Tonnerre (Yonne).
5. Gaspard de Saulx, seigneur de Tavannes, maréchal de France en 1570, mort en 1573 à 63 ans.
6. François de Coligny, seigneur d'Andelot, frère de l'amiral Coligny, mort en 1569.

Bretaigne par Martigues[1], s'avisa d'un chemin plus court pour saisir en un mesme tems ladite Royne et ses enfans par le moyen de Losses. Ils l'envoyèrent donc devers ladite Dame pour lui persuader d'aller en cour ou au moins y envoyer le Prince, son fils, avec assurances et promesses très grandes en apparence, que ce voyage réussiroit grandement au bien et honneur de la mère et du fils et à l'avantage de ceux de leur religion. Et où il ne lui pourroit persuader le voyage, il avoit commandement d'enlever par cautelle ou par force le Prince, comme il iroit à la chasse ou autrement. En quoy Monluc et quelques autres gentilshommes béarnois le devoient favorir, mais Dieu, [qui est la garde de ceux qui l'invoquent,] rompit ce dessein par un fleux de ventre qui retint Losses en sa maison. Ainsi la Roine qui ne savoit rien du dernier commandement de Losses, estoit en hazard de perdre son fils, si elle n'en eut receu avertissement de [si] bonne heure [qu'elle fit de plusieurs parts] estant en sa ville de Tarbe en Bigorre, d'où elle partit aussi tost, et ne s'osant fier aux Béarnois, pour avoir descouvert l'intelligence des principaux avec ses ennemis, s'en alla à Nérac où elle s'asseuroit d'avoir meilleur moyen d'empescher les ruses et les forces de Losses, s'il en vouloit venir si avant.

Or ne fut-elle plustôt arrivée là que plusieurs gentils hommes et autres de la religion[2] réformée y accoururent à grandes troupes effrayez du bruit de la commission dudit Loses, qui estoit jà esventée partout [et des bravades et jactances de ceux

1. Sébastien de Luxembourg, vicomte de Martigues.
2. On a ajouté : *prétendue*.

de la religion romaine, qui publiquement disoient que dans peu de jours il n'y auroit plus presches, ministres ne huguenots en France.[1]] Cela leur avoit donné si bien l'alarme qu'ils délibéroient d'entrer en la défensive, mais ladite Dame les en destourna et les empescha de prendre les armes si tost qu'ils eussent fait. Vopillières[2] arriva cependant de la cour, où la Royne l'avoit envoyé, tant pour donner quelque espérance de son arrivée et faire les excuses de son retardement, que principalement pour descouvrir l'intention de ceux qui manioient les affaires. Il lui rapporta avoir clerement connu, tant par les gestes que par plusieurs propos qui eschapoient quelques fois à la Royne mère et à quelques autres des principaux du conseil et entendu par les bruits communs de la cour, qu'elle estoit plus haïe d'eux tous, qu'ils ne faisoient semblant de l'aimer, et qu'indubitablement elle n'estoit appellée en cour que pour la perdre avec ceux de sa religion, la ruine et mort desquels estoit jurée et l'exécution si preste que bien tost on en verroit les esclats, si Dieu [par sa puissante bonté] ne destournoit ce coup. Ces nouvelles suffisantes pour estonner les plus asseurez firent entrer la Roine en une résolution contraire à son sexe, à savoir de se joindre à ceux qui avoient esté contraints de s'armer pour la défense de leurs vies et religion. Plusieurs ses serviteurs, craignans qu'il luy mesavint et à ses enfans, vouleurent rompre la résolution de cette Princesse. Mais elle leur respondit qu'estant de mesmes religion que ceux qu'on pour-

1. On a ajouté : *Et.*
2. Antoine Martel, seigneur de La Vaupillière.

suivoit pour les fere mourir, elle estimoit toutes choses prospères et non prospères lui estre aussi communes avec eux, et tout ainsi que nature inclinoit tous les membres d'un cors au secours l'un de l'autre et chacun en particulier et tous en général taschoient de conserver tout le cors; aussi les chrestiens qui sont tous membres du cors mistique de Jésus-Christ se devoient défendre et garder les uns les autres, afin que par ce moyen tout le corps de l'église fut conservé. Qu'elle donques estant de l'église réformée ne pouvoit moins faire que défendre selon ses moyens la cause commune de l'Église contre ceux qui abusoient de l'autorité du Roy pour la dissiper. Et estant embarquée avec ses enfans [en mesmes navire que ceux de la religion, laquelle les ennemis vouloient percer pour enveloper en mesmes naufrage tous ceux qui fesoient profession de cette religion, elle seroit desloyalle à elle-mesmes et à ses enfans, si avec eux elle n'y apportoit tout ce qui estoit en leur puissance pour la calefustrer et deffendre. Pareillement qu'ayant cest honneur d'estre prochaine parente de la maison de France et de si près alliée que le Prince, son fils, avoit le droit de succession après Messieurs les frères du Roy, elle ne devoit défallir à ceux qui travailloient pour la défense des édits du Roy, qui à la grande ignominie de Sa Majesté estoient violez par ceux qui, pour couvrir leurs passions de l'autorité royale, la rendoient redicule à tous les autres Princes et suspecte à ses propres sujets par tant de contraires édicts. Qu'elle estoit bien asseurée que le projet, fait en aparence contre la religion réformée, estoit en effect pour abolir la maison de Bourbon, de laquelle le Prince, son fils, estoit le chef.

Parquoy elle seroit à bon droit tenue pour traitresse à sa religion, à son Roy, à sa propre vie, à ses enfans, à son sang et à sa patrie, si elle n'apportoit ses moyens, sa vie et ses enfans à la protection de ce party qu'elle savoit estre très juste et ne tendre qu'à la gloire de Dieu et conservation de la couronne de France et des princes du sang. Combien donques qu'elle vid devant ses yeux la perte prochaine de ses estas et s'asseurast de la révolte de ses sujets Navarrois et Béarnois et de la ruine de tous ses autres biens, ayant le tout remis entre les mains de Celui par la grâce duquel elle les possédoit, entendant la pitoyable destresse et déplorable nécessité en laquelle le prince de Condé, son beau-frère, avoit esté réduit; qui misérable comme Æneas fuyant les flammes troiennes, charriant quasi sur ses espaules femme, enfans et nourrisses, vagoit par la France accompagné de l'amiral, cerchans quelque refuge pour garentir leurs propres vies et celles de leurs désolées familles, le 6 de setembre [après la célébration de la sainte cène] partit de Nérac avec le Prince, et Madame, ses enfans; l'huitiesme passa la rivière de Garonne à Toneins[1] et y séjourna deux jours, attendant Fontarailles[2], séneschal d'Armaignac, qui conduisoit une cournete de cavallerie, et son frère Montamat[3], un régiment d'infanterie. [Là[4]] la vint retrouver La Motte-Fénelon renvoyé par le Roy, après

---

1. Tonneins, chef-lieu de canton de l'arrondissement de Marmande (Lot-et-Garonne).
2. Michel d'Astarac, baron de Fontarailles, mort en 1606.
3. Bernard d'Astarac, baron de Montamat, massacré à Paris à la Saint-Barthélemy.
4. Variante : *En ce lieu.*

que le Prince et l'amiral furent [miraculeusement] eschapez, pour la divertir de se joindre à eux et se déclarer pour ceux de la religion réformée en cette guerre qu'il prévoyoit devoir bien tost commencer, puisque tous les principaux s'estoient desvelopés du piége qui leur avoit esté tendu. Toutesfois Fénelon ne peut rien gaigner sur la résolution de cette princesse. [Et fut une chose grandement esmerveillable qu'une femme sceut si bien endormir les ruses de ce vieux renard Monluc, qu'à son sceu et à sa veue elle fit dresser ce peu de troupes qu'elle avoit, et n'estant accompagnée au plus que de cinquante gentilshommes la plus part de ses domestiques[1]] deslogea de Nérac, et quasi à son nez passa la rivière à Tonens, [car il amassoit lors ses troupes à Villeneufve d'Agennois[2], cinc lieues près dudit Tonens] et passa par Peyrigort[3] à la barbe d'Escars qui peu de jours auparavant avoit escrit au Roy qu'il avoit quatre mille gentilshommes tous presls et empescheroit qu'aucun huguenot ne s'assembleroit en Peirigort ne Limosin. [Mais il trompa soy-mesme et son Roy, car en ces deux provinces se levèrent de fort belles troupes, qui se ralièrent avec les autres.] Arrivée à Bergerac[4], la Roine despécha La Mote-Fénelon et l'accompagna d'un sien gentilhomme par lesquels elle escrivit au Roy, à la Roine mère et à monsieur d'Anjou[5], frère du Roy, et au cardinal de Bourbon, son beau-frère, les raisons qui l'avoient

---

1. On a ajouté : *Car elle.*
2. Villeneuve-sur-Lot (Lot-et-Garonne).
3. Par le Périgord.
4. Département de la Dordogne.
5. Plus tard Henri III.

contrainte de se joindre avec ceux de sa religion armez pour la défense de leur religion et vies. J'ay ici ajoustées seulement les lettres au Roy et à la Royne laissant les autres pour ce qu'elles sont d'un mesmes suject et qu'elles sont imprimées ailleurs.

« Monseigneur, lorsque j'ay receu vostre lettre par le sieur de La Mote, j'estois desjà bien avant en chemin, ayant esté surprinse d'une telle mutation, laquelle toutesfois nous menaçoit depuis quelque tems que nous avons veu l'animosité de noz ennemis si desbordée que leur rage et passion a estoufée l'espérance du repos que vostre édit de pacification nous donnoit, lequel, Monseigneur, ayant esté non seulement mal observé mais du tout renversé par les inventions du cardinal de Lorraine qui, contre les promesses qu'il vous a toujours pleu donner à tous vos povres sujets de la religion réformée, par lettres aux Parlemens et d'autres particulières qu'il a escrites, comme j'en suis bon tesmoin pour la Guienne, a tousjours rendu les effects dudit édict vains et sans exécution, et tenant les choses en suspens a tant fait faire de massacres, qui se cuidant, par la patience que nous avons eue de ses estranges façons, estre hors de toute bride, a voulu passer outre, s'attachant aux princes de vostre sang, comme l'exemple en est en la poursuite qu'il a faite contre Monsieur le Prince, mon frère, lequel il a contraint venir cercher secours parmi ses parens, et luy estant mon fils si proche et moy si alliée, n'avons peu moins, Monseigneur, que de luy offrir ce que le sang et l'amitié nous commandent. Nous savons assés vostre bonne volonté, vous nous en avez trop asseurez de bouche et par escrit, qui est que vous désirez tirer le service de nous, qu'avec toute fidélité, obéissance et révérance nous vous devons, et auquel ne voudrions faillir pour la vie, et savons davantage, Monseigneur, que vostre bonté et affection naturelle que nous portez nous veulent conserver non pas ruiner. Donques si nous voyons tels effors exécutez contre nous, qui sera celuy qui, sachant bien que vous estes Roy très véritable et que vous nous avez promis le contraire, ne jugera que cela est fait sans vostre sceu et par l'accoustumée et de si longtems expérimentée malice du cardinal de Lorraine. Je dy encore que nous ne la sceussions comme au vray nous faisons. Je vous supplie donc très humblement, Monseigneur, trouver bon et prendre en bonne part que je soi partie de chez moy avec mon fils en intention de servir à mon Dieu et à vous qui estes mon Roy souverain, et à mon sang, nous opposans tant que nous aurons vie et biens aux entreprises de ceux qui ouvertement et d'une effrontée malice y veulent faire violence, et croire, Monseigneur, que les armes ne sont entre nos mains que pour ces trois choses là, empescher qu'on ne nous rase de dessus la terre (comme il a esté comploté), vous servir et conserver les princes de vostre sang. Pour mon particulier, Monseigneur, ledit cardinal a eu grand tort de vouloir changer vostre puissance et authorité en violence, lorsqu'il m'a voulu faire ravir mon fils d'entre mes mains, pour le vous mener, comme si vostre simple commandement n'avoit assez de pouvoir sur la mère et sur le fils, que je vous supplie très humblement, Monseigneur, croire vous estre si très humbles et très obéissans serviteur et servante, que égalant nostre fidélité à l'infidélité dudit cardinal et ses complices, je vous asseureray que lorsqu'il vous plaira faire l'essay de l'un et de l'autre, vous treuverez plus de vérité en mes effects qu'en ses paroles, comme un gentilhomme que j'envoye vers Vos Majestez le vous dira et Monsieur de La Motte qui, je m'asseure, s'en va satisfait de mon intention, qui ne sera jamais autre, Monseigneur, que de mettre vie et biens pour la conservation de vostre grandeur et règne que je supplie à Dieu remplir de sa bénédiction et vous donner, Monseigneur, très longue vie. De Bergerac le xvi de setembre 1568. Et au dessous : Vostre très humble et très obéissante sujete et tante. JANE. »

« Madame, je commenceray ma lettre par une protestation devant Dieu et les hommes qu'il n'y a rien de plus entier que la dévotion que j'ay eue, ay et auray au service de mon Dieu, mon Roy, ma patrie et mon sang. Toutes lesquelles choses ont fait ensemble une telle force en moy que Monsieur de La Motte m'a déjà trouvée partie de mes maisons pour y venir offrir la vie, les biens et tous moyens, vous suppliant, très humblement, Madame, si je suis trop longue à ma lettre, l'attribuer à la nécessité du tems qui m'a tant donné de recharge sur charge que je ne puis rien moins que vous esclaircir le plus briefvement qu'il me sera possible mon intention, vous ouvrant mon cœur pour vous y faire lire le contraire de ce que je m'asseure que les ennemis de Dieu et du Roy et par conséquent de ses fidelles sujets et serviteurs tascheront de vous déguiser. Je vous supplie encore très humblement, Madame, m'excuser si pour venir atteindre où j'en suis réduitte, je commence au tems que ceux de la maison de Guise se déclarèrent par leurs actes ennemis du repos public de ce Royaume, qui fut lors qu'ils prattiquèrent le feu Roy, mon mari, soubz l'espérance de luy faire r'avoir nostre Royaume. Vous sçavés assés, Madame, quelles gens lors le menoient, à mon grand regret, et j'oserois dire au vostre aussi, comme j'avoy en ce tems là cest honneur de le savoir de vostre propre bouche. Je vous supplie très humblement vous remémorer quelle fidélité vous trouvâtes en moy, qui, quand il fut question à bon escient de la conservation de ce Royaume, oubliay l'amitié du mari et hazarday mes enfans, car quant aux biens, puisque le reste y alloit, je ne les veux mettre en conte. Je vous supplie aussi très humblement, Madame, vous sovenir des propos qu'il vous pleust me tenir au partir de Fontainebleau et l'asseurance que vous printes de moy, qui n'est changée de mon costé ne diminuée pour tems qui ait couru. Et s'il vous plait, Madame, il vous souviendra aussi, qu'estant arrivée en Vandosmois je receus vos letres et commandemens ausquels fidèlement j'obéy. Je suivray ce que je fis en la Guienne à mon arrivée et tout selon que j'avois connu vous estre agréable, comme il vous pleut m'en asseurer par mon maistre d'hostel Roques. Sur cela, Madame, je perdi le feu Roy, mon mari, qui m'a fait depuis communiquer aux afflictions de l'estat des vefves. Jà à Dieu ne plaise, Madame, puisque nous sommes maintenant à regarder au général, que je vous veuille ramentevoir les indignitez que particulièrement j'ay receues. Car je fay cette seconde protestation que le service de mon Dieu, de mon Roy, l'amour de ma patrie et de mon sang me remplissent tellement le cœur qu'il n'y a rien de vuide pour recevoir quelque particulière passion qui me touche. Donques, Madame, je viendray aux derniers troubles, recommencés lors que le cardinal de Lorraine avec ses adhérans nous rendit en l'extrémité que vous, Madame, et un chascun sçait. Durant ce tems j'ay demeuré en mes païs inutile au service de Voz Majestez pour ne pouvoir ce que je vouloy, ayant esté empeschée par la malice de ceux desquelz s'ils eussent peu m'en eussent autant fait faire cette fois. Madame, le sieur de La Motte, durant ce tems qu'il a fait deux voyages par vostre commandement devers moy, vous aura si bien rendu conte de mes actions que je n'en feray redite. Je viendray donc, Madame, au point où j'en suis, qui est que voyant les édits de mon Roy non seulement enfreints par quelques occasions sujetes à excuses, mais totalement renversez, son autorité dédaignée, ses promesses royales rompues et le tout par l'astuce et cautelle damnables du cardinal de Lorraine, lequel, Madame, je ne vous puis mieux dépeindre que je sçay (et puis dire que vrayment je le sçay) que vous-mesmes le connoissez. C'est luy, Madame, qui avec les siens a esté l'autheur des exécutions de tant d'horribles massacres, dont les ordinaires plaintes remplissent vos oreilles. Par lui ceux qui, par l'édit de pacification, espéroient le repos de leurs maisons ont esté rendus vagabons par la France, sevrez de leur nourrisse naturelle, et les garnisons ont mangée leur substance, et qui piz est, enflez par longue patience qu'on a eu de leurs cruautez barbares, ont osé attenter sur les princes du sang, branches de ce tronc, lequel ils veulent desraciner, lorsqu'ils l'auront dépouillé de ses dites branches. Ce n'est pas zèle de religion, comme ils disent, car (Dieu vous doint bonne vie, Madame) lorsque vous fustes dernièrement si malade, vous sçavez que Monsieur le cardinal n'estoit exempt de leur conspiration, toutesfois il est catholique. C'est donc ce sang de France qui leur fait si grand mal au cœur, comme ils ont monstré contre Monsieur le Prince, mon frère, et tous ses petis enfans, au secours duquel le sang appelle mon fils et moy ; et n'y voulons nullement faillir. Je ne veux oublier la charge de Monsieur de Losses contre mon fils et le tout par le tyrannique conseil du cardinal et ses complices. Je sçay bien, Madame, que ceux qui ouyront lire ma lettre diront que j'en ai prins le formulaire sur celles que de tous costés vous recevez et que cela ne vient de moy. Je vous supplie très humblement, Madame, croire que du seul subject qui nous mène nous tous de la religion réformée, ne peut sortir qu'une mesme façon de plainte ; et d'une race si illustre que celle de Bourbon, tige de la fleur de lis, rien n'en peut venir que fidélité. Voilà, Madame, les trois points qui m'ont amenée : le service de mon Dieu, voyant que le cardinal et ses complices (comme la chose est trop claire) veulent raser de la terre tous ceux qui font profession de la vraye religion ; le second le service de mon Roy, pour employer vie et biens à ce que l'édit de pacification puisse estre observé selon sa volonté ; et nostre patrie, ceste France, mère et nourrisse de tant de gens de bien, ne puisse estre tarie pour laisser mourir ses enfans, et le sang qui comme je vous ay dit, Madame, nous appelle à aller offrir tout secours et aide à Monsieur le Prince, mon frère, que nous voyons évidemment chassé et poursuivi contre la volonté du Roy, qui lui en a tant promis d'asseurances, par la malignité de ceux qui ont desjà trop possédé la place qui ne leur appartient auprès de nostre Roy et vous, et qui ferment voz yeux pour ne voir leurs meschancetez et bouchent voz oreilles pour n'ouyr nos plaintez. Dieu, Madame, par sa sainte grâce, ouvrant l'un et débouchant l'autre, vous puisse faire voir et ouyr de quelle dévotion et de quel zèle chacun de nous marche en la conservation des grandeurs de Voz Majestez. Et pour ce que j'ay bien connu, Madame, par la letre qu'il vous a pleu m'escrire par le sieur de La Motte, comme on vous a animée contre nous, j'envoye un gentilhomme avec le dit sieur de La Motte pour vous asseurer de tout ce que je vous escry, luy en ayant aussi bien au long communiqué et particulièrement prié de vous dire combien, outre les autres considérations, il est nécessaire pour la conservation de vostre autorité de vous desjoindre de ceux qui vous y veulent nuire et pour cela veulent ruiner ceux qui désirent la vous garder. Connoissez nous bien tous, Madame, et mettez différence entre les bons et les mauvais, et croyez de moy particulièrement, Madame, que je désire infiniement une bonne paix et si bien asseurée que ledit cardinal de Lorraine et ses adhérans ne la puisse plus esbranler, à laquelle, si Dieu m'avoit fait cette grâce que d'y pouvoir servir, je m'estimeroy aussi heureuse que de bonne volonté je y mettroy la vie et tout le reste. Priant Dieu, Madame, etc. Ce xvi de setembre 1568. Et au-dessous : Vostre très humble et très obéissante sujette et sœur. JANE. »

Depuis continuant son chemin, la roine Jeane vint trouver le prince de Condé et l'amiral et toute leur compagnie à Cognac, qui jusques lors avoit tenu les portes fermées audit Prince et amiral et les ouvrit à l'arrivée de ladite Dame et du Prince, son fils, gouverneur de Guienne, lequel la mère déposita entre les mains de son oncle et se retira après à La Rochelle. Or combien que cette départie du fils unique et de la mère fut naturellement très amère et très fascheuse à la mère et au fils, qui n'avoit encores achevé sa quinziesme année, si est-ce que l'un et l'autre se séparèrent joyeusement, et quelques traverses et pertes de batailles qui arrivassent depuis, la mère ne voulut jamais retirer le fils des dangers éminens, ne luy quitter les travaux insuportables à son aage. Il fut fait général de toute cette armée, mais pour ce que sa jeusnesse et le peu d'expériance le rendoient incapable de si grande charge, il portoit seulement le nom, et son oncle le prince de Condé avoit l'effect du commandement. Aussi tost que la Roine fut arrivée à La Rochelle, prévoyant que ses ennemis tascheroient de calomnier son voyage et toutes ses actions pour la diffamer en l'endroit des princes estrangers de sédition et rébellion, elle escrivit la lettre suivante à la roine d'Angleterre[1] pour lui servir d'apologie contre toutes impostures et calomnies.

« Madame, outre le désir que j'ay eu toute ma vie de me continuer en vostre bonne grâce, il se présente aujourd'huy un sujet qui me accuseroit grandement si, par mes letres, je ne vous faisoy entendre l'occasion qui m'a menée icy avec les deux enfans qu'il a pleu à Dieu me prester, et de tant plus seroit ma faute

---

1. Élisabeth.

grande qu'il a mis par sa grande bonté tant de grâces en vous et un tel zèle à l'avancement de sa gloire, que pour vous avoir esleüe l'une des Roynes nourrissières de son église. C'est donc à juste raison, Madame, que tous ceux qui, liez en cette cause accompaignent vostre sainct désir, vous advertissent de ce qui se passe en ce fait. Et de ma part, Madame, pour mon particulier, m'asseurant que du général vous en sçavés assez, je vous supplieray très humblement croire que trois choses (la moindre desquelles estoit assez suffisante) m'ont fait partir de mes Royaume et païs souverains. La première, la religion qui estoit en nostre France si opprimée et affligée par l'invétérée et plus que barbare tyrannie du cardinal de Lorraine, assisté par gens de mesmes humeur, que j'eusse eu honte que mon nom eust jamais esté nommé entre les fidelles, si pour m'opposer à telle erreur et horreur, je n'eusse apporté tous les moyens que Dieu m'a donnez à ceste cause, et mon fils et moy ne nous feussions joints à une si saincte et grande compagnie de princes et seigneurs, qui tous, comme moy et moy comme eux, avons résolu, sous la faveur de ce grand Dieu des armées, de n'espargner sang, vie ne biens pour cest effect. La seconde cause, Madame, que la première tire après soy, est le service de nostre Roy, voyant que la ruine de l'Église est la sienne et de ce Royaume, duquel nous sommes si estroitement obligez de conserver l'estat et la grandeur; et d'autant que mon fils et moy avons cest honneur d'en estre des plus proches. Voilà, Madame, ce qui nous a fait haster de nous venir opposer à ceux qui, abusans de la grande bonté de nostre Roy, le font estre lui-mesme autheur de sa perte, le rendant, encores qu'il soit le plus véritable prince du monde, faulseur de ses promesses, par les inventions qu'ils ont trouvées de faire rompre l'édit de pacification, lequel comme demeurant en son entier, entretenoit la paix entre le Roy et ses fidèles sujets, et rompu convie la mesme fidélité desditz sujetz à une guerre trop pitoyable et tant forcée qu'il n'y a nul de nous qui n'y ait esté tiré par violence. La tierce chose, Madame, nous est particulière à mon fils et à moy : voyans les ennemis de Dieu et de nostre maison, avec une effrontée et tant pernicieuse malice, avoir délibéré, joignans la haine qu'ils portent à la cause générale avec celle dont ils ont tant monstré d'efects contre nous, ruiner entièrement nostre race, de manière que Monsieur le prince de Condé, mon frère, pour éviter l'entreprise qu'on avoit faite contre luy, a esté contraint, plustot que reprendre les armes, venir cercher lieu de seureté. Je dy, Madame, avec telle pitié qui accompagnoit la tendre jeunesse de ses petis princes et de leur mère grosse, que je ne sache bon cœur à qui ceste piteuse histoire ne fasse grand mal. De l'autre costé j'ay esté avertie que l'on avoit despéché le sieur de Losses pour me venir ravir mon fils d'entre les mains. Avec tels sujets nous n'avons peu moins faire que nous assembler pour vivre ou mourir unis, comme le sang, qui nous a attirez jusques icy, nous y oblige. Voilà, Madame, les trois occasions qui m'ont fait faire ce que j'ay fait et prendre les armes. Ce n'est point contre le ciel, Madame, comme disent ces bons catholiques, que la pointe en est dressée et moins contre nostre Roy. Nous ne sommes, par la grâce de Dieu, criminels de lèze-majesté divine ny humaine;

nous sommes fidèles à nostre Dieu et à nostre Roy, ce que je vous supplie très humblement croire et nous vouloir tousjours assister de vostre faveur, laquelle ce grand Dieu vous veuille reconnoistre, vous augmentant ses saintes grâces avec conservation de voz estas, et qu'il vous plaise, Madame, recevoir icy les très humbles recommandations de la mère et des enfans qui désireroient infiniement avoir le moien de vous faire service. Et par ce, Madame, que le sieur Du Chastelier[1], lieutenant général en l'armée sur mer, s'en allant là, aura toujours affaire de vostre faveur, l'ayant prié de présenter mes lettres, je prendray la hardiesse de le vous recommander. De La Rochelle, ce XVI jour d'octobre 1568. De par votre très humble et obéissante sœur. JANE. »

[1]. En 1568 « la demoiselle » Du Chastelier figure dans la maison de Jeanne d'Albret comme ayant soin d'un phénomène humain nommé La Būre (Arch. des Basses-Pyrénées, B. 148, f° 20). En 1573, Mlle de Chastellier est désignée comme femme du capitaine des Suisses de la garde du roi de Navarre (Arch. commun. de Pau, G G. 1, f° 19).

SEPTIESME LIVRE

—

Auparavant son partement de Nérac la Roine avoit renvoyé en Navarre et Béarn Bernard, seigneur d'Arros, pour y estre son lieutenant général, où les estinceles de la guerre de France sautèrent aussi tost. Car le Roy ayant envoyé commission à tous ses Parlemens pour saisir tous les biens que ladite Royne et le Prince, son fils, possédoient en France, en envoya aussi une à Luxe pour leurs païs souverains de Navarre et Béarn, avec commandement très exprès aux cours de parlement de Tholouse et Bourdeaux d'assister et favorir ledit Luxe en l'exécution de sa commission. Le 16 de novembre le parlement de Tholouse publia ceste commission avec cette clause : *Sans préjudice de la procédure faite à la réquisition du procureur général et des arrests donnez le 5 et le 13 de ce mesme mois, lesquels sortiront en effect et seront exécutez suivant autre arrest fait ce mesme jour 16.* Or par ces arrests avoit esté ordonné que le pays de Béarn, comme estant sous la souveraineté de France, seroit mis sous la main du Roi avec toutes les autres terres que la roine de Navarre avoit au ressort dudit Parlement. Mais la commission du Roy déclaroit expressément Navarre et Béarn estre souverains, et protestoit ledit Roy ne s'en vouloir emparer que pour les garder à ladite Dame et à son fils, lorsqu'il les auroit mis hors de la captivité en laquelle il disoit ceux qui s'estoient eslevez en France les détenir. Ainsi l'animosité du Parlement les faisoit estre contraires à leur Roy. Luxe donc, à qui La Marque, valet de chambre du Roy, apporta la commission, fit incontinent assembler les Estas de Navarre et leur en fit lecteure et leur haut loua la bonne volonté et sincère affection du roy de France en l'endroit de leur Roine et d'eux-mesme, lesquels Sa Majesté désiroit mettre sous sa protection seulement pour les garentir de la cruauté des huguenots et les conserver à leur Royne naturelle, à laquelle il promettoit de les rendre aussi tost qu'il l'auroit mise en liberté. [Le nombre de ceux qui furent marris du son de cette chanson fut fort petit, car les nobles estoient aises que la commodité s'offroit de s'enrichir du pillage de ceux de la religion réformée et le peuple, sans autrement examiner l'intention de Luxe ne la suite et fin de cette affaire, désiroit de les exterminer, car le peuple est naturelement si inconsidéré et se plaist tant aux nouveautez, qu'encore qu'il soit asseuré de porter les plus grands travails et tous les frais de la folie et ambition des grands, néantmoins, je ne sçay par quel juste jugement de Dieu, il y accourt avec la mesme gaieté et volonté que s'il alloit à un certain gain et ne se repent jamais de sa folie jusques à ce qu'il se trouve du tout ruiné. Mais ceux qui voyoient plus clair et savoient mieux la vérité du fait[1]] appelloient cette protection une tirannique usurpation et s'esbahisoient

---

1. Variante : *Quelques-uns.*

de l'audace de ceux qui osoient donner le nom de telle vertu à un si grand vice et vouloient couvrir la déformité de ce fait par le fard de si grossière imposture. Et s'ils eussent eu autant de puissance que de bonne volonté, ils se fussent opposez à l'exécution de cette commission, mais la force leur défaillant plustôt que le cœur, ils furent contraints de faire bonne mine et caler voile, tout ainsi que ceux qui en forte tempeste navigent à la boline, et ne pouvans lors donner autre tesmoignage de leur fidélité, donnoient seccrètement advis au lieutenant général de tout ce qui se faisoit en leur province. Car comme tous ceux qui se monstroient plus factieux et plus ennemis de leur Princesse, estoient les plus caressez et récompensez, aussi ceux qui estoient tant fut peu souspeçonnez de trouver mauvaises ces factieuses violences estoient tormentez par les compagnies de Navarrois et Soletains[1] que Luxe avoit mises aux champs, avec lesquelles, sans avoir esgard que son beau-frère, le sieur Belesunce[2], qui estoit à la suite du prince Navarrois, en estoit gouverneur, s'empara premièrement du chasteau de Mauléon de Soule et puis de celuy de Garris en la Basse-Navarre.

Or combien que le gouverneur Arros eut auparavant eu avertissement des commissions despéchées contre Navarre et Béarn et pronostiquast sagement l'intention tant des commissaires que de leur commetant; néantmoins pour ne donner occasion de rien attenter aux voisins, qui sans cela y estoient assés poussez par leur propre malice et incitez d'ailleurs, et pour solager les

1. Habitants du pays de Soule.
2. Jean de Belzunce, vicomte de Macaye, marié à Catherine de Luxe.

sujets de la Roine et ne leur donner prétexte de s'esfaroucher et entrer en quelque remuement, comme ils n'y estoient que trop disposez, n'avoit encore fait nulle levée de gens de guerre. Mais quand il sceut ce qui avoit esté fait en guerre ouverte en Navarre, il pensa que le retardement pourroit plus nuire que profiter au service de sa maistresse et ne voulant, encore qu'il l'eut peu faire selon sa commission, rien faire sans l'avis commun des Estas, qu'il pensoit gaigner par ce moyen, il les assembla à Pau. Des gentilshommes [de la religion romaine[1]] nul des principaux ne s'y trouva et fort peu de la[2] réformée pour ce qu'ils estoient en France à la suite du Prince. Le seigneur de Gramont s'y trouva et fit [de fort belles[3]] remonstrances à toute l'assemblée et exortations de persister en l'obéissance de leur Royne; l'absence de laquelle et la jeunesse de ses enfans leur devoient servir d'esguillon pour les entretenir en fidélité et les encourager d'employer leurs vies et biens pour la garde du païs, en la défense duquel ils avoient plus d'intérest que ladite Dame mesmes, car une paix luy rendroit tout ce qu'on lui auroit pris où eux ne recouvreroient jamais ce que le soldat auroit mangé et pillé estorqué par rançons. Que de son costé il employeroit non-seulement tous ses moyens, mais aussi sa propre vie pour la défense d'une si juste cause. Il fut arresté que douze compagnies d'infanterie seroient levées en Béarn et payées des deniers de la Royne et pour éviter

1. Variante : *catholiques*.
2. On a ajouté : *religion*.
3. Variante : *certaines*.

la foule du païs, elles seroient mises en garnison aux frontières, pour seulement empescher les surprises des ennemis, sans rien attenter contre la France, ne mesme contre la Basse-Navarre. Bassillon[1], gouverneur de Navarrenx, en fut fait colonel, et Arros escrivit à Luxe et à Damesan qu'il avoit entendu la convocation qu'ils avoient faite des Estas de la Basse-Navarre et la levée des gens de guerre et la saisie du chasteau de Garris, choses qu'il trouvoit fort mauvaises, d'autant qu'elles estoient contre l'autorité de leur Royne et la sienne, qui estoit son lieutenant général. Par quoy il les exortoit de désister de ses façons de faire, indignes de vrays sujets, et se monstrer fidèles au service de leur Princésse. Et pour ce qu'ils couvroient leur prise des armes sous prétexte d'avoir entendu qu'il avoit délibéré d'aller saccager et brusler toute la Basse-Navarre, il les asseuroit n'en avoir jamais eu aucune volonté ne mesme d'y entrer en armes. Il escrivit le mesmes aux villes, lesquelles il avoit desjà adverties des choses qui se brassoient contre le service de la Royne et les admonestoit de demeurer en fidélité et ne se laisser tromper à ceux qui, pour se prévaloir d'eux en l'exécution de leurs mauvais desseins, les abruvoient cauteleusement et faussement de l'emprisonnement de ladite Dame. [Laquelle tant s'en faloit fut retenue captive ne prisonnière que plustôt pour le service de Dieu et celuy du roy de France et la conservation de sa vie, de ses enfans et de ses estas et la liberté de

---

1. Bertrand, abbé laïque de Gabaston, seigneur de Bassillon, marié à Jeanne de Cauna (Arch. des Basses-Pyrénées, E. 1275 et 2001). On appelait abbés laïques les seigneurs possédant des dimes et le droit de présentation aux cures.

ses sujets, de sa franche volonté s'estoit retirée au lieu où elle estoit, ce qu'[1] elle avoit fait entendre à la majesté dudit Roy, tant par escrit que de bouche par un sien gentilhomme qu'elle luy avoit envoyé exprès, comme sçavoient très bien ceux qui, contre leur conscience, vouloient couvrir la tirannique usurpation de ses terres du nom de protection et charité. Il les asseuroit pareillement n'avoir jamais seulement pensé de saccager ny brusler le païs de Navarre, quelque chose que leur fissent entendre ceux qui, pour se servir d'eux, les vouloient par cest artifice rendre plus animez contre leur Royne et de fidèles sujets les rendre infidèles rebelles. Cependant pour donner à connoître à Luxe qu'il n'estoit pas en volonté de le contenter seulement de paroles, mais aussi de lui faire teste par les armes, il dressa une entreprise sur ceux qu'il avoit posez en garde au pont du Sérain[2], qui sépare Béarn de la Basse-Navarre, et les eut attrapez tous s'ils n'eussent estés advertis par quelques uns qui estoient de la partie, [car autant qu'il y avoit de Béarnois qui fesoient profession de la religion romaine, s'estoient autant d'espions pour Luxe.] Et les pluyes retardèrent tellement la diligence des troupes béarnoises qu'il leur fut impossible de se trouver à l'heure du rendés-vous, comme fit Gramont, qui y força et tua quelques uns en une maison, et quelques autres ainsi qu'ils gaignoient la garite furent aussi tuez. [Cette petite exécution estonna si bien Luxe et ses complices, qui ne se trouvant assez fort pour soustenir les forces béarnoises,

---

1. Variante : *comme*.
2. Pont d'Osserain.

escrivit à Arros des lettres pleines d'excuses et de promesses de licentier ses troupes.]

Ceux du comté de Bigorre, tenu en droit de régale par les seigneurs de Béarn, ne se monstrèrent pas moins affectionnez de secouer la dommination de leur comtesse que les Navarrois de leur Royne. Arnaud d'Antin[1], séneschal de Bigorre, et Jean, sieur de Basillac, se monstrèrent plus affectionnez à l'exécution des arrests de la cour de Tholouse que tous autres, aussi les avoit-elle fait tous deux gouverneurs dudit comté, ajoustant Basillac à d'Antin pour ce qu'il faisoit profession plus ouverte d'estre ennemi de la comtesse et désirer plus le changement qu'Antin, qui sembloit ne faire rien des commandemens de ladite cour que par aquit seulement, et plustot pour n'y oser contredire que pour le souhaiter. Gaillard Galosse[2] à qui l'estat de juge-mage avoit esté donné en la place d'Arnaud de Casa[3], [qui pour estre de la religion réformée avoit esté contraint de s'absenter,] servoit de conseil à ses deux gouverneurs, mais principalement à Basillac qui estoit celuy qui avec plus d'importunité solicitoit ladite cour de haster la saisie de Bigorre et Béarn, et avoit fait dresser la poste de Tarbe à Tholouse pour pouvoir plus aisément et plus souvent communiquer de ces affaires avec le Parlement. Un huissier fut ordonné pour venir faire la saisie, ce que les deux gouverneurs trouvèrent si mauvais qu'ils

---

1. Marié à Catherine de Foix.
2. Son nom est écrit Gallose dans un contrat notarié du 3 mars 1560 (Arch. des Basses-Pyrénées, E. 1996, f° 132).
3. Arnaud de Case, maître des requêtes en 1560 (Arch. des Basses-Pyrénées, E. 1996, f° 127).

le renvoyèrent sans rien faire, et Galosse fut expressément à Tholose remonstrer à la cour ceste exécution devoir estre faite plustôt par un bon nombre de conseillers et un président que par un huissier qui n'estoit respecté ny craint du peuple, qu'il faloit autre force et apparat pour ceste exécution qu'ils ne pensoient, car tous ne la trouvoient pas bonne et plusieurs la réprouvoient qui se mettroient volontiers en devoir de l'empescher, s'ils avoient la moindre espérance de le pouvoir faire et n'estoient retenus par la crainte des armes et le respect de la justice. Sur sa remonstrance fut donnée commission à Christofle Richard, conseiller, de se transporter sur le lieu avec le procureur général pour faire ladite saisie, ensemble l'exécution de l'arrest donné contre Béarn. Ce qu'il fit et fit abattre en Bigorre les armoiries du comte et planter celles du Roy, déposa les officiers comtals et en mit d'autres au nom dudit seigneur Roy; mais il n'osa rien entreprendre sur Béarn pour ce que les forces de Luxe ne se trouvèrent assés puissantes pour lui faire escorte. Le Parlement despécha vers Luxe Lucas d'Urdez[1], substitué du procureur général, pour le sommer d'exécuter promptement sa commission sur Béarn et lui offrir toute aide, secours, faveur et conseil. Luxe lui respondit lui estre impossible de pouvoir rien entreprendre sur Béarn avec ce peu de forces qu'il avoit, pour ce que les Béarnois se tenoient sur leurs gardes et avoient déjà mis garnisons aux villes et places défensables; toutesfois si le Roy ou la dite cour lui faisoient bailler quelques compagnies de cavalerie

---

1. Célèbre avocat et capitoul de Toulouse.

et quelques pièces d'artillerie, il rendroit en brief Sa Majesté et le Parlement contens. D'autre costé, pour faciliter l'exécution de Luxe, le parlement de Bourdeaux fit publier un arrest par lequel estoit estroitement défendu à tous les sujets du Roy d'aller en Navarre ni Béarn pour porter armes pour le service de la roine de Navarre, et commandement aux gouverneurs, séneschaux, officiers et justiciers de Baionne, Landes, Agenois et Condommois d'aider et favorir de toutes choses Luxe pour exécuter les commandemens qu'il avoit du Roy. En ce mesme tems Monluc envoya Flamarenx[1], séneschal de Marsan, en Béarn avec lettres au Parlement, par lesquelles il disoit avoir entendu qu'en un conseil tenu à Pau avoit esté arresté de se défendre contre tous, chose qu'il avoit trouvée fort estrange et les prioit de faire cesser tout port d'armes, licentier toutes compagnies de gens de guerre, afin qu'il n'en avint plus grand inconvénient; comme il escrivoit aussi à Luxe de faire le mesmes, prouveu toutesfois que les Béarnois se désarmassent les premiers.

Arros qui voyoit l'intention de Monluc n'estre autre que de désarmer finement le pays, pour donner meilleure commodité à Luxe d'exécuter sa commission, respondit à Flamarenx que Luxe et tous les autres voisins de Béarn s'estoient armés plustôt que luy, qui avoit esté contraint de faire le mesme, non pour offenser autruy mais seulement pour ne laisser en proye l'estat qu'il avoit en charge à ceux qui ne pouvoient s'estre armez que contre iceluy, outre qu'il savoit les commissions qui avoient esté despéchées

1. Renaud de Grossoles, baron de Flamarens, mort sous Henri III.

contre Béarn et les arrests qui avoient esté donnez aux parlemens de Bordeaux et de Tholouse. Flamarenx ne fut plustot de retour vers Monluc que le 4 de janvier 1569, à Agen, il ne fit publier une ordonnance contre le païs de Béarn, par laquelle (après avoir accusée la roine de Navarre de très grande ingratitude et rebellion et l'avoir déclarée ennemie du Roy, ensemble tous les Béarnois, sous prétexte qu'ils avoient les armes aux mains, et avoient, disoit-il, couru les terres du Roy, fait prisonniers et rançonné les François qu'ils trouvoient en Béarn ou pouvoient attraper dehors, combien que lors ils n'eussent molesté de fait ne de parole aucun François qui trafiquast, passast ou repassât par Béarn, et nul Béarnois fut entré avec armes en France) dit, ordonna et déclara qu'il vouloit (tels sont ses mots) que désormais et jusques à ce qu'il en seroit autrement ordonné, fut licite et permis à tous chef de guerre et à tous les sujects de Sa M. de pouvoir prendre et emprisonner tous les Béarnois qu'ils pourroient trouver aux terres de Sadite Majesté. Lesquels, dès à présent et comme pour lors, il avoit déclarez prisonniers de bonne guerre, défendant très expressément à tous lesdits sujets, résidens en son gouvernement de Guienne, de ne converser ne trafiquer avec les Béarnois, fut en marchez ordinaires ni autrement en sorte ne manière quelconque, sur peine de la vie et confiscation de leurs biens; et mit fortes garnisons aux environs de Béarn au long de la Chalosse; et les gouverneurs de Bigorre firent venir à Tarbe la compagnie du capitaine Gohas[1] et dressèrent six compagnies de Bigordans.

1. Gui de Gohas, mestre de camp de l'armée de Terride (Arch.

Tout estoit encores passé en paroles plustot qu'en faits, en menaces qu'en exécutions, mais lorsque le roy de France qui avoit tousjours affermé la royne de Navarre estre détenue prisonnière à La Rochelle, la déclara rebelle et séditieuse, et commanda de nouveau ses païs souverains estre saisis, non pas pour les garder à ladite Dame, comme il avoit tousjours auparavant protesté vouloir faire, mais seulement au Prince, son fils, lequel il ne vouloit, disoit-il, faire perte de ses terres pour la coulpe de sa mère. (C'estoit un office de bon parent, si l'intention secrète n'eut esté contraire à la déclaration manifeste, comme il apparut incontinent après par les arrests et poursuites des parlemens de Bordeaux et Tholouse.) Chascun de ces Parlemens vouloit unir Béarn à son resort, et celuy de Tholose l'ajugea acquis au Roy par commis. Et les Béarnois de la religion [romaine[1]] secondez par [quelque petit[2]] nombre de ceux de la réformée, ne débatans en apparence que l'entretènement de leurs fors et libertez et conservation du pays à leur Princesse, commencèrent d'exécuter toutes espèces d'hostilité contre leurs concitoyens faisans profession de la religion réformée et contre les officiers de ladite Dame et tous autres qui maintenoient son parti.

La profession de [la[3]] religion [réformée] avec l'abatement des images [et le bannissement de la messe] en

---

des Basses-Pyrénées, E. 2000); il avait épousé Marguerite, fille de Henri de Navailles, seigneur de Peyre, et de Michelle de Corcelles (même dépôt, B. 2161, f° 8). Il fut tué à Navarrenx en 1569.

1. Variante : *catholique*.
2. Variante : *certain*.
3. Variante : *ceste*.

quelques lieux de Béarn, avoient rendue fort odieuse la Roine à tous ses sujets de la religion [romaine[1]], haïe et suspecte de ses voisins, et le conseil de France estoit celuy qui luy en vouloit le plus et qui plus désiroit de lui accoursir les ongles. Et ne fut ladite Dame plustot retirée à La Rochelle que le François ne fit résolution de s'emparer de ses estas souverains, et ses propres sujets ne commençassent de tumultuer. Mais pour ce que du commencement de la guerre qui s'estoit eslevée en France le Roy ne vouloit mettre les Béarnois en désespoir, ne donner occasion au roy d'Espagne de penser qu'il se voussit approcher trop près de luy et rompre la barrière qui divisoit leurs estas, ne faire voir aux protestans d'Alemagne qu'il en vouloit seulement à la religion[2] réformée, faisant un préjugé pour eux et leurs estas sur la personne et biens de ladite Roine, et ne sachant encore qu'elle seroit la fin de cette guerre, il craignoit de déclarer ouvertement son intention. Toutesfois, à tout évènement, il se vouloit saisir de Navarre et Béarn pour en disposer selon que le tems lui monstreroit; car s'il les faloit rendre, il pourroit tousjours dire l'avoir mis sous sa main pour cette seule fin; et s'il avenoit autrement, il en vouloit estre maistre auparavant que l'Espagnol eut pensé d'y rien attenter. A cette entreprise servit de beaucoup le mescontentement de quelque partie de la noblesse béarnoise et de laquelle les sieurs d'Audaux et de Sainte-Colome estoient les principaux chef et ceux par lesquels tout le reste se conduisoit. Audaux faisoit

---

1. Variante : *catholique.*
2. On a ajouté : *prétendue.*

profession de la religion [1] réformée et Sainte-Colome [de la romaine [2] et avoit esté le plus avant en la bonne grâce de la Roine et avoit participé à ses faveurs plus que tout autre, tant avant que depuis la mort du roy Antoine, mais le Roy ne l'avoit pris en aussi grande inimitié qu'elle l'avoit eu en amitié, pour quelque avertissement qu'elle eust de France (fut vray ou faux) qu'Audaux avoit communiqué au cardinal de Lorraine tous ses principaux affaires et plusieurs desseins. Ce qu'il nioit.]

La commission de l'exécution de Béarn fut premièrement adressée à Monluc qui la refusa, s'excusant sur les grandes affaires qu'il avoit en son gouvernement de Guienne, et fut depuis envoyée au sieur d'Escars, qui ne la voussit non plus accepter. Mais Antoine de Lomaigne, sieur de Tarride, la receut. En attendant qu'il eut mis sus toutes les choses nécessaires pour la dite exécution, Bonnasse [3] et quelques autres Béarnois vindrent en Béarn pour asseurer leurs partisans de la venue de Tarride et pour prattiquer et desbaucher les soldats qui estoient aux compagnies entretenues par Arros, à quoy ils n'eurent pas grande peine, car ils panchoient quasi tous de ce costé et tous les jours se desroboient; ce qui mettoit Arros en telle perplexité qu'il ne savoit auquel courir le premier, car n'ayant de qui se fier, il n'osoit faire semblant de se deffier de personne, combien que, peu exceptez, tous lui fussent contraires, les uns retenus par crainte, les autres

1. On a ajouté : *prétendue*.
2. Variante : *estoit catholique*.
3. François de Béarn, seigneur de Bonnasse, marié à Marie de Sacaze.

incitez par leur propre malice; de manière qu'il ne savoit à qui donner les places à garder. Néantmoins il mit dedans Pau le capitaine Augar[1], à Orthez Gouse[2], au chasteau Gratian[3], à Sauveterre Belloc[4], Moret[5] à Morlas[6], Espalengue[7] à Nay, Esgarrebaque à Oloron, où ses enfans [qui estoient merveilleusement insolens] s'estans emparez du chasteau, commencèrent les premiers de tumultuer ouvertement et maltraitter ceux de la religion[8] réformée. Et la révolte, qui jusques lors n'avoit esté que couvée, commençoit d'esclorre, quand le sieur de Sales[9], maistre d'hostel du prince de Navarre, arriva de La Rochelle avec les capitaines Poqueron[10] et Caseban[11] qu'Arros y avoit envoyez

1. Le capitaine Jean d'Auga, seigneur de Susmiou, marié à Isabelle de Parabère (Arch. des Basses-Pyrénées, E. 2002, 2007).

2. Jean d'Auga, seigneur de Gouze, assista le 22 septembre 1568 au contrat de mariage de Jean d'Auga, son frère, et de Marguerite de Saut, d'Oloron (Arch. des Basses-Pyrénées, E. 1782, f° 313).

3. Gratien de Lurbe, dit le capitaine Gratian, capitaine du château d'Orthez.

4. Menaut de Belloc.

5. Jean du ou de Moret, seigneur de Nargassie et de Sauveméa, capitaine du Vic-Bilh, marié à Philiberte d'Alis (Arch. des Basses-Pyrénées, E. 1998, 1999 et 2020).

6. Morlaas, chef-lieu de canton de l'arrondissement de Pau et ancienne capitale du Béarn.

7. Bertrand d'Espalungue, domenger (noble) de Louvie-Juzon, gouverneur de la vallée d'Ossau, marié à Catherine de Casaus (Arch. des Basses-Pyrénées, E. 1735 et 1736).

8. On a ajouté : *prétendue*.

9. Arnaud de Gachissans, qui devint gouverneur de Navarrenx.

10. Jean Du Bordiu, dit le capitaine Poqueron ou Pocoron, gouverneur de Nay, seigneur d'Abère d'Asson, après la mort de Pascal (Arch. des Basses-Pyrénées, E. 1741, 1745 et 1747).

11. Assibat de Casanabe, dit le capitaine Casabant, seigneur

pour advertir la Roine de l'apparence qu'il y avoit d'une révolte générale de tout le pays, pratiqué par les plus grands, qui luy faisoit doubter de pouvoir conserver autre place que Navarrenx et craignoit n'avoir assez d'hommes fidèles pour la bien fournir; toutesfois qu'à la nécessité il se jetteroit dedans avec tous ceux qu'il connoissoit estre les plus fidèles à son service, et l'avituailleroit si bien qu'elle n'auroit disette de rien de beaucoup de tems, la suppliant avoir mémoire d'eux et les faire secourir, avenant qu'ils fussent assiégez. La Royne luy respondit qu'il fit le mieux qu'il pourroit, car elle s'asseuroit de son expérience, magnanimité et fidélité, et se reposoit sur sa suffisence et trouvoit bonne sa délibération pour la garde de Navarrenx, laquelle elle luy recommandoit sur toutes choses, s'asseurant de recouvrer par icelle tout le reste, si d'aventure l'ennemi s'en saisisoit. L'avis d'Arros estoit le plus sain qu'il eut sceu prendre en cette extrémité, mais je ne sçay comment il se laissa aller plustot au conseil d'autruy qu'au sien, car pour ne vouloir esmouvoir le peuple, et pensant par cette voye l'entretenir mieux en la dévotion de leur Princesse, il n'osa prendre aucunes vivres sus le païs, de manière que quand Navarrenx fut assiégée, il n'y avoit vivres que pour peu de mois, et lorsqu'il parloit de l'avituailler, on disoit qu'il vouloit prouvoir sa tanière,

---

d'Espalungue (Arch. des Basses-Pyrénées, E. 1858 et 2004). Il y eut aussi un autre capitaine dont le nom a une grande similitude avec le précédent, c'est Pierre Chassevant, capitaine à Navarrenx, marié d'abord à Hélène Du Sérer, de Bordeaux, puis à Catherine de Forcade, de Dognen; il testa le 3 mars 1582 (Arch. des Basses-Pyrénées, E. 1636, f° 665).

ne se souciant du reste du païs; et s'il parloit de faire teste à l'ennemi, s'estoit tenter Dieu et vouloit mettre[1] le peuple à la boucherie, et mettre tout le païs en proye et à la discrétion d'un si puissant ennemi, lequel, disoient-ils, il faudroit appaiser plustot qu'irriter, lui aquiescer que résister et essayer de tirer de luy quelques bonnes conditions, puis qu'il ne vouloit entrer au païs que pour le prendre en protection et le garder à la Royne et à ses enfans. C'estoit l'avis de la plus grande partie des meilleurs, mais qui procédoit de timidité plustot que d'infidélité. Quelques autres, mais en petit nombre, disoient la protection prétendue estre seulement pour tromper le peuple et donner quelque spétieux prétexte à l'injustice de l'usurpation qu'on vouloit faire. Qu'il failoit donques prouvoir de bonne heure aux affaires et avant qu'on eut sur les bras l'armée qui devoit entrer, laquelle pour certain rendroit non pas seulement difficile mais du tout impossible ce qui maintenant estoit encores aisé. Que le plus assuré estoit, voyant la mauvaise volonté du peuple, se deffaire de ceux qu'on sçavoit estre les séducteurs des autres et punir exemplairement quelques uns des plus hupés, et envoyer quelques troupes pour prendre des vivres, lesquelles il faudroit plustot brusler que les garder entières à l'ennemi, lequel trouvant plus de provision sur les lieux, auroit aussi plus de moyen de nuire et de faire plus long séjour sur le païs. Que ceux-là se trouveroient tousjours trompez qui pensoient entretenir le peuple, esbranlé à sédition, par paroles ou douceur, à quoi le meilleur remède estoit une prompte

---

1. Il faudrait peut-être : *mener*.

exécution sur les plus mauvais. Le premier advis fut suivi, et le tems qui devoit estre employé à fournir Navarrenx fut inutilement consumé en des chevauchées par tout le païs pour exhorter le peuple à fidélité, auquel le président Etchard, qui estoit celuy qui faisoit les harangues par le commandement du lieutenant-général, parla en ce sens : Que comme les Roys devoient bénévolence, protection et justice au peuple, aussi les sujets leur estoient obligez d'amour, obéissance, fidélité, service et subvention. Et tout ainsi que les bons Princes se connoissoient, mieux qu'en toute autre chose, par l'entretènement des libertez du peuple, défense d'iceluy et égale distribution de la justice, aussi les vrais sujets se manifestoient en la persévérence d'obéissance et fidélité, principalement au tems des plus grands affaires du Prince. Qu'ils avisassent donc de ne donner occasion à leur Princesse de se plaindre de leur ingratitude et punir leur infidélité, et considérassent bien qu'ayant esté contrainte d'abandonner ses pays, Sa Majesté avoit prise telle confiense d'eux que, jasoit que la plus part fussent contraires à sa religion, elle les avoit voulu néantmoins préférer à la garde de son païs à tous ceux qu'elle y eut peu faire venir d'ailleurs, se persuadant que ceux qui, après celle de Dieu, ne reconnoissoient autre puissance que la sienne et qui estoient nez en Béarn et y avoient leurs biens, femmes et enfans, seroient aussi plus fidèles à leur Prince naturel et plus ardens et diligens à la garde et conservation de leur propre patrie que tous autres ; car les estrangers, qui servoient seulement pour l'espérance du gain, tournoient aussi leurs volontez selon que le profit se monstroit plus grand ou plus petit ou le danger moindre, mais que les naturels préféroient tousjours la fidélité envers leur Prince, le bien de leur patrie, l'amour de leurs familles et leur propre salut à toutes les choses plus riches, et estimoient gain toutes les autres pertes, en comparaison de celles-là. Que Sa Majesté n'avoit pas quitté son païs ne son peuple de gaieté de cœur ni pour son plaisir, mais y avoit esté contrainte par les entreprises dressées tant sur sa personne que celle de Monsieur le Prince, son fils, et s'estoit volontairement retirée en la ville de La Rochelle, comme estant la plus seure retraite qu'elle pouvoit lors trouver, où elle estoit à présent avec Monsieur le prince de Condé, son beau-frère, en pleine liberté, non pas prisonnière, ainsy que ses ennemis disoient, voulans couvrir leur inimitié du voile d'amitié et de charité, et leur tyrannique usurpation de protection, combien que ce feint protecteur ne s'estoit pas tant advisé de soi-mesme de cest spétieux prétexte, qu'il y avoit esté incité par l'invention et importunité de quelques Béarnois, qui voulans venger leurs mescontentemens, ou plustot assouvir leur ambition et avarice, vouloient changer de Prince, d'autant qu'il leur sembloit le leur n'avoir assez de moyens pour rasasier leur convoitise, ni tant d'offices, honneurs et dignitez à donner, que chacun d'eux s'estimoit mériter. Parquoy ils avoient projetté de faire tomber la Navarre et Béarn aux mains du roy de France et partager entre eux le domaine avec les biens de ceux de la religion réformée et de tous autres qui voudroient opposer leur fidélité à leur infidélité; et pour ces fins avoient ajousté à la vindication de la religion romaine la défense des fors et de la liberté publique; mais qu'ils devoient juger quel pouvoit estre ce zèle de religion, veu qu'une partie d'eux faisoit profession de la religion réformée. Que si la Roine avoit fait abbatre les images en quelques lieux et mis la messe hors de quelques villes, elle l'avoit fait à la réquisition de la meilleure partie des habitans qui estoient de ladite religion, et avoit cependant laissé aux autres la leur en telle commodité que chacun y pouvoit aller tous les jours à son aise, et n'avoit fait cela pour fascher le peuple ni pour rancune particulière qu'elle pourtast à la [Papauté[1]] comme elle avoit respondu aux Estas derniers, mais d'autant que [2] Dieu condamnoit telles choses en sa parole, et les meilleurs Princes et évesques l'avoient fait, comme il se lisoit au livre de la Bible, histoire ecclésiastique et escrits des plus anciens docteurs. Et si on demandoit aux soliciteurs de la protection en quoy les libertez et fors avoient esté rompus, ils ne pourroient respondre autre chose, sinon en ce qu'ils ne gouvernoient toutes choses plustot à leur appétit que par les fors. L'infraction desquels, au cas en y eut, le peuple devoit débattre par remonstrances et requestes, non pas par armes, et le Prince les réparer par la raison. Qu'ils devoient donc prendre cette voye plustot que celle de la rebellion et sédition, qui estoient le venin plus mortel et la peste plus contagieuse qu'on pourroit trouver pour soudainement ruiner un estat et consumer un peuple, et ils trouveroient Sa Majesté volontaire et prompte à leur accorder tout ce que le for leur commanderoit et Dieu lui

---

1. Variante : *religion catholique.*
2. On a ajouté : *elle croioit que.*

permettroit. Que le François vouloit estre leur protecteur et ils n'estoient point en danger, leur tuteur et ils n'estoient pas mineurs, leur libérateur et ils n'estoient point esclaves, et leur rendre la religion qu'ils n'avoient point perdue; à quoy, s'ils pensoient bien, ils auroient la protection d'autant plus suspecte, qu'il l'offroit avant d'en estre requis, et vouloit donner secours à ceux qui n'en avoient nul besoin. Qu'il y avoit donc quelque cabale sous ces mots, par laquelle on les vouloit tromper, mais que la diversité des mots ne pouvoit pas diversifier l'essence des choses, ny le mal, prenant le nom de bien, perdre sa propriété. Qu'on leur présentoit en apparence protection, liberté et paix, mais en effect on les mettoit en sujection, servitude et guerre, avec tous les maux qui suivent les guerres qui sont toutes pleines de facheries, despences, insolences, pilleries, violences, violements, blessures et meurtres, mais que les civiles apportoient plus de mal en un seul jour que toutes les autres en dix ans, et celles de ce tems les surmontoient en toutes sortes de maléfices. Qu'ils jugeassent donc plustot de loin que l'expérimenter de près, qu'elle seroit cette belle protection du François, par le mauvais traittement qu'il fesoit à ses sujets qui ayans eux-mesmes fondé cet estat avec les plus belle autoritez que jamais autres eussent, tant sur la personne des Rois que tous les affaires du Royaume, fut pour les finances, la guerre ou la paix, partages et successions des enfans royals, estoient néantmoins aujourd'huy plus rudement et servilement traittez que tout le reste de l'Europe et réduits en telle servitude que parler seulement de tenir Estas estoit crime capital, et parler de prendre advis des Estas sur l'occurance des affaires plus urgens, faire le Roy sujet du peuple, et leur remonstrer les nécessitez du Royaume et leur demander aide, faire le Roy mandiant. Lequel cependant imposoit tous les jours à son peuple plus de nouveaux imposts qu'il ne croissoit de sapins en leurs montagnes. Que telle seroit leur condition après qu'ils auroient receue l'armée que Tarride amassoit en Gascongne, laquelle les solicitcurs trainoient plus par force qu'ils ne conduisoient de bonne volonté, et ne marchoit que sous l'asseurance qu'on luy donnoit que tous les Béarnois se joindroient à elle. Et Tarride avoit plus de fiance en leur révolte qu'en ses troupes qui n'estoient suffisentes pour envahir le païs. Car combien que Béarn fut fort petit, il n'estoit néantmoins si aisé à conquester qu'on pourroit penser, s'ils se vouloient bien entendre avec M. le lieutenant-général et vouloient joindre leurs volontez et forces aux siennes, car les forces unies, bien que petites, estoient invincibles, où les grandes disunies estoient foibles et faciles d'estre ruinées, comme plusieurs flèches liées en un faisseau ne pouvoient estre rompues par un homme quelque fort qu'il fut, l'estoient toutesfois facilement chascune à part par un foible ; et les villes, qui séparées l'une de l'autre estoient foibles, liées par la chaine du bien public, se conservoient les unes les autres, ne plus ne moins qu'ès corps des animaux les parties vivoyent, se nourrissoient et prenoient esprit de vie par la liaison des unes avec les autres, et soudain qu'elles estoient séparées, ne prenant plus de nourriture, se corrompoient et pourrissoient. Sy donques les villes et villages du païs vouloient avoir une bonne intelligence ensemble et s'entresecourir, jamais l'ennemi ne seroit si téméraire de se venir enfourner dedans un païs où le peuple n'auroit qu'une volonté, un cœur et un bras. Que s'ils estoient résolus faire le contraire, il les prioit se vouloir souvenir que les armes estoient journalières et donnoient aujourdhui au vaincu ce qu'elles avoient donné hier au victorieux. Et la guerre qui se préparoit contre Béarn estoit sujette au mesmes accidens que celle qui se faisoit en France, laquelle vraysemblablement finiroit par une paix, comme avoient fait les deux précédentes, et les biens, honneurs, dignitez et religion seroient rendus à ceux qui les avoient perdus. Ainsi si pour leur lascheté lors le François se trouvoit saisi de quelque partie de Béarn, il la restitueroit à la Roine et ils seroient contrains de retourner sous l'obéissance d'icelle avec l'ignominieuse marque de félonnie, et se trouveroient trompez s'ils se promettoient autre fin de toute cette guerre, quelque espérance qu'on leur donnast du contraire, car le Roy, comme il estoit raisonnable, postposeroit toutes autres choses au repos de son peuple ; veu mesmement que Béarn pour sa povreté ne le pouvoit enrichir, ni pour sa petitesse agrandir, et luy servoit plus en la main d'autruy qu'en la sienne propre, pour d'autant plus eslongner de luy le voisinage de l'Espagnol, qui aussi ne vouloit voir Béarn au pouvoir du François. Et la perte que la Roine pourroit faire cependant, estoit de petite inportance, car Navarrenx, qui n'estoit pas morceau pour l'ennemi, gardoit ce qu'elle avoit de plus prétieux ; mais qu'à eux il leur y alloit de leur totale ruine, car l'armée qui entreroit pour envahir le pays, seroit incontinent suivie d'une autre pour le défendre, et il faudroit qu'ils nourrissent l'une et l'autre, et souffrissent les reproches, injures, coups et violences de toutes deux, outre les exécutions de la justice, qui en la paix les molesteroit plus que les armes n'auroient fait en la guerre. Et n'y avoit rien qui les peut garentir de toutes ces misères que la seule persévérance en la fidélité de vrays sujets, laquelle ils devoient préférer à tout ce qu'on leur promettoit et luy postposer toutes les pertes qu'ils pourroient craindre du costé de l'ennemi. De quoi Monsieur le lieutenant les prioit au nom de la Roine, leur dame naturelle et légitime, et de Monsieur et Madame, ses enfans. Qu'il les avoit jusques lors traittez en toute douceur, les pensant mieux entretenir en devoir par cette voye que par celle de la rigueur, mais qu'il craignoit avoir perdu son tems, car ils sembloient s'endurcir tous les jours davantage. Toutesfois il aimoit mieux qu'on peut dire la coulpe des maux qui estoient préparés au païs, estre procédée de leur malice plustot que de sa rigueur. Que pour leur oster toute excuse d'ignorance, il leur avoit voulu faire entendre l'estat libre de la Roine et son intention de défendre le païs et leur descouvrir la sinistre intention des ennemis, comme aussi il ne leur vouloit céler la juste suspition qu'il avoit de plusieurs choses qui se fesoient en maints lieux du païs au déservice de Sa Majesté; ce qu'il avoit tousjours dissimulé plustot qu'ignoré, pour ne donner apparente occasion à leur pourpensée rebellion, et s'estoit promis toute autre chose d'eux qu'il n'oyoit et voyoit, car leurs cœurs sembloient du tout fallis quand il leur parloit de faire teste à l'ennemi et défendre le païs, et ils parloient de telle bouche des forces ennemies qu'ils sembloient les désirer plustot que craindre et les vouloir caresser plustot que repousser. Qu'ils avisassent donc de ne perpétrer une si lourde faute, laquelle nul repentir ne pourroit réparer après avoir esté faite. Que les sages prévoioient le mal et l'évitoient, que les fols s'y précipitoient sans le prévoir, mais les passionnez s'y fourroient à leur escient, ce qu'il avoit craint qu'ils fairoient à son grand regret et ruine de tout le païs.

Le peuple se monstra en apparence fort attentif à ces remonstrances et promit de continuer en l'obéissance de leur Dame et de s'opposer à tous ceux qui voudroient entreprendre sur le païs, et protestoient de n'estre jamais entrez en volonté de changer de seigneur et moins de vouloir recevoir autre protecteur; mais leurs faits desmentirent incontinent leurs paroles. Et ce qui avoit esté ordonné pour la défense du païs s'exécutoit lentement et avec lascheté, et J. de Bordenave et Hiéronim de Marca[1], conseillers, ausquels avoit esté donnée la commission de faire mettre des vivres dedans Navarrens, la seurent si bien dilayer, qu'à l'arrivée de Tarride, rien n'y avoit esté apporté.

Le 13 de mars le prince de Condé, après s'estre rendu au sieur d'Argence[2], fut tué [de sang-froid] à Bassac[3] par Montesquiu[4], gentilhomme gascon, capi-

---

1. Jérôme de Marca, de Gan, conseiller au Conseil souverain de Béarn, président de la Chambre criminelle, marié à la fille de Jean d'Arrac, jurat de Gan (Arch. des Basses-Pyrénées, E. 1262, 1264). C'est le père de l'historien Pierre de Marca, archevêque de Paris et ministre sous Louis XIII.

2. Cibar Tison, seigneur de Fissac, dit d'Argence, chambellan de Charles IX.

3. Canton de Jarnac, arrondissement de Cognac (Charente).

4. On écrit ordinairement Montesquiou.

taine des gardes de Monsieur d'Anjou. Sa mort donna aux soliciteurs de la protection plus d'asseurance et d'hardiesse que toute l'armée que Tarride dressoit. Ils s'approchèrent de Béarn et mirent la compagnie du jeune Gohas [1] à Tarbe en Bigorre, où furent dressées six autres compagnies de Bigordans et dix autres furent logées à Arsac [2] et à mesure que ces forces s'approchoient dehors, le peuple tumultuoit plus ouvertement dedans. Cela donna asseurance à Arros que tout le pays alloit en révolte générale, à laquelle ne pouvant apporter le remède nécessaire, il voussit au moins s'asseurer de la ville d'Oloron pour servir d'espaule à Navarrens et de retraitte à plusieurs qui s'en alloient contraints d'abandonner leurs maisons. Mais d'autant qu'il ne le pouvoit faire tant qu'Esgarrebaque, partisan de la protection, seroit dedans, il fut conseillé par Gramont de le faire venir à Navarrens pour l'induire de lui remettre Oloron, car il pensoit que pour le parentage et ancienne amitié qui estoit entre eux, Esgarrebaque fairoit tout ce qu'Arros voudroit ; mais le vent des promesses de France avoit déjà perverti son entendement. Arros lui remonstra donc privément et familièrement, le 27 de mars, la juste occasion qu'il avoit de se deffier de ses enfans, auxquels il se laissoit totatelement gouverner et leur avoit permis de faire plusieurs choses qui estoient contraires au service de la Roine et au repos du païs. Qu'il craignoit que ses enfans l'attirassent à la ligue de la pro-

1. N. de Biran, seigneur de Gohas, tué en 1573 au siége de La Rochelle. Ce fut l'un des assassins de Coligny.
2. Arzacq, chef-lieu de canton de l'arrondissement d'Orthez (Basses-Pyrénées).

tection, de laquelle il estoit bien asseuré qu'ils estoient ; mais qu'il savoit avec quels juremens il lui avoit tousjours asseuré de demeurer fidèle au service de la Royne et à la conservation de cest estat. Et sur ceste promesse, il avoit esté mis dedans Oloron, mesmes à la réquisition de ceux de la religion[1] réformée, qui pour la confiance qu'ils avoient prise de sa prudhomie, l'avoient préféré à tout autre, et la Royne lui avoit ainsi commandé pour la bonne opinion qu'elle avoit conceue de sa fidélité. Qu'il restoit de mettre en effect toutes ces promesses, car les ennemis estoient sur le point d'entrer dedans le païs et le peuple de se révolter, et il estoit contraint de faire trie des vrais Béarnois d'avec les faux françoisez, et loyals et fidèles sujets d'avec les traistres, lesquels il vouloit retirer dedans Navarrens et Oloron, pour ce que ces deux villes, par leur proximité et la commodité de la rivière, se pouvoient tellement favorir l'une l'autre que si les ennemis en vouloient attaquer l'une, l'autre la pourroit aisément secourir et leur donner tant d'affaires que la Roine auroit ce pendant loisir de leur envoyer secours, ce qu'elle fairoit sans doubte, et le plus grand service qu'on luy pourroit faire en cette nécessité estoit de temporiser l'ennemi. Qu'il avoit donc pensé de mettre deux ou trois compagnies dedans Oloron avec la sienne qui y estoit déjà, tant pour garder la ville que pour donner retraitte à tant de misérables familles qui s'en alloient exposées à l'insolence, avarice et lubricité des gens de guerre et la cruauté de la populasse. Et pour ce que son aage ne lui permettoit de prendre

---

1. On a ajouté : *prétendue*.

seul tant de labeurs que ces affaires si urgens requéroient, il avoit pensé de lui communiquer la moitié de sa charge avec la mesme autorité et émolumens que la Roine lui avoit donnez, laquelle il luy prioit vouloir recevoir et demeurer avec luy à Navarrens, pour de là faire les entreprises et exécutions que les affaires leur monstreroient devoir estre faites.

Esgarrebaque refusa l'un et l'autre, disant que mettre maintenant autres compagnies que la sienne dedans Oloron, estoit lui déclarer qu'on se deffioit de lui et faire un préjugé de trahison sur soy; mais qu'il estoit homme de bien et feroit tousjours preuve de sa fidélité et n'avoit rien promis qu'il n'eut intention de le tenir et parlant avec les capitaines La Motte[1] et La Renaudie[2] usa de paroles fort [braves[3]] et pleines de menaces. Cela augmenta le supçon qu'on avoit de lui et fut cause de le faire arrester dedans son logis et d'oster les armes à ses soldats. Le mesme jour sur le soir Arros, s'asseurant que l'entrée ne lui seroit refusée, partit de Navarrenx avec seulement quarante ou cinquante harquebusiers à cheval pour se saisir d'Oloron. La porte du pont lui fut ouverte par Courtoysie[4], sergent d'Esgarrebaque, qui ne voyant son capitaine en ceste troupe, courut advertir ceux du bourg dessus, qui est le principal et

1. Jean de La Motte, de Bosdarros, capitaine du parsan (district) de Pau, marié à Adrienne de Béon (Arch. des Basses-Pyrénées, E. 1632, 1749 et 2131). Il était frère d'un autre capitaine, Pierre de La Motte.
2. Nous ignorons si ce capitaine était de la famille de La Renaudie, dit La Forest, chef avoué de la conjuration d'Amboise.
3. Variante : *rudes*.
4. Il y avait plusieurs familles de ce nom à Carresse et à Araujuzon (Basses-Pyrénées).

le plus fort de la ville, qui est séparée en deux par portes et murailles, tellement qu'Arros, se présentant à la porte dudit bourg, trouva la femme d'Esgarrebaque[1] sur la muraille qui lui refusa l'entrée avec beaucoup d'injures accompagnées d'arquebusades. Ainsi Arros voulant surprendre autruy fut si bien surpris luy-mesmes que, si ceux de dedans la ville et du faux-bourg se fussent entendus et eussent eu le courage de le charger, vraysemblablement il estoit deffait, [mais Dieu leur osta le cœur et le sens.] Néantmoins ceux du faux-bourg du Marquadet[2] dressèrent une barriquade au bout du pont pour l'enclorre entre la ville haute et eux. Cela donna prou de peine à Arros qui ne sçavoit s'il devoit assaillir la ville ou s'en retourner. Le premier avoit de la difficulté pour le peu d'hommes qu'il avoit et estoit encores plus dangereux, si le peuple reconnoissant sa foiblesse l'eut chargé par derrière, comme il eut esté au combat; et le dernier sembloit faire brèche à son honneur, outre qu'il attendoit les capitaines La Motte et Lurbe[3] ausquels il avoit commandé de le venir joindre par l'autre costé de la rivière; mais ils avoient esté constraints de faire un si long tour qu'il leur fut impossible d'arriver à tems. Et si Arros eut osé hazarder sans eux de mettre le feu aux portes et d'assaillir la ville, vraysemblablement il

1. Gratianne de Navailles, dite de Saint-Saudens, seconde femme d'Esgoarrabaque. Elle lui survécut et on lui restitua les biens de son mari.

2. Le quartier Marcadet est aujourd'hui compris dans la ville d'Oloron.

3. Simon de Lurbe, capitaine et maître des réparations des chemins, marié à Gratianne de Pilan, fille de Jean de Pilan, médecin de Lescar (Arch. des Basses-Pyrénées, E. 1097 et 1783).

l'emportoit, car les meilleurs soldats estoient dehors; mais il craignoit sagement de faire une perte notable et mettre en hazard Navarrenx, qui fut demeurée désolée et despourveue, si lui, comme il pouvoit avenir, ou ceux qui estoient avec luy fussent péris là. Par quoy résolu de se retirer sur la diane, il fit charger ceux qui estoient à la barriquade du pont, qui du commencement firent bonne mine, encores qu'ils fussent brusquement assaillis, mais voyans arriver la compagnie d'Espalengue, commandée par Incamps[1], son enseigne, qui les chargeoit par derrière, ils s'estonnèrent et gaignèrent au pié. Quelques uns furent tués en fuyant.

La Motte et Lurbe, ne sachans rien de cette retraitte, arrivèrent environ midi à leur rendés-vous, qui estoit à l'autre faux-bourg d'Oloron, nommé Saint-Pée; mais la ville estoit déjà pleine d'hommes que Bonasse, Las[2] et les fils d'Esgarrebaque[3], advertis par la femme d'Esgarrebaque[4], y avoient conduits. Las fit une sortie sur La Motte et Lurbe entre lesquels l'escarmouche fut si chaude que, Las et La Motte venus aux mains, Las demeura mort. Cela estonna si bien ceux de dedans qu'ils n'osèrent plus sortir et se fussent ces deux capitaines retirez sans grande perte, si environ trente et six soldats de ceux de Lurbe ne se fussent

---

1. Antoine d'Incamps, seigneur d'Abère d'Asson et du château d'Arudy, neveu du capitaine Poqueron et son héritier (Arch. des Basses-Pyrénées, E. 1890 et 1891).

2. Per-Arnaud de Forpelat, seigneur de Làas.

3. L'aîné était Jacques III de Sainte-Colomme, plus tard seigneur d'Esgoarrabaque; le cadet Tristan de Sainte-Colomme, abbé de Sauvelade. Tous deux fils de la première femme de leur père, Catherine de Montbrun.

4. Gratianne de Navailles.

révoltez, qui s'estans saisis de quelques maisons commencèrent de tirer sur leurs compagnons avec beaucoup plus de domage que ceux de la ville. Ceux du faux-bourg, estans joins à ceux-là, firent incontinent penser aux deux capitaines de leur retraitte, laquelle eust esté fort heureuse, si quelques soldats de La Motte ne se fussent opiniastrez dedans le temple de Saint-Pée, qui estoit tout joignant la porte de la ville, où [après s'estre rendus] ils furent massacrez [de sang-froid] et laissez nuds sur le carreau l'espace de trois jours. Quelques autres, se pensans mieux sauver seuls qu'avec leurs capitaines et leurs compagnons, s'escartèrent et furent assommez par la populasse, mais ceux qui demeurèrent en la troupe furent tous sauvez et ramenez à Navarrenx. Gramont y arriva en mesme tems, et comme il avoit esté autheur de la prise d'Esgarrebaque, aussi fut-il cause de le mettre en liberté avec tous ceux qui estoient avec luy, sous jurement qu'il donneroit licence de sortir aux ministres et à tous autres de la religion[1] réformée qui estoient à Oloron et les fairoit conduire en seurté à Navarrenx, mais il fit tout le contraire.

[Les conseils chancellans et irrésolus sont très dangereux aux affaires extrêmes et Esgarrebaqué ne devoit estre arresté, si on n'avoit délibération de le retenir et le réprimer à bon escient. Car tout ainsi qu'un petit d'eau jettée sur un grand feu ne fait que l'allumer au lieu de l'esteindre, pareillement une légère et petite exécution augmente plustot qu'elle n'appaise une grande sédition et irrite d'avantage les séditieux, car l'injure qu'on prétent avoir receue accroit l'animo-

---

1. On a ajouté : *prétendue*.

sité et le désir de vengence fournit un spétieux prétexte d'exécuter ouvertement les passions couvertes sous couleur de se venger. Aussi tous ceux qui solicitoient ou désiroient le changement de la protection, prinrent de cest emprisonnement une apparente occasion de commencer manifestement leur sédition, comme s'ils eussent esté contraints de recourir aux armes pour défendre leurs propres vies, et hastèrent l'entrée de Tarride. Et les compagnies qui estoient à Tarbe entrèrent en Béarn pour joindre Bonasse qui estoit à Oloron et commencer ensemble l'hostilité, et à ces fins Sainte-Colome escrivit la lettre suivante audit Bonasse :

« Monsieur mon capitaine, devant que j'aye receu vostre lettre, je vous avoi escrit et vous faisoi entendre comme Monsieur de Tarride n'estoit point encores arrivé à cause que Monsieur de Monluc a envoyé quérir le capitaine Thiboville[1], commissaire de l'artillerie, pour ce qu'il bat Mucidan[2]. Mais nous y avons envoyé deux gentilshommes pour le faire avancer à toute bride. Mais les eaux sont si grandes qu'il n'est possible de passer et en aurons responce dans quatre ou cinq jours. Cependant je fais avancer le capitaine Gohas avec six compagnies de gens de pié et deux petites pièces que Messieurs les gouverneurs de Bigorre nous ont prestées et pense que cette nuict nous exécuterons le fort de Pontac[3]. Avisez, si vous voulez que je passe

---

1. Claude de Thiboville.
2. Mussidan, chef-lieu de canton de l'arrondissement de Ribérac (Dordogne).
3. Pontacq, chef-lieu de canton de l'arrondissement de Pau (Basses-Pyrénées).

avec lesdites compagnies, pour m'aller joindre avec vous à Arudi[1], mais seroit besoin que m'en advertissiez de bonne heure et j'ensuivray vostre volonté, pour nous aider de ce que nous avons, attendant la venue du dit sieur de Tarride. Monsieur de Peire s'en est allé du costé du Vicvieil pour amasser tout ce qu'il pourra, et je luy despèche à l'heure présente pour le faire marcher avec sa troupe droit à nous. Quand à Monsieur de Gramont, je viens d'estre adverty asture mesme qu'il se retire à Hagetmau et à grand peine qu'il se mesle de cette guerre. Monsieur le baron de Larboust est avec luy pour l'engarder tant qu'il peut, jusques à asseurer qu'il s'asseure que Monsieur de Gramont ne prendra jamais les armes contre le service du Roy, jusques en donner les démenties. Je vous prie de faire marcher avec vous les valées d'Aspe et de Barétous. [Je praticque tant que je puis sur vostre parole.] Si vous escrivez à Peirot de Pey[2] à Nay, ce seroit bien fait, et vous prie m'advertir de vostre délibération. Vous adviserez si vous devez faire rompre un arche du pont d'Oloron de deça pour la seureté de la ville et me semble que l'artillerie n'y pourroit aller. De Saint-Pée, 2 april 1569. [Vostre meilleur voisin prest à vous faire service. A. DE SAINTE-COLOMME.] »

Pareillement Gramont, qui avoit tousjours asseuré Arros d'employer sa personne et ses biens pour la

---

1. Arudy, chef-lieu de canton de l'arrondissement d'Oloron (Basses-Pyrénées).

2. Peyrot de Pey figure souvent dans les registres des notaires de Nay; en 1558 il était sous-fermier de la bailie de cette ville (Arch. des Basses-Pyrénées, E. 1732, fos 100 et 276). En 1538, il possédait quatre maisons à Nay et un domaine rural (même dépôt, B. 720, fo 83).

défence du païs, et mesmes avoit retiré dedans Navarrenx, une bonne partie de ses plus prétieux meubles prétendant, ainsi qu'il disoit, d'y retirer sa famille à la nécessité, changeant lors d'opinion, fit raporter ses dits meubles à Vidache, où il se retira, prenant excuse sur l'infidélité des Béarnois et le peu de forces qui demeuroient avec le lieutenant général, car déjà la plus part des soldats avoient quitté les enseignes et estoient joints aux ennemis; et le desbordement de leur infidélité estoit si grand, que ceux qui ne pouvoient se desrober le jour par la porte, se jettoient la nuict par la muraille estans en sentinelle. [Et la noblesse et les soldats ne se révoltèrent pas seulement, mais aussi tout] le menu peuple, ou fort peu exceptés, de tous ceux qui fesoient profession de la religion [romaine[1]] print aussi les armes pour l'ennemi; et ceux qui, pour l'imbécilité du sexe, aage ou indisposition du cors, ne les pouvoient porter, donnoient signes certains de la joye qu'ils avoient de ce changement [de seigneur, et les capitaines Béarnois de la protection, qui avoient jà receu secrètement la commission de lever des compagnies sur le païs, n'eurent pas grande peine de les dresser, car les soldats les vindrent volontairement trouver et la plus part armez des armes de la Roine que le lieutenant général leur avoit fait bailler du magazin de Navarrenx.]

Esgarrebaque relasché et Gramont retiré, Arros fit un tour jusques à Pau pour entendre l'estat des affaires de ce quartier, où les révoltes commençoient aussi bien qu'ailleurs, et la guerre ouverte y commença.

---

1. Variante : *catholique*

Le 3 d'avril les compagnies des capitaines Gohas, Lisos[1], Baudian[2], Vielle-Pinte[3], Bégole[4], Vielle-Nave[5], Aurout[6], Sainte-Vit[7] et Angosse[8] arrivèrent à Pontac. Le temple estoit assés fort pour la main, et Abbadie, gendarme de la compagnie de Gernac[9], y commandoit à ceux de la religion [romaine[10]] qui, ayans mis dehors tous ceux de la réformée, avoient promis de le garder fidèlement, mais ils le rendirent l'endemain sans avoir jamais tiré une seule harquebusade. [Les maisons de ceux de la religion réformée, qui s'estoient retirez où ils avoient peu, furent pillées et toutes cruautés exercées à l'encontre des personnes qui furent apréhen-

---

1. Sans doute le seigneur de Lizos, canton de Pouyastruc, arrondissement de Tarbes (Hautes-Pyrénées). En 1495, cette seigneurie appartenait à Marguerite Dufour, mariée à Pierre de Forges (Arch. des Basses-Pyrénées, E. 385).

2. Le seigneur de Baudéan, canton de Campan, arrondissement de Bagnères-de-Bigorre (Hautes-Pyrénées).

3. Jean, seigneur de Viellepinte; il avait un fils nommé Arnaud; tous deux en 1568, à Rabastens, vendirent la seigneurie de Viellepinte (Arch. des Basses-Pyrénées, B. 2153, fos 91 et 191).

4. Antoine de Bégolle, marié à Jeanne de Bourbon-Lavedan.

5. Peut-être le seigneur de Villenave, canton d'Ossun, arrondissement de Tarbes (Hautes-Pyrénées). — On trouve aussi Jean de Viellenave, enseigne de Gabriel de Luxe, capitaine navarrais en 1566 (Arch. des Basses-Pyrénées, B. 147, f° 15).

6. Nous ignorons quel était ce capitaine.

7. Nous n'avons aucun renseignement sur ce personnage qui n'était pas Bernard de Saint-Abit, gouverneur de Navarrenx avant les troubles.

8. Probablement le seigneur d'Angos, canton et arrondissement de Tarbes (Hautes-Pyrénées).

9. Samson d'Abbadie, homme d'armes de la compagnie de M. de Jarnac, marié à Catherine de Bescat (Arch. des Basses-Pyrénées, E. 2001, f° 124). — Dans un acte de 1562, il est désigné comme étant de Pontacq (même dépôt, E. 1735, f° 5).

10. Variante : *catholique*.

dées et un cordonnier, homme impotent, fut pendu à la fenestre du logis du capitaine Gohas.]

Ce mesme jour Gerderest et Peire, accompagnés quasi de toute la noblesse et de la populasse de ces quartiers, se saisirent de tout le Vicvieil[1] et firent prisonniers Pierre de l'Ostau et Mathieu du Bédat[2], ministres à Lembeye[3], et saccagèrent tous ceux de la religion[4] réformée. De là ils allèrent à Morlas, où ils furent joyeusement receus par tout le peuple. Ceux de la religion furent pillez et Loys de La Borde[5], qui avoit esté mis dedans le couvent des Jacopins avec trente soldats, ayant esté abandonné d'eux, le rendit à la première sommation. Sus de Bougarbé[6] fut envoyé au chasteau de Navailles[7]. De Pontac les troupes vindrent devant Nay où les joignirent Luxe avec sept compagnies de Basques et Bonnasse avec les populasses d'Ossau, Aspe et Barétous. Le capitaine Espalengue estoit dedans Nay avec sa compagnie qui estoit fort descreue et ce qui restoit remply de mauvaise volonté, car une grande partie de ses soldats s'estoient secrètement desrobez et quasi tous ceux qui lui restoient avoient intelligence avec l'ennemi. Lequel ils

---

1. Le pays de Vic-Bilh est compris dans l'arrondissement de Pau (Basses-Pyrénées).
2. En 1566 ce ministre étudiait à Genève (Livre du Recteur, p. 14).
3. Chef-lieu de canton de l'arrondissement de Pau (Basses-Pyrénées).
4. On a ajouté : *prétendue*.
5. Louis de La Borde, seigneur de Beucaire, jurat de Morlàas, général des monnaies de Béarn, trésorier de Bigorre.
6. Le seigneur du château de Sus, situé à Bougarber, canton de Lescar, arrondissement de Pau (Basses-Pyrénées).
7. Canton de Thèze, arrondissement de Pau (Basses-Pyrénées).

eussent mis dedans dès le premier jour, sans la vigilence du capitaine et de ceux de sa religion, tant de la ville que d'autres lieux, qui s'y estoient retirez, pensans sauver leurs vies, mais non pas en tel nombre que ceux de la religion [romaine[1]] n'y fussent les plus forts. Lesquels, le 7 d'avril environ trois heures après midy, conduits par Julian de Castets[2], sergent de ladite compagnie, comme ceux qui avoient veillé toute la nuit reposoient, ayans promptement rompu une porte à coups de hache, mirent les ennemis dedans la ville. Du commencement tous les habitans receurent pareil traittement; mais s'estans reconnus, le pillage cessa pour le regard de ceux de la religion [romaine[3]] et continua sur ceux de la réformée. Le sac fut grand, car la ville estoit marchande, et ceux de la religion n'avoient rien desplacé comme avoient les autres, qui avoient mis dehors le plus précieux et le plus maniable de leur bien. Ceux de la religion réformée sortirent comme ils peurent par la porte du pont, à travers la compagnie d'Angosse qui y estoit en garde. Les uns furent faits prisonniers, les autres se sauvèrent et n'en y eut de tuez qu'un, [l'avarice des assiégeans qui s'attendirent au pillage, leur donnant la commodité de se sauver]; mais la populasse des villages les poursuivit avec une plus grande animosité [et cruauté.] Claverine[4], de Pontac, fut massacré et noyé à Coar-

1. Variante : *catholique*.
2. Nous pensons que *Castet* est ici le nom d'un village du canton d'Arudy, arrondissement d'Oloron (Basses-Pyrénées).
3. Variante : *catholique*.
4. Peyroton de Claverine, dit Larriu (Arch. des Basses-Pyrénées, B. 800, f° 7). En 1605 nous retrouvons cette famille: Domenge de Claverine, de Pontacq, régent des écoles de cette ville, marie

rase¹, et Antoine Bonfil, clavetier², [aagé de 70 ans], fut tracassé par les rues de Nay avec un licol au col par Marc Estienne et Arnaud l'Organiste³, serviteurs domestiques de Gohas, qui n'ayans trouvé personne qui le voussit racheter seulement d'un teston, l'arquebousèrent et puis le jettèrent dedans la rivière ; et Augé Du Faur⁴, de Beuste⁵, qui durant le siége avoit esté blessé d'une harquebusade, après avoir esté trainé nud, battu et tourmenté, fut jetté dedans un feu. A Peyrot de Pey, jurat dudit Nay, [ne servit rien d'estre de la religion romaine, car la nuict suivante] il fut tué [de sang froid⁶] et jetté dedans la rivière par commandement de ceux qui commandoient aux troupes, faschez de ce qu'il s'estoit rengé du costé [de ceux qui défendoient le droit] de la Roine ; car il avoit esté du

---

Judith, sa première fille, avec Pierre Le Maistre, de Montgéroult près Pontoise; les fiançailles furent faites par Jean Dufaur, ministre de Pontacq, le 9 décembre 1605 (même dépôt, E. 2092, f⁰ 4).

1. Coarraze, canton de Nay-Est, arrondissement de Pau (Basses-Pyrénées).

2. Cloutier. Cette industrie est encore très-répandue dans les villages voisins de Nay. — Antoine Bonfilh, de Nay, avait marié Pierre, son fils, en 1561 avec Marie, petite-fille de Ramonet de La Borde, seigneur de Gère (Arch. des Basses-Pyrénées, E. 1730, f⁰ 87).

3. En 1557 (v. s.) nous trouvons *Monaud Des Berns, de Lescar, organiste,* témoin d'un contrat relatif aux premières prédications de Henri de Barran à Nay (Arch. des Basses-Pyrénées, E. 1732, f⁰ 95).

4. La maison Du Faur existait à Beuste dès 1385 (Arch. des Basses-Pyrénées, E. 306, f⁰ 49).

5. Canton de Nay-Est, arrondissement de Pau (Basses-Pyrénées).

6. Variante : *aussy.*

commencement de l'intelligence des autres, et ils s'estoient promis d'avoir par son moyen Nay sans le combattre.

Pendant ces choses, Arros avoit envoyé le capitaine Nays[1] avec vingt soldats au chasteau de Montané[2] pour y commander avec La Bassère[3], qui en estoit chastelain, et auquel depuis le commencement de ces troubles trente soldats estoient payez pour la garde de la place qui estoit forte; au lieu desquels il n'avoit que deux ou trois paisans, et ne voulut recevoir Nays ny ses soldats, combien qu'il ne fit conscience de prendre la solde que Nays luy apportoit pour ce mois et lui délivra, pensant par ce moyen l'induire à le recevoir; mais comme ils contoient l'argent, la populasse se jetta sur les soldats de Naïs, qui, oyant le bruit, sortit du chasteau et les treuvant déjà en route et la plus part desbalisez et prisonniers, voussit r'entrer dedans le chasteau, mais la porte luy fut fermée et lui tellement chargé par tout le peuple, qu'avec grande difficulté il se sauva.

Arros estoit encores à Pau, mais voyant qu'il luy estoit impossible, avec ce peu de forces qu'il avoit, de s'opposer à l'ennemi, et que tous les jours ce qui lui restoit en ces compagnies s'escartoit, pensa de se retirer à Navarrenx. Ce qu'il fit si bien à point, que s'il ne l'eust lors fait, à peine y fut-il jamais entré, car les ennemis lui couppoient chemin. Les gens du conseil de

1. Samson de Nays, seigneur de Castaing de Lucgarrier, marié à Catherine, fille de Tristan de Navailles, abbé laïque de Bérérenx (Arch. des Basses-Pyrénées, E. 1626).

2. Montaner, chef-lieu de canton de l'arrondissement de Pau (Basses-Pyrénées). Le château existe encore en partie.

3. Jean de Durban, seigneur de Labassère.

Pau luy voulurent persuader de remettre le gouvernement du païs aux mains de Gramont pour le garder à Monsieur le Prince, car ses bonnes gens, commandées plus par leur propre pusillanimité que d'aucune infidélité, se persuadoient que le roy de France se contenteroit si le païs estoit mis au pouvoir dudit de Gramont, d'autant qu'il n'avoit prins les armes pour ceux de la religion[1] depuis les premiers troubles. Mais Arros leur respondit qu'ils se trompoient fort, s'ils pensoient que ceux qui avoient déjà les armes en main les posassent pour cela, car ils avoient fait estat d'un autre Prince que la Royne; mais qu'il avoit receu le païs de la Roine, qui en estoit la dame naturelle et propriétaire, et ne le pouvoit mettre aux mains d'autre, sans le mandement exprès d'icelle, à laquelle il le garderoit de tout son pouvoir, au moins Navarrens, s'il ne pouvoit tout le reste, puis que tous les Béarnois lui estoient les premiers contraires, et couroient volontairement à leur ruine, laquelle il rachepteroit de sa propre vie s'il pouvoit. Avant de se retirer, il voulut savoir la volonté de ceux de Lesca où commandoit Eslayou[2], qui lui refusa l'entrée; ce qu'il ne fit pas à neuf compagnies de Gascons qui y arrivèrent l'endemain, [guidées par Caubios[3], gentilhomme béarnois.] Elles furent receues par le chapitre et les habitans avec grande alégresse et acclamations de tout le peuple. Mais en peu d'heure leur joye fut convertie en pleurs, car elles pillèrent et saccagèrent toutes les maisons

1. On a ajouté : *prétendue réformée*.
2. Jean de Soulenx, de Lescar, seigneur d'Eslayou.
3. Auger, seigneur de Caubios, marié à Jeanne de Brualh (Arch. des Basses-Pyrénées, B. 2161, f° 34; E. 349).

sans mesmes espargner l'évesque, [combien qu'il fut de leur faction]. Et outre cela commirent de si énormes vilainies que les plus barbares n'en commirent jamais de pires, car après avoir violé quelques autres femmes, quinze ou seze violèrent publiquement une misérable ladresse, mariée avec un ladre demeurant à la ladrerie, et après pour triomphe de leur exécrable vilainie, la traînèrent par force en dançant par toute la ville. Deux jours après, ses compagnies furent remandées pour aller faire escorte à l'artillerie qu'on tiroit d'Aqs[1] et Baïonne. Le baron de Larboust, chevalier de l'Ordre et lieutenant de la compagnie d'hommes d'armes du seigneur de Gramont, à la réquisition du conseil de Pau, continuoit tousjours ses pratiques pour empescher l'entrée de Tarride, avec promesse que tout le païs de Béarn recevroit la protection du Roy, pourveu qu'il eut liberté de choisir un gouverneur, mais il fut renvoyé par les Béarnois de la protection avec telles reproches qu'il fut contraint de se retirer, non pas sans leur prédire tout haut le mal qu'il leur adviendroit de leur entreprise.

Tarride [fut bien fasché du commencement de cette guerre, et] trouva fort mauvais que, sans lui et à son desceu et au grand mespris de l'autorité que le Roy luy avoit donnée sur tout ce négoce, les villes de Béarn eussent esté prises et saccagées et les habitans tuez et rançonnez par ceux qui n'avoient puissance ni commandement d'autre que de leur propre ambition, passion et avarice. Parquoy il leur envoya un gentilhomme[2] qui trouva les troupes logées au long de la

1. Dax (Landes).
2. Bordenave avait écrit auparavant : *Audaux*.

rivière entre Nay et Pau. Il leur déclara sa charge et leur remonstra qu'ils avoient fait contre l'intention du Roy et la commission de Tarride, qui ne portoit commandement d'user de force ny d'hostilité, qu'en cas de refus, après que le païs auroit entendu la volonté de Sa Majesté et eut esté sommé en pleins Estas de recevoir la protection; que Tarride requéroit les dits Estas estre promptement assemblez, afin qu'il leur peut déclarer l'intention du Roy et leur présenter sa commission. Tous approvèrent cette voye et assignèrent les Estas pour le 14 dudit mois, et s'excusèrent envers Tarride en la manière qui s'ensuit :

« Monsieur de Tarride, lieutenant général pour le Roy à la conduite de l'armée envoyée par Sa Majesté pour prendre en protection et garde le païs de Béarn [et gens des trois Estas], entendra, s'il lui plaist, ce qui s'ensuit, par manière d'avertissement, et afin qu'il n'ignore rien de ce qui a esté fait jusques à présent et semble devoir estre fait à l'avenir. En premier lieu les sieurs Béarnois de la protection l'ont déjà averti pour quelles considérations ils ont esté contraints de prendre les armes, asavoir pour la défense et protection de leurs vies, pour sauver Monsieur d'Esgarrebaque, gouverneur d'Oloron, sa vie et son honneur, que l'on vouloit faire mourir par la main d'un bourreau; et pour sauver aussi ladite ville d'Oloron que l'on vouloit saisir depuis la prise et emprisonnement dudit sieur d'Esgarrebaque, et parce qu'ils n'avoient ville pour se pouvoir tenir en seureté et asseurance dans ledit païs, d'autant que les rebelles, bannis et ennemis du Roy se sont saisis des chasteaux, villes et places fortes dans ledit païs, ladite noblesse a advisé pour l'asseurance de leurs vies et pour tirer aussi de captivité les habitans bons serviteurs du Roy de Nay, de se saisir et entrer dans ladite ville et d'illec se défendre et conserver pour son service. Et pour ce que depuis ils auroient receu [Monsieur d'Audaux, chevalier de son Ordre et séneschal dudit païs, qui ensemblement] ils avoient résolu, suivant le commandement dudit seigneur de Terride, de luy aller au devant et l'aller trouver la part qu'il seroit avec leurs compagnies, ils le supplioient prendre en bonne part s'ils ne le font incontinant, pour ce que le peuple qui universellement s'est eslevé contre les perturbateurs susditz et détenteurs des villes en faveur des dits seigneurs du païs, leur a requis de ne les abandonner, d'autant que les ennemis ne font que courir contre eux, ravir leurs bestails et biens, et démolir et ruiner leurs maisons. A cette cause, lesdits seigneurs ont envoyé vers ledit seigneur pour très humblement le supplier de considérer que, puisque le peuple s'est jà déclaré pour son secours et qu'il porte la croix blanche pour luy, ils seroient endommagez si les forces se retiroyent des lieux où elles sont à présent pour s'en aller à la frontière, y ayant unze lieues de plaine, qui n'est peu de païs, s'il estoit saccagé par les dits perturbateurs, comme ils s'en mettent en devoir. Qu'est cause qu'on le supplie très humblement qu'il veuille trouver bon qu'on ne bouge des environs dudit Pau, jusques à ce qu'on saura le jour de son entrée audit païs, que nous supplions estre le plus tôt qu'il lui sera possible; et s'approchant dans ledit païs nous luy irons au devant, car on ne veut entreprendre sur ladite ville de Pau qu'il n'y arrive; encores bien que s'ilz se présentoyent à ladite ville, ils ne pourroient tenir. Or, suyvant la forme que ledit seigneur a mandée pour semondre ledit païs, les ditz sieurs ont fait assembler, en la ville de Lescar, les gens des Trois Estaz pour faire effectuer la volonté du Roy et sienne; lesquels il pourra sommer dans deux jours d'aujourd'huy qu'ils seront assemblez en corps avec le sindic. Et parceque dans cette troupe seront tous ceux qui, rondement et sans dissimulation, veulent de tout leur pouvoir faire effectuer la volonté de Sa Majesté, et qui de long tems se sont déclarez pour la faire exécuter, sans attendre si son ennemy estoit fort ou foible et s'il a perdu la bataille ou non, pour suivre le vent, ledit seigneur de Tarride est très humblement suplié de ne recevoir aucun autre que se présente à capitulation aucune, qui ne soit en cette troupe, laquelle se fait forte de toutes les villes, du peuple, du bas païs et des montagnes, sauf des [susdites] trois villes rebelles[1], lesquelles ledit seigneur domptera aisément avec ledit païs et le canon. »

« Et semble à ladite noblesse, si ainsi le trouve bon, que le premier logis que ledit seigneur doit faire dans le païs doit estre aux Bordes d'Espoey[2], aux villages de Nostin[3] et de Somolon[4], qui est le logis le plus apte et commode pour sommer de là

---

1. Pau, Navarrenx et Orthez.
2. Sur la route de Tarbes à Pau, village dépendant de la commune de Soumoulou.
3. Nousty, canton de Pau-Est, arrondissement de Pau (Basses-Pyrénées).
4. Soumoulou, canton de Pontacq, arrondissement de Pau (Basses-Pyrénées).

lesditz Trois Estaz et pour luy aller au devant, ce que luy supplions ne trouver mauvais, car il n'y a lieu commode près de Pau que ces villages. Et fera conduire, s'il luy plait, son artillerie après soy. Et d'ailleurs envoyera une compagnie d'hommes d'armes au devant les grans pièces, avec les compagnies à pied que luy semblera bon ordonner pour leur tenir escorte, pour ce qu'il n'y a qu'une grande lieue, d'où nous serons à luy et luy servirons d'avant-garde. Le chemin qu'il aura à tenir le meilleur est de Grenade[1] à Serron[2], et de là à Sévignac[3] et puis à Morlàas. Ledit seigneur dit dernièrement qu'il envoieroit à Grenade pour advertir quel chemin il tiendroit, de quoy nous luy supplions se souvenir, afin que l'artillerie sache où elle doit passer. Aussi, s'il lui plait, faira reveue de ses gens et aura des prévosts. Et pour ce que ce païs est mangé par les dits rebelles, la principale chose que ledit sieur doit faire, c'est de commander au sieur de La Chapelle[4] de faire suivre force vivres et qu'il ne bouge de là pour nous addresser les dits vivres. Fait à Bordes[5] ce 12 d'apvril 1569. »

Ces articles lèvent le fard de toute cette protection et monstrent clèrement l'intention de ces gens. Touchant ce qu'ils disent des ravages de ceux qu'ils

---

1. Grenade-sur-l'Adour, chef-lieu de canton de l'arrondissement de Mont-de-Marsan (Landes).

2. Sarron-Saint-Agnet, canton d'Aire, arrondissement de Saint-Sever (Landes).

3. Canton de Thèze, arrondissement de Pau (Basses-Pyrénées).

4. Antoine Lanusse, seigneur de La Chapelle, vice-sénéchal de Guienne.

5. Canton de Nay-Est, arrondissement de Pau (Basses-Pyrénées).

appelent séditieux et rebelles, il est certain que jusques à leur entrée, nul n'avoit esté offensé en sa personne ni en ses biens. Le septiesme article est expressément contre Gramont, qui depuis la mort du prince de Condé, s'estoit fort refroidy de l'intelligence qu'il avoit avec Arros, et avoit comme tirée son esplingue du jeu, et ceux-ci craignoient qu'il ne se voussit joindre à Tarride, et que sa grandeur et autorité ne diminuast la leur et que le Roy lui fit part des plus honnorables charges de cette guerre.

Pour ne perdre cependant tems ces Messieurs menèrent leurs forces devant Pau, où ils trouvèrent plus grande résistance qu'ils ne pensoient. Dedans la ville estoient le capitaine Augar avec environ trente soldats Béarnois, qui lui estoient demeurés de reste de sa compagnie, et le capitaine Lubardès[1] avec autant d'estrangers, et le capitaine La Borde[2] dedans le chásteau avec quelques habitans, qui estoient la plus part à la dévotion de ceux de dehors. Et le séneschal, accompagné de Luger[3], sindic du païs, alla sommer la ville d'Orthez de se rendre à Tarride, qu'il disoit avoir charge du roy de France de mettre tout le païs en sa protection, avec promesse que ledit païs demeureroit à la Royne et au Prince, son fils, et qu'il ne seroit rien changé ni altéré aux fors et libertez du païs,

1. Probablement le seigneur de Lucbardez, canton et arrondissement de Mont-de-Marsan (Landes).
2. Bernard de Laborde, capitaine châtelain de Pau.
3. Martin de Luger, nommé syndic de Béarn le 9 avril 1568, destitué pour crime de lèse-majesté le 25 septembre 1570 (Inventaire-sommaire des archives des Basses-Pyrénées, tome III, introduction, p. 92). Il avait épousé Jeanne de Forbet (Arch. des Basses-Pyrénées, E. 2000).

ni aucun, de quelque religion qu'il fut, outragé en sa personne ou biens. Le gouverneur Gouse sortit avec quelques habitans des principaux pour parler à eux et leur refusa la reddition de la ville, mais bien tost après les soldats et tout le peuple, qui se révoltèrent en faveur de ceux qui estoient à la porte, le contraignirent de leur faire ouverture, ce qu'il fit le 15 d'avril, après avoir fait retenir acte de la réquisition du sindic, qui se disoit parler au nom de tout le païs, et des promesses du séneschal au nom de Tarride, et se retira en sa maison; mais son enseigne, le jeune capitaine La Motte[1], avec le drapeau et le sergent et une vingtaine de soldats ou habitans prinrent le chemin de Navarrenx. Le lendemain la messe, accompagnée des dances publiques, fut remise dedans la ville et ceux de la religion réformée pillez, emprisonnez et rançonnez, et le capitaine Pierre Du Til, qui y estoit aussi en garnison, print la croix blanche et se mit avec toute sa compagnie avec les ennemis, et le capitaine Gratian, estant abandonné de ses soldats, rendit le chasteau.

En ce mesme tems[2] Damazan avec six ou sept cens hommes, après quelque légère escarmouche, passa la rivière au dessous de Sauveterre et se vint présenter devant la ville où estoit le capitaine Menaut de Belloc et environ vingt-cinq soldats qui luy restoient de la révolte de sa compagnie, et Arboët[3] dedans le chasteau avec

---

1. Pierre de La Motte, de Bosdarros, marié à Jeanne, fille du capitaine Pierre Du Tilh (Arch. des Basses-Pyrénées, E. 1632, f° 388). C'était le frère de Jean de La Motte, capitaine. (Voy. p. 194.)

2. On a ajouté : *d'avril*.

3. Le seigneur d'Arbouet, commune du canton de Saint-Palais, arrondissement de Mauléon (Basses-Pyrénées). — Peut-être

quelques soldats qui, estans sommez, sans autre résistance remirent la ville et chasteau, aux conditions qu'elle ne seroit aucunement pillée ny ceux de la religion[1] réformée forcez en leur conscience. Les soldats sortirent avec les espées seulement et les capitaines avec leurs armes et bagage, qui se retirèrent en leurs maisons au lieu de se retirer à Navarrenx, comme firent plusieurs autres qui sortirent avec eux. Cependant les Basques ne tindrent rien de ce qu'ils avoient promis, mais incontinant qu'ils furent dedans, saccagèrent [tous ceux de la religion réformée[2]], et ayans restituée la messé, contraignirent plusieurs d'y aller. Ceux de Saliis[3], entendans comme le païs estoit traitté, vindrent à Sauveterre pour capituler avec Damasan auquel ils donnèrent dix mille livres, aux conditions que leur ville ne seroit point pillée. Mais ceux de Belloc[4] [aimèrent[5]] mieux attendre en patience ce qu'il plairoit à Dieu leur envoyer, qu'entrer en accord ny capitulation avec les ennemis de leur Royne et de leur religion. De quoy les Basques furent tant despitez qu'ils y envoyèrent quelques compagnies conduites par le baron Du Hart[6], lieutenant de Damasan, et Armendaris[7], Barraute[8],

---

Gaston, seigneur de La Salle d'Arbouet (Arch. des Basses-Pyrénées, B. 1416, f° 7).

1. On a ajouté : *prétendue*.
2. Variante : *tout*.
3. Salies, chef-lieu de canton de l'arrondissement d'Orthez (Basses-Pyrénées).
4. Bellocq, canton de Salies, arrond. d'Orthez (Basses-Pyrénées).
5. Variante : *disoient qu'ilz aimoyent*.
6. Jayme, baron d'Uhart, lieutenant de Valentin de Domezain.
7. Jean, seigneur d'Armendarits, châtelain de Saint-Jean-Pied-de-Port.
8. Bertrand de Navailles, seigneur de Barraute.

Ilhare[1], Apechez[2], La Sale[3] et Oliseri[4]. A leur arrivée tous les habitans quittèrent leurs maisons et ne demeura en toute la ville que deux hommes et trois femmes de la religion [romaine[5]] et un bon homme vieux de la[6] réformée, qui fut soudain assommé à l'entrée de sa maison. Et quelques-uns de ceux qui avoient quitté la ville estans attrapez furent menez devant Armendaris qui rançonna Saubat d'Abbadie[7], jurat, mille francs, et fit massacrer deux autres hommes qui n'avoient moyen de lui donner argent, [et voulut contraindre par feu et autres cruels torments un jeune homme laboureur, nommé Jean Monginot[8], de renoncer sa religion. Ce que n'ayant peu obtenir, à la fin estonné de sa constance le laissa aller. Mais le capitaine Melet à Puyos[9], qui est tout auprès de Betloc,

---

1. Il y avait deux seigneuries de ce nom dans le pays basque : l'une dans la commune de Larribar, l'autre est une commune du canton de Saint-Palais, arrondissement de Mauléon (Basses-Pyrénées).

2. Le nom basque est Apesetche.

3. Bernard de La Salle, capitaine (Arch. des Basses-Pyrénées, E. 1627).

4. Probablement le seigneur d'Élicéiry, commune de Lantabat, canton d'Iholdy, arrondissement de Mauléon (Basses-Pyrénées).

5. Variante : *catholique*.

6. On a ajouté : *prétendue*.

7. En 1538, Saubat d'Abbadie, qui devint jurat de Bellocq, possédait une maison et 53 arpents de terre (Arch. des Basses-Pyrénées, B. 2081, f° 10).

8. Probablement fils d'Arnaud-Guilhem de Monginot, petit propriétaire de Bellocq, qui en 1538 possédait un arpent un quart de terre (Arch. des Basses-Pyrénées, B. 2081, f° 33).

9. Puyoo, canton de Salies, arrondissement d'Orthez (Basses-Pyrénées).

ne fit pas ainsi à Artigosse[1], auquel, l'ayant attaché à un pau [2], il trancha la teste et puis se mit à table pour disner.] Betloc doncques fut tout à plat pillé par les Basques, et outre cela plusieurs qui estoient esgarez parmi les bois furent massacrez et maints autres rançonnez. [Toutesfois Dieu fortifia tellement ces povres gens qu'il n'y eut péril, danger, perte ne cruauté qui les fit abandonner la fidélité de leur Princesse ny leur religion et ne se trouva en tout Betloc que deux hommes et trois femmes qui retournassent à la messe.]

Les Estas, qui n'avoient jamais peu estre assemblez par Arros, se trouvèrent à l'assignation à Lesca et l'évesque d'Oloron (qui, ayant tousjours esté sommé par ledit Arros de se trouver aux assemblées qu'il avoit faites pour aviser à la défense du païs, s'estoit excusé sur sa prêtrise et ignorance de l'art millitaire) estoit déjà joint aux troupes protectrices et fut le principal conseiller et le président de ceste assemblée. La lettre suivante escrite aux jurats de Pau par Monsieur, frère du roy de France et son lieutenant général, y fut leue, laquelle j'ay pensé devoir icy ajouster pour mieux représenter le fonds de toute cette protection et la contradiction du Roy avec ses parlemens de Tholose et de Bourdeaux.

« Chers et bien aimez, estimant qu'il pourroit estre pour le peu d'affection que les sieurs de Gramont et d'Arros portent au Roy, mon seigneur et frère, ils

---

1. La famille Artigosse était de Ramous, village contigu à Bellocq. En 1538, elle était représentée par Vidau d'Artigosse et Johanot d'Artigosse, dit Du Tosaa, son gendre (Arch. des Basses-Pyrénées, B. 801, f° 14).

2. Poteau.

vous voulussent empescher de vous assembler aux Estas, pour vous oster l'occasion d'entendre le juste désir et affection que Sa Majesté a de conserver et garder sous sa protection les terres et seigneuries souveraines du païs de Béarn, et vous oster les moyens de pouvoir entendre ce que Sa Majesté escrit en général à tous les Estas dudit païs. J'ay bien voulu, à toutes aventures, vous escrire la présente pour vous faire entendre le contenu en ladite lettre générale, afin que, nonobstant leur mauvaise volonté, vous puissiez connoistre ce qu'elle contient; qui est qu'en l'absence de la Roine et du prince de Navarre, voz souverains, il se veut monstrer conservateur et protecteur de leurs terres et seigneuries de Béarn, et empescher par tous moyens qu'elles ne soient surprises, usurpées ni possédées par force, violence ou autrement par aucun Prince ou autre estranger quelquonque, ne voz fors, loix et costumes violées et enfraintes; lesquelles pour le désir et affection que Sa Majesté porte au prince de Navarre, vostre souverain seigneur, et pour l'espérance qu'elle a de se servir quelque jour de lui ès grandes affaires de ce Royaume, il veut estre gardées et conservées, sans qu'il y soit fait aucune violence ; ne désirant rien tant en ce monde que le voir hors des mains de ceux qui le possèdent et le détiennent, forcent son bon naturel et la générosité de son cœur, afin qu'il le puisse retirer près de lui et lui faire tout le bon traittement qu'il est convenable à un tel parent qu'il luy est. Escrit au camp de Segousne, le 20 de mars 1569. HENRY. Plus bas : FIZES[1]. »

1. Simon Fizes, baron de Sauves, mort en 1579. C'était le mari de la favorite de Catherine de Médicis.

Tarride leur envoya aussi Fauroux [1], guidon de sa compagnie, pour leur présenter sa commission et les sommer de remettre en la protection du roy de France le païs avec leurs personnes et biens. J'ay ajousté ici la sommation au long :

« Antoine de Lomaigne, seigneur et baron de Tarride, visconte de Gimois, chevalier de l'Ordre du Roy, capitaine de cinquante hommes d'armes de ses ordonnances, lieutenant général, chef et conducteur de l'armée par Sa Majesté ordonnée pour la protection et sauvegarde du païs de Béarn, au premier, second et tiers Estat et sindic de Béarn, salut. Comme s'estans les rebelles et ennemis du Roy saisiz et emparez par leurs ruses et astuces des personnes des royne de Navarre et prince de Navarre, son fils, qu'ils détiennent encores par force pour, de leur nom et autorité, bailler prétexte à leurs damnées entreprises et machinations, et se prévaloir et aider des biens et facultez desditz Royne et prince de Navarre, le païs et souveraineté de Béarn, causant mesmement leur longue absence, soit en danger d'estre exposé en proye, chose qui desplairoit grandement au Roy; lequel pour empescher l'interdit et commis dudit païs au premier conquérant proposé au concile dernier, l'auroit advoué estre sous sa protection, tant pour la conservation de l'estat et biens desdits Royne et Prince, espérant par tous offices de bénigne Roy et bon parent les retirer et réduire du pouvoir desditz rebelles, qu'aussi pour la manutention des sujetz dudit païs de Béarn en leurs fors, priviléges et coustumes, restablissant et mettant

---

1. Peut-être le seigneur de Fauroux, canton de Bourg-de-Visa, arrondissement de Moissac (Tarn-et-Garonne).

en leur vigueur, si aucuns auroyent estés rompus ou enfraintz par le passé. A cette cause, nous de son exprès commandement vous sommons de sousmettre voz personnes et biens à la protection de Sa Majesté pour estre traittez, maintenuz et deffenduz suivant vos fors, priviléges et costumes. Autrement en vostre refus ou mespris, délibérons d'employer les forces et main armée que Sadite Majesté nous a ordonnées pour cest effect, pour vous y contraindre et réduire en son obéissance. Et d'autant que nous sommes asseurez du bon vouloir et ferme intention que Sadite Majesté et Monsieur son frère ont de vous vouloir traitter doucement et humainement, nous vous exhortons d'accepter ladite protection, qui vous est presentée pour vostre grande utilité et repos, et nous faire prompte responce, afin qu'autrement ne soyons contrains, au très grand regret de Sadite Majesté et nostre, user de la rigueur des armes en vostre endroit. Signé : TERRIDE. Plus bas : CHIROUSE. »

Les Estas firent autant l'estonné d'entendre ceste sommation, comme s'ils n'eussent jamais ouy parler de ce fait et demandèrent dilay pour avertir la Royne de cette sommation, ce qui leur fut refusé. Parquoy députèrent de chascun Estat[1] avec le sindic Luger pour aller remonstrer à Terride, qui estoit lors logé au village d'Espoiey[2] en Béarn, que les Estas ne pouvoient recevoir cette protection.

1. La première rédaction de Bordenave portait : *députèrent pour le premier Estat l'abbé de La Reulé, pour le second Gerderest, Audaux, Sainte-Colome et Bonasse, et pour le tiers les jurats de Morlas, Nay et valée d'Osau.* L'auteur a fait cette correction de sa main.

2. Il s'agit probablement non de la commune d'Espoey, située

« D'autant, disoient-ils, Monsieur, que vous nous avez déclaré ne pouvoir accorder le terme par les Estas demandé, afin d'avertir la Roine et nostre seigneur le Prince de vostre sommation, lesdits Estas, attendu que les capitaines qui avoient la charge, forces et armes en leurs mains et gouvernement d'iceles, pour le service de ladite Dame et défense du païs, l'ont abandonné et se sont retirez dedans Navarrens, voyans et considérans vos grandes forces et puissante armée, afin que le païs ne soit pris par rigueur et par force d'armes, et par tel moyen estant conquis les habitans d'iceluy privez de leurs fors, costumes, priviléges et libertés, et veues les offres et présentations que vous faites au nom et de la part du Roy Très-Chrestien, les Estas ont accepté et acceptent vos présentations et offres, singulièrement en ce qu'il plait à Sa Majesté recevoir le présent païs et habitans d'iceluy en sa protection et sauvegarde, sous l'autorité et domination de la Royne, dame souveraine de Béarn, et Monsieur le Prince, son fils. Protestans lesdits Estas qu'ils veulent vivre sous la dommination de leur Dame naturelle et de sa postérité et sous la protection de Sa Majesté, et notamment acceptent la déclaration de la souveraineté du païs de Béarn, faite en vostre sommation, et semblablement l'offre qu'il plait à Sa Majesté leur faire de les vouloir maintenir en leurs fors, priviléges, et libertez et les restablir et remettre en leur vigueur, au cas qu'ils se trouvassent avoir esté enfraintz, rompus ou violez. Vous proposant qu'entre autres priviléges

---

dans les terres, mais des Bordes d'Espoey, village sur la route de Tarbes à Pau.

et libertez, qui sont au livre de leurs fors et coustumes, est que les capitaines des chasteaux, villes et autres forteresses du païs et les magistratz et administrateurs de la justice seront tous natif du païs, joinct que la justice a esté de tout tems et est encores de présent administrée en souveraineté et dernier ressort, dedans les limites et bornes dudit païs, sans que les habitans d'iceluy puissent estre tirez hors ledit païs en jugement, par voye d'appel ne par autre quelquonque. Parquoy vous requièrent et supplient, qu'ensuivant vos présentations contenues en vostre sommation, leur accorder lesdits priviléges et libertez et autres plus amplement contenus audit livre de leurs fors et costumes, arresté et conclu par le défunt roy Henry avec les gens du païs. Et avec les conditions susdites et non autrement, les Estas se sont sousmis et sousmettent sous la protection de Sa Majesté, sans préjudice de continuer en la fidélité, obéissance et domination de ladite Dame et sadite postérité. Protestans qu'ilz aimeroient mieux mourir que se desmettre de telle fidélité et obéissance sous la protection et sauvegarde dudit sieur Roy. Signé : P.[1] Du Luger, sindic de Béarn. »

Toutes ces protestations et conditions leur furent accordées par Tarride avec jurement et acte publique. Et cela eust eu quelque apparence de sincérité, si les mesmes protestans n'eussent prattiquée et solicitée la protection, et n'eussent eux-mesmes donné commen-

1. Bordenave a commis une erreur dans le prénom en mettant un P. — Luger se nommait Martin, c'est toujours ainsi qu'il est désigné dans les registres des délibérations des États de Béarn et dans les actes des notaires.

cement à la guerre, [mais la desloyauté est sans aucune honte.] Cette protestation faite, Tarride print le chemin de Pau, pour voir la deffense que fesoient ceux de dedans, et de là alla à Lesca, où il fut receu de tous les Estas avec grands signes de joye et de contentement, [et, sans nulle forme de justice, procédure ou sentence, les Estas[1]] firent donner le garrot par le borreau à J. de Lostau[2], M. Bédat et J. Du Luc, ministres, Thomas Blanc et Benauges, les cors desquels furent après portez et jettez dedans la rivière [avec grandes risées de toute cette compagnie, qui, forcenée du désir de changer de Prince, rioit au milieu des cendres de ses concitoyens, et dançoit insencée sur le tombeau de sa propre patrie, et se mouquoit avec plusieurs brocards de la constance de ces povres gens qui ne peurent jamais estre induits d'abjurer leur croyance.] A la réquisition des Estas tout exercice de la religion[3] réformée fût interdit [et celui de la romaine rétabli], et pour le commencement des frais de la guerre, six mille escus furent imposez sur le païs, qui furent mis ès mains de Pardies[4], de Pau, qui fut créé receveur général, et l'évesque d'Oloron, surintendant des finances.

De là Tarride, après avoir envoyé sa compagnie

---

1. Variante : *lesquelz tout aussy tost.*
2. Il s'agit du ministre de Lembeye appelé plus haut (p. 202), Pierre de L'Ostau. En 1577 la veuve et les deux enfants d'un Lostau, ministre, recevaient une pension de 40 écus 13 sols 4 deniers (Arch. des Basses-Pyrénées, B. 2368, f° 307).
3. On a ajouté : *prétendue.*
4. Pierre de Pardies, collecteur de la « donation » faite par le Béarn à Tarride (Archives des Basses-Pyrénées, B. 258, f° 1). Il devint commis d'Auger de La Roze, trésorier général (même dépôt, B. 148, f° 12).

d'hommes d'armes pour reconnoistre Navarrenx, revint voir ceux de Pau qui se défendoient tousjours bravement et firent mourir plusieurs des assiégeans, avant de vouloir recevoir composition quelquonque. Mais estans arrivées trois grosses pièces, n'ayans munitions nécessaires pour soustenir un long siége ni espérance d'estre secourus, estans sommez de nouveau, mirent dehors deux des gens du conseil pour parlementer; l'endemain la ville se rendit et receut la protection, suivant les conditions faites par les Estas, et leur fut promis que la ville ne seroit pillée, ny les habitans, de quelque religion qu'ils fussent, faschez ne molestez, que les estrangers se retireroient la part où ils voudroient hors du païs avec les armes et bagage. Touchant les ministres, qui estoient seze en nombre, [personne ne se fourmalisa pas beaucoup pour eux.] Ils eurent [donques] par toute composition qu'ils seroient reserrez en une chambre du chasteau, attendant ce qu'il plairoit au roi de France ordonner estre fait d'eux. [Cependant jasoit que tout ce que leur avoit esté promis ne fut pas gardé aux habitans, sy est ce que pour lors les ministres n'eurent autre mal; mesmes, par un miracle de Dieu, Pierre Viret[1], duquel mille fois ceux qui entrèrent avoient juré la mort et l'opprobre de sa famille, fut tellement respecté qu'il n'y eut homme d'autorité en l'armée, jusques Tarride mesmes, qui ne le visitast et honnorast, et lui fit Dieu cette grâce que, sans perdre jamais de veue sa famille,

---

1. Né à Orbe (Suisse) en 1511, mort en 1571. Son testament, daté de Pau en 1571, est conservé aux Archives des Basses-Pyrénées (E. 2001, f° 1); il a été publié dans le *Bulletin de la Société de l'Histoire du Protestantisme français*, XIV, p. 297.

il fût fidelle tesmoin de la pudicité d'icelle. Les familles des autres furent mises dehors et eux mis en la prison des criminels par le sieur de Peyre, establi gouverneur de la ville.] Plusieurs se malcontentèrent de la composition de Pau, pour ce qu'ils ne la pouvoient saccager, tout ainsi qu'ils avoient fait Nay. Sur tous les autres Luxe fut le plus fasché, qui voyant que quelques uns y estans entrez, sous ombre de faire observer la capitulation, prenoient là dedans ce qui plus leur plaisoit et arrestoient prisonniers ceux qu'ils vouloient, s'irrita tellement qu'il s'en alla avec ses Basques. Quelques Gascons mirent le feu aux faux-bourgs et les compagnies des capitaines Lisos et Baudian, ayans demandé congé à leurs capitaines, la corde sur la serpentine[1], s'en allèrent, comme firent aussi maintes troupes de Gascogne qui estoient plus venues en Béarn pour desrober que pour combattre. La condition de ceux de la religion[2] réformée, qui déjà estoit fort misérable, fut lors du tout déplorable, car ils estoient[3] exposés à la discrétion de [l'enragée[4]] populasse, et [à l'avarice, insolence, cruautez et lubricité] des gens de guerre [qui, avec toute liberté et impunité, les tourmentoient en leurs biens et personnes.] Toutesfois maints se garentirent aux maisons des sieurs de Gramont, du viscomte de Labedan et de Bénac, [et les sieurs de Campagne[5] et de La Motte-Gondrin[6] firent beaucoup de biens à plusieurs qui se retirèrent

1. C'est-à-dire avec menace de faire feu.
2. On a ajouté : *prétendue*.
3. On a ajouté : *lors*.
4. Variante : *la*.
5. Antoine ou Jean de Montesquiou, seigneur de Campanes (?).
6. Antoine de Pardaillan, mort en 1572.

chez eux.] L'endemain Sabatier, conseiller, et Miremont, avocat général en la cour de parlement de Tholose, envoyez pour exécuter les arrests d'icelle du 15 de fébrier contre la souveraineté de Béarn et mettre icelle sous la main du Roy, comme seigneur souverain de Béarn, et à lui acquise pour ne lui avoir esté fait l'hommage par eux prétendu, arrivèrent à Tarbe en Bigorre ; et ne voulans entrer en Béarn que par l'avis de Tarride, comme ils avoient arresté avec lui avant de partir de sa maison, lui escrivirent la lettre présente pour savoir sa volonté :

« Monsieur, nous deux, Monsieur l'avocat général de Miramont et moy, sommes envoyez par Messieurs de la cour de Parlement pour l'exécution des arrests par elle donnez concernans le viscomté et terre de Béarn ; et pour [tant[1]] que nous sommes encores incertains de ce qui a esté fait par delà, nous envoyons ce porteur exprès devers vous, Monsieur, pour vous prier affecteusement nous informer comme les choses y passent, et si elles pourront vous sembler disposées à ce que nous avons à faire sur les lieux et de quoy je vous parlay chez vous quelques jours y a. En quoy nous délibérons nous porter et en toutes autres choses comme vous nous conseillerez. De Tarbe, ce 26 d'avril 1569. Vostre humble serviteur. P. SABATIER. »

Tarride et tous ceux de la protection furent faschez de l'arrivée de ses gens, qui, par leur précipitation, cuidèrent gaster tout et descouvrir le pot aux roses. Par ainsi ils ne voulurent qu'ils entrassent pour lors en Béarn, afin de ne troubler le peuple et ne le des-

1. Variante : *aultant*.

gouter de la protection qu'il pensoit avoir receue, voyant que, sous le masque d'une protection, on l'assujettissoit à une nouvelle jurisdiction. Ils envoyèrent donc devers eux le sindic Luger et Bausé[1] pour leur faire sursoyer l'exécution de leur commission, au moins jusques à l'entière réduction du païs, ainsi qu'il appert par la lettre suivante dudit Miramont à Tarride :

« Monsieur, je receus hier soir les vostres du 27 respondant à celles que je vous avoy escrit par celuy que vous avois envoyé ce matin, et par les seigneurs de Bausé et Luger, sindic du païs de Béarn, autres vostres du 26, par où je voy que vous trouvez bon et expédiant au service de Sa Majesté que je tienne encores en surcéance l'exécution de la charge qui m'a esté commise par deçà, de quoy je me rapporteray tousjours à vous, Monsieur, tant pour vous y connoistre affectionné, que pour estre vous sur les lieux où passent plusieurs particularitez que je ne puis connoistre d'icy. C'est pourquoy je rapporte à la cour de vostre part, comme partie de ma créance, que vous trouviez bon de n'entreprendre l'exécution de la saisie de Béarn, ordonnée par elle, sans savoir de vous comme les choses passeroient. Toutesfois ayant sceu Monsieur le président, par lettres de l'unsiesme du présent, comme la ville de Pau et plusieurs autres du païs de Béarn estoient entre les mains du Roy, et l'espérance qu'on avoit de retirer le chasteau, elle trouva bon de me commander de m'acheminer par deçà, à la charge

---

1. Bernard de Vauzé, seigneur de Pardies, qui devint gentilhomme servant du roi de Navarre et homme d'armes de sa compagnie (Arch. des Basses-Pyrénées, E. 1745).

toutesfois, devant de bouger d'ici, de vous avertir de ma venue, comme j'ay fait. Les seigneurs de Bausé et de Luger m'ont dit de vostre part, Monsieur, que ce pourroit estre reculer le bien du service du Roy, si je deslogeoys pour continuer mon chemin vers vous; craignans eux que je veuille mettre la main à l'immutation et changement de leurs fors, loix et costumes, dont vous leur avez promis l'entretènement, comme ils disent, et contre les délibérations prises aux Estas du païs de Béarn, sous les sommations qui leur ont esté faites de vostre part et contre la promesse que le Roy leur a faites par lettres closes qu'il a particulièrement escrites aux villes dudit païs. Et après quelques autres raisons admenées, iceluy Luger, comme sindic du païs, m'a prié tant faire pour le moins que de ne bouger devant Navarrenx rendu, de peur de desgoutter par nouvelles procédures les habitans du païs et leur donner occasion de repentance, pour avoir receue comme familièrement autre sujection ou bien retarder la volonté que les autres ont d'en faire le mesme. Sur quoy, Monsieur, je vous supplie humblement croire que ce qui viendra de vostre part me sera tousjours aussi cher à garder, suivre et obéir que ma vie mesme, et puisqu'il vous plait ainsi, Monsieur, et que la jacteure de quelques jours n'en peut guères importer, sinon pour les frais que je fais icy au Roy; et pour la bonne volonté et intention que j'ay connu ès sieurs de Bausé et Luger, j'ay volontiers accordé de retarder mon voyage par delà, tant que je sache que le reste de voz affaires pourra devenir, sans craindre tort ou injure quelconque de la main du peuple, puisque vous les tenez sous vostre main. De peur toutesfois que

Messieurs du Parlement treuvent mauvais mon séjour sans en avoir l'occasion, je leur despescheray présentement un homme avec la coppie de voz deux lettres et de ma responce; m'asseurant, Monsieur, qu'ils prendront en bonne part que j'aye suivy ce que vous m'avez conseillé. De Tarbe, ce 28 d'avril 1569. Vostre humble serviteur. P. Sabattier. »

De l'autre costé le parlement de Bourdeaux prétendoit joindre à son ressort le païs de Béarn, et à ces fins escrivit la lettre suivante à Terride :

« Monsieur, le mois d'octobre dernier la cour de Parlement receut lettres patentes du Roi pour la saisie des terres de la roine de Navarre et de Monsieur le Prince, son fils, et principalement du païs de Béarn; desquelles saisies et pour assister à ceux que Sa Majesté commettoit pour la réduction dudit païs en son obéissance, nous fusmez dès lors députez suivant la volonté et intention dudit sieur portée par lesdites lettres-patentes. Mais au moyen que l'exécution de cette entreprise a demeuré longuement en surcéance, nous avons pour cette occasion retardé nostre voyage, jusques à ce que ladite cour de Parlement a receu un second commandement de Sa Majesté par les lettres closes du 21 de mars; la copie desquelles nous vous envoyons, par le présent porteur exprès, pour entendre de vous le lieu auquel nous nous devons rendre, pour faire en cest endroit le service que nous devons et désirons faire au Roy. Cependant nous nous acheminerons et approcherons de vous le plus qu'il sera possible. Vous priant sur ce nous faire entendre bien au long vostre avis. De Bourdeaux ce 26 d'avril 1569. Voz bien affectionez amis à vous faire service. Antoine

DE BELCIER[1], président; BAULON[2], DU POINET, MABRUM, conseillers; J. DE LAHET, procureur général du Roy. »

Ce Parlement ne parle poinct de mettre Béarn en la protection du Roy, mais de le réduire en l'obéissance dudit seigneur, or tous ces deux Parlemens ressemblans celui qui avoit acheté et payé la peau de l'ours, qui estoit encore vivant en toute liberté dedans les plus hautes montagnes, débatoient entre eux, [tant l'ambition et l'avarice des gens de justice de ce tems estoit grande], la souveraine juridiction du païs de Béarn, qui estoit encor à conquester, donnèrent, par la hastiveté de leur indiscrétion, l'alarme si chaude aux Béarnois de la protection qui désiroient le changement de seigneur, non pas de seigneurie et à estre au roi de France, mais cela sans perte de leur souveraine justice, ny estre incorporez à l'un ou à l'autre de ces deux Parlemens. Pour obvier donques de bon heure au mal qui panchoit sur leurs testes, ils dressèrent, en forme de remonstrance et protestation, les mémoires suivantes pour les présenter au Roi, lesquelles j'ay recouvertes escrites de la propre main du sindic Luger :

« Le sindic de la seigneurie et païs souverain de Béarn, par ses causes d'oposition et remonstrance pardevant le Roy contre les gens tenans les cours des parlemens de Tholose et Bourdeaux, requérans et demandans la jurisdiction et connoissance de la justice de Béarn, souveraineté et dernier resort tant sur les personnes

---

1. Parent de Montaigne (Archives historiques de la Gironde, VIII, p. 243).

2. François de Baulon, conseiller au parlement de Bordeaux.

que bien des habitans dudit païs, pour remonstrer et faire entendre à Sa Majesté que, par droit et raison, aux habitans dudit païs de Béarn la justice leur doit estre administrée en souveraineté et dernier ressort dans ledit païs, et que les gens desdits Parlemens et tous autres doivent estre déboutés de leurs fins et réquisitions, comme injustes et inciviles, dit en premier lieu que depuis le tems de Charles Martel, prince et maistre du Palais de France, et dès l'an de grâce sept cens et vingt, la seigneurie de Béarn a esté establie et entretenue en souveraineté de justice dans ledit païs; estans les habitans d'iceluy conduits, régis et gouvernez par leurs establimens, fors et costumes, sans avoir ou reconnoistre aucun seigneur ny au fait de la justice ny autrement, jusques à ce que quelque tems après, ne se trouvans pas bien de l'estat et gouvernement de la démocratie, ils auroient arresté, pour plus grand repos et tranquilité de cest estat, de choisir un Seigneur pour les gouverner en monarchie ; et de fait, ils l'auroient esleu, lequel à son advènement promit et jura à la cour, barons, gentilshommes et à tous autres habitans de Béarn de leur estre bon et fidèle Seigneur, de les maintenir, garder et entretenir en leurs fors, costumes, priviléges et libertés, et leur administrer et faire administrer justice, tant au povre comme au riche, sans exception de personnes, dans le païs et souveraineté en dernier ressort ; sans que pour demander ou poursuivre justice, ilz fussent tirez hors dudit païs. Et à ces fins, par les fors tant anciens que modernes, avoit esté nommément establi que le seigneur de Béarn, en cas qu'il s'absentast dudit païs, seroit tenu laisser un lieutenant général, tant pour administrer justice dans ledit païs, que pour faire et ordonner toutes autres choses concernantes son service et le bien public. Lequel serment, en la forme susdite, auroit esté presté par tous les Seigneurs et Dames qui avoient esté jusques à présent audit païs, et ils l'auroient tousjours depuis entretenu et gardé au peuple avec tous leurs fors, costumes, priviléges et libertez, ou mal leur en est advenu. Et nommément leur avoient administré et fait administrer justice dans ledit païs en souveraineté et dernier ressort depuis ledit an 720, dequoy estoient passés 849 ans, sans qu'il fut mémoire du contraire entre les hommes, pour avoir ouy dire ou autrement, et moins pouvoit apparoistre par preuve légitime que le parlement de Tholouse ou Bordeaux eust jamais eu connoissance ou fait acte ou exercice quelconque de jurisdiction, en aucune manière, aux terres dudit païs, en souveraineté ou autrement; ains au contraire tous les Seigneurs qui avoient esté audit Béarn depuis le susdit tems, avoient fait administrer justice aux habitans et fait juger leurs causes et procès définitivement dans les terres dudit païs en souveraineté et dernier ressort; et cela publiquement, continuellement et paisiblement avec juste titre et bonne foy, sans que lesdits Parlemens ny autres y ayent jamais légitimement contredit, comme aussi ils n'ont jamais eu droit, action ne moyen d'y contredire, pour avoir esté tenue et possédée de tout tems cette seigneurie en souveraineté par les habitans et après par les Seigneurs qui ont esté, sans que pour raison d'icelles ils ayent jamais recognu supérieur par hommage ne autrement. Dont tout ainsi que par la très longue possession, accompagnée de juste titre et bonne foy confirmée par leurs fors, costumes et libertez, aux habitans est acquis le droit par lequel tout Seigneur, et à plus forte raison tout protecteur, est tenu de leur faire administrer justice dans ledit païs en souveraineté et dernier ressort. Semblablement lesdits parlemens de Tholouse et Bourdeaux, quand bien seroit ainsi qu'ils y eussent eu jamais aucun droit, comme ils prétendent, l'ont perdu par prescription, laquelle a couru par l'espace de 849 ans en faveur des Seigneurs et habitans dudit païs souverain de Béarn, et contre lesdits Parlemens qui peuvent estre justement repoussés par l'exception de prescription. »

« D'autre part le bon plaisir de Vostre Majesté a esté d'expédier commission au sieur de Terride, chevalier de son Ordre et capitaine de cinquante hommes d'armes de ses ordonnances, donnée à Mets le 18 de mars 1569, pour, en vertu d'icelle, mettre le païs de Béarn sous la garde et protection de Sa Majesté, donnant expresse charge et mandement au sieur commissaire de convoquer et assembler les Estas, capituler avec eux, non seulement pour l'entretènement de leurs fors, costumes, priviléges et libertez, mais aussi pour la restauration et amplification d'icelles. Suyvant la teneur et disposition de cette commission, les Trois Estas assemblez en la ville de Lescar, le 17 d'apvril, estans sommez par ledit sieur de Terride, après avoir meurement délibéré et conféré sur la sommation, auroyent capitulé avec luy, ayant au préalable requis et demandé ce qu'estoit à requérir, tant pour l'estat et conservation de tout le païs, et afin d'obvier que le païs ne fut conquis par la rigueur et force d'armes, et que par tel moyen, par la calamité de la guerre, ne fut entièrement destruit et ruiné, et les fors, libertez et privilégez d'iceluy abolis et perdus, se seroyent mis sous la garde et protection de Vostre Majesté. Cela toutesfois aux actes, qualitez et conditions déclarées en la convention de ladite capitulation passée entre ledit sieur de Terride, en qualité que dessus, et les gens de Trois Estas dudit pays et non autrement. Par laquelle, entre autres chef, nomméement estoit porté et avoit esté convenu et accordé que, suivant les fors, libertez, priviléges et costumes dudit païs, tous les capitaines des chasteaux, villes et forteresses d'iceluy, et les magistrats et officiers de la justice seroient, comme tousjours avoient esté, natif dudit païs, et que la justice seroit administrée aux habitans d'iceluy, comme elle avoit esté de tout tems, par Vostre Majesté ou vostre lieutenant général et cour souveraine dans le païs en souveraineté et dernier ressort, sans que les habitans puissent estre tirez en jugement hors le païs, par voye d'appel ou autrement, directement ou indirectement par quel moyen que ce fût. Laquelle capitulation et convention, en la forme, avec les conditions susdites, le sieur de Terride, commissaire, avoit acceptée, promis et juré de la faire avoer, ratifier et confermer à Vostre Majesté, en la forme qu'elle est, et leur en faire despécher patente en bonne et deue forme. Que maintenant à l'importunation desdites gens de parlemens de Tholouse et Bordeaux de tirer les Béarnois hors de leur païs, pour aller demander et poursuivre justice ailleurs en terres estranges, seroit directement contrevenir à la dispositive et termes exprès de ladite commission, rompre la foy, convention et pactes de ladite capitulation, violer le serment par ledit sieur de Terride presté, enfraindre et pervertir les loix, fors, costumes, priviléges et libertez dudit païs; seroit aussi contre l'intention de Sa Majesté expressément déclarée par ladite commission et contre la promesse par elle faitte par lettres envoyées tant aux Estas que particulièrement à plusieurs barons et autres seigneurs. Par ainsi, Sire, faisant vous office digne d'un bon et juste Roy, tel que vous estes, par la grâce de Dieu, pouvez et devez denier ausdits Parlemens ce qu'ils demandent injustement et sans seulement apparence de droit, et en préjudice de ce qui a esté convenu et accordé par ladite capitulation et de la promesse particulière qu'il a pleu à Vostre Majesté faire aux Estas par ses lettres missives. »

« Davantage, Sire, plaira à Vostre Majesté considérer ce qui est fort paremptoire, que par sa commission, elle s'est déclarée seulement protecteur et comme telle veut mettre sous sa sauvegarde et protection le païs de Béarn, pour le garder et conserver à Monsieur le prince de Navarre; en tesmoignage de quoy il vous a pleu ordonner que les officiers seroient establis sous le nom et autorité de Vostre Majesté et de celle dudit seigneur Prince. Or donc ayant vous trouvé, au tems de la protection receue audit païs, la justice en souveraineté et dernier ressort, pendant le tems de ladite protection, la rendre inférieure et resortable ailleurs, seroit non pas lui conserver son païs, ains détériorer et diminuer grandement le premier et principal estat dudit sieur Prince et de la souveraineté de Béarn, qui seroit contre tout bon office de protecteur. Par toutes lesquelles raisons apparoit clairement les réquisitions et demandes desdits Parlemens estre contre tout droit et bonne raison, en ce qu'ils requièrent et demandent la souveraineté de la justice dudit païs. Et supposé que le droit dudit syndic et desditz Parlemens fut pareil, et la descision de leur différent fut arbitraire, ce que non, par la remonstrance et dispute des commoditez et incommoditez, Vostre Majesté entendra en ce que lesdits Parlemens demandans que la justice de Béarn ressortisse à leurs cours en dernier ressort, ils requièrent chose, laquelle ayans obtenue, tourneroit au grand desservice de Vostre Majesté, charge de vostre conscience, grand préjudice et diminution de vostre bien et totale et entière ruine des Béarnois, et que par conséquent ils doivent estre déboutez tout à plat de leurs fins et conclusions, et qu'aux habitans de Béarn doit estre entretenue et administrée la justice dans leur propre païs en souveraineté et dernier ressort par les raisons suivantes :

« La première, d'autant que comme tout bon sujet doit reconnoistre son Prince et magistrat souverain dans sa propre maison, en luy payant les tributs et luy rendant l'honneur et l'obéissance, deue et commandée de Dieu, et toutes autres choses qui luy appartiennent; semblablement le propre et le plus digne d'un juste Roy, c'est d'entretenir ses sujets ou autres peuples que Sa M. prent sous sa garde et protection, en toute équité et droiteure, et si possible est administrer justice à chascun dans sa maison, ou pour le moins dans le païs et province en laquelle le sujet habite et a pris sa naissance et nourriture. La seconde est que, d'autant que la grandeur des Roys se monstre et reluit d'avantage en la pluralité et diversité des païs, seigneuries et provinces ausquelles ils commandent en souveraineté et y font administrer justice en dernier ressort, pareillement, comme il n'y a rien plus honneste, mieux séant ne plus digne de cette grandeur ne qui soit tant à la descharge de la conscience des Princes que de faire toutes choses pour le bien et profit de tous leurs sujets ; aussi après l'utilité d'iceux Leurs Majestés peuvent justement procurer ce qui leur sera le plus profitable et le plus revenant. Soit donc que Vostre M. retienne le païs de Béarn comme protecteur ou que par accort, qui pourroit estre fait avec mondit seigneur le Prince, il demeure en vostre main, il seroit grandement préjudiciable à V. M. d'en faire ressortir la justice dudit païs aux parlemens de Tholose ou de Bourdeaux, pour ce qu'il est certain qu'il n'y a greffes de Parlement en France, ayant si peu de terres en son ressort, de laquelle Sa Majesté prenne tant de revenu et de profit que fait le seigneur de Béarn du greffe de la cour souveraine de son païs. »

« Par ainsi tenant Vostre Majesté ce païs en protection, au tems que son bon plaisir sera de le rendre au seigneur Prince, de toute nécessité elle se trouvera en double incommodité ou despense. La première en ce qu'il luy conviendra despendre pour faire la vérification de la diminution du domaine de Béarn pour lui avoir osté la souveraineté de la justice. La seconde en ce que la vérification faite, il faudra réparer la diminution et au cas que, par accord ou autrement, le païs demeure en la main de V. M. et uny à la couronne de France, en ostant du pays la souveraineté de la justice, le domaine en sera de beaucoup diminué, pour ce que les affermes des greffes seront revalées de beaucoup. Et de ce peu d'accroit qui en pourroit venir aux greffes des parlemens de Tholouse ou de Bordeaux, son domaine n'en accroistroit que fort peu, et elle en recevroit de très grandes incommoditez et despences ; car si la justice ressortissoit par voye d'appel ausditz Parlemens ou à l'un d'iceux, tous les criminels qui seroient condamnez en appelleroient pour différer leur supplice. Et pour ce que communément telle manière de gens est de coquins et pauvres belistres, il faudroit qu'ils fussent conduits aux despens de Vostre M., ce qu'admèneroit chascun an une grande despense ou au contraire y auroit beaucoup d'espargne, si laissant la souveraineté de la justice audit païs, comme elle y est et a esté de tout tems, la justice est administrée diffinitivement sur les lieux où les délictes et crimes auront esté perpétrés, comme aussi, tant pour la punition prompte des délinquans que pour servir d'exemple aux autres, le droit l'ordonne et le dispose. »

« Or pour ce que le profit d'un Prince est tellement uni et conjoint à l'utilité et commodité de son peuple, que ceux qui ont traitté de l'estat des Princes et des républiques n'en ont jamais fait séparation, ayant remonstré ce qui est honneste, utile et profitable à Vostre M., afin de ne discontinuer le procès, ne faire séparation de la remonstrance concernant l'utilité ou dommage, commoditez ou incommoditez du peuple dudit païs, ledit sindic dit qu'il n'y a homme qui ne voye clèrement, si ses yeux ne sont fermez par ambition, avarice ou autre désordonnée affection, qu'il est très utile et profitable aux habitans de chascun païs d'avoir ce bien et bonheur, que la justice leur soit administrée en souveraineté et dernier ressort dedans leurs maisons et villes ou par le moins dedans le païs et provinces ès quelles ils habitent; car le conspect du magistrat souverain contient le peuple en la crainte de Dieu et l'obéissance deue au Prince, et le fait vivre en toute honnesteté, continence et modestie, sans que nul offence l'autre, rend à chacun ce qui luy appartient, et par la punition des meschans entretient les bons en tranquilité et repos. Et au contraire au païs auquel n'y a souveraineté de justice, et mesmement en Béarn où la plus part du peuple habite ès montagnes, ayant les armes en main et sentent son aigre naturel, mesprisera le magistrat inférieur, et les meschans par une audace effrenée se licentieroient à tous crimes, espérans que par le bénéfice d'appel ils seront conduits loin de leur païs et que, estans en chemin, seront ostez par force et délivrez de la main de la justice par le moien de leurs parens amis ou complices; d'où s'ensuivront de très grands maux, comme battemens, meurtres et assassinatz tant contre les parties instigantes que contre les procureurs et mesmes contre les magistrats inférieurs, qui ne seront craints ni révérez; et sera une voye et porte ouverte à l'impunité des crimes, chose la plus pernicieuse et calamiteuse qui pourroit avenir en une république bien instituée et entretenue. Et tout ainsi que, pour le fait de la criminauté, la sublation de la souveraineté de la justice seroit pernicieuse à l'estat et repos des habitans de ce païs, semblablement l'incommodité et le dommage ne luy seroient pas moindres pour la poursuite des matières civiles. Car comme les habitans de Béarn, qui sont fort povres pour l'infertilité des terres et peu de moyens qu'ils ont, ayant tousjours eu ce bien, par la grâce de Dieu, que la justice leur a esté administrée en souveraineté, en leur propre païs, en si grande brièveté, équité, droiture et à si peu de frais que, si à présent leur falloit aller poursuivre et demander justice par devant le parlement de Tholouse ou Bordeaux, ils seroient contraints de quitter et remettre leurs droits, tant à cause de leur povreté que pour les peines, fascheries, misères, foule et grande despense qu'il leur conviendroit souffrir à la poursuitte de leurs causes pour la distance des lieux, longueur et difficulté du chemin, que à cause de la forme de procéder de laquelle lesdits Parlemens usent, qui est de si longue trainée que les procès y sont rendus immortels, de façon que plus tot que les parties puissent avoir seulement une audience ou voir la fin de leurs procès, elles sont entièrement ruinées. Et à la vérité, s'il plaisoit à Vostre M. penser un peu de près à cest affaire, il luy seroit for aisé et facile de voir que lesdits Parlemens requièrent et demandent la souveraineté de la justice du païs Béarnois plus par ambition ou avarice que pour zèle qu'ils ayent à vostre service bien et soulagement de vostre povre peuple. Ce que V. M. connoistra incontinant s'il lui plaisoit commander que les procès pendans et indécis auxdits Parlemens fussent vérifiez, où elle trouveroit un nombre quasi infini depuis l'introduction desquels sont passez les dix, vingt, trente et quarante ans. Davantage qu'ils respondent devant Dieu et Vostre M., Sire, si telles immortalitez de procez canonisées en leurs cours sont aucunement de justice, et s'ilz ne feroient pas beaucoup mieux, pour vostre service, pour le bien public et pour le salut et descharge de leurs consciences, de se despécher desdits procès si anciens, faisant droit aux parties, que demander inculcation de nouveaux affaires. Car il faut imputer l'immortalité de tant procès ou à leur négligence ou à la multitude et pluralité d'affaires qu'ils ont en leurs cours. Que s'ils ne se peuvent excuser de négligence, il n'est jà besoin que V. M. leur donne rescharge d'affaires, attendu qu'ils ne peuvent satisfaire à ceux qu'ils ont en main. Et si d'avanture ils vouloient s'excuser sur la multitude des causes et affaires qui sont en leurs cours, comme à la vérité ils le peuvent faire, pour la grande estendue, nombre et pluralité des provinces et païs qui y ressortent, il seroit meilleur, pour le service de Vostre M., bien et soulagement de vostre peuple, de leur retrancher plustot quelques provinces de leurs ressorts, que non de leur en y adjouster de nouvelles. Ce que sans leur dommage et incommodité, V. M. peut faire, Sire, si ainsi luy plaist, laissant le Parlement et cour souveraine comme elle est au païs de Béarn et en la ville de Pau, et lui ajouster la souveraineté de la justice tant des matières civiles que criminelles des païs de Soule, de la Basse-Navarre, de Labourt, d'Armaignac et de Bigorre, qui sont païs circonvoisins et limitrophes dudit païs de Béarn; et ainsi vos sujets habitans èsditz païs seront de beaucoup soulagés ayant lors, comme ils auront, la justice beaucoup plus briefve et à moindres frais et despences qu'ils ne l'ont à présent, et cela pour la proximité, commodité et voisinage desdits païs avec celuy de Béarn. De quoy lesdits parlemens de Tholouse et Bordeaux ne seront en rien ou fort peu incommodez, d'autant que desmembrées lesdites provinces de leurs ressorts, ils n'auront encores que trop d'affaires, et le service, le bien et le proffit de V. M. et de vosdits sujets en seront de beaucoup augmentez, comme l'expérience le monstrera par effect. Toutesfois, Sire, si Vostre M. ne trouve duisant pour son service, bien, profit, soulagement de vostre peuple, que la justice des susdits païs et provinces resortit en souveraineté au parlement de Béarn, à tout le moins elle doit, comme très humblement ledit sindic l'en supplie, entretenir la souveraineté de la justice au dedans le païs souverain et seigneurie de Béarn pour les habitans d'iceluy, afin de les garder et conserver en leurs fors, priviléges, libertés et costumes, qui sont, ainsi que dit Pindare, *comme le Roy dominant sur tous*. Pour la conservation et entretènement desquelles les Estas du pais de Béarn ont expressément commandé à moy, leur sindic, de vous déclarer par ceste remonstrance et causes d'opposition que le plus grand grief que leur pourroit estre fait, après la sublation du service de Dieu, est de leur oster la souveraineté de la justice du païs et qu'ils aiment plus tôt mourir tous avec leurs femmes et enfans que de consentir qu'en cela leurs fors, droits, loix, libertez et costumes soient violées. Parquoy concluant, demande ledit sindic débouter les gens des ditz parlemens de Tholouse et Bordeaux de la réquisition, fins et conclusions par eux faites pour le regard de la jurisdiction du païs de Béarn en souveraineté ou autrement et déclarer par un arrest diffinitif de vostre conseil privé qu'il ne leur compète aucun droit de jurisdiction sur le païs de Béarn, et leur faire inhibition et défense d'y faire aucuns actes de justice, à peine de cinq cens mille livres; et maintenant, gardant et entretenant les habitans dudit païs béarnois sous vostre garde et protection en leurs fors, priviléges, droitz, libertez et costumes, entretenir un Parlement ou cour souveraine audit païs pour cognoistre de toutes causes civiles et criminelles et administrer justice en souveraineté et dernier ressort dedans le païs. Et néantmoins retranchant des ressorts desdits parlemens de Tholouse et Bourdeaux les susdits païs de Soule, Labourt, Armaignac et Bigorre, ordonner et commander que les habitans de sesdits païs ressortiront à l'advenir au parlement et cour souveraine de Béarn et condamner lesdits parlemens de Tholouse et Bordeaux à tous despens, dommages et intérests ou autrement, comme Vostre M. connoistra estre de raison et de droit. »

Cette remonstrance ne fut poinct présentée pour ce que le sindic attendoit la fin du siége de Navarrens qui, estant contraire à ce que la protection s'estoit promis, osta de peine le sindic.

J'ay esté constraint d'ajouster tant de commissions, conventions, lettres, instructions et mémoires pour ce qu'il estoit impossible de bien représenter au lecteur la vérité de tout ce fait sans cela, et l'historien ne doit pas seulement escrire les choses faites, mais aussi recercher diligement et déduire fidèlement les causes, les conseils et les intentions de ceux qui les ont faites; car le plus souvent les hommes et principalement les Princes ont toute autre fin de leurs actions qu'il ne semble en apparence, laquelle ils ne veulent estre connue du peuple ni mesmes de ceux ausquels ils auront à faire. Pareillement d'autant qu'une grande partie de ceux qui ont commandé, conduit et exécuté tout cest affaire, sont encor vivans, ils m'eussent peut-estre accusé de faux, si j'eusse narré le fait simplement et sans produire les tesmoignages de leurs commandemens, délibérations, négotiations, accords, instructions et missives, lesquelles ayant esté prises à Orthez et ailleurs m'ont esté communiquées en leur propre original.

Il ne restoit plus que Navarrens que tout Béarn ne fût françois et Tarride l'envoya sommer par un trompete, le 27 d'avril, qui fut si bien receu, qu'il n'y retourna plus, et Tarride partit de Pau le premier de may pour l'aller assiéger et arriva ce mesme jour à Orthez. Dedans Navarrens avoit environ de quatre à cinc cens hommes, desquels à grand peine cinquante, les chef exceptez, avoient jamais veu guerre, et une bonne partie eut voulu du commencement estre dehors, de manière que quelques uns ne pouvans sortir par la porte, sortirent par la muraille. Toutesfois Dieu, qui donne le courage et l'oste quand bon luy semble, fortifia tellement ces bisognes [1] craintif, qu'en peu de jours on estoit empesché de les garder de sortir sur l'ennemi. Ceux qui commandoient dedans estoient Arros, lieutenant général, ses deux enfans, braves jeunes gentilshommes, Bassillon, gouverneur de la ville, avec deux compagnies, les capitaines La Motte, Moret, Barselay [2] et Cortade avec ce qui leur estoit

1. Recrues.
2. La *France Protestante* attribue le prénom de David au capitaine Brassalay. Nous croyons qu'il faut rectifier cette assertion. La famille de Brassalay tirait son nom d'un château situé dans la commune de Biron, canton de Lagor, arrondissement d'Orthez (Basses-Pyrénées). Arnaud, seigneur de Brassalay, qui vivait en 1573, avait deux fils : 1° Fortic de Brassalay, seigneur de Claverie de Loubieng, capitaine et gouverneur d'Orthez, de 1571 à 1587; 2° Bernard de Brassalay, marié à Guirautine de Bonnefont,

resté de leurs compagnies, qui estoit fort peu, le capitaine Poqueron, sergent majeur, les sieurs de Sales [1], Espalengue, Caseban, les deux frères Lurbes [2], et quelques autres gentilshommes y estoient sans charge. Le 3 ils sortirent jusques au village d'Audaux [3] où ils bruslèrent quelques maisons; cela fit haster Terride pour les cerner, afin qu'ils ne peussent sortir prendre des vivres. Ses compagnies se logèrent aux villages à l'entour de Navarrenx. Celle du capitaine Pierre Du Til, qui avoit esté devant ces guerres lieutenant de Bassillon, estoit à Méritains [4], dont il solicitoit Bispali [5], contreroleur des munitions, et Fray Joan [6], homme riche, d'exécuter leur promesse de faire mettre le feu aux munitions, ce qu'ils voulurent faire par le moyen d'un frère dudit Fray Joan et un autre, tous deux jeunes enfans; mais [Dieu, sans lequel

d'Ogeu, veuve d'Amanieu de Saint-Cricq, seigneur de Pomps. Bernard était capitaine entretenu à Navarrenx en 1588, il fit son testament le 5 mars 1593. Le Brassalay nommé dans l'« Histoire » de Bordenave est Fortic (Arch. des Basses-Pyrénées, E. 1236, 1238, 1240, 1634, 1641, 1643, 1645, f° 180). David, fils de Fortic ou Fortis, fut nommé gouverneur du château d'Orthez en 1603.

1. Arnaud de Gachissans. — Voy. p. 284.
2. Simon et Gratien de Lurbe.
3. Canton de Navarrenx, arrondissement d'Orthez (Basses-Pyrénées).
4. Méritein, canton de Navarrenx, arrondissement d'Orthez (Basses-Pyrénées).
5. Jacques de Vispalie, d'Arthez, marié à Jeanne de Bouillon. L'inventaire de ses biens saisis pour crime de trahison a été conservé (Arch. des Basses-Pyrénées, E. 362).
6. Jean de La Salle, dit Fray Joan, de Navarrenx (Arch. des Basses-Pyrénées, E. 1636, f° 752). Le même personnage est appelé *Fortic de La Salle, de Navarrenx, dit Fray Joan*, dans le compte des restitutions des biens saisis au préjudice des rebelles (même dépôt, B. 259, f° 72).

on veille et garde en vain, voulut qu'ils fussent [1]] attrapez portans feu pour l'exécution. Ces deux enfans sans grande contrainte dirent la vérité, asavoir qu'ilz avoient esté incitez par le serviteur dudit Bispaly et par Fray Joan. Parquoy tous trois furent promptement captionnez, ouis et questionnez, et le contreroleur et Fray Joan exécutez à mort par le valet dudit contreroleur qui se fit bourreau, et leurs testes furent mises au bout de deux piques sur la tour de Montcauyole[2]. Cette exécution fascha fort ceux[3] de la protection, qui par ses intelligences s'estoient toujours repeuz d'une vaine espérance de tenir Navarrens en la main.

Terride, qui avoit attendu l'artillerie de Baionne jusques au 18, faisoit estat de la mener devant Navarrenx, quand il eut nouvelles que la roine de Navarre le venoit trouver en personne avec grandes forces. Ce que l'estonna si bien, qu'ayant fait serrer son artillerie dedans le chasteau d'Orthez, envoya les compagnies qu'il avoit d'hommes d'armes et d'hargolets[4] au long de la rivière de L'Adou[5] prendre langue. Elles donnèrent jusques au Mont-de-Marsan et trouvèrent que s'estoit le sieur de Lons[6] qui, pensant se jetter dedans Navarrenx avec environ quarante salades[7] et

1. Variante : *ils furent.*
2. Moncayolle est le nom d'une commune du canton et de l'arrondissement de Mauléon (Basses-Pyrénées), à onze kilomètres de Navarrenx. La tour de Moncayolle était probablement vers la route de ce village.
3. Bordenave avait écrit d'abord : *la noblesse béarnoise.*
4. Cavalerie étrangère.
5. L'Adour.
6. Jean, seigneur de Lons, capitaine du château de Pau en 1570 (Arch. des Basses-Pyrénées, E. 2001).
7. Troupes coiffées d'un casque léger, sans visière.

quelques harquebusiers à cheval, avoit traversé les Landes ; mais ayant oui qu'elle estoit cernée, avoit rompu sa troupe et s'estoit retiré. Cette alarme passée et les compagnies de retour, Terride partit d'Orthès avec toute son armée qui estoit de deux compagnies d'hommes d'armes, la sienne et celle du comte de Nègrepelisse[1], trois d'harquebusiers à cheval et trente-trois d'infanterie, avec une bande de vingt pièces d'artillerie. Basillac estoit le maistre de l'artillerie, Thiboville, commissaire, Fauroux, mareschal de camp, Gohas, maistre de camp, Serres, sergent majeur, La Chapelle, Fleur-de-Lis[2] et Montaut[3], commissaires des vivres.

Avant de faire tirer les pièces, diverses opinions furent au conseil de Terride : les uns vouloient qu'on les braquast en batterie pour faire bresche, les autres qu'on fit des blocus autour de la ville, mais enfin ils se résolurent de départir leurs forces en trois. Luxe fut envoyé delà la rivière du Gave à Susmion[4] avec quatre pièces; Sainte-Colome avec autant à Bérérenx[5]; le demeurant fut logé à Montbalon qui est une coline environ cinq cens pas de la ville et qui descouvre tout au long des rues.

1. Louis de Carmaïn, seigneur de Nègrepelisse.
2. Il y avait un fief de ce nom dans la commune d'Ainhice-Mongelos, canton de Saint-Jean-Pied-de-Port, arrondissement de Mauléon (Basses-Pyrénées).
3. Peut-être Arnaud de Montaut, de Bielle, capitaine catholique, dont les biens furent saisis en 1569 (Arch. des Basses-Pyrénées, B. 2154, f° 11; E. 1739 et 1859).
4. Susmion, canton de Navarrenx, arrondissement d'Orthez (Basses-Pyrénées).
5. Village aujourd'hui réuni à la ville de Navarrenx.

Le 24 ceux de Montbalon saluèrent la ville avec douze volées de quatre grosses pièces. Beaucoup, non accoustumez d'ouyr ces tonnantes chansons, s'estonnèrent du commencement, mais ils s'y apprivoisèrent si bien, qu'en peu de jours elles leur servoient de leur accroistre plus que d'oster le courage et de les resjouir en travaillant, en quoy ils firent une telle diligence que Navarrenx estoit plus fort à la fin du siège qu'au commencement.

Le 27 à la faveur de la nuict, voulant les assaillans oster la commodité du pont à ceux de dedans, essayèrent de le brusler avec force poix, soufre et poudre à canon; mais ils furent si bien saluez par ceux de la ville qu'ils s'en retournèrent sans rien faire, avec telle haste et vitesse qu'ils oublièrent deux sacs de poix. Et le soir après, cuidans mieux faire, y retournèrent et l'avoient une fois si bien enflambé qu'il s'en alloit bruslé, sans la prompte et grande diligence des assiégés qui dès lors y mirent garde ordinaire jour et nuict. Depuis non seulement ceux de dedans demeurèrent maistres dudit pont, mais aussi de la rivière où ils alloient pescher, laver les lexives et abreuver les chevaux. Et les gojats durant tout le siège sortoient ordinairement couper le fourrage pour les chevaux.

Ce mesme jour Bertrand Ponteto et Antoine Buisson[1],

---

1. Antoine Buisson était ministre de l'église Saint-Pierre d'Oloron qui avait en même temps comme curé catholique Guilhem de Cami (*Chronique d'Oloron* par M. l'abbé Menjoulet, in-8°, Oloron, 1864-1869; II, p. 89). — On verra ci-dessous la mort de la femme de Buisson. Ils laissèrent deux orphelins qui, en 1577, recevaient encore une pension de 25 écus 16 sols 8 deniers (Arch. des Basses-Pyrénées, B. 2368, f° 307).

ministres d'Oloron, qui peu avisez s'estoient laissez attraper dedans la ville, sous l'asseurance que Esgarrebaque leur avoit donné de ne recevoir la protection, ne donner jamais entrée aux ennemis; par commandement de l'abbé de Saubelade, fils dudit Esgarrebaque, furent [massacrez [1]] au bois de Laurence[2] par Jean d'Esporin[3], d'Oloron, et environ douze autres, et puis jettez dedans un ruisseau, [estant le père Esgarrebaque party le matin d'Oloron expressément pour donner loisir au fils de faire faire cette exécution.] Leurs livres furent bruslés [et leurs maisons pillées] et leurs femmes jettées dehors la ville avec leurs enfans, sans qu'il leur fut permis d'emporter autre chose qu'un pain pour chacune. Et pour ce que ceux du village de Luc avoient enterré ces deux cors, Saubalade les fit désensevelir et conduire tous nuds au camp, où après avoir esté visitez et mauditz par les plus grands, furent jettez dedans le Gave. La femme de Buisson, qui estoit damoiselle de la maison de Bonas[4] en Pardiac, fut [deshonnorée et] conduite au camp où elle fut retenue devant tout le monde en opprobre et ignominie jusques à la venue du comte Mongomeri qu'elle fut tuée à Orthez par ceux qui la retenoient, [afin qu'elle ne se peut plaindre de l'injure qui lui avoit esté faite et nommer ceux qui l'avoient honnie.]

1. Variante : *tuez*.
2. Le bois et le ruisseau de l'Auronce; ce bois est sur le territoire de la commune de Lucq, canton de Monein, arrondissement d'Oloron (Basses-Pyrénées).
3. Jean Despourrin, d'Oloron, abbé laïque d'Accous (Archives des Basses-Pyrénées, E. 1788). C'était un ancêtre du poète béarnais.
4. Canton de Valence, arrondissement de Condom (Gers).

[Le 29 la Sainte Cène fut célébrée à Navarrenx, à laquelle participa de bon matin Arros et quelques capitaines avec une partie des soldats qui firent la garde pendant que le reste y communiquoit à huict heures. Les assiégeans en avoient eu avertissement, mais ils n'estoient certains du lieu. Parquoy ils canonèrent fort tout ce matin, tantost vers le temple [1] tantost vers la hale [2], pensans qu'en l'un ou en l'autre de ces lieux se fairoit l'assemblée. Mais ceux de dedans, qui n'estoient pas moins avisez que leurs ennemis, s'estoient assemblez ailleurs.]

Le dernier de mai pour ce que les gojats avoient esté quelquefois chasez comme ils coupoient le fourrage, ceux de dedans s'avisèrent d'en faire sortir quelques uns armez de quelques canes comme d'harquebuses; lesquels ne furent plus tot en campagne qu'ils furent chargez par plus de cent harquebusiers qui furent si doucement receuz par quelques harquebusiers et une vingtaine de chevaux, qui estoient en embuscade derrier une petite motte, qu'ils les menèrent battant plus outre que leurs tranchées et logis, qu'ils abandonnèrent avec tel effroy que ceux qui les poursuivoient eurent loisir, après avoir pris ce qui leur pleut, d'y mettre le feu, et combien que les fuyars fussent basques, si en demeura il sur la place plus de cinquante qui n'eurent assés bonnes jambes pour courir. Les capitaines Poqueron, Moret, Cortade et Braselay menoient les harquebusiers, et le baron d'Arros, les capitaines Espalengue, Caseban

---

1. L'église actuelle de Saint-Germain.
2. Cette halle avait été construite en 1549 par les soins de Bernard, seigneur d'Abère, gouverneur de Navarrenx (Arch. des Basses-Pyrénées, E. 1623).

et La Renaudie estoient avec la cavalerie. En ces mesmes jours furent descouvertes les reliques de la trahison de Bispali et de Fray Joan avec lesquels s'entendoient Bernard de Marimpoey[1], serrurier et canonier. Sa trahison fut sceue par le moien d'un sien serviteur et de sa chambrière, qui, sous ombre d'aller cercher quelque chose dehors la ville, alloient ordinairement parler avec les ennemis ; et comme un jour la chambrière parloit dedans un blé avec les ennemis, la sentinelle qui estoit sur la muraille l'ayant apperceue, en avertit le lieutenant-général et le gouverneur qui la firent attendre à l'entrée de la porte par le sergent majour. Sur sa déposition, le maistre et le serviteur furent pris et leur ayant esté fait le procès, le maistre eust la teste tranchée et les serviteur et chambrière eurent le fouet. Outre le fait de Bispaly, Marimpoey fut aussi convaincu d'avoir promis aux ennemis de faire esventer l'artillerie de la ville et de fait il en fit rompre ou esventer trois pièces.

Le cinquiesme jour le capitaine Cortade fit une sortie sur ceux qui estoient aux tranchées vers le village de Méritain qui s'enfuirent quasi avant la charge. Il y tua pionniers ou soldats environ vingt hommes et emporta un rondache[2], trois harquebuses à croc et dix et neuf communes, et mena un prisonnier qui fut renvoyé après avoir pris langue. Le dixiesme voyant les assiégez que les assiégeans approchoient leurs tranchées fort près de la muraille, le capitaine Barsselay et le sergent

---

1. Il figure comme soldat de « crue » dans la compagnie du gouverneur Bassillon sur un rôle de distribution de grains de 1569 (Arch. des Basses-Pyrénées, B. 952).

2. Bouclier rond et convexe.

Bertranet[1] avec cinquante hommes furent mis dehors pour recognoistre lesdites tranchées, ausquelles ils parvinrent si couvertement que ceux de dedans furent attrapez, les uns dormàns, les autres jouans, les autres banquetans ; et après avoir tiré quelques harquebusades, ils se fourrèrent pesle et mesle parmi eux avec telle furie, qu'ils laissèrent morts sur la place environ cent soldats avec le capitaine Roquelaure[2] et son lieutenant et les capitaines Cabenac et Abère[3], lieutenant et enseigne de Gohas. Ceux de dedans ne perdirent qu'un homme et trois blessez, et outre les morts qu'ils laissèrent pleurer à leurs amis, ils menèrent prisonnier le capitaine Bertrand d'Arras[4], enseigne du capitaine Lisos, avec un autre soldat, et rapportèrent dedans Navarrenx deux harquebuses à croc, quarante et huict communes, sept cors de cuirasses, dix halebardes, plusieurs manteaux et autre bagage. Cette exécution estonna et fascha tellement les assaillans que, par despit, la nuict suivante ils firent pendre le laquay du sieur de Lobie, qui avoit esté pris sortant pour la seconde fois de Navarrenx, et un serviteur d'Auger de La Rose[5], général des finances de la Roine, qui avoit esté aussi attrapé comme il vouloit entrer dedans la ville, venant

1. Bertranet de Belloc était sergent de la compagnie du gouverneur Bassillon (Arch. des Basses-Pyrénées, B. 952).
2. Bernard, seigneur de Roquelaure, second fils de Géraud, seigneur de Roquelaure, et de Catherine de Besolles.
3. Johanot de Cauna, seigneur d'Abère près Morlaas (Basses-Pyrénées).
4. Arras, canton d'Aucun, arrondissement d'Argelès (Hautes-Pyrénées).
5. Auger de La Roze fut trésorier général depuis 1557 jusqu'en 1569.

de La Rochelle. Ceux de dedans les allèrent despendre l'endemain en plein jour et les portèrent dedans la ville, sans que ceux de dehors osassent tirer le nez pour regarder seulement ce qu'ils fesoient, car ils avoient esté tant de fois batus aux sorties par ceux de dedans, qui sembloient plus tot assaillans qu'assaillis, qu'ils n'en voyoient sortir un que la plus part ne s'enfuit ; et leurs soldats, pour n'estre contraints d'aller aux tranchées, se desbandoient de telle sorte qu'il fut tems que devant Navarrenx avec tous les drapeaux n'avoit pas huict cens hommes. Qui donna occasion à Terride de vouloir lever le siège, mais les [gentilshommes] béarnois et les Basques le retinrent, sous promesse qu'ils feroient venir tout le païs de Béarn et Basques pour continuer le siège. Néantmoins leurs commandemens sur peine de la mort, ni les prosnez des curez [avec promesse de planière indulgence et de la vie éternelle] n'en peurent assembler grande troupe. Ce fut un grand bien pour le service de la Roine et pour lui faciliter le recouvrement de son païs, que la volonté de Terride de lever le siège ne fut suivie, car s'il eut retiré son armée et l'eust logée aux villes et les eut un peu fortifiées, le secours qui y arriva après n'eut eu moien ni loisir de les assiéger ny de les prendre.

[Environ le 11 de juing le collier de l'ordre de Saint-Michel fut apporté à Oloron à Esgarrebaque, en récompense des grands et notables services qu'on luy fesoit entendre qu'il avoit fait au roy de France.] Et environ le 15 de juin arriva de France La Marque, valet de chambre du Roy, qui portoit lettres de Sa Majesté aux Estas de Béarn qui furent convoquez pour le cinquiesme de juillet à Luc[1]. Là furent leues lesdites lettres par lesquelles le Roy remercioit tout le païs de ce qu'il avoit fait pour son service, et pour ce qu'il avoit délibéré de mettre ordre à la justice, finances et forces nécessaires pour garder le païs de Béarn, [tant qu'il le tiendroit en sa protection,] ne l'ayant voulu faire sans l'avis desdits Estas, il les prioit lui mander ce qu'il leur sembleroit estre nécessaire. Ils arrêtèrent qu'ellection seroit faite de certains personnages, natif de Béarn, estans de la religion [romaine[2]], pour exercer la justice, et que tous les biens de ceux de la réformée et de tous ceux qui estoient dedans Navarrenx ou absens du païs, de quelque religion qu'ils fussent, n'ayans voulu recevoir la protection, seroient saisis et affermez au profit dudit Roy. L'évesque d'Oloron fut establi surintendant sur ce négoce, auquel les jurats de chascun quartier seroient tenus de rapporter le nom et dénombrement de ceux de ladite religion et autres leurs complices, présens ou absens; fut aussi arresté que tous les jurats qui avoient fait profession de la religion[3] réformée seroient déposez de leurs charges, et d'autres de la religion [romaine[4]] mis en leur place, de quoy la commission fut donnée au séneschal. Et d'autant que l'argent deffalloit à l'armée de Terride, ils arrestèrent qu'il seroit empronté aux intérests en Espagne trente mille ducats pour les frais de la guerre, desquels tout le païs s'obligeroit; et pour faire ledit empront procuration fut faite à Esgarrebaque et

1. Lucq-de-Béarn.
2. Variante : *catholique*.
3. On a ajouté : *prétendue*.
4. Variante : *catholique*.

Jaques Du Puy avec ample puissance d'hippotéquer les biens des évesques, abbés et de la noblesse de la protection et en commun de tout le païs de Béarn. Et Peirelongue[1] fut envoyé en France pour remercier Sa Majesté du soin et bonne mémoire qu'elle avoit du païs de Béarn et la supplier y vouloir establir officiers pour l'exercice de la justice et des armes des naturels béarnois, suivant leurs anciens fors et faisans profession de la religion catholique [romaine] et non autres. Pareillement pour ce qu'il estoit impossible d'entretenir la guerre sans argent, qu'il pleut à Sa Majesté ordonner certaines sommes pour le payement de l'armée qui estoit devant Navarrenx, devant la prise de laquelle il leur seroit impossible de faire dénombrement des forces nécessaires pour garder à l'avenir le païs. Pour l'exercice de la justice Pierre d'Arbusio[2] et Bernard de Sorbério[3] furent faits conseillers en la place de ceux[4] de la religion[5] réformée, et Jean Bordenave, ancien conseiller, président, et Jean Supersantis de simple advocat, advocat et procureur général, ensemblement au lieu de Guillaume d'Areau[6]

1. Bernard de Cassagnère, seigneur de Peyrelongue, dit l'écuyer Vauzé. Il avait été écuyer tranchant de la reine de Navarre.
2. Pierre d'Arbus, avocat au Conseil souverain de Béarn.
3. Bernard Sorberio ou de Sorber, de Lescar. Le procès-verbal de saisie de ses biens, en 1569, contient un inventaire sommaire de ses papiers et de sa correspondance (Arch. des Basses-Pyrénées, B. 2154).
4. On a ajouté : *qui estoient*.
5. On a ajouté : *prétendüe*.
6. Après les troubles, il présida la Chambre des comptes de Pau (Archives des Basses-Pyrénées, B. 257, f° 37).— Il cumulait cette charge avec celle d'avocat général au Conseil souverain de Béarn.

et Jean de Gaxion[1]. Ils commencèrent de tenir audience le quinziesme du mois de juillet, ayant au commencement déposé tous les advocats et greffiers faisans profession de la religion[2] réformée, [usant le président de ces mots : « Huguenots meschans, sortez au diable, comme indignes d'exercer aucun estat. »] Mais sa présidence ne fut pas si longue ne si paisible qu'il s'estoit persuadé, car la Roine sachant l'extrémité de Navarrenx à faute de vivres, où les chairs et les vins manquoient déjà et y avoit fort peu de blez, moienna que charge fut donnée à Gabriel, comte de Mongomeri, de venir lever le siège, prenant avec soy les forces des viscomtes qui estoient en Quercy, Albigeois et Foix. Il vint donc premièrement à Montauban et de là à Castres, d'où il despécha le laquay du sieur de Montamat qui, le vingt et cinquiesme de juillet, entra en plein jour dedans Navarrenx. L'aise qu'eurent les assiégez d'ouir si bonnes nouvelles les fit haster d'exécuter la délibération qu'ils avoient auparavant, mais ne l'osoient exécuter, craignans de faire perte notable, de donner sur le cors de garde des tranchées et sur un autre qui couvroit l'artillerie de Montbalon. Ils mirent donc devant la diane trois cens hommes dehors aians chacun une chemise blanche sur ses habits pour s'entreconnoistre ; mais ils trouvèrent lesdits cors de

---

Il mourut en 1571 (Arch. de M. le baron de Laussat, reg. de la Chambre des Comptes).

1. Jean de Gassion, né à Oloron, élevé aux frais de la reine de Navarre, syndic de Béarn le 25 mai 1566, procureur général en 1568, plus tard second président au Conseil souverain de Béarn. Il avait épousé Catherine de La Salle.

2. On a ajouté : *prétendue*.

garde remuez et approchez du gros du camp, fut que les assiégeans eussent eu avertissement de cette entreprise, comme ils avoient dedans la ville plusieurs qui leur servoient d'espions, ou qu'ils craignissent quelque surprise. Le premier semble le plus vray, car le remuement se fit cette mesme nuict. La retraitte des enchemisez eut esté heureuse si le plus jeune baron d'Arros[1] n'y eût esté blessé d'une harquebusade, de laquelle il mourut quatre ou cinq jours après. C'estoit un jeune gentilhomme hardi et de grande espérance.

Mongomeri dressa ses troupes à Castres en Albigeois en telle célérité et taciturnité qu'elles commencèrent de marcher à la fin de juillet et furent quasi au bort de la rivière de Garonne avant qu'on sceut qu'elles deussent marcher. En cette armée avoit huict cornetes de cavalerie, celle du comte et des viscomtes de Borniquel[2], de Paulin[3], et de Calmont[4], des sieurs de Montamat et de Sérignac[5] et de Bérillac, d'Iolet[6] et deux d'harquebusiers à cheval, Bisquerre et Saint-Victor, et trois régimens d'infanterie, celuy du viscomte de Moncla[7] et des sieurs de Solan et de Sénégas[8], qui fesoient tous trois vingt et huict compagnies. Tarride

---

1. Enseigne de la compagnie du capitaine La Motte.
2. Bernard-Roger de Comminges, vicomte de Bruniquel.
3. Bertrand de Rabastens, vicomte de Paulin.
4. François de Caumont, seigneur de Castelnau, tué à la Saint-Barthélemy.
5. Géraud de Lomagne, vicomte de Sérignac, frère de Terride.
6. Pierre de Malras, baron d'Yolet, maréchal de camp en 1575, maître d'hôtel ordinaire de Catherine, sœur de Henri IV.
7. Antoine de Rabastens, vicomte de Moncla.
8. Charles Durand, baron de Sénégas, gouverneur de Puylaurens en 1572.

eut avertissement de plusieurs pars de la levée de ces troupes et de leur intention de le venir affronter; mais il n'en tint pas grand conte du commencement, s'asseurant que le mareschal d'Anville[1], Monluc et Bellegarde[2] les empescheroient de faire si long voyage, et borderoient si bien la rivière de Garonne qu'elles n'auroient loysir d'arriver jusques à luy. [Si grande estoit l'asseurance que ces gens avoient des forces catholiques, qu'ils pensoient les huguenots n'estre assés suffisens pour parer seulement à leurs coups.] Néantmoins pour ne sembler avoir mesprisé cest avertissement contre l'art de la guerre, Terride assembla à Bastanès[3] le conseil de Pau et les principaux de la noblesse béarnoise pour aviser à ce qui seroit nécessaire pour la conservation du païs. Là fut arresté que, pour oster le moyen de vivre à cette armée et d'avituailler Navarrenx, ledit conseil députeroit quelques-uns de son cors qui feroient incontinant fournir les villes et chasteaux défensables de toutes sortes de vivres pour trois mois, selon le nombre des compagnies qui y seroient mises en garnison; car d'autant que ce secours ne menoit point d'artillerie, ils fesoient estat de défendre tout ce qui estoit clos de murailles; que le reste des fruicts, demourans au pouvoir des particuliers, seroit serré ausdites places où les jurats seroient tenus de leur faire bailler logis et retraitte; que les gouverneurs et capitaines en toute

---

1. Henry, duc de Montmorency, baron de Damville, né en 1534, mort en 1614.

2. Roger de Saint-Lary, seigneur de Bellegarde, maréchal de France en 1574, mort empoisonné à Saluces en 1579.

3. Commune du canton de Navarrenx, arrondissement d'Orthez (Basses-Pyrénées).

diligence feroient prendre les armes et faire monstre à toute sorte et qualité d'hommes, depuis dix-huict ans jusques à soixante, leur faisant commandement de se tenir prests avec leurs armes, lorsqu'ils seront avertis par un beffroy général ou autrement; et à ces fins lesdits gouverneurs subrogeroient personnages catholiques fidèles et expérimentez à la guerre. Et afin que les ennemis domestiques, ministres ou autres, qui ne s'estoient réduits à la religion romaine ou parti du Roy et du païs, n'eussent moyen de favorir[1] en quelque sorte ceux qui venoient, fut ordonné qu'il seroit procédé contre eux au jour et par le moyen qu'il avoit esté arresté; et à cette fin lettres seroient mandées aux gouverneurs, capitaines, jurats et autres personnages fidèles, et ceux qui s'estoient réduits seroient enfermés seurement pour autant de tems que les troubles dureroient. [Or l'ordre et moyen duquel est faite mention au dernier article pour estre exécuté contre ceux qui estoient demeurez fermes en leur religion, estoit de les faire tous mourir.] Mais [Dieu ne leur donna pas le loisir d'exécuter si cruel arrest;] ils n'estoient pas encores séparez qu'ils receurent certain avertissement que Mongomeri avoit passé la rivière de Garonne au pont de Miremont[2], après avoir deffait quelques harquebusiers qui le gardoient, et que Bellegarde, qui avoit fait mine de le vouloir empescher avec quelques compagnies de gendarmes et quelque harquebuserie, ayant abandonné le bord de la rivière, s'estoit disparu.

1. Variante : *favoriser*.
2. Miramont, canton et arrondissement de Saint-Gaudens (Haute-Garonne).

Tarride estoit toujours devant Navarrens, de quoy mal luy en print; car il fut contraint de faire à la haste ce qu'il devoit avoir fait à loisir; mais il envoya le capitaine Horgues en Bigorre, pour savoir plus asseurées nouvelles de ce fait. Il se trouva si à propos à Tarbe, qu'estant sur la muraille, il vit passer toutes les troupes auprès de la ville et retourna en diligence faire le rapport à ceux qui l'attendoient devant Navarrenx. Je ne sçay s'il vit toutes les troupes, mais il rapporta qu'il n'y avoit pas plus de deux mille hommes fort mal armez et pirement montez. [Jean le Frère, de Laval [1], impudent menteur en toute son histoire, escrit ce fait avec aussi grande infidélité qu'avec ignorance : il dit que la rivière de L'Adou se va rendre à la Garonne et puis à Baïonne.]

Le sixiesme d'aoust l'armée arriva en Béarn et logea à Pontac. Montamat avec sa cornete et une autre compagnie s'avança jusques à Bénéjac [2], et le septiesme toute la troupe passa la rivière du Gave au dessus de Coarrase. La cavalerie passa à gué et l'infanterie sur un pont de charrettes chargées de pierres qu'on fit promptement dresser. De quoy le capitaine Bonnasse, qui estoit à Nay, advertit promptement Tarride, luy asseurant l'armée estre d'environ six mille hommes, où avoit plus de quatre cens bons chevaux, qui marchoient en ordonnance de gens de guerre; parquoy le prioit de penser bien à ses affaires, car il les auroit bien tost sur les bras. Bonnasse les voulu aller reconnoistre comme ils passoient auprès de Nay, mais quelques coureurs lui chaussèrent les esperons de si

---

1. Polygraphe catholique, mort en 1583.
2. Commune du canton de Nay-Est, arrondissement de Pau (Basses-Pyrénées).

près, que s'il n'eust eu la retraite si prochaine, il y estoit demeuré; s'en retournant ils bruslèrent une sienne maison qu'ils trouvèrent sur le chemin. Sur cest avertissement Tarride fit conduire en diligence, mais avec confusion, son artillerie à Orthez, à Oloron et à Mauléon de Soule, deux pièces demeurèrent engravées, et envoya quelques compagnies à Oloron, Pau et Lesca. Les Basques se retirèrent en leur païs et lui avec le demeurant de l'armée à Orthez, où il arriva le huictiesme d'aoust. Ils estoient tous en tel effroy qu'ils ne pouvoient prendre aucune résolution de ce qu'ils devoient faire pour prouvoir aux affaires qui se présentoient, et leur semblant que toutes choses leur manquassent, couroient çà et là, pensans trouver ce de quoy ils estimoient avoir faute. Combien que s'ils eussent sceu prendre leur avantage, ils avoient assez de force pour se défendre en ce lieu, en attendant leur secours qui estoit prochain. Mais cela arrive ordinairement à ceux qui attendent de se résoudre jusques au plus fort des affaires. Or, devant que Tarride descampast, ceux de dedans, connoissans à la contenance des ennemis qu'ils avoient volonté de desloger, sortirent sur les Basques qu'ils firent un peu partir plus tot qu'ils ne pensoient, les chargeans si brusquement que ceux qui avoient les chevaux bridez n'eurent loisir de monter dessus, ny ceux qui avoient la viande sur la table de la manger. Ils prinrent ce qu'ils voulurent et s'en retournèrent chargez de vivres, armes et bagage avec huict chevaux et quatre pipes de vin. Ce mesme jour, passant auprès de Sainte-Colome[1], Mongo-

---

1. Sainte-Colomme, canton d'Arudy, arrondissement d'Oloron (Basses-Pyrénées).

meri envoya sommer quelques-uns qui s'estoyent mis dedans le chasteau avec le capitaine Faron qui leur respondit par harquebusades; un soldat y fut tué. Pour la vengeance duquel quatre enseignes y furent envoyées, qui ayans mis le feu à la porte, tout le chasteau s'embrasa tellement que tout ce qui estoit dedans se brusla, exceptée une fille qui fut descendue par une fenestre. Une autre maison de plaisance dudit Sainte-Colome fut aussi pillée et bruslée. Ce mesme jour Bonasse envoya trente harquebusiers à la maison du sieur d'Abère d'Asson [1] [gentilhomme fort affectionné à la religion romaine et au service de son Prince et aagé de près de nonante ans,] qui n'avoit bougé de sa maison de toutes ces guerres; lequel en haine de ce que Mongomery avoit esté en passant prendre le vin chez luy, après avoir saccagé sa maison, bruslé sa borde et violé une sienne fille bastarde, ils le massacrèrent vilainement avec sadite fille et puis les jettèrent tous deux dedans la rivière.

[Le neufviesme bon matin tous les soldats et habitans de Navarrens se trouvèrent à la prédication où furent rendues grâces solennelles à Dieu de la délivrance qu'il luy avoit pleu leur faire.] Durant ce siège furent tirez 1777 coups de canon, non pas en batterie, mais à coup perdu contre les maisons, qui ne firent pas autant de dommage que les munitions, qui y avoient esté employées, valoient. Dedans la ville moururent

---

1. Pascal, seigneur d'Abère d'Asson, écuyer panetier de Jeanne d'Albret, porté au compte du trésorier de la reine de Navarre de 1561 pour 100 livres de pension, avec la mention « ne bougeant de sa maison » (Arch. des Basses-Pyrénées, B. 9). — Le château d'Abère existe encore à Asson.

de coups trente-quatre hommes et six de maladie, et dehors, si le dénombrement de ceux qui y estoient est véritable, plus de mille. Ceux de Navarrens n'avoient encores nouvelles que leur secours fut si près ; mais ayans envie de s'aller pourmener un peu plus loin de leur tanière que de coustume, Arros sortit avec quelques chevaux et harquebusiers, tant pour entendre quelle route l'ennemi avoit prise, que pour visiter l'assiete de leur camp; lequel ayant trouvé vuide, il donna jusques à Audaux qui fut pillé et bruslé par les soldats, et comme il retournoit, trouva que le secours arrivoit à Navarrenx où le comte logea cette nuict avec quelques-uns et le reste aux villages des environs. Et Tarride [et ceux qui avec lui s'estoient retirez à Orthez, ayant ouy l'exploit d'Audaux, fit jetter dedans la rivière un homme, nommé Arotis [1], aagé de plus de quatre-vingts ans, pour ce qu'il estoit de la religion réformée et avoit un fils dedans Navarrens ; et d'autant qu'il s'efforçoit d'en sortir, le firent tuer par harquebusades.]

Ce mesme jour Peyre, gouverneur de Pau, qui dès le sixiesme avoit fait serrer en prison tous les hommes qui avoient fait profession de la religion [2] réformée, [fussent-ils retournez à la messe ou non,] et mis les familles des ministres dehors la ville, commença après souper d'exécuter l'arrest de faire mourir tous ceux qui estoient demeurez [constans en la religion [3]], et,

---

1. En 1538, il y avait à Orthez Jean, Auger et Bernard d'Arrot, tous petits propriétaires (Arch. des Basses-Pyrénées, B. 712, fos 7, 8 et 17).
2. On a ajouté : *prétendue*.
3. Variante : *fermes*.

[sans nulle forme de procès et sans les ouyr ni condamner,] fit pendre Micheau Vignau[1], ministre de Pau, et Jean[2], jardinier de la Roine. [Au devant d'eux marchoient tabourins et phifres, suyvis de quelques harquebusiers qui sonnoient et tiroient tousjours durant l'exécution, afin que le peuple qui joyeux y assistoit, avec la femme du dit Peyre[3], ne peut ouir ce qu'ils disoient aux prières et louanges qu'ils rendoient à Dieu.] L'endemain au matin Pierre du Bois[4], ministre de Lesca, et Micheau Chanbon, tailleur de la Roine, furent exécutez en la mesme forme, et N. Alezieu, ministre de Garlin[5], et Guillaumes L'Escout, chirurgien, l'après disnée. Le neufiesme Peyre se reposa; mais le 10 Antoine Porrat[6], ministre de Tarbe, Augier Plantier[7], ministre de Beuste, Guil-

1. Voy. p. 123 la note 7.
2. Jean Olignon, marié avec Antoinette Piton par contrat du 28 mars 1563 (Arch. des Basses-Pyrénées, E. 1999, f° 68). — La veuve resta pendant fort longtemps titulaire de l'office de son mari, sans doute en considération de sa mort tragique.
3. Micheile de Corcelles; elle avait été comménsale d'Isabeau de Navarre, dame de Rohan, qui lui avait donné 1,000 écus d'or pour son mariage. Elle testa à Arbus le 22 juillet 1583 (Arch. des Basses-Pyrénées, E. 1496, f° 153).
4. La même année il y avait à Pau un libraire protestant nommé Pierre Dubois; il reçut en 1570 un don de la reine de Navarre de 100 livres (Arch. des Basses-Pyrénées, B. 16). Il mourut avant 1573 (même dépôt, E. 2002).
5. Chef-lieu de canton de l'arrondissement de Pau (Basses-Pyrénées).
6. En 1605, Jean Pourrat était ministre à Carresse, canton de Salies, arrondissement d'Orthez (Basses-Pyrénées) (Arch. des Basses-Pyrénées, E. 1204).
7. Ce ministre laissa une veuve et un enfant qui recevaient encore en 1577 une pension de 29 écus 11 sols 4 deniers (Arch. des Basses-Pyrénées, B. 2368, f° 306).

laumes La Vigne[1], second président, et Guillaumes More[2], qui avoit esté prestre, passèrent le mesme chemin. Cependant Bellegarde, qui avoit suivie l'armée de Mongomeri, arriva à Tarbe et Monluc à Ayre[3], espérans que Tarride leur donneroit loisir, en temporisant l'ennemi, d'assembler plus grandes forces pour le combattre. Monluc manda à Tarride le dénombrement des forces desquelles il pouvoit faire promptement estat, asçavoir mille harquebusiers qui estoient à Manciet et cent-cinquante au Mont-de-Marsan, deux compagnies d'Aurensan[4] et d'Arblade, six-vingts hargolets, sa compagnie de gens d'armes, celle de Gondrin, quarante salades de la compagnie du comte de Nègrepelisse qui s'estoient retirez en leurs maisons, vingt de La Valete[5], la compagnie de Fontenilles[6], celle du capitaine Monluc, son fils[7]. Et Bellegarde avoit six

1. Guillaume de Lavigne, fils d'Arnaud de Lavigne, avocat d'Oloron, et de Gracie de Bordères, jurat d'Oloron en 1539, notaire de cette ville en 1540, juge de Béarn, second président au Conseil souverain, marié à Philippe de Camblong; sa fille Marie épousa en 1562 Hervé Boullard, architecte du roi de Navarre et maître général des réparations en Guienne. Guillaume fit son testament l'avant-veille de sa mort, le 8 août 1569 (Arch. des Basses-Pyrénées, E. 1772, 1773, 1997, f° 172; 2001, f° 81).

2. Il y avait en 1571 un ministre de ce nom attaché à la maison de Henri de Navarre; il fut massacré à la Saint-Barthélemy.

3. Aire-sur-l'Adour, chef-lieu de canton de l'arrondissement de Saint-Sever (Landes).

4. Le seigneur d'Aurensan, canton de Riscle, arrondissement de Mirande (Gers).

5. Jean de Nogaret, baron de La Valette, mort en 1575. C'était le père du duc d'Épernon.

6. Philippe de La Roche, baron de Fontenilles, épousa Françoise, fille de Blaise de Monluc, mort en 1594.

7. Fabien de Monluc, marié en 1570 à Anne de Montesquiou,

cens harquebusiers, sa compagnie de gens d'armes et celle de son fils et des sieurs de Lausun¹ et de Sarlaboust². Ainsi estans tous deux joints, ils auroient cinq cens salades et deux mille harquebusiers. Parquoy il prioit instament Tarride de lui mander où ils se pourroient aisément joindre, afin de combattre ensemble l'ennemi ; cependant le prioit de ne s'engager en lieu où il peut recevoir quelque escorne, ains que plus tot il abandonnast l'artillerie ; car s'il estoit une fois deffait, les affaires se porteroient mal en Gascogne, et il ne voudroit après hazarder l'entrée de Béarn avec ce qu'il avoit. Et le 14 respondit à Peyre qui luy avoit mandé ce que ceux du secours fesoient et ce qu'il avoit commencé de faire de ses prisonniers, que sans faute il seroit joint le dimenche avec Bellegarde et qu'ils joueroient des ongles ; qu'il lui avoit fait plaisir d'avoir fait pendre les ministres, et le prioit de continuer à l'exemple de Monsieur, frère du Roy, qui n'en laissoit eschaper un à meilleur marché que de la corde, mais qu'il en gardast deux des plus chéris et aimez, afin qu'en eschange de l'un, il peut recouvrer son guidon qui estoit détenu prisonnier à Montauban ; gardast aussi Pierre Viret, mais qu'en sa présence il fit pendre ses compagnons, le menaçant qu'il passeroit par le mesme lieu, afin par ce moyen, disoit-il, l'induire de escrire à Mongomeri de faire cesser la tuerie ;

tué en 1573 au siége de Nogaro. C'était le dernier fils de Blaise de Monluc.

1. François Nompar de Caumont, comte de Lauzun, mort en 1575.

2. Raymond de Cardaillac, seigneur de Sarlaboust, colonel de l'infanterie sous Charles IX, tué en 1570 à l'île d'Oléron.

fit aussi pendre les présidens et conseillers qu'il tenoit prisonniers, qui estoient les plus grands ennemis qu'eussent ceux qui estoient pour le Roy en Béarn, et le Roy leur en donneroit d'autres au chois et élection du païs; et mandast partout qu'on massacrat les huguenots, comme il feroit de son costé; les biens désquels pourroient estre donnez aux catholiques pour aider à garder le païs sans suspition; qu'il advertit Bonnasse de brusler les maisons du sieur d'Arros[1] et de tous ceux qui estoient à Navarrens, luy asseurant que le Roy ne seroit que très aise de toutes ces choses.

Bellegarde avoit pareillement escrit audit Peyre de Vic-Bigorre[2], qu'il alloit joindre Monluc pour desgager ceux d'Orthez, s'il estoit possible, et qu'il avoit mandé à Viellanbits[3], qui estoit à Tarbe, d'aller joindre Bonasse à Nay avec son régiment pour favorir les affaires du costé de Pau; qu'il le pourvoiroit d'hommes, s'il en avoit besoin pour la garde de Pau, mais qu'il avisast sur toutes choses de faire la plus grande espargne de vivres qu'il pourroit, car il estoit à craindre qu'avant la fin de la feste, ils n'en eussent faute.

L'unsiesme, environ midi, le secours arriva à la veue d'Orthez, d'où sortit quelque cavalerie qui vint jusques à Meigret[4], où fut attaquée l'escarmouche; mais avant qu'elle s'eschaufat guère, la cavalerie se retira à la faveur de quelques harquebusiers qui estoient au

---

1. Le château d'Arros était près de Nay où se tenait Bonnasse.
2. Chef-lieu de canton de l'arrondissement de Tarbes (Hautes-Pyrénées).
3. Gautier de Coffitte, seigneur de Lucarré, marié à N. de Villambits (?).
4. Magret, hameau de la commune d'Orthez.

bout du faux-bourg de Départ[1], couverts de quelques barricades. Ils se défendirent si bien au commencement qu'outre qu'ils firent mourir quelques hargolets qui, ayans mis pié terre, se vouloient trop avancer, repoussoient aussi cette charge, quand le viscomte de Montcla arriva, suyvi d'environ cinq cens harquebusiers, qui affoncèrent si brusquement tout ce qui estoit ausdites barriquades et en tout ce fauxbourg, que peu s'en falut qu'ils n'entrassent dedans la ville peslé et meslé avec ceux qui se retiroient en desroute. Le capitaine Calvet[2] et quelques soldats dudit viscomte furent tuez à cette charge, mais des ennemis le nombre des morts fut beaucoup plus grand. Le capitaine Grec de Podens[3] y fut pris prisonnier et quelques-uns, se cuidans sauver à travers la rivière avec une corde qui traversoit ladite rivière, se noyèrent.

Mongomeri remarquoit cependant la contenance des ennemis qui se présentoient au combat avec moins de gayeté, d'asseurance et de fureur, qu'il n'estoit convenable à un si grand nombre de grands capitaines et vieux soldats et qui avoient une si bonne retraitte et le secours si prochain ; dont ayant pris espérance de les forcer en leur propre logis, il passa incontinent la rivière avec toute sa cavallerie et mille harquebusiers en croupe. Le gué estoit si mauvais que jamais aupa-

---

1. Faubourg d'Orthez, séparé de la ville par le Gave de Pau.

2. Le 30 janvier 1585 André Calvet, serviteur du prince de Condé, donna tous ses biens à son neveu Gabriel Calvet (Arch. des Basses-Pyrénées, E. 2005, f° 785). Ce dernier pouvait être le fils du capitaine Calvet.

3. La seigneurie de Poudenx, canton de Hagetmau, arrondissement de Saint-Sever (Landes).

ravant personne n'y osa passer, toutesfois il ne perdit que le capitaine La Sale[1] et un gendarme qui se noyèrent. Les ennemis se présentèrent avec tout ce qu'ils avoient de chevaux et quelques harquebusiers auprès de l'eau pour l'empescher, mais trouvant desjà une partie passée et estonnez d'une si brave entreprise, reprinrent le chemin de la ville où ils se retirèrent, ayant fait mettre le feu aux fauxbourg par les harquebusiers. Une partie de la cavalerie s'enfuit sans r'entrer dedans la ville, abandonnant leurs chef, leurs compagnons et leur bagage, si grande est la puissance que l'effroy a sur les cœurs pusillanimes, qu'il leur fait oublier toutes choses honnorables. Ceux qui s'enfermèrent furent talonnez de si près qu'à peine les portes estoient closes, que, sans marchander ny reconnoistre la muraille, quelques meschantes escheles, trouvées d'aventure en quelques estables, furent promptement plantées et, encores qu'elles fussent courtes, ceux qui les avoient dressées, qui sembloient plus tot voler que marcher, gravirent si isnellement qu'ils furent plus tot dessus, que les assaillis pensassent qu'ils eussent la hardiesse de leur donner l'escalade en plein jour. Mais d'autant que la montée avoit esté courageuse, la descente se trouva si hazardeuse et périlleuse, car il estoit impossible de marcher sur ladite muraille; toutesfois ceux qui estoient montez les premiers descendirent à la faveur de quelque trille[2] qui se treuva à l'endroit d'eux et allèrent ouvrir la porte aux autres. Cela augmenta tellement l'effroy aux assaillis que,

1. Ce nom très-répandu en Béarn empêche de l'identifier sûrement.
2. Ce mot a les deux sens de *treille* et de *corde*.

jasçoit qu'ils fussent seze compagnies de infanterie, deux d'hommes d'armes et deux d'harquebusiers à cheval, beaucoup de gentilshommes et bons capitaines, ils n'eurent néantmoins la hardiesse de se présenter à la deffense de la muraille ; ains effrayez et troublez s'enfuirent dedans le chasteau, sans faire que fort petite résistance, non toutesfois si viste qu'il n'en demeurast environ mille par le chemin.

Depuis que les troupes furent dedans, il y eut plus de tuerie que combat ; et y avoit une telle confusion entre les soldats que plusieurs tuèrent leurs compagnons, ne se reconnoissans l'un l'autre ; et les cris, les pleurs, les hurlemens et les gémissemens estoient si grands par la ville, que les plus asseurés en avoient horreur, et ceux qui espouvantoient les autres n'estoient guère moins espouvantez qu'eux ; car outre le massacre des habitans, qui fut quasi universel, la ville qui estoit en plusieurs endroits embrasée, fut tout à plat pillée. Et les Orthésiens changèrent lors de musique, car comme ils avoient receu Tarride avec processions [et dances publiques], chantans : *Birat s'es lo ben, Ninetes, birat s'es de l'autre estrem*[1] ; à l'arrivée de Mongomeri, pleurans et gémissans, crioient : *Merci, miséricorde, sauvez-moi la vie.*

Tarride qui, avec les principaux de son armée, s'estoit retiré dedans le chasteau d'Orthez, fut soudainement assiégé et sur le soir sommé ; mais pour ce qu'il espéroit avoir secours de Monluc, il ne se voulut rendre. Parquoy le canon fut envoyé quérir à Navarrens, qui arriva l'endemain sur

1. Phrase béarnaise qui signifie : *Le vent a tourné, Ninette, il a tourné de l'autre côté.*

le soir. Cela estonna les assiégez qui, n'ayans plus de vivres ni nouvelles de secours, mirent dehors par une corde Saint-Salvy[1], frère de Terride, et Basillac pour parlementer et capituler ; mais n'estans peu tomber d'accord, Basillac s'en retourna et Saint-Salvy demeura au camp. L'endemain, pressez de la faim et de la crainte, ils firent de rechef sortir Basillac avec Amou[2]. Ils accordèrent, mais trop tard, que les ministres, qui avoient été pris à Pau, seroient mis en pleine liberté ; que Tarride demeureroit prisonnier entre les mains du comte, jusques à tant qu'il auroit fait mettre en liberté Corteville[3], frère dudit comte, ou baillé huict cens escus pour une partie de la rançon en laquelle il avoit esté taxé, et fait mettre en liberté le baron de Paulin qui estoit prisonnier ; que les vies seroient sauvées à tous les autres chef, lesquels demeureroient cependant prisonniers jusques à tant qu'ils eussent rachapté d'autres de leur qualité ou eussent satisfait à la rançon à laquelle ceux de la religion[4] seroient cottisez ; que les soldats sortiroient avec le baston blanc et se retireroient où bon leur sembleroit, toutesfois si aucun d'eux vouloit suivre l'armée, y seroit receu ; que l'artillerie qui estoit dedans le chasteau et en la ville demeureroit entre les mains de Monsieur le prince de Navarre. Dedans le chasteau estoient Tarride, lieutenant-général, Gerderest, Amou et Sainct-Félix, chevaliers de

---

1. Gabriel de Lomagne, seigneur de Saint-Salvy.
2. Jean Paulon, seigneur d'Amou.
3. En 1569 une « demoiselle de Courteville » était attachée à la maison de Jeanne d'Albret (Arch. des Basses-Pyrénées, B. 15, f° 24).
4. On a ajouté : *prétendue réformée*.

l'Ordre, Gohas, maistre de camp, Fauroux, mareschal de camp, Bazillac, maistre de l'artillerie, Sainte-Colome, Saint-Pée [1], Pordiac [2], Candau [3], Abidos [4], les capitaines Ségalas, Aurout, Nébot, Saliis, Sus [5], Perrens et la plus part de la compagnie des gendarmes de Tarride et quelques-uns du comte de Nègrepelisse, avec trois cens harquebusiers et environ cent hommes ou femmes de la ville qui sortirent tous le quinziesme d'auost. Les chef furent conduits le mesme jour à Navarrens. Cette faction n'estonna pas seulement le païs de Béarn, mais aussi toute la Gascogne, et les Espagnes voisines estoient en effroy de crainte que cette armée n'y entrast.

Peyre et ceux du conseil de Pau continuoient tousjours leurs exécutions et se travailloient fort pour retenir le peuple de leur party qui, espouvanté et esbranlé, ne savoit ce qu'il devoit faire, car [la coulpe de leur faute geinoit leurs consciences, et] la crainte de la peine les faisoit mourir toutes les fois qu'ils se resouvenoient des choses passées, tellement qu'il leur sembloit sentir desjà sur leurs têtes l'espée du soldat victorieux ou la doloire [6] du bourreau ; et n'y avoit rien qui, en cette grande désolation, leur présentast quelque alégeance, que l'espérance de la bonté de leur Prince

---

1. Jean de Lalanne, seigneur de Saint-Pée de Salies.
2. Bernard de Léaumont, baron de Pardéac.
3. François de La Salle, seigneur de Candau, marié à Germaine de Saint-Abit (Arch. des Basses-Pyrénées, B. 259, f° 64).
4. Henri, seigneur d'Abidos, marié à Louise de Grabessous (Arch. des Basses-Pyrénées, B. 259, f° 58).
5. Antoine-Gabriel, seigneur de Sus, près Navarrenx.
6. Vieux synonyme de *hache*, dans le sens d'instrument de supplice (Voy. Littré).

et le bon traittement qu'ils oyoient avoir receu tous ceux par où les gens du secours avoient passé, sans avoir offensé autres que ceux qui portoient les armes avec les protecteurs, ou avoient en quelque sorte favori la protection. Et la commission de Mongomeri, laquelle il avoit fait publier en Ossau en passant, apportoit d'user de toute douceur envers le peuple; ce qui avoit si bien asseuré ceux dudit Ossau, qu'ils avoient quitté la protection et avoient reconnu et receu Mongomeri pour lieutenant-général de la Royne, leur dame, et lui avoient administré vivres; et plusieurs s'estoient joints à luy, comme avoient aussi fait quelques autres de Pontac, Nay, Coarrase, Asson, desquels Incamps avoit fait une compagnie. De quoi le conseil de Pau avoit esté tant irrité que, ne sachant encore rien de la capitulation et reddition du chasteau d'Orthez, escrivit à ceux de la vallée d'Ossau la lettre suivante :

« Messieurs de jurats et habitans de la vallée d'Ossau, nous avons esté advertis, à nostre grand regret, que à la persuasion de quelques-uns, vous avez délibéré vous disunir et séparer du cors de tout le païs et quitter la protection du Roy, laquelle vous avés volontairement receue avec tous les Estas du païs; ce que nous esmerveilleroit grandement et inciteroit tout le païs vous courir sus comme à proditeurs de la patrie. Parquoy nous vous avons voulu exorter et prier, pour vostre grand bien et proffit et repos publique, de continuer en ladite protection et vous venir joindre avec tout le cors. Et à faute de faire à ce coup vostre debvoir, comme chascun a délibéré de faire, nous serons contraints, pour le debvoir de nostre charge, vous publier traistres et proditeurs, atteints et convaincus du crime de lèze-majesté, et comme telz vous punir et confisquer voz biens. Toutesfois nous espérons que ne vous ferez un si grand tort, vous priant nous advertir de vostre volonté, laquelle nous prions Dieu estre autre que le rapport que nous en a esté fait. De Pau, le 16 d'aoust 1569. Voz bons amis et très affectionnez, les gens tenans le Parlement. Par mandement du Parlement : J. DE BORDENAVE. »

Le sindic Luger leur escrivit la suivante :

« Messieurs de la valée d'Ossau, la république de Béarn, par la grâce de Dieu, a esté composée de trois Estas, assavoir : de l'Eglise, de la Noblesse et le Tiers-Estat, et vous estans du cors du païs, avec consentement desditz Estas, avez receue la protection du Roy Très-Chrestien, afin que les hugenotz hérétiques ne se peussent saisir du présent païs, comme ce faire ils avoient déjà longtems arresté. Je suis asseuré que la plus part de vous estes chrestiens et bons catholiques par la grâce de Dieu ; toutesfois effrayez de quelques troupes de huguenotz larrons, meurtriers, sacriléges, incendiaires qui se sont jettez dedans le païs, ou bien estans séduitz et trompez pour vous avoir donné faux entendre, vous vous êtes esbranlez et avez favory lesditz ennemis d'hommes et vivres et autre secours qu'ils vous ont demandé, comme l'on a fait entendre à la noblesse et au cors du païs composé de personnes catholiques, ce que je n'ay encores peu me persuader; estant plus que asseuré que vous estes hommes preux, qui ne voudriez avoir fait chose aucune contre voz consciences et la protection receue par le cors du païs composé de personnes catholiques. Toutesfois afin d'en estre asseuré, il m'a esté commandé par Messieurs de l'Eglise, de la Noblesse et gens du Tiers-Estat catholiques, vous escrire la présente et vous sommer de nous faire déclaration par escrit si avez intention de suivre leur party ou vous unir avec les huguenotz larrons, qui sont entrez dedans le païs, et porter les armes contre tout le présent païs et personnes catholiques et contre le Roy Très-Chrestien, nostre protecteur, et contre le païs d'Aragon et d'Espagne, qui sont catholiques et nous veulent favorir et aider à soustenir la querelle de Dieu ; ou bien si vous délibérez vous entretenir avec tout le cors du païs sous ladite protection et nous favorir et aider tant d'hommes que de vivres et armes et de toutes autres choses nécessaires pour nuire et confondre nosdits ennemis. Je vous prie donc, pour l'honneur de Dieu, recevoir ma remonstrance comme de vostre très humble et fidèle serviteur, et considérer si vous avez moyen de vous passer du corps du païs, des royaumes de France et d'Espagne, et principalement penser qu'il est aujourdhuy question de la gloire de Dieu et de soustenir son église. Aussi vous vous pouvez asseurer que le comte de Mongomeri et ses troupes larronnesses ne peuvent estre autres que vos ennemis, veu les saccagemens, bruslemens, meurtres et rançonnemens et autres actes d'hostilité qu'ils exercent. Ce que vous doit faire croire qu'ils ne sont envoyez par la Royne, car s'ils estoyent ses bons serviteurs ne brusleroient son païs, ne tueroyent ses bons et fidèles serviteurs, ains plustot luy conserveroyent ; sinon que Sa Majesté ait intention de nous faire tous exterminer, comme elle a commandé par lettre audit comte de Mongomery, surprise par le sieur de Monluc, le double de laquelle je vous envoye ; par laquelle vous pourrez voir que Sa Majesté commande que tous les catholiques, tant hommes, femmes qu'enfans, soient mis au fil de l'espée, afin qu'il n'en demeure aucune semence en Béarn, et elle baille le païs et noz biens et maisons aux huguenotz estrangers. Les valées d'Aspe et de Barétous sont unies avec le corps du païs catholique. Parquoy je vous somme, comme sindic, me déclarer si vous vous en voulez séparer et refuser la protection, afin de vous traitter comme hérétiques et ennemis de Dieu et de son église catholique et en général de tout le cors du païs et des roys de France et d'Espagne, qui de tous costés nous envoyoient secours, faveur et aide. Messieurs de Monluc et de Bellegarde sont jà jointz ensemble avec deux mille chevaux de service, et s'en vont droit à Orthès pour secourir Messieurs de Tarride, Sainte-Colome et les autres, et combattre noz ennemis. Monsieur de Viellambitz, chevalier de l'Ordre du Roy, avec un bon nombre d'enfanterie, se vient joindre avec le sieur de Bonasse. Dieu nous veuille aider. Cependant je vous supplie et requiers encores un coup me faire responce par escrit. De Pau, ce 16 d'aoust 1569. Vostre humble amy et serviteur, DE LUGER, sindic de Béarn. »

La lettre mentionnée par le sindic avoit esté finement supposée pour entretenir par crainte le peuple du costé de la protection. Car elle portoit commandement à Mongomeri de faire tuer ceux de la religion romaine sans discrétion d'aage ni de sexe. Mais sa commission qu'il avoit jà fait publier, passant par Ossau, et le traittement que tous ceux qui ne se mettoient en deffense recevoient de son armée, descouvroient l'imposture de cette lettre et donna occasion au peuple de la juger fausse et de rejetter celles du Parlement et du sindic. Cependant Bonasse avec Vielleambits, qui avoit un régiment de sept compagnies de fanterie et quelques hargolets du conseiller Marqua, sous prétexte d'aller couper chemin à l'armée du secours, laquelle pour tromper le povre peuple ils disoient s'enfuir par le pié de la montaigne, fut audit Ossau, pour regaigner le peuple par amour ou par force ou piller ceux qui s'estoient joints aux troupes du secours; mais ayant commencé de piller les villages d'Arudi et Loubié, il entendit la reddition du chasteau d'Orthez, qui luy fit promptement rebrousser chemin et quitter son pillage.

Le jour après la reddition du chasteau d'Orthez Gramont et Mongomeri parlèrent ensemble en la maison de Vaure [1] près d'Orthez. Tous désiroient fort que Gramont suivit cette armée et chacun l'espéroit, et n'y eut autre empeschement, sinon d'autant qu'il avoit esté autres fois lieutenant général en Béarn. Il demandoit d'estre associé et receu pour compagnon en la lieutenance générale dudit Mongomeri, et que lors qu'ils feroient quelques despêches en commun, le secrétaire du comte les despêchant, mettroit : *Gabriel, comte de Mongomeri, lieutenant général de la roine de Navarre en toutes ses terres et seigneuries, et le sieur de Gramont;* et si le secrétaire de Gramont escrivoit, mettroit : *Le seigneur de Gramont et le comte de Mongomeri, lieu-*

---

1. Le château de Baure dans la commune de Sainte-Suzanne, canton et arrondissement d'Orthez (Basses-Pyrénées).

tenant général de la Roine, et que lorsqu'ils seroient hors de Béarn, ils s'accorderoient par ensemble selon l'avis des gentilshommes qui seroient en l'armée. Ce que Mongomeri ne voulant accorder, Gramont se retira en sa maison ; et lui fut mandé de ne costoyer l'armée de deux lieues.

Cela rompu, le comte prit le chemin de Pau et envoya le sieur de Lons et saisir de Lesca avec charge de faire sommer Peyre de luy rendre la ville de Pau, qui pour ce coup fit l'oreille sourde. Toutesfois le dix-neufviesme, craignant d'estre cerné, comme il eut esté l'endemain, ayant envoyé le président Etchard et Beudoat[1] à Lesca vers Lons, comme s'il eut voulu capituler de la reddition de la ville, mais plustot craignant qu'ils luy donnassent empeschement à sa fuite qu'il préparoit. Incontinent qu'ils furent partis, avec haste, crainte et estonnement, n'ayant eu loisir d'achever de souper, ny mesmes de prendre ses botes, et dire à Dieu à ses soldats et aux habitans, fit secrettement mener ses chevaux dehors la ville, monta dessus et se sauva à course de cheval. Les prisonniers de la religion[2], qui du haut de la tour descouvroient cela, furent bien aises de le voir fuir [et, ayans rendu grâces à Dieu,[3]] descendirent[4] et s'estans saisis des armes de ceux qui estoient au cors de garde, se rendirent maistres du chasteau de Pau. L'alarme s'estoit cependant eschaufée si bien dedans la ville

---

1. Il s'agit peut-être de Raymond Du Beudat, capitaine et valet de chambre du roi de Navarre en 1582.
2. On a ajouté : *prétendue réformée*.
3. Variante : *lesquelz*.
4. On a ajouté : *tout aussy tost*.

qu'estans les portes fermées, les femmes commencèrent de desbaliser les soldats qui, trouvans les portes closes, demeuroyent si effrayez et si esperdus qu'ils n'avoient la discrétion ne la puissance de se deffendre, néantmoins nul fut offensé en sa personne. La Roquete, enseigne de Gohas, Sanson[1], lieutenant de Peyre, et un frère dudit Roquete avec quelques autres furent faits prisonniers ; mais la nuict ceux qui avoient fait plaisir aux habitans furent relaschez, et les Roquetes, ayans aydé les deux présidens Salete[2] et Etchard de n'estre pendus, furent mis en liberté à leur requeste. Bonasse estoit encores à Nay et promettoit aux habitans de demeurer avec eux et de mieux garder sa ville que n'avoient fait ceux d'Orthès, et leur asseuroit avec grands blaphèmes de garder les ennemis d'y entrer s'ils n'avoyent des ailes ; et comme s'il eut fait estat d'attendre un siège, fit empoisonner quelques pièces de vin qui estoient aux faux-bourg avec des crapauts qu'il fit mettre dedans par un appotiquaire, qui en fut depuis pendu. Mais deux heures après, environ huict heures du matin, ayant fait assembler le peuple en la place, il leur proposa que la Roine avoit commandé à ceux du secours de coupper les mamelles à toutes les femmes de la religion [romaine[3]] et de massacrer tous les hommes et deschirer en pièces les enfans, et accompagnant ses paroles de beaucoup de

---

1. Bertrand de Miossens, seigneur de Samsons.
2. Jean de Salettes, président à la Chambre des Comptes de Pau et au Conseil souverain de Béarn, marié à Astrugue de Bussy, testa le 7 juin 1571 (Arch. des Basses-Pyrénées, E. 2001, f° 191).
3. Variante : *catholique*.

souspirs feints, il exortoit le peuple troublé et effrayé de sortir du pays de Béarn en sa compagnie avec leurs femmes et enfans, leur asseurant [avec blaphêmes exécrables] qu'il ne quitteroit la ville que pour éviter que telle inhumaine cruauté ne fut exercée contre leurs personnes innocentes, mais que bien tost il les ramèneroit et les remettroit en leurs maisons. Cette remonstrance remplit la ville de gémissemens, cris et hurlemens lamentables accompagnez de plusieurs exécrables inprécations. Néantmoins, au milieu de toutes ces désolations, Bonasse faisoit charger dix chars du plus riche butin de ses pillages, sans que ce misérable peuple troublé, à qui la peur avoit osté le cœur et le sens, eust la discrétion de connoistre la fraude de celuy qui leur faisoit abandonner femmes et enfans et quitter leurs maisons et tous autres biens, et cependant tiroit de la presse sa femme et ses enfans et emportoit le meilleur de ses biens, si grande est la force de la frayeur qu'elle oste tout bon jugement et connoissance des choses les plus clères et les plus manifestes. Ses chars sortis et ayant remis les clef de la ville ès mains d'Arnaud Du Four [1], jurat, qu'il tenoit prisonnier pour estre de la religion [2] réformée, Bonasse deslogea avec telle confusion, que tout ainsi que les moutons chassez et pressez montent l'un sur l'autre, aussi ces personnes effrayées se pressoient tellement les unes les autres au sortir que la porte ne leur pouvoit suffir. Les compagnies de Viellambits, qui estoient logées à Nay et aux environs, deslogèrent avec les autres en tel effroy que

1. Arnaud Du Four ou Du Forn était déjà jurat de Nay en 1564 (Arch. des Basses-Pyrénées, E. 1735, f° 51).
2. On a ajouté : *prétendue*.

plusieurs, laissans le potage et la viande sur la table, gaignèrent la garite de telle vitesse qu'ils ne s'arrestèrent qu'ils ne fussent dehors tout le païs béarnois. Et Du Four envoya incontinent à Pau donner avertissement de la fuite de Bonasse, et le capitaine Poqueron y arriva ce mesme jour pour la Roine. Le comte, qui receut novelles à Artis [1] de la reddition de Pau et de Nay, fesoit estat d'aller à Oloron, mais il entendit qu'Esgarrebaque l'avoit abandonné avec la mesmes crainte et désordre que les autres et s'en estoit fuy en Espagne. A Oloron furent trouvez quatre gros canons et deux pièces de campagne avec leurs attelage.

[Dieu, qui veille ordinairement pour les siens, aveugla de telle sorte tous ces fuyars, qu'ils n'eurent le sens de mener avec eux les prisonniers qu'ils tenoient pour desgaiger leurs compagnons ou pour en tirer finance; car ils avoient les deux présidens Salete et Etchart, Viret et cinc autres ministres et maints des plus riches bourgeois et marchans de Béarn, par le moyen desquels ils eussent peu racheter la plus part de leurs complices.]

Toutes les places donc réduittes en l'obéissance de la Roine, le comte s'en alla à Pau, où le 22 d'auost [furent rendues[2]] grâces solennelles à Dieu de la délivrance qu'il avoit fait de son église et de la liberté qu'il avoit donnée au païs[3]; Viret fit le presche [sur le seaume 124]. Ce mesme jour furent pendus six soldats [des plus meschans] de la compagnie de Peyre,

---

1. Artix, canton d'Arthez, arrondissement d'Orthez (Basses-Pyrénées).
2. Variante : *fist rendre*.
3. On a ajouté : *et*.

et Sanson, son lieutenant, estoit déjà entre les mains du bourreau, mais pour ce qu'il avoit usé de quelque humanité en l'endroit de ceux de la religion[1] réformée, ils firent tant de requestes pour lui qu'il fut délivré. Le 24 Bertrand de La Torte, dit Audiyos[2], chanoine de Lesca, et Jaques Du Puy, l'un des principaux soliciteurs de la protection [et des plus cruels ennemis de ceux de la religion réformée], furent pendus.

La célérité servit plus que ses forces au comte, l'exécution duquel fut si prompte qu'il pouvoit dire ce que disoit César après la deffaite de Pharnaces : « Je suis venu, j'ay veu et vaincu »; ou ce que disoit le pape Alexandre[3] du roy de France Charles VIII, qu'il estoit venu à Naples avec des esperons de bois et la croye en la main de ses fourriers; car en moins de quinze jours ledit comte conquit tout le païs de Béarn et en déchassa les ennemis, [ce qui doit estre plus tot attribué à Dieu qu'à luy, qui[4]] mit un tel espouvantement au cœur de l'armée protectrice et de tout le païs, que nul osa s'opiniastrer en la défense de quelque place ; ce qu'ils pouvoient avoir fait, veu le nombre d'hommes de guerre qu'ils avoient et la faveur de tout le païs et le secours prochain du mareschal d'Anville, Monluc et Bellegarde, qui sans doubte fussent entrez dedans le païs, si seulement une place fut demeurée à la dévotion du Roy. [Mais ce grand Dieu des armées voulut faire connoistre aux hommes que celuy se trompe qui se fie

---

1. On a ajouté : *prétendue*.
2. Fils de Bertrand de La Torte, prêtre de Nay, qui testa le 14 juin 1516 (Arch. des Basses-Pyrénées, E. 1718, f° 68).
3. Alexandre VI.
4. Variante : *il*.

en ses forces et qui pense par son bras abolir sa vérité. Et tout ainsi que la guerre avoit chassé le presche du païs, semblablement la guerre en chassa la messe, car tous les prestres s'enfuirent lors tellement de tout Béarn que jamais depuis nul y est entré pour y chanter messe, ne fere aucune cérémonie romaine. Et ce qui est plus admirable : la sédition qui avoit retenue la Roine d'oster du païs les cérémonies romaines, fut celle qui les en banit entièrement.]

Mais l'exécution de Sainte-Colome, Gerderest, Gohas, Abidos, Candau, Saliis, Sus, béarnois, et Pordiac, gascon, et un sien serviteur, qui, sept ou huit jours après la reddition d'Orthès, furent tués de sang-froid en prison à Navarrenx [1], osta quelque chose de son lustre à cette [glorieuse] victoire. Cest exploit fut diversement interprété par plusieurs de l'une et l'autre religion, selon que les diverses affections de ceux qui en parloient les possoient. Les uns disoient que celuy qui avoit monstré par ses faits n'avoir point de foy, n'en devoit point aussi trouver ; que ceux de la protection n'avoient rien tenu de ce qu'ils avoient promis et juré à ceux de la religion [2] réformée, car contre les capitulations faites à Pau et Orthès et les promesses d'Esgarrebaque pour Oloron, les lettres du Roy, la commission de Tarride et son jurement en sa réception, plusieurs avoient esté meurtris et massacrez ou exécutez par le bourreau et tous en général pillez ou rançonnez ; par ainsi qu'on ne devoit trouver plus mauvaise cette exécution, encores qu'elle fut répu-

---

1. L'exécution eut lieu, comme on le voit, à Navarrenx et non dans le château de Pau, ainsi que la plupart des historiens l'ont écrit.
2. On a ajouté : *prétendue*.

gnante à la capitulation d'Orthez que celles que les protecteurs avoient fait contre leur foy et promesse. Outre que ces hommes par leur crédit pouvoient exciter de nouveaux troubles pires que les premiers. Les autres alléguoient que tout ainsi que ceux de la religion [1] réformée se disoient avoir une meilleure religion, qu'aussi devoient-ils estre plus religieux à garder la foy donnée, veu principalement que la parole de Dieu commande de garder la foy promise, et les payens mesmes avoient esté si religieux en cela qu'ils avoient mieux voulu souffrir la mort que rompre la foi donnée à leurs ennemis, où ceux de la religion [romaine [2]] estoient dispensez par les Papes et les canons de ne garder la foy aux hérétiques; que si on craignoit quelque remuement du costé des occis, il les faloit séparer et bien serrer.

J. de Monluc [3], évesque de Valence, en sa harangue qu'il fit aux Polonois pour la défence que le duc d'Anjou, frère du Roy, n'avoit esté cause du massacre de la Saint-Bartélemy 1572, dit que ces gentils hommes avoient esté gardez prisonniers neuf mois et après iceux avoient esté massacrez; [ce qui est faux et une grande impudence audit évesque, qui savoit la vérité du fait, car il estoit en ce tems en sa maison de Gaube [4], à moins de quinze lieues de Navarrenx.]

1. On a ajouté : *prétendue*.
2. Variante : *catholique*.
3. Mort à Toulouse en 1579; c'était le frère de Blaise de Monluc.
4. Quartier de la commune de Perquie, canton de Villeneuve, arrondissement de Mont-de-Marsan (Landes). Le château de l'évêque de Valence a été détruit, mais une métairie voisine

Le meurtre de Bassillon qui, peu de jours après, fut massacré sur la rue à Navarrenx par Marchastel et le capitaine Pujol[1], fut pris aussi diversement ; car, disoit-on, s'il avoit intelligence avec l'ennemi ou avoit comploté de se rendre maistre de Navarrenx, comme il y en avoit de grandes présomptions et quelque avertissement, il devoit estre convaincu et puni par la justice ; et s'il n'y avoit que des présomtions urgentes, il devoit estre mis hors de charge et retenu tant que la guerre eut duré. Mais le bruit et le cliquetis des armes empeschent souvent de pouvoir entendre ce que les loix commandent. Toutefois c'est un pernicieux exemple, et de pire conséquence, de faire mourir les hommes sans les ouir, convaincre ne condamner, et ne doit être pratiqué qu'en un danger très éminent, et autrement inévitable, et qu'on n'ayt moyen d'y procéder par la voye de justice. Arnaud de Gachissans, sieur de Sales[2], fut fait gouverneur de Navarrenx en la place de Bassillon.

Le comte fit publier à Pau un pardon général, avec défense de molester les personnes et biens de ceux qui demeureroient paisibles en leurs maisons ou prendroient les armes pour le service de leur Dame souveraine. Mais cela ne peut empescher que ses soldats ne

---

porte encore le nom de *l'Abescat* (Communication de M. Tartière, archiviste du département des Landes).

1. Jean de Fargues, dit La Mothe-Pujols, tué à Caussade, près Montauban, en 1572.

2. Marié en premières noces à Marguerite de Saut, d'Oloron, en secondes à Gracie de Maument, déjà veuve : 1° de N. de Charritte, 2° de N. d'Olce. Le fils d'Arnaud de Gachissans, Jean-Bertrand, fut après lui gouverneur de Navarrenx jusqu'en 1620.

fissent prou de désordres; car encores qu'ils ne rançonnascent pas ouvertement les personnes, ils fouilloient couvertement dedans les bourses de leurs hostes, et ceux qui gouvernoient dedans les villes prenoient non pas des rançons mais des présens des plus craintif, qui désiroient de demeurer en asseurance en leurs maisons. Cette bénignité de la Roine ne peut cependant adoucir le cœur de plusieurs, ains elle sembloit leur avoir plus tot servi de souflet pour accroistre leur mauvaise volonté; car peu ou point de ceux qui estoient dehors le païs revinrent, et maints qui estoient dedans massacroient tous ceux qu'ils pouvoient attraper portans armes pour la Roine, fussent béarnois ou estrangers; et quelques uns usèrent de telle cruauté, qu'ils enterrèrent quelques soldats tous vifs.

Pour entretenir à l'avenir le pays en la dévotion de la Roine et retenir le peuple en devoir, l'exercice de la justice fut restabli au mesmes estat qu'il estoit devant la venue de Tarride et les officiers qui avoient esté déposez par luy remis, et ceux qu'il avoit faits desmis. Et garnisons et gouverneurs furent ordonnez par toutes les places tenables : Lons fut mis à Pau, Lobié à Oloron, Poqueron à Nay, Espalengue en Ossau, Brasselay à Orthez. Après cela l'armée partit de Pau pour aller vers le Vic-Vieil où le capitaine La Borde[1] fut mis dedans le chasteau de Montaner. De là elle print le chemin de Bigorre où estoit Bellegarde, qui lui fit aussi belle place qu'il avoit fait au passer de la Garonne. Tarbe se remit à sa volonté et le sieur de

---

1. Bernard de Laborde, 1570 (Arch. des Basses-Pyrénées, E. 2001).

Bénac fut envoyé sommer Lourde[1] et le chasteau, mais il trouva que le capdet Bertran d'Antin l'avoit jà abandonné; Caseban fut ordonné gouverneur de la ville et du chasteau. La reddition de Lourde fascha fort Bonasse qui, partant de Nay, s'estoit retiré aux montagnes de Labedan[2], desquelles Lourde estoit la porte. Par quoy n'osant faire plus long séjour là, il pensa de passer par la valée d'Ossau, pour se retirer en Aspe et en la Basse-Navarre où Luxe avoit encore quelques forces en pié. Mais arrivant aux premiers villages d'Ossau, tout le peuple luy courut sus et lui fit rebrousser chemin avec perte de tout son bagage et équipage et vingt hommes morts ou prisonniers. Depuis il print le chemin par Espagne.

Et la Bigorre remise ès mains de sa comtesse, l'armée tourna la teste devers la Chalosse pour faire mesmes exploit sur la viscomté de Marsan, où l'effroy de ses troupes victorieuses n'estoit pas moindre qu'ailleurs. Et Flamarens, sénéschal de Marsan et gouverneur de la ville du Mont-de-Marsan, n'eut plus tot nouvelles que Mongomeri avoit pris cette route, qu'il quitta la ville avec tel espouvantement qu'il ne fut possible aux habitans, qui le prioient de les aider à se défendre ou de capituler avec l'ennemi, selon que l'avantage ou la nécessité leur enseigneroit, de l'arrester. Ains pour ce que le maire ne voulut prendre les clef du chasteau, craignant qu'on ne lui demandast conte des choses qui s'y estoient perdues durant les

---

1. Lourdes, chef-lieu de canton de l'arrondissement d'Argelès (Hautes-Pyrénées). Le château est encore une place forte.

2. Le Lavedan est compris dans le département des Hautes-Pyrénées.

troubles, Flamarens les jetta sur la rue et monta à cheval. Cela fit retirer les Mont-Marsanois à Monluc, duquel ils n'eurent aucune responce, sinon qu'il estoit marri de la lascheté de Flamarens, mais qu'ils fissent comme ils pourroient, car il n'avoit lors moyen de leur envoyer autres forces. Sur quoy ils receurent la garnison que le comte leur envoya et promirent dix mille livres pour la cause. Saint-Sevé[1] fit le mesmes et promit quinze mille livres. Les deux compagnies qui estoient à Sainct-Sevé se retirèrent à Aqs[2]. Le comte fut fort fasché contre Bassillon, de ce qu'il avoit entrepris de faire ladite capitulation, sans son sceu et sans son commandement, et ottroyé la rettraitte aux deux compagnies à d'Aqs, lequel le comte espéroit trouver despourveu. Ce fut le commencement du supçon qu'on eut de Bassillon, les actions duquel on commença dès lors d'observer.

Le mareschal Danville et Monluc, qui avoient durant ce tems mis sus de belles forces, commencèrent de s'approcher du comte, les forces duquel estoient fort affoiblies par les grandes maladies qui s'estoient mises en son armée, qui ne voulant mettre au hazard d'une bataille le fruict de ses victoires, se retira sur la frontière de Béarn, et de là dedans le païs vers Saliis, pour mettre la rivière du Gave entre luy et l'ennemi, s'il le vouloit suivre pour l'attirer à un combat désavantageux. Mais Monluc s'adressa vers le Mont-de-Marsan et le print en plein jour par escalade, car il n'y avoit que bien peu de soldats qui mesmes

---

1. Saint-Sever (Landes).
2. Dax (Landes).

n'avoient pas beaucoup de poudres. Toutesfois les capitaines Fabas [1] et Lucbardès, qui y estoient arrivez le jour auparavant avec trente ou quarante hommes, se deffendirent tant qu'ils peurent et en combattant se retirèrent dedans le chasteau où, s'estans rendus à composition, furent la plus part massacrez, en despit de ce que Tilladet [2], maistre de camp de l'infanterie de Monluc, avoit esté tué d'une harquebusade à l'entrée. Et jaçoit que les habitans n'eussent rien fait que ce que Monluc leur avoit conseillé, si est-ce que la ville fut tout à plat saccagée et n'y eut sorte de mal ni d'ottrage qui ne fut prattiqué par les victorieux; et sans l'arrivée de Danville, ils eussent eu pis, mais il fit cesser le pillage et se courrouça contre Monluc de ce qui avoit esté fait.

Cette exécution remit le cœur au ventre aux partisans de la protection, tellement que ceux de Bigorre reprinrent la ville de Lourde, et le chasteau leur fut rendu fort laschement par Lestrem, lieutenant de Caseban, qui pour ceste lascheté fut pendu à Pau. Et Luxe alla assiéger le chasteau de Mauléon de Soule où estoit Aramis [3], qui fut secouru par le régiment du viscomte de Moncla et quelques compagnies béarnoises et les cornetes de cavalerie de Sérignac, Montamat et Lons qui bruslèrent la ville et le chasteau et rembarrèrent les Basques en leur montagne et les eussent poursuivis plus longuement si le comte ne les eut

---

1. Jean de Fabas, mort en 1612.
2. Antoine de Cassagnet, seigneur de Tilladet, Cassagnet et Caussens, frère ainé de Saint-Orens.
3. Pierre d'Aramits, marié à Louise de Sauguis (Arch. des Basses-Pyrénées, E. 1168 et 1170).

rapellez pour aller costoier l'armée de Damville, qui se retirant vers Tholouse passoit au long de la frontière de Béarn. Il fit semblant d'assiéger Rabastenx[1] en Bigorre, où estoit le capitaine Payrol qui tint si bonne mine de se vouloir bien défendre, qu'il passa outre, ne voulant consumer le tems, ne hazarder les hommes qu'il avoit besoin pour la garde de son gouvernement de Languedoc en un siége long et dangereux et au gouvernement d'autruy. Il laissa le sieur d'Arné, lieutenant de Roy en Bigorre, Rivière et Pardiac. Son gouvernement fut fort court, car comme il estoit venu descouvrir les forces dudit comte, qui estoit à Vielle-Condau[2], il fut chargé si à propos par quelques gendarmes qui le découvrirent, comme ils commençoient de se loger, qu'il fut blessé et prins prisonnier, et les membres de sa compagnie mors ou pris avec plusieurs de ses gens d'armes. Il mourut quelques jours après de sa blesseure, fort regreté pour son honnesteté et valeur.

Bonasse estoit cependant és montagnes d'Aspe et y avoit rassamblé tout le peuple qui estoit très mal affectionné à sa Princesse, et tous les jours sa troupe grossissoit de plusieurs de ceux qui de tous les quartiers de Béarn se joinoient à luy; et estoit à craindre qu'il n'attentast quelque chose ou s'unit à Luxe, auquel il pouvoit aller par les montagnes, ou qu'il se dressast une dangereuse retraite en ces lieux si inaccessibles, aboutissans à l'Espagne. Ce qu'il eut indubitablement

1. Chef-lieu de canton de l'arrondissement de Tarbes (Hautes-Pyrénées).
2. Villecomtal, canton de Miélan, arrondissement de Mirande (Gers).

fait, sy on luy eut donné guère plus de loisir. Mais Arros y alla de bonne heure avec quelques troupes béarnoises et le régiment de Soulan ; toutesfois à cause du mauvais temps, il fut contraint de s'en retourner sans rien faire. Mais peu de jours après ils y retournèrent et, ayans forcé les cors de garde qui estoient aux destroits et avenues des chemins, ils entrèrent dedans la valée par la Pène d'Escot[1], et chassèrent Bonasse jusques auprès de Lescun[2]. Ils brulèrent les villages de Sarrance[3], Vedos[4], Acous[5], Osse[6], Lez, Atas[7] et Joers[8], et le capitaine Espalengue brusla Urdos[9].

Mongomeri partit après de Béarn prenant le chemin de Gascogne où du commencement il fut receu partout, et s'il n'eut renvoyé l'artillerie en Béarn, il y eut fait de si bons logis, que de toute cette guerre on ne l'en auroit deslogé. Ceux qui estoient à Euse[10] l'abandonnèrent avant qu'il y arrivast. Tarride mourut là de maladie. Monluc abandonna aussi Condom et se retira à Agen, et toutes les autres villes receurent garnison

---

1. Rochers situés dans la commune d'Escot, dont l'extrémité surplombe la route d'Espagne.
2. Canton d'Accous, arrondissement d'Oloron (Basses-Pyrénées).
3. Canton d'Accous, arrondissement d'Oloron (Basses-Pyrénées).
4. Bedous, canton d'Accous, arrondissement d'Oloron (Basses-Pyrénées).
5. Accous, chef-lieu de canton, arrondissement d'Oloron (Basses-Pyrénées).
6. Canton d'Accous, arrondissement d'Oloron (Basses-Pyrénées).
7. Léès-Athas, canton d'Accous, arrondissement d'Oloron (Basses-Pyrénées).
8. Section de la commune d'Accous.
9. Canton d'Accous, arrondissement d'Oloron (Basses-Pyrénées).
10. Eauze, chef-lieu de canton de l'arrondissement de Condom (Gers).

ou se rachetèrent par promesse d'argent pour la cause, Leitore[1] exceptée. Mais le bruit de la bataille de Moncontour[2] et le défaut que le comte avoit d'artillerie leur remit si bien le cœur, que ceux du chasteau de La Cassaigne[3], tenu par Monluc, par permission dudit Mongomeri, à la prière de la noblesse gasconne qui estoit avec luy, commencèrent ouvertement l'hostillité; et ceux d'Aux[4] ayans mis quelques compagnies dedans leurs villes refusèrent de compter les dix mille livres qu'ils avoient promises, et à leur exemple, toutes les autres villes firent de mesme, de manière que Condom fut entourré de tous costez d'ennemis. Toutesfois l'armée y séjourna jusques à tant que les Princes, après la bataille de Moncontour retirez au long du bord de la Garonne, partirent du Port-Sainte-Marie[5]. Avec eux s'en alla le libérateur de Béarn que nous laisserons aller pour revenir aux affaires de Béarn, où Montamat avoit esté ordonné par la Roine lieutenant-général ensemblement et également avec Arros, et tous deux lieutenans de Roy au deça la Garonne en absence du prince de Navarre.

Prenant donc le chemin de son gouvernement avec sa compagnie de cavalerie et deux ou trois d'infanterie, Montamat séjourna quelques jours à La Bastide

---

1. Lectoure (Gers).
2. Chef-lieu de canton de l'arrondissement de Loudun (Vienne) où le duc d'Anjou battit les protestants commandés par Coligny, 3 octobre 1569.
3. Canton et arrondissement de Condom (Gers).
4. Auch (Gers).
5. Chef-lieu de canton de l'arrondissement d'Agen (Lot-et-Garonne).

d'Armaignac[1] pour recuillir plusieurs troupes du comte qui, s'amusans trop longuement à piquorer, estoient demeurées deça l'eau et commençoient d'estre courues par les ennemis, qui s'estoient jà fortifiez et rendus maistres de la campagne; ce qui donna occasion à Montamat de changer de logis et s'approcher de sa rettraite de Béarn. Arrivé à Grenade sur l'Adou, à quatre lieues de Béarn et deux de Saint-Sevé, Bory et Guyot avec leurs compagnies, Balis, cornete du capitaine Yolet, le vinrent trouver, qui s'amusans trop à Nérac furent surpris par l'ennemi et Yolet fait prisonnier. Arblade, gouverneur d'Euse, y arriva aussi, ayant quitté la ville sans rien dire et avec telle haste qu'il n'eust loisir de la desmanteler, comme Montamat luy avoit expressément mandé. De Grenade il alla à Saint-Sevé, où, pour ce que le capitaine Estopignan[2], qui en estoit gouverneur, estoit demouré de là la Garonne, il mit le capitaine Artigues[3] et fit fort bien remparer et avituailler la ville; et en la place du capitaine Casallis[4], qui estoit aussi demeuré avec les Princes, mit Faget à

---

1. Canton de Roquefort, arrondissement de Mont-de-Marsan (Landes).

2. En 1515 Barthélemy d'Estoupignan, bourgeois de Saint-Sever, et en 1532 Pierre d'Estoupignan, étaient médecins du roi de Navarre (Archives des Basses-Pyrénées, E. 1982, 1983 et 1986).

3. Le capitaine Artigues, de Lembeye, en 1569 (Arch. des Basses-Pyrénées, B. 2153, f° 23). Il y avait un fief de ce nom dans la commune de Castillon, près Lembeye.

4. Le capitaine Pierre Barre, dit de Condom, reçut du roi et de la reine de Navarre, en 1560, à titre viager, la seigneurie de Casalis, canton de Hagetmau, arrondissement de Saint-Sever (Landes); le 1er juillet 1563 elle lui fut vendue. (Reg. de la Chambre des Comptes, arch. de M. le baron de Laussat).

Tartas[1]. Delà il alla à Tarbe où les Bigordans commençoient de se fortifier et la print par sape et escalade. Le capitaine Horgues, qui avoit esté pris à Orthez, y fut repris. La tuerie n'y fut pas fort grande, pour ce qu'il y avoit peu de soldats, et les habitans furent espargnez.

Le bruit du deslogement de Mongomeri et de ses troupes hauça tellement le courage aux Béarnois de la protection qui estoient en Aspe, la Basse-Navarre et Soule, qu'ils prinrent espérance de pouvoir recouvrer le païs, si le roy de France vouloit joindre quelques forces à celles qu'ils espéroient faire, tant des Béarnois fugitif que des Basques, desquels ils s'asseuroient faire vingt-deux compagnies. Par ainsi envoyèrent Armendaris devers ledit Roy pour luy déclarer leur intention et leurs moyens, et le supplier de leur envoyer quelques cornetes de cavalerie et permettre que les quatre mille Espagnols que le roy Philipe devoit faire passer en France, en faveur des catholiques, les assistassent pour quelque peu de tems. Et afin que ceux d'Aspe ne se laissassent cependant disunir d'eux, ils les firent obliger par sindicat de persister jusques à la mort en l'obéissance de la Roine, sous la protection du roy de France, et d'obéir à tout ce que pour cest effect leur seroit commandé par Luxe, Damasan et Bonasse. Ces gens retournoient tousjours au mesmes erreur et vouloient oster le païs à celle qui le possédoit, pour lui garder après qu'elle l'auroit perdu. Voilà comme la passion offusque les yeux de la raison, car pensans

---

1. Chef-lieu de canton de l'arrondissement de Saint-Sever (Landes).

mieux tromper le simple peuple, ils remirent en avant la prison de la Roine et de ses enfans et la protection du roy de France ; mais ils continuoient tousjours en leur premier dessein d'approprier la souveraineté de Béarn au François et à eux le domaine, ainsi qu'il appert manifestement par les deux lettres suivantes, escrites du camp devant Saint-Jean-d'Angeli, le 18 de décembre 1569, et responsives à celles que Bonasse avoit écrites au Roy et à Monsieur son frère.

« Monsieur de Bonasse, je vous feray particulièrement ce mot pour vous dire que j'ay plus d'envie de vous gratifier que ne m'en sauriez requérir, et encores que les affaires de Béarn ne soient pas de sorte que je puisse aisément disposer de ce qui y est, néantmoins je trouve bon, attendant que vous puissiez estre mieux pourveu et avec plus de seurté de la seigneurie de Nay, que vous en jouissiez et mettiez en possession, attendant qu'avec les moyens que Dieu m'a donnez, je vous puisse rendre plus certain et paisible sieur dudit lieu, comme aussi je feray à l'endroit de tous les autres gentilshommes qui m'ont requis de leur faire du bien et les gratifier, y estant la volonté telle qu'il ne reste que de bien exécuter. Et remettant le tout sur le sieur d'Armendaris, asseurez-vous qu'en tout ce qui se présentera pour vostre bien et avancement, je y tiendray tousjours la main de bien fort bonne volonté pour vous en faire avoir le fruict que vous en pourriez attendre. Et en cest endroit je prieray Dieu, etc. »

Monsieur, frère du Roy, luy escrivit le mesmes en ces termes :

« Monsieur de Bonasse, le Roy, mon seigneur et frère, vous fait particulièrement entendre par la lettre qu'il vous escrit la bonne volonté qu'il a en vostre endroit, et comme il est marry que les affaires de Béarn ne soient mieux disposez pour le vous faire connoistre davantage. Toutesfois, en attendant qu'il y ait donné l'ordre qu'il y a à donner, vous regarderez à vous mettre en possession de Nay. Vous entendrez aussi par le sieur d'Armendaris tout ce que vous avez à faire pour le service du Roy, mon seigneur, par delà. Je ne vous diray donc pour le présent autre chose, sinon que je vous prie croire qu'en tout ce qui se présentera pour vostre bien et avancement, je y tiendray tousjours la main pour vous en faire avoir le fruict que vous en pourriez attendre. »

Par ces deux lettres apert que les compagnons de Bonasse avoient fait pareilles demandes au Roy, et que, pensans tenir le païs de Béarn comme en leurs mains, ils l'avoient partagé entre eux.

Armendarits apporta aussi commission à Luxe de faire levée de vingt-deux compagnies de fanterie, desquels Bonasse fut ordonné maistre-de-camp, et de commencer la guerre contre Béarn en attendant l'arrivée de Losses, auquel fut baillé le commandement général de toute cette guerre en la place de Tarride. Et d'autant que Losses, à qui ceste charge n'estoit pas beaucoup agréable, tardoit trop, Lansac escrivit de Bordeaux à Luxe, son gendre, qu'il solicitoit tousjours Losses qui se préparoit, toutesfois puisque les troupes de Mongomeri avoient passé vers les Princes et le jadis amiral (tels sont les mots de sa lettre), il le prioit cependant d'employer le bon moyen qu'il avoit pour entreprendre quelque chose sur Béarn pour le service du Roy. Sur cette commission et lettre, Luxe mit sus toutes les forces qu'il peut, mais non pas telles qu'il avoit promis ; et ayant entendu par quelque faux bruit que Montamat avoit esté deffait en Bigorre par Monluc, print asseurance de pouvoir faire quelque heureux exploit sur Béarn, qu'il pensoit effrayé et affoibly par cette deffaite qu'il tenoit asseurée. Il fit son assemblée à Barcus en Soule[1], lieu assés prochain d'Oloron, qu'il pensoit attraper le premier et l'emporter par escalade, et escrivit secrètement aux jurats de la valée de Barétous et à ceux de Sainte-Marie lez Oloron et autres de ce quartier de se tenir prests et faire, le plus secrètement qu'ils pourroient, provision de vivres ; les asseurant que dedans peu de jours, il visiteroit de si près les ennemis, qu'ils seroient bien mauvais s'ils ne lui fesoient large. Et pour asseurer son premier logis, qu'il prétendoit faire à Sainte Marie, envoya quelques harquebusiers prendre la tour de Momor[2] appartenante à l'évesque d'Oloron. Mais Loubié, gouverneur d'Oloron, y envoia si promptement quelque troupe, que les preneurs, aussi mal asseurez que proveus de ce qu'il leur falloit, furent renvoyez d'où ils estoient venuz, et fut la tour quasi aussi tost reprise que prise. Cela troubla l'entreprise de Luxe, plus tost que rompre, car deux jours après, espérant recevoir incontinent les Aspées[3] et cinq cens bandoliers[4] que le merin[5] de Jaque[6] luy avoit promis à la

1. Canton et arrondissement de Mauléon (Basses-Pyrénées).
2. Moumour, canton d'Oloron-Sainte-Marie-Ouest, arrondissement d'Oloron (Basses-Pyrénées). La tour existe encore.
3. Habitants de la vallée d'Aspe.
4. Soldats organisés en *bande*.
5. Chef de *merindad* ou district.
6. Jaca, ville de la province de Huesca en Aragon.

solicitation de Supersantis, avec tout ce qu'ils avoient peu ramasser, il entra en Béarn et surprit les compagnies des capitaines Moret, Cortade et Brasselay, comme elles se logeoient à Sainte-Marie, qui ne pensant l'ennemi si prochain, chargées au despourveu et chassées de tout le village, se retirèrent en désordre à Oloron, abandonnant tous leurs chevaux et la plus part leurs armes. Plusieurs qui ne furent bien ingambe furent tuez ou demeurèrent prisonniers, et eut esté le nombre plus grand sans l'arrivée de Cortade qui, ayant ralié quelques-uns, leur fit faire ferme au bout du pont et arresta les ennemis. Il y fut blessé d'une harquebusade par les deux piés. Ce premier exploit fit hausser les cornes à Luxe et luy donna espérance de regaigner bien tost tout le païs ; mais Arros arriva cependant à Oloron avec quelques compagnies béarnoises pour luy faire teste, en attendant la venue de Montamat, qui estoit allé deffaire quelque Béarnois fugitif, qui, s'estans fortifiez au pont du Serain[1], couroient en Béarn avec beaucoup de maux. Ils furent deffaits avec deux compagnies de Basques qui les venoient favorir et deux des plus séditieux pendus et plus de quatre-vingtz tuez, et tout le village bruslé.

L'intention des deux lieutenans estoit d'assaillir Luxe dedans Sainte-Marie, où il avoit si bien fortifié la maison épiscopale et toutes les avenues du village, qu'elles ne pouvoient estre forcées par la main seulement, sans grande perte d'hommes. Parquoy ils fesoient venir de Navarrenx deux pièces pour rompre les remparts. Luxe, qui n'avoit faute

---

1. Pont d'Osserain.

d'espions parmi les troupes béarnoises, en fut adverti et deslogea la nuict si coyement, qu'il estoit hors de danger auparavant qu'on en sentit rien. Il prit le chemin de la Basse-Navarre et Bonasse celuy d'Aspe. Luxe fut suivi par les lieutenans qui le chassèrent de toute la Basse-Navarre. Et Bonasse, ne se voulant plus fier aux Basques, qu'il disoit avoir trop de confiance en leur bien en jambe, pour s'arrester aux combats fermes et tenir teste à l'ennemi aux combats de la main, se voussit approcher de Gascogne, dont il espéroit plus de support que de secours ; et ayant d'une corvée traversé tout le païs de Béarn, avec sa compagnie d'infanterie et celles du Grec de Podens et Abbadie d'Iseste[1], arriva en Bigorre à Saint-Pée-de-Gerès[2], sans que les troupes d'Ossau et d'Oloron, qui estoient à sa queue, le peusent accoussuyvre. Toutesfois, si elles ne se fussent arrestées au village d'Asson, l'eussent attrapé et deffait au passage de la rivière, où il employa plus de deux heures, car il fut contraint de passer ses gens sur des chars, qui d'autre costé estoient si harassez qu'ils ne se pouvoient bouger et à grand peine une vingtaine avoient corde ni feu. Il séjourna là six jours et se joignirent à luy plusieurs Béarnois qui, fesans bonne mine, s'estoient tenus cois en leurs maisons

---

1. Jean d'Abbadie, d'Izeste, marié à Isabelle, fille de Louis de Tardets, seigneur de Sauguis (Archives des Basses-Pyrénées, E. 1491 et 1859). — Il existe dans le même dépôt (E. 1888) une pièce intéressante, c'est le testament de Louise d'Abbadie, d'Izeste, mère du capitaine : elle déclare que son frère Raymond, curé d'Izeste, lui a prêté 40 francs pour que Jean, son fils, n'aille pas à la guerre. Ce testament est de 1565.

2. Saint-Pé, chef-lieu de canton de l'arrondissement d'Argelès (Hautes-Pyrénées).

depuis l'arrivée de Mongomeri. Il envoyoit secrettement la nuict par les villages pour prattiquer le peuple et, [pour mieux tromper les simples,] fesoit rendre le bestail et tout autre butin à ceux de la religion [romaine[1]], leur disant qu'il avoit hazardé un passage si dangereux, non pas pour les piller, mais pour les deffendre et les délivrer de la tyrannie des huguenots [et restablir la religion romaine.] Tout le peuple, qui panchoit de son costé plus que de l'autre, luy prestoit volontairement l'oreille et déjà commençoit secrettement à gronder et se remuer, quand Bonasse, adverti qu'Arros et Montamat le venoient trouver, se retira dedans Lourde, où ils le furent reconnoistre, mais lui, se connoissant foible pour le combat en gros, comme il estoit homme de guerre, se tint dedans son fort où il eut esté promptement assailli, sans que les lieutenans craignoient que la forteresse du chasteau les retint si longuement que Monluc eut le loisir de les venir trouver, par ainsi se retirèrent. Cette rettraite accreut l'audace à Bonnasse qui se promettoit d'estre invincible aux Béarnois et, pour se loger plus au large, quittant Lourde, s'en alla à Tarbe avec huict compagnies de fanterie qui furent tous receues par les habitants. Le chanoine Idron[2], béarnois, Viele-Pinte et Bégole l'allèrent incontinent trouver avec tout ce qu'ils peurent ramasser, de manière qu'en peu de jours il eut plus de mille hommes ensemble. Il fist accoustrer la ville et la prouvoir de toutes choses nécessaires. Et d'autant qu'il n'avoit aucun commandement sur la

1. Variante : *catholique*.
2. Jean d'Idron, chanoine de Lescar.

ville, laquelle l'avoit volontairement receu, et qu'elle commençoit à se fascher de lui, il pria Monluc de lui envoyer commission pour y demeurer et y commander, afin de pouvoir plus facilement exécuter plusieurs belles et grandes entreprises qu'il disoit avoir sur quelques places de Béarn; pour l'exécution desquels il asseuroit Monluc d'avoir mile bons harquebusiers, outre l'asseurance que tout le païs se déclareroit en sa faveur, mais qu'il avoit manqué de cavalerie, et le prioit luy vouloir envoyer deux compagnies. Et au mareschal Danville demandoit de l'artillerie, qui lui refusa. Mais Monluc lui envoya la commission et lui escrivit [que, de par Dieu ou de par le diable, (ce sont les mots de sa lettre)[1] il] attendit qu'il eut préparé aux Béarnois le soupper que le Roy luy avoit commandé, auquel il donneroit si bon ordre, que la viande ne lui défaudroit point au milieu du repas, comme elle avoit fait à Tarride. Cependant il envoya commission au viscomte de Labatut[2] de faire un grand magasin de vivres à Tarbe, où se commissaire fut tué d'une harquebusade par les soldats de Bonasse, comme ils le pensoient honorer d'une escarmouche dressée entre eux, pour lui donner plaisir le soir quand ils s'assembloient pour entrer en garde. Les Béarnois fugitif par la Gascogne ne se tenoient pas moins asseurez que Bonasse que Béarn seroit à ce coup emporté; et estoient bien marris qu'ils n'y pouvoient estre, tant pour sauver leurs biens que pour butiner celuy des autres, et escrivirent de Tholouse à Bonasse et au chanoine

1. Variante : *qu'il*.
2. Jean de Rivière, vicomte de Labatut.

Idron qu'ils avoient entendu que les catholiques avoient délibéré, entrant en Béarn, de saccager indiféremment tout le païs, ce qu'ils leur prioient vouloir empescher et ne permettre que les catholiques et bons serviteurs du Roy fussent traittez comme les hérétiques et rebelles, leur asseurant que, de leur costé, ils travailloient le plus qu'ils pouvoient de se mettre en équipage pour se trouver à la feste. [Et l'évesque d'Oloron, escrivant de Sangoesse, se plaignoit de ce qu'il estoit incapable du maniement des armes, et incitoit Bonasse de poursuivre courageusement l'œuvre qu'il avoit si bien et heureusement commencée, et de continuer d'estre tousjours semblable à soy-mesme. Ces gens chantoient le triomphe devant la victoire.]

Les lieutenans béarnois qui recevoient tous les jours nouveaux advertissemens des entreprises de Bonasse et des préparatifs de Monluc, pensant qu'il leur falloit rompre ce coup par la deffaite de Bonasse, qui leur estoit plus aisée et plus utile que celle de Monluc, qui avoit les forces de Guienne en main et n'avoit tant de passion en ceste cause que Bonasse, auquel l'animosité ne permettoit de prendre aucun repos, ni conseil. Le silence et la célérité estoient nécessaires à cette exécution et lui pouvoient donner aussi heureuse fin que la trop longue attente et le trop parler luy eussent donnée malheureuse. Mais le long chemin de l'artillerie, qui devoit sortir de Navarrenx, apportoit grande longueur et le bruit du charroy descouvert, qui mettoit les lieutenans en telle peine qu'ils ne se pouvoient résoudre à une résolution si hazardeuse, en laquelle il alloit de la perte de tout le païs, si la ruine, qui vraisemblablement pouvoit advenir, leur fut avenue. Mais deux choses se présentèrent qui les firent résoudre et haster. La première et principale l'eslongnement de Monluc, qui pour quelques affaires s'eslongna de la frontière de Béarn, l'autre que Bonasse envoya l'abbé de Saubalade au village de Pontac pour le piller ; ce qu'il fit aux maisons qu'il ne trouva résistance, laissant les autres sans leur rien dire, combien qu'il ne se peut tenir si loin des coups, qu'il ne perdit six hommes et quatre blessez. Jugeant donc lesdits lieutenans que la tollérance de ces choses enhardissoit et accommodoit les soldats de Bonasse et lui aquéroit la faveur du peuple, ils arrestèrent de l'aller assaillir avant que Monluc en eut nouvelles et n'eut loisir de tourner la teste vers eux.

Le dixiesme d'avril donc, les gouverneurs de Béarn commencèrent de faire marcher leurs troupes avec deux colobrines, et le 12 sur le midi arrivèrent devant Tarbe qu'ils cernèrent incontinent. Bonasse fit mettre le feu aux faux-bourgs et combatit quartier par quartier la ville, qui est divisée en cinq bourgs par murailles, portes et ponts ; et de mesmes que les soldats estoient chassez d'un bourg, ils y mettoient le feu en se retirant, afinque les assaillans ne les peussent aisément suivre, car en Tarbe ni a qu'une seule rue, par laquelle il estoit impossible de passer pendant que les maisons estoient embrasées. Toutesfois ils furent tous clusez dedans le bourg vieux, contre lequel l'artillerie fut tantost braquée et ne tira longuement que la bresche ne fut raisonnable, tant les murailles estoient foibles et de mauvaise estofe. Néantmoins de tout ce jour l'assaut ne fut point donné. Cela devoit avoir donné autant de courage aux assiégez qu'il leur donna de temps pour se fortifier et retrancher ; mais ils en devindrent plus espouvantez et plus lasches, de sorte que l'endemain, environ dix heures du matin, Bonasse sortit sur la muraille parlementer avec Arros et Montamat qui lui ottroyoient, suivant sa réquisition mesme, que s'il rendoit la place avant l'assaut, lui et tous les autres capitaines gentilshommes demeureroient prisonniers à la discrétion de la Roine, et les soldats sortiroient avec le baston blanc. Il avoit demandé un quart d'heure pour communiquer avec ses compagnons, mais comme il tardoit trop de faire responce et que de dedans on eut tiré une harquebusade, ceux qui durant le pourparler s'estoient approchez de la muraille, se jetèrent dedans la bresche qui fut si mal deffendue qu'il ne s'i tira jamais dix harquebusades, desquelles néantmoins le capitaine La Taste fut tué, et Bougier, lieutenant du capitaine Estopignan, si bien blessé qu'il mourut l'endemain. Les capitaines La Motte et La Roche[1] [qui portoit l'enseigne du capitaine Poqueron, béarnois,] aussi blessez. De ceux de dedans furent tuez le capitaine Bonasse qui s'estoit rendu à Blanc Castet, l'aisné Esgarrebaque et son frère Saubalade, le chanoine Idron et plus de neuf cens soldats [ou[2]] habitans. Le capitaine Podens fut fait prisonnier. Le capitaine Abbadie estoit jà dehors, auparavant l'assaut, ès mains du capitaine Espalengue. Durant le siége, Loubié, colonel de l'infanterie béarnoise, et plusieurs soldats furent blessez et quinze ou seze tuez.

Ainsi Tarbe fut quasi tout bruslée et tout ainsi

---

1. Cornélis de La Roche, marié à Gabrielle de Harambure (Arch. des Basses-Pyrénées, E. 1736, 1738, 2001 et 2002).

2. Variante : *que*.

qu'elle s'estoit réjouie au sac, povreté, destresse et pleurs de Béarn, et enrichie de ses despouilles, elle fut misérable, saccagée et souillée en son propre sang par les Béarnois. [Ce fut un grand miracle du Dieu des batailles, qui enhardit les couards et timides et accouardit les hardis, que si bons guerriers que le capitaine Bonnasse et ses compagnons estoient, n'eurent le sens de réparer leur bresche, ny le courage de la défendre, car elle estoit plus qu'aisée à l'un et à l'autre, estant faite contre une maison, et pour entrer en la ville faloit nécessairement, ayant passé par deux portes, sortir en une basse-court, fermée de hautes murailles et flanquée de tous costés, et n'avoit qu'une porte pour sortir à la rue, laquelle fermée et la muraille percée pour l'harquebuserie, il estoit impossible de comparoistre dedans la basse-court sans mort ou blessure. Mais Dieu leur osta le jugement et le cœur.]

Pensant attraper les capitaines Mansan et Solé[1] avec leurs compagnies dedans Vic-Bigorre, les troupes béarnoises partirent le mesme jour de Tarbe, avant quasi d'avoir achevé de fouiller les maisons, ce qui vint bien à point pour beaucoup qui ne furent trouvez et se sauvèrent. Et pour ce que les munitions de l'artillerie estoient falies, et qu'on craignoit de la perdre, elle fut renvoyée à Pau, et le camp marcha droit à Vic, où le mesme soir furent sommez lesdits capitaines qui, ayans eu advertissement que les pièces tiroient le chemin de Pau, respondirent par harquebusades. Et le dix et septiesme, voyant qu'ils ne fesoient rien à Vic et entendans que La Valete estoit parti expressément de

---

1. Bernard Du Souler, seigneur d'Eslourenties-Dabant.

Gimont[1], avec quelques compagnies de gendarmes, pour lever le siège de Tarbe, et que Montespan[2] venoit du costé de Marsiac[3], espérant l'un et l'autre butiner l'artillerie, Arros et Montamat retirèrent leurs troupes dans le païs de Béarn. Ainsi La Valete et Montespan furent contraints de s'en retourner sans combattre, hors mis La Valete, qui ayant trouvé soixante harquebusiers avec le capitaine Léger[4] dedans le village de La Cassagne[5], et ayant escarmouché environ deux heures avec eux, se retira sans avoir fait ni receu grand dommage; et Montespan, conduit par Peyrelongue, Guillassot[6] et quelques autres béarnois, vint jusques à L'Embeye[7] où il tua quelques paisans qui estoient au marché et fit quelques prisonniers.

La Roine désirant repatrier son peuple, outre le pardon général que Mongomeri, son lieutenant général, avoit fait publier à son entrée, le dernier de may en envoya un autre de La Rochelle, exceptant seulement

---

1. Chef-lieu de canton de l'arrondissement d'Auch (Gers).

2. Antoine de Pardaillan, baron de Gondrin et Montespan, mort en 1572.

3. Marciac, chef-lieu de canton de l'arrondissement de Mirande (Gers).

4. Jean Léger, auparavant officier de la compagnie de Bassillon, gouverneur de Navarrenx en 1569 (Archives des Basses-Pyrénées, B. 952).

5. Canton de Rabastens, arrondissement de Tarbes (Hautes-Pyrénées).

6. Ramonet d'Ostabent, dit le capitaine Guilhassot; il avait un frère, Ramon d'Ostabent, dit Barbaust; ils étaient du lieu de Gerderest, mais la maison Guilhassot était située à Juillac, section de la commune de Maspie, canton de Lembeye, arrondissement de Pau (Basses-Pyrénées) (Arch. des Basses-Pyrénées, B. 2153, fos 48, 51 et 142; 2155, fo 36).

7. Lembeye.

les chef des complots. Il fut publié, mais nul des absens se retira pour cela, ains au contraire ils s'animoient d'avantage. La cause qui les entretenoit en cette mauvaise volonté et leur faisoit ainsi mespriser la grâce que la Roine leur présentoit, estoit l'espérance qu'ils avoient que Monluc, auquel le roi de France avoit très expressément commandé d'assaillir Béarn, les mettroit bien tost dedans et en déchasseroit les autres, et ainsi non seulement ils se promettoient l'entrée de leurs maisons, mais aussi fesoient estat de tous les biens de ceux qui portoient les armes contre eux, comme s'ils les eussent déjà en leurs mains. Cette mesme espérance fit de rechef révolter les Navarrois, et Luxe escrivit le 12 de juillet aux jurats de la valée de Barétous que le roy de France avoit trouvé mauvais qu'il eut fait accord avec ses ennemis et lui avoit commandé de recommencer la guerre mortelle à tous les Béarnois. Parquoy il leur commandoit de mettre dehors de leur valée tous les soldats qui portoient les armes pour la roine de Navarre contre ledit seigneur Roy, et les sommoit de se remettre incontinent sous sa protection. Et pour intimider mieux le peuple, leur mandoit que dedans peu de jours ils verroient de plus grandes et plus cruelles exécutions qu'ils n'avoient encore fait. Il escrivit aussi à Elisséry[1] qu'à ce coup le Roy avoit bonne volonté de les revancher et qu'il avoit très expressément commandé à Monluc d'exécuter Béarn, ce qu'il feroit bien tost, et en peu de jours il s'asseuroit qu'ils boiroient du bon vin clairet de Lagor[2], et cela

1. Voir la note 4, p. 215.
2. Chef-lieu de canton de l'arrondissement d'Orthez (Basses-Pyrénées).

sur le lieu mesme. Or ils s'estoient adressez de rechef à Monluc, d'autant que Losse avoit esté malade ou l'avoit contrefait. Monluc donc, pressé par tant de réitérés commandemens du Roy de venir en Béarn, commença de dresser à Noguero[1] et aux environs ses forces et y faire conduire son artillerie et toutes autres choses nécessaires pour son exécution, et envoya quérir quelques autres pièces à Aqs[2] et quelque quantité de poudres et balles à Tholose. Et ayant receu lettres du cardinal de Lorraine de faire à ce coup quelque chose remarquable contre la maison qui l'avoit agacé, se mit aux champs et tira droit à Rabastens, ville du comté de Bigorre, qui couvroit la plus grande partie du Béarn. Le 17 de juillet il commença de battre la ville, laquelle ceux de dedans quittèrent voyans la bresche raisonnable et se retirèrent dedans le chasteau, qui fut aussi tost si furieusement battu qu'il fut quasi rasé de coups de canon.

Toutesfois cela n'estonnoit aucunement les assaillis, qui se défendirent fort bien jusques au vingt-troisiesme que, les meilleurs soldats estans blessez et les autres qui avoient tousjours à combattre, pour le peu de gens qu'ils estoient, si haracez qu'à peine se pouvoient-ils remuer, n'osèrent attendre la furie de l'assaut, auquel Monluc se trouva en personne, secondé des meilleurs hommes de son armée. A leur venue ceux qui devoient défendre la bresche l'abandonnèrent et se retirèrent en la tour du donjon, où ils furent surprins en parle-

---

1. Nogaro, chef-lieu de canton de l'arrondissement de Condom (Gers).
2. Dax (Landes).

mentant avec le capitaine Castéra[1]. Nulle espèce de cruauté et vilainie fut oubliée par les assaillans qui, sans diférence d'aage ni de sexe, massacrèrent et violèrent tout ce qui tomba en leurs mains. Le capitaine Guiot avec quelques autres fut jetté du haut de la tour en bas, et les femmes après avoir esté violées, quasi à la veue de toute l'armée, furent massacrées [et y eut des soldats si vilains, chose horrible, qui depuis se sont vantez d'avoir rassasié leur exécrable lubricité sur des femmes mortes.] Devant Rabastens moururent plus de deux cens hommes, Monluc y fut blessé d'une harquebusade par le nez. De ceux de dedans, hommes, femmes ou enfans, en eschappa fort peu et y moururent plus de cent-cinquante personnes. Le capitaine Ladou qui y estoit gouverneur, y avoit une compagnie de fanterie, de laquelle Garlin estoit lieutenant, Peruëil[2] enseigne. Le capitaine La Borde, enseigne du capitaine Moret, y estoit aussi ; y ayant ésté envoyé quelques jours auparavant avec cinquante hommes, desquels lorsqu'il fut question d'entrer ne s'en trouva que vingt-un, s'estans les autres escartez et cachez et perdus. Durant le siège, les capitaines Léger et Pinson[3] une nuict furent jusques dedans les fossez porter quelques poudres qui furent mises dedans avec une corde, et s'ils eussent mené seulement une vingtaine d'hommes pour refreschir les assiégez, à peine Monluc y fut

---

1. En 1578 on trouve Jean Castéran, dit Baptiste, capitaine des châteaux d'Ordan et Vizan, dans le comté de Pardiac (Arch. des Basses-Pyrénées, B. 1593).

2. Arnaud de Navailles, seigneur de Pérulh.

3. Il faut lire Pinsun ; cette famille était de Maslacq, canton de Lagor, arrondissement d'Orthez (Basses-Pyrénées).

jamais entré. Combien que le capitaine Ladou, plus soigneux de son profit que de la place, ne l'avoit accoustrée comme il devoit et en avoit eu le pouvoir et le loisir, et n'avoit fait munition de poudres, plomb, hotes, pelles, besches et autres choses nécessaires pour se défendre et remparer. Durant le siège les troupes béarnoises estoient à Nay et ès environs, qui ne favorirent jamais d'une seule alarme les [povres] assiégez, j'asoit que le pays leur fut fort favorable et propre pour se retirer, voire devant une beaucoup plus grosse armée que celle de Monluc, et qu'ils eussent le chasteau de Montané, à deux lieues dudit Rabastens, à leur commandement.

Après la prise de Rabastens, Monluc contraint de se retirer, laissa le commandement de l'armée à Montespan et Saint-Thorens[1] qui allèrent sommer le chasteau de Montané en Béarn, s'asseurans que l'exécution de Rabastens, qui ne devoit rien de forteresse audit Montané, leur auroit mis tel espouventement au cœur que, craignans une pareille issue, ceux de dedans seroient aises de recevoir une honneste composition. Mais le capitaine La Borde, qui commandoit dedans, encore que tous ses soldats, son lieutenant et quinze autres exceptez, l'eussent quitté, s'estans desrobez par dessus la muraille, leur respondit par harquebusades. Et l'endemain, ayant receu la nuict quelques hommes conduits par le jeune capitaine Lurbe[2], enseigne de la colonelle, sortit sur quelques troupes qui s'estoient

---

1. François de Cassagnet de Tilladet, seigneur de Saint-Orens et de La Roque, sénéchal du Bazadais; frère de Tilladet, tué en 1568.
2. Simon de Lurbe.

logées dedans le village, qui en furent chassées avec perte de quelques hommes, chevaux et armes et le drapeau des harquebusiers à cheval du capitaine Cantet. Delà le dernier de juillet Saint-Torens et Montespan, avec toute la cavalerie et harquebusiers à cheval, vinrent jusque devant Nay en pareille ordonnance que s'ils eussent voulu donner une bataille. Arros et Montamat, ne voulans hazarder l'estat de Béarn, qui estoit lors entier à l'issue d'une bataille dangereuse et incertaine, ayant fait passer toute leur cavalerie delà la rivière et mis quelques harquebusiers aux guez, leur firent parade de la ville et d'un bon nombre d'harquebusiers au fauxbourg. Ainsi après une petite escarmouche, ces deux chef se retirèrent le mesme chemin qu'ils estoient venus, mais quelques Béarnois, qui estoient en leurs troupes, massacrèrent quelques paisans et en menèrent tout le bestial qu'ils peurent rassembler. Le sieur de Mieussens[1] estoit dedans la ville et sortit avec quelques chevaux.

La troisiesme paix fut cependant publiée en France l'unsiesme d'aoust, qui mit fin aux guerres et troubles de Béarn, où les garnisons et les compagnies béarnoises furent cassées et les estrangères licentiées, qui se retirèrent et à Saint-Sevé en Gascongne où elles furent délivrées par Montamat au sieur de Lau[2] pour les conduire jusques à leur retraite. Et fut derechef publiée en Béarn une abolition générale avec l'enterre-

---

1. Henri d'Albret, baron de Miossens et Coarraze, fils de Jean d'Albret et de Suzanne de Bourbon, gouvernante de Henri IV enfant.

2. Gabriel de Mauben, seigneur du Laur (Arch. des Basses-Pyrénées, E. 1783, f° 158).

ment de toutes choses passées sous le tombeau d'oubliance. Cela fut un grand bien au païs, qui en peu d'années se remit des pertes et despenses passées.

J'ay escrit ces troubles et guerres de Béarn un peu au long, d'autant que tous ceux qui ont escrit l'histoire de ce tems en ont fait mention, mais fort briefvement et quasi tout au rebours de la vérité; les uns par malice, les autres pour n'avoir eu des instructions suffisentes et bien certaines; mais j'ay esté présent à tout et employé aux affaires et négociations plus importantes, et fus fait prisonnier par ceux de la protection.

La Navarre demeuroit encor en quelque trouble et l'effroy du peuple y estoit fort grand, qui craignoit d'estre recerché et puni par la justice, quand la Roine manda à Arros d'y aller tenir les Estas et y faire publier pareille rémission que celle de Béarn, et y restablir la justice au mesmes estat qu'elle estoit auparavant des guerres, et de mettre la religion [romaine[1]] dehors et y restablir la [2] réformée. Le peuple receut volontiers et avec grandes louanges et remerciemens les deux premiers, mais l'abolition de la religion romaine lui fut fort griefve; néantmoins la crainte de revenir aux misères passées leur imposa tellement silence qu'ils ne firent nulle résistance. Cinq ministres y furent envoyez pour y prescher en langage du païs, et le Nouveau Testament fut imprimé en la mesme langue.[3]

1. Variante : *catholique*.
2. On a ajouté : *prétendue*.
3. Pierre Haultain, libraire de La Rochelle, reçut, en 1572, 336 livres pour cette impression (Archives des Basses-Pyrénées, B. 148).

Incontinent après la paix de France le mariage du prince de Navarre avec Madame Marguerite, sœur du roy Charles, et la guerre du Païs-Bas contre l'Espagnol furent mis en avant pour réunir, disoit-on, tous les François en un cors et, leur ostant toutes deffiances, les faire marcher sous mesmes enseignes, pour recouvrer à la France les terres que l'empereur Charles V, comte de Flandres, vassal et homme lige de la couronne françoise, avoit par force, mais non sans crime de lèze-majesté, extorqué du roi François Ier, estant son prisonnier en Espagne après la bataille de Pavie.

Le roy Charles fesoit grande démonstration de désirer l'un et l'autre, et solicitoit fort la royne de Navarre du premier, et délibéroit secrettement du second avec l'amiral de Chastillon[1], le comte Ludovic de Nausau[2], frère du prince d'Orenge, qui avoit de grandes intelligences audit païs. Le party du mariage sembloit à la mère honnorable et profitable, mais la différence de la religion l'empeschoit d'y donner si prompt consentement qu'elle mesme désiroit. Car connoissant par longue expérience le naturel dissimulé de ceux à qui elle avoit à faire, elle craignoit la poursuitte de ce mariage tendre plustot à la ruine de sa religion et de toute la maison de Bourbon qu'à leur conservation et avancement, comme lui disoient journellement ceux qui solicitoient ledit mariage. Et les principaux et les meilleurs de sa religion estoient ceux qui plus l'en importunoient, lesquels lassez de souffrir tant de peinnes et de fascheries par les ennemis et encore

---

1. Gaspard de Coligny, né en 1517, tué à la Saint-Barthélemy.
2. Ludovic de Nassau, mort en 1574.

plus d'estre témoins de tant d'impiétez et meschancetés des leurs propres, s'asseuroient de voir, par ce mariage, quelque heureuse fin aux calamitez de la France et quelque relasche aux souffrances du misérable peuple et plus grande liberté à la religion[1] réformée. La Roine ne vouloit leur desplaire ne leur estre à contredire, car ils la menaçoient à toute heure de l'abandonner et l'accusoient de vouloir estre cause des maux qui, à l'advenir, aviendroient à la France, qui ne pourroit trouver autre médecine si propre pour la guérir de la maladie mortelle que les guerres civilles lui avoient causée, ne sa religion une plus forte colonne pour le bien estançonner en ce Roiaume que ce mariage, ne rien qui deut tant lever les deffiances que les choses passées avoient engendrées entre le Roy et ceux de la religion[2]. A quoy le Roy, disoient-ils, sembloit regarder en la poursuite de ce mariage plus qu'à toute autre chose, car il disoit ordinairement qu'il vouloit marier le presche avec la messe et rassembler en un cors son peuple disuni, faisant une mesme armée de catholiques et de huguenots.

Mais quelques autres, non pas en si grand nombre ni de telle qualité que les premiers, lui représentoient que les loix humaines et divines vouloient que les enfans fussent mariez par le conseil et advis de leurs pères et mères, qui devoient donner mari ou femme à leurs enfans; que Sa Majesté devoit donc regarder non pas tant au bien qui sembloit en apparence devoir réussir de ce mariage, qu'au mal qu'infalliblement suivroit la

---

1. On a ajouté : *prétendue*.
2. On a ajouté : *prétendue*.

consumation d'iceluy. Que les payens avoient dit les meilleurs mariages estre entre pareils ; or de la religion sortoient les plus grandes disparités, et la vraye religion estoit le plus fort lien pour bien unir les hommes, de quelque estat qu'ils fussent, et le mari avec la femme, qui est la plus estroite conjonction qui se treuve entre les humains et celle qui a plus de puissance sur les espritz et volontez, qui sont facilement destournez par le commandement de l'homme sur la femme ou par les mignardises et alèchemens d'icelle envers le mari. Que pour ceste raison, Dieu avoit défendu à Israël de prendre mari ou femme idolâtre à leurs enfans, afin qu'ils ne fussent distraits du pur service de Dieu et attirez aux polutions et immondicités des autres peuples. Et combien que ceux de Juda et d'Israël fussent un mesme peuple et eussent une mesme circoncision, néantmoins Dieu avoit condamnées les alliances qu'ils fesoient entre eux, pour ce qu'Israël s'estoit destourné de son vray service et avoit corrompu la religion par plusieurs additions et substractions. Et l'apostre admonestoit les fidèles de ne s'accoupler ny mesler avec les infidèles. Et combien qu'on ne mit ceux de la religion [romaine[1]] au mesme reng de ceux desquels Moïse et l'apostre parloient, pour les traces qui y estoyent encore de l'alliance de Dieu avec son église, toutesfois le christianisme estoit tellement corrompu parmi eux par les traditions humaines, qu'il restoit en leur religion fort peu de la pureté du service de Dieu et des mystères de la foy, comme ils avoient esté enseignez et laissez en escrit

---

1. Variante : *catholique*.

par Jésus-Christ, les prophètes et apostres. Qu'il estoit donques à craindre que ce jeune Prince qui, par ce mariage, espouseroit maistre, mère et femme, ne fut distrait de sa religion et attiré à la romaine par le commandement du roy Charles, la rusée autorité de la Roine mère et les attrayans alèchemens de la femme, car la loy de la chair est tousjours plus puissante en l'homme, quelqu'il soit, que celle de l'esprit ; et nous descendons tous plustot du bien au mal, que nous ne montons du mal au bien, et nous détériorons plustot que méliorons. Que ce Prince n'estoit pas plus sage ny plus constant que Salomon, qui avoit esté desvoyé de sa religion et attiré à l'idolâtrie par l'alliance d'Egipte et les mignardises de sa femme Egiptienne. Que le Roy, son conseil et ses principaux officiers avoient autres fois juré la paix, et Sa Majesté avoit fait plusieurs grandes promesses de l'entretenir, ce qu'il n'avoit pas fait; mais contre la religion du serment et l'honneur de la foy royale l'avoit rompue jà par deux fois, avec grandes calomnies, fausses accusations et cruautez sur tous ceux de la religion [1]; et estoit à craindre qu'il ne seroit pas plus religieux de garder ceste troisième que les deux précédentes. Car l'un des principaux préceptes des politiques machiavélistes estoit qu'il falloit tromper les hommes par le serment comme les enfans avec des pommes. Et la religion romaine enseignoit que, sans offenser Dieu, blesser sa conscience ni son honneur, on pouvoit rompre la foy aux hérétiques ; et ils tenoient ceux de la religion [2] réformée pour les plus exécrables héré-

1. On a ajouté : *prétendue réformée.*
2. On a ajouté : *prétendue.*

tiques qui eussent jamais esté. Parquoy vraysemblablement ils useroient contre eux de la licence que leur religion leur donnoit et de mesmes injustices et cruautez qu'ils avoient fait par le passé ; à quoy ils estoient journelement incitez par les sermons de leurs prédicans, et les magistratz n'avoient encore fait nulle punition de tant de massacres et assassinats qui avoient esté faits sur ceux de la religion, ains faisant plustot office d'avocats que de juges, les excusoient, comme ayans esté poussez par la conscience et zèle fervent de leur religion à commettre ces horribles maléfices, qu'ils estimoient sacrifices plaisans et agréables à Dieu, et s'asseuroient de mériter envers sa divine Majesté toutes les fois qu'ils fesoient mourir quelqu'un de la religion, fut par la main du bourreau ou quelque autre massacreur. Que Sa Majesté devoit avoir souvenance de ce que lors que le Roy et son conseil fesoient plus grandes promesses de vouloir entretenir l'édit de pasification, devoit estre exécuté à Noyers sur les personnes de son beau-frère, le prince de Condé, et de l'amiral, et à Tanlay sur celle d'Andelot, et sur la sienne et celle de ses enfans par Losses. Car celuy qui avoit donné ce commandement et ceux qui l'avoient conseillé, estoient encores vivans et avoient la mesme autorité et puissance qu'ils avoient lors, et estoient ceux-là mesmes qui pressoient plus ce mariage, [qui vraysemblablement n'avoient changé leur volonté,] ce qui lui devoit rendre d'autant plus suspect tout ce négoce, et luy donner juste occasion de penser qu'ils s'estoient dissimulez plustot que changez, et avoient couvert leur maltalent plustot qu'osté. Que les Rois tenoient à grand deshonneur que leurs commandemens n'eussent eu la fin qu'ils s'estoient promise, et encore à plus grande injure que leurs sujets opposassent leurs armes à l'exécution de leurs volontez pour quelque chose que ce fut. Et le Pape et l'Espagnol fesoient ordinairement ces reproches au Roy : qu'il estoit plustot serviteur que maistre de ses sujets, et qu'il n'avoit la hardiesse ny la force pour se faire obéir ; qu'il prenoit la loy de ceux ausquels il la devoit donner, à la grande ignominie de la dignité royale, laquelle ne se devoit moins maintenir avec les finesses et ruses qu'avec la force, et où la peau du lion ne sufisoit on devoit user de celle du renard. Car, disoient-ils, il n'estoit pas moins licite ni expédient aux Princes, offencez par leurs sujets, de les punir par justice que par injustice, par fidélité qu'infidélité, par armes que par cautelle. Et encore qu'on peut croire la jeunesse du Roy estre exempte de toute dissimulation et perfidie, néantmoins il estoit tellement possédé par son conseil, esclave du Pape et pensionnaire du roy d'Espagne et commandé par sa mère, et révéroit tant le Pape, redoutoit l'Espagnol et craignoit sa mère, qu'il ne feroit autre chose que ce qui seroit délibéré par son conseil, ordonné par le Pape, dicté par l'Espagnol et commandé par sa mère ; et estoit à craindre qu'ils ne luy fissent exécuter, en ce festin nuptial, ce qu'il n'avoit peu faire par tant d'assassinats, massacres, escarmouches, assauts, rencontres et batailles ; rendant les nopces de sa sœur aussi funestes à tous ceux de la religion réformée qu'avoient esté celle de Dina aux Sichémites et d'Antonin Caracalla aux Parthes.

Cette diversité d'advis troubloit fort l'esprit de la Roine qui eut volontiers suivi le dernier, si elle éut osé, mais elle craignoit d'irriter le Roy et mescontenter ceux de sa religion, lesquels elle s'asseuroit désirer ce mariage plus pour le repos général de tout le Royaume et l'avancement de sa religion, que pour leur particulier. Parquoy, après leur avoir proposé les inconvéniens et dangers qu'elle prévoyoit devoir suivre ce mariage, duquel elle craignoit sortiroient plus de maux qu'ils n'espéroient de biens, condescendit à leur volonté, pour n'estre estimée avoir voulu par son opiniastreté reculer tant de biens qu'ils se promettoient en devoir réuscir pour toute la France et la religion réformée ; pour lesquelles ceste Dame protestoit de ne faire jamais difficulté de sacrifier sa propre personne et celles de ses enfans, et prioit Dieu y vouloir jetter sa bénédiction et luy donner l'heureuse fin que tant de gens de bien de l'une et l'autre religion en attendoient. Toutesfois elle voussit avoir l'avis des plus doctes théologiens, comme elle s'y devoit porter pour le fait de la religion, car quoi qu'en deut avenir, elle ne vouloit rien faire qui fut contre Dieu et blessast sa conssience ni celle de son fils.

Cependant, pour n'offenser le Roi, qui eut peu prendre en mauvaise part tant de longs délays, Beauvais, l'un des gouverneurs du Prince [et qui avoit plus de crédit envers la mère que tout autre], fut envoyé en cour pour remercier les Majestez du Roy et de sa mère et entendre leurs volontez. Il fut recuilli avec si bon visage du Roy et de sa mère, qui estoient à Blais [1], qu'enivré des fumées de la cour, il luy tardoit d'estre de retour pour mener incontinent en France la mère et le fils. Estant donques arrivé en

1. Blois.

Béarn, il ne se pouvoit taire du bon accueil qui lui avoit esté fait; mais ceux qui n'avoient l'entendement opilé par les cruditez et viscositez de l'ambition et de l'avarice, avoient ces trop grandes caresses pour suspectes, se fondans sur ce proverbe commun : qui caresse plus qu'il ne souloit, trompé avoit ou tromper vouloit.

Pendant le voyage de Beauvais la Roine, avec ses enfans et les princes de Condé et de Conti et le comte Ludovic de Naussau, frère du prince d'Orenge, partit de La Rochelle pour faire un tour en Béarn, où elle arriva sur la fin d'aoust, et ayant fait un voyage aux Eaux-Chaudes pour sa santé, assembla les Estas à Pau. L'abolition générale de toutes les choses passées pour raison des troubles y fut confirmée et le tableau des proscrits abbattu. Et le dernier d'octobre, l'an 1571, les Estas de Béarn demandèrent par requeste à la Roine que, veu qu'il apparoissoit par la parole de Dieu la religion romaine estre pleine d'erreurs, idolâtries et superstitions, qu'il n'estoit assés que les images et autels de la Papauté eussent esté abatus et démolis et l'exercice de cette religion chassé par les armes, si par l'autorité de la justice souveraine le démolissement n'estoit confirmé et interdit de jamais rebastir, redresser, remettre, prescher ni enseigner rien qui fut de la Papauté ; car ce qui en avoit esté fait jusques lors sembloit l'avoir esté plus tot par violence que par raison ; qu'ils supplioient donc Sa Majesté vouloir faire passer par la loy inviolable ladite abolition, avec défense à peine de la vie de faire à l'avenir en tout le païs, publiquement ou secrètement, aucun exercice de la Papauté, et que tout le peuple fut instruit de sa croyance par la parole de Dieu. Sur cette réquisition certaines loix furent dressées sous le titre d'ordonnances ecclésiastiques. [Non pas pour ajouster ou diminuer quelque chose de la loy de Dieu ny aux articles de la foi, car telle chose appartient au seul Dieu et doit emmaner du seul livre de la Bible, mais seulement pour faire recevoir au peuple ceste doctrine divine et la faire enseigner et administrer en pureté et bon ordre, comme tous les bons Princes et vrais nourrissiers de l'Eglise ont tousjours fait, ainsi qu'il se lit ès saints livres, en l'histoire ecclésiastique et au droit romain. Ainsi au commencement de ses ordonnances la confession de foi de l'église béarnoise fut insérée, à l'imitation des empereurs qui ont fait des loix et constitutions ecclésiastiques pour restablissement et entretènement de la pureté de la religion, afin que tout le monde peut connoistre que ce qui estoit enseigné, receu et creu en ce païs, estoit cela mesmes que Dieu avoit commandé d'enseigner, recevoir et croire; et ce qui y avoit esté aboli, déchassé et défendu estoit rejetté, chassé, condamné et interdit de Dieu en sa parole. Par ainsi qu'en rejettant et interdisant la Papauté, les Estas n'avoient requis l'abolition du christianisme et la Roine ne l'avoit prohibé, ainsi que quelques-uns vouloient malicieusement faire entendre aux ignorans.]

Par ces ordonnances [la Papauté[1]] fut banie de tout le païs, et l'exercice d'icelle défendu au peuple, et le ministère [de l'Evangile] remis sus [selon la parole divine], et fait commandement au peuple d'assister aux

---

1. Variante : *la religion catholique.*

prédications, pour estre instruict de ce qu'il devoit faire pour bien servir Dieu et croire pour estre sauvé; et aux maistres d'escole fut défendu d'enseigner les enfans que selon la religion réformée. L'[abominable] prophanation du nom de Dieu par les juremens, blaphèmes et sorceleries et la paillardise et la [lubrique] dissolution des dances publiques et l'avaricieuse rapacité des jeux de hazard furent pareillement défendues, comme contraires à l'invocation et louanges de Dieu, santification et charité des chrestiens, et réprouvées et défendues aussi bien par les loix politiques et les plus modestes payens que par la parole de Dieu et l'Église. Et pour ce que la piété et la religion sont les premières et principales vertus, qui doivent estre en tous magistrats, fut ordonné que nul ne seroit receu à ceste dignité qui ne fit profession de la religion réformée, approuvée et requise par tous les Estas et le Prince; car il ne sembloit raisonnable que celuy qui, par opiniastreté plustot que par raison, réprouvoit et condamnoit ce que les Estas requéroient et le Prince commandoit, conforme à la parole de Dieu, fut juge de ceux qui, par un préjugé, il tenoit pour exécrables hérétiques et dignes des plus grands suplices, que les plus inhumains périlles pourroient excogiter.

Les mariages y furent réduits [selon la parole de Dieu], et les degrez de parentage et affinité mis en [la mesme[1]] liberté [que Dieu et les anciennes loix politiques les mettent; car puisque le mariage a son institution et sa vigueur de l'ordonance divine, il est raisonable de recevoir de sa sagesse les degrés de

---

1. Variante : *toute*.

parantage et affinité, auxquels ils doivent estre contractez, et ne doit-on estimer mauvaises et deshonnestes les conjonctions matrimoniales que Dieu a laissées en nostre volonté, liberté et puissance, mais ouy bien celles qu'il a défendues; lesquelles nuls Papes, Empereurs ne Rois ne peuvent rendre licites, expédientes ni honnestes par leurs bulles, indulgences ou dispences, et telles conjonctions sont plustot abominables et incestes que couche sans macule.]

Et pour ce que, depuis l'entrée du secours, les biens de l'église avoient esté maniez par le receveur général des finances, ladite Roine, en plein synode convoqué au mesme lieu de Pau, fit publique déclaration que puisque rien ne pouvoit estre plus justement acquis et possédé que ce qui estoit volontairement donné, par ceux qui avoient puissance et juridique liberté de ce faire, elle confessoit les biens donnez à l'église de Béarn, tant par les seigneurs souverains des prédescesseurs que par autres bonnes personnes, estre acquis et appartenir de tout droit divin et humain à ladite Eglise, non pas aux seigneurs ni autres qui les avoient donnez. Car tout donnateur se dépouille de la possession, propriété et usufruict de ce qu'il donne simplement en faveur de celuy auquel il l'aura donnée, qui, estant fait maistre et seigneur de ce qui lui est donné, a aussi la puissance de le mesnager, recuillir et dispenser selon qu'il connoistra luy estre plus profitable; que donques l'Eglise ne pouvoit estre fraudée de ce droit et liberté, si on ne vouloit faire sa condition pire que celle des autres donnataires, et lui ravir par sacrilége ce que justement lui appartenoit et lui oster la libre puissance que la parole de Dieu lui donnoit sur ses biens et l'exemple des sacrificateurs, lévites et apostres et la pratique de tout tems et de tous peuples enseignoient et confirmoient. Car c'est une chose notoire que l'Eglise a tousjours eu l'économie et dispensation de ses biens, sans que les Princes et magistrats lui ayant jamais donné aucun empeschement, ny se soyent immiscuez en rien de cest affaire qu'en cas d'abus. Et mesmes tout ce qui, durant le paganisme, avoit esté donné pour la religion a esté remis au pouvoir de l'Eglise, après qu'elle avoit esté dressée, et tout ainsi qu'elle a succédé à l'idolâtrie et à la fausse religion aussi a elle à leurs biens. Que vuidant donc ses mains de tous les biens ecclésiastiques de ses païs souverains, elle les rendoit à l'Eglise [1] comme à leur légitime maîtresse, tant en propriété qu'en usufruict, et en interdisoit tout maniement et connoissance à tous ses généraux, thrésoriers, financiers et chambre des Comptes, exortoit et, en tant que besoin seroit, commandoit à l'Eglise de bien et fidèlement prouvoir de personnes sages et fidèles à l'œconomie de ces biens par une canonique élection, faite selon la parole de Dieu, anciens canons, loix politiques, exemple et pratique des anciens; et sur toutes choses que lesdits biens fussent fidèlement employez à ce que Dieu et les gens de bien, qui les avoient libéralement donnez, les avoient destinez, asavoir pour l'entretènement du ministère [évangélique,] des escoles et subvention des povres. Ainsi par ledit synode furent esleus un receveur ou diacre général, un procureur ecclésiastique et neuf œconomes nommez le

---

1. On a ajouté : *prétendue réformée.*

Conseil ecclésiastique, qui estoient tellement surintendans de tous les dits biens, que le diacre ny le procureur ne fesoient rien que par leur mandement. Ce Conseil estoit pris des plus qualifiez hommes de tout le pays et se renouvelloit tous les ans, mais le procureur et le diacre demeuroient trois ans en charge. Et pour empescher que les abus, qui se glissent ordinairement aux choses les plus sainctes et les mieux ordonnées, n'entrassent en l'administration de ces biens, le synode nommoit chacun an douze hommes pour ouir les comptes dudit diacre, auxquels par les loix ecclésiastiques mesme puissance estoit donnée qu'à la chambre de Comtes sur les financiers et comtables du Prince. Le corps de ces auditeurs estoit composé de deux gentilshommes, deux de gens du Parlement, deux de la chambre de Comtes, deux jurats des villes, deux ministres et deux diacres des églises particulières. [En ceste manière tous savoient l'estat et la despense de ses biens qui, ayans tant de gens de bien et d'honneur pour œconomes et contreroleurs, ne pouvoient estre mal dispensez.]

Les patrons laics demandoient l'usufruict des bénéfices de leur présentation, alégans, puisque les offices estoient déchassez pour lesquels ces bénéfices avoient esté donnez, qu'ils devoient aussi retirer lesdits bénéfices. Il leur fut respondu les biens légitimement donnez n'appartenir plus au donnateur qui, en les donnant, s'en estoit tellement despouillé pour en investir celuy à qui il les avoit donnez, que ne s'y aiant rien réservé, il n'avoit plus aucun droit de les retenir ou répéter, comme il aparoissoit par l'exemple d'Ananias et Saphira. Et les loix déboutoient le donnateur de répéter la chose donnée, encore qu'il avint quelque mutation en la forme ou accessaire en la chose pour laquelle elle avoit esté donnée, comme au fait duquel il estoit maintenant question estoit avenu. Car la substance des choses estant restée, il avoit esté fait seulement quelque changement en la forme de la chose et l'office pourquoi les biens ecclésiastiques avoient esté donnez, mais que la chose ny l'office n'avoient pas esté ostez, ains seulement réformez. Car ces biens avoient esté donnez pour tout l'entretènement de la piété ou religion qui n'avoit pas esté déchassée du païs, mais corrigée [et réduite au mesme estat que la parole de Dieu l'avoit premièrement mise, et duquel elle estoit descheue par les traditions humaines.] Si donc l'abus, non pas l'usage d'icelle, avoit esté seulement osté, les choses dédiées à l'usage lui demeuroient avec le mesme droit et puissance que l'abus les possédoit auparvant. Et l'intention de ceux qui les avoient donnez n'estoit point pour cela aucunement frustrée, ce qu'elle seroit sy on rendoit aux patrons ce qu'ils demandoient, car l'intention du donnateur ou fondateur avoit esté de les donner pour le ministère, l'escole et la charité. Combien donc qu'en la forme de la religion, qui estoit en vogue lors qu'une partie de ces biens avoient esté donnez, eut beaucoup d'abus, néantmoins la substance d'icelle et l'intention du donnateur demeureroient tousjours entiers et la donnation en sa vigueur. Car l'intention du patron avoit esté de despouiller desdits biens tant soi-mesmes que ses successeurs et en investir l'Eglise, qui en avoit esté saisie et rendue maistresse par le contrat de la donnation, acception, stipulation et émologation, tellement qu'il ne pouvoit estre maintenant rompu ny révoqué par le fondateur ou donnateur, ainsi qu'il avoit esté plusieurs fois jugé non seulement par les magistrats chrestiens, mais aussi par les payens. Outre que plusieurs avoient droit de patronage sur des bénéfices, qu'eux ne leurs prédécesseurs n'avoient jamais fondez; et les patrons n'estoient pas propriétaires ni usufructuaires des bénéfices de leur présentation, mais seulement tuteurs et protecteurs en cas d'abus et de frau par le présenté; ainsi qu'il apparoissoit, tant par la signification du mot de patron que par les canons, les loix et la prattique de l'Eglise, et les patrons ne pouvoient exiger sur les bénéfices de leur patronage, que subvention pour leur vie en cas de nécessité.

Toutesfois pour éviter toute contestation et leur donner quelque contentement, il fut concédé aux patrons de présenter un enfant, deux ou trois, selon la valeur du bénéfice de leur présentation, à 162 livres pour chacun par an, pour estudier douze ans en l'Université de Béarn ou ailleurs; et ce terme expiré, ils pourroient remettre un autre en la place de celui qui auroit achevé son tems. Car pour l'instruction de la jeunesse et dresser une pipinière pour la justice et le ministère, une [très belle] Université a esté dressée en Béarn, en laquelle y a un collége [qui ne doit rien à autre quelquonque de l'Europe] auquel a huict régens classiques, qui enseignent la langue grecque avec la latine depuis la quatriesme classe, deux philosophes pour enseigner la philosophie, un musicien et un escrivain qui monstrent de chanter et d'escrire, un principal et un professeur en grec, un en hébrieu, un en mathématiques et un en théologie et cinquante enfans entretenus des biens ecclésiastiques, vingt de la nomination du Roy et trente de l'Eglise, qui s'obligent de servir au ministère, quand ils y seront canoniquement appelez ; mais ceux de la présentation du Prince ne sont obligez à une vocation plus qu'à autre. [Cette Université a produit plusieurs doctes jeunes hommes, qui servent aujourd'huy doctement et heureusement au païs, tant en la justice qu'en l'Eglise.]

Après cela la Roine, importunément solicitée par le seigneur de Biron[1], envoyé expressément vers elle par le roy de France pour l'acheminer en cour, partit de Béarn. Elle receut en chemin l'avis des [théologiens[2]] estrangers touchant le mariage de son fils. Tous s'accordoient en la validité d'iceluy, pour ce que les seaux de l'alliance de Dieu[3] sont point abolis en la Papauté, bien qu'ils y soient fort pervertis ; mais la plus part s'arrestans sur le dire de l'apostre, que tout ce qui est licite n'est pas expédiant, lui proposoient plusieurs choses contre l'inexpédience de ce mariage. Et d'autant que leurs raisons estoient quasi les mesmes que celles qui ont esté déduites cy-dessus, je ne les ay poinct répétées pour n'ennuyer le lecteur. Cela tourmentoit beaucoup l'esprit de la Royne qui n'eut voulu, si le pouvoir eut accompagné sa volonté, séparer le licite de l'expédient, allégant le chrestien n'estre guère moins obligé à l'un qu'à l'autre et se devoir abstenir de l'inexpédient quasi autant que l'illicite, tant pour sa propre conscience que pour celle du pro-

1. Armand de Gontaut, baron de Biron, né en 1524, maréchal de France en 1577, mort en 1592.
2. Variante : *ministres*.
3. On a ajouté : *disoient-ils*.

chain infirme, que pour les maux et mauvaises conséquences que les actions non expédiantes engendrent le plus souvent. Néantmoins elle ne laissa pas pour cela de continuer son chemin, avec résolution de donner à ce mariage la consumation que tant de gens de bien ses parens, alliez et plus confidans serviteurs désiroient. Mais le Pape et le roy d'Espagne, qui ne réprouvoient et n'enpeschoient pas moins ce mariage que ceux-là l'approvoient et le solicitoient, proposoient au Roy le scandale que ce mariage donneroit à tous ceux de sa religion, tant dehors que dedans le Royaume, et l'ignominie qui redonderoit à toute l'Église catholique que la fille et sœur de Roys Très-Chrestiens fut mariée par le Roy Très-Chrestien, principal défenseur de [Sainte mère] église avec un hérétique ennemi [de l'Église catholique et] de la foy chrestienne. Ce qui feroit, disoient-ils, une très grande bresche à l'honneur de Sa Majesté et irriteroit grandement contre elle tous les potentats et [les] peuples [adhérans à[1]] l'Église catholique [romaine.] Car ce mariage ne pouvoit estre consommé qu'au très grand opprobre et diminution de la foy catholique, gloire et avancement de cette hérésie, qui ne prendroit pas petit accroit ny petite audace, ayant la sœur du principal monarque de la chrestienté avec soy et pour soy ; outre que cela seroit comme avouer et authoriser l'hérésie, qu'il dévoit plus tot arracher qu'apuyer et exterminer et honnir tous ses sectaires, que les entretenir et honnorer par son alliance et autorité. Et devoit donner mari à sa sœur de sa religion et qui fut

---

1. Variante : *de.*

respondant à la grandeur de sa maison et agréable à tous ceux de sa religion, comme il le pouvoit faire en la mariant avec don Sabastien, roy de Portugal, prince catholique, très riche, très grand terrien et grand Roy non seulement de nom mais aussi de fait; de quoy le Pape et le Roy Catholique l'importunoient fort. Et pour ce que la vive voix a plus d'efficace que l'escriture, l'Espagnol en faisoit tous les jours soliciter le Roy par son ambassadeur; et le Pape lui envoya le cardinal Salviat[1] et fit passer son nepveu le cardinal Alexandrin de la cour d'Espagne en celle de France avec tiltre et autorité de légat, non pas tant pour induire le Roy d'entrer en ligue contre le Turc, encore qu'il prit cela pour la principale couverture de sa légation, que pour le destourner de la conclusion de ce mariage avec le Navarrois et le faire accorder avec le Portugois. Le Roy refusa tout à plat ce qu'il demandoit contre le Turc, avec lequel il ne voussit rompre l'alliance que ses ayeul, père et frère avoient commencée et fidèlement entretenue. Touchant le mariage de sa sœur, il respondit la nécessité de ses affaires le contraindre de la donner au prince de Navarre, mais qu'il prioit Sa Sainteté avoir telle asseurance de sa dévotion et sincère affection envers l'Eglise catholique, apostolique, romaine, que pour cela il ne fairoit aucun avantage à l'hérésie luthérienne ni aux huguenots et que [le Pape[2]] s'apercevroit avec le tems que tout ce qu'il en faisoit tendoit totalement à l'exaltation et accroisse-

1. Bernard Salviati, aumônier de Catherine de Médicis. Il y eut au XVIe siècle trois cardinaux de ce nom : Jean, Bernard et Antoine-Marie, leur neveu.

2. Variante : *Sa Saincteté*.

ment de [Sainte mère] église et à la honte et ruine des hérétiques et de leur secte. De quoy il donna tant d'asseurances au légat, qu'il s'en retourna fort [joyeux et] content, et le Pape accorda depuis [fort volontiers] au Roy la dispence pour le parentage et la diversité de religion qui estoit entre les mariez, [ce que jusques lors il avoit opiniastrement refusé.] Cela et maints autres clairs présages, qui se manifestèrent depuis tous les jours jusques à la consumation du mariage, ont fait estimer à plusieurs que dès lors le Roy [donna asseurance au Pape du[1]] massacre qui suivit les nopces de sa sœur, et[2] à l'Espagnol de la tromperie [de laquelle fut usé[3]] en l'endroit de ceux qui, par permission et commandement secret dudit Roy, allèrent au Pays-Bas et y furent tous deffaits par le duc d'Albe.[4] Je ne veux asseurer l'un ny nier l'autre, encore que les conjectures fassent plus pour l'affermative que pour la négative, et tant de choses, qui se disoient et faisoient cependant en cour et à Brouage et quasi par tous les quartiers de la France, en donnassent tant de certaines prédictions et advertissemens que les plus aveugles le pouvoient voir et les plus lourdauts juger. [Mais Dieu qui, pour sa gloire et l'espreuve de la foy des siens et la manifestation de la justice de cette cause, avoit préordonné et décrété cest esclandre, esblouit tellement la vue des plus clairs voyans, et estourdit l'entendement des plus habiles, qu'ils ne le peurent voir,

1. Variante : *avoir intention de faire fere le.*
2. On a ajouté : *donna asseurance.*
3. Variante : *qui se fist.*
4. Ferdinand-Alvarez de Tolède, duc d'Albe, né en 1508, mort en 1582.

cognoistre ne croire.] Auprès de Poitiers, le légat Alexandrin rencontra la royne de Navarre en chemin, et passa auprès du coche d'icelle sans la saluer ny seulement regarder; mais elle luy fut plus courtoise, car ayant un de ses officiers trouvé une petite valise avec une notable somme de deniers, qui estoit tombée à un des gens du légat, la Roine luy fit fidèlement raporter sans aucune perte.

Le cardinal de Bourbon, le marquis de Vilars[1] et Monsieur de Foix vinrent audevant de la Roine à Tours, où elle connut incontinent à leurs propos que ce qui lui avoit esté dit en chemin estoit vray, ascavoir que le Roy ni son conseil ne marchoient point en sincérité en ce mariage et qu'il y avoit un garde-derrière, qui fut cause qu'elle entra en quelque délibération de rebrousser chemin et s'en retourner; mais on lui dit qu'elle estoit venue trop avant et n'estoit plus tems, et qu'il lui falloit passer outre et faire bonne mine en mauvais jeu, avec apparente démonstration de faire, de bonne volonté et sans force ni contrainte, ce qu'aussi bien on lui fairoit meshui faire bon ou mauvais gré. Ainsi elle passa outre et arriva à Blois, où le mariage fut arresté le 11 d'avril sous ces articles : que le Roy doteroit sa sœur de trois cens mille escus à cinquante et quatre sols tournois pièce, et elle renonceroit en faveur de son frère à tous les droits qu'elle avoit ou avoir pouvoit sur tous les biens paternels et maternels, et l'endemain des nopces avoeroit et ratifieroit ladite renonciation, avec la per-

---

[1]. Honorat de Savoie, marquis de Villars, amiral de France après Coligny.

mission et autorité de son mari. La mère lui promit deux cens mille livres et ses deux autres frères, les ducs d'Anjou et d'Alençon, chacun vingt-cinq mille. Toutes ces sommes devoient estre employées à l'achat de rentes équivalentes sur la Maison-de-Ville de Paris pour l'entretènement de l'estat de la mariée. Ce qui n'a jamais esté fait, et a esté ce mariage plus en charge qu'en descharge à ce Prince, qui estoit engagé quasi de pareilles sommes pour les debtes que le roy Antoine, son père, avoit faites et en payoit l'intérest, de quoy il se fut déchargé s'il eut touché deniers, et eut mieux peu entretenir sa femme qui, pour son entretènement, tire le plus beau et le plus net des rentes du mari. Mais le foible contractant avec le fort est tousjours contraint de passer sous le joug et prendre la loy telle qu'on luy veut imposer.

Le lieu et la forme du mariage demeuroient encore en controverse entre les deux mères. La Françoise vouloit que les nopces se fissent à Paris et selon l'église [romaine[1]], et la Navarroise refusoit Paris comme ville [factieuse et] ennemie capitale de sa religion et mal affectionnée à la maison de Bourbon, et ne vouloit consentir que son fils fit rien [contre sa conscience ne] qui peut apporter scandale à ceux de sa religion ne donner approbation à la prestrise [et traditions de la Papauté.] L'autre avoit les mesmes raisons pour le regard des ministres et de leur doctrine. Mais le Roy, y interposant son authorité, voulut le mariage estre fait à Paris et non ailleurs, où le cardinal de Bourbon les espouseroit au devant la grande porte de

---

1. Variante : *catholique*.

l'église Nostre-Dame, [et cela en qualité de Prince non pas de prestre.] La royne de Navarre, n'ayant autorité ny force pour y contredire, y aquiesa plus par contrainte que de bonne volonté, avec l'avis cependant de quatre ministres qui conclurent cela pouvoir estre fait. Ce qui fut trouvé fort mauvais par tous les autres et apporta un grand scandale à toute l'Église réformée et ne fit pas petite bresche à la discipline des églises[1] de ce Royaume; mais la peur plus que la raison leur fit accorder plustot qu'approver ceste forme [bastarde.]

Cela arresté, la roine de Navarre alla à Paris pour préparer les choses nécessaires pour la magnificence de la solennité des nopces, où elle tomba malade et y mourut le 10 de juin 1572, aagée de quarante-quatre ans seulement. Les uns eurent opinion qu'elle avoit esté empoisonnée en une collation faite chez le prévost des marchans; les autres par un parfumeur italien avec une paire de gans parfumés; d'autres asseurent qu'elle mourut d'une plurésie, et de fait les médecins la pensèrent comme atteinte de cette maladie. Je ne scay si bien ou mal et s'ils furent, comme plusieurs pensent, trompez aux signes de cette maladie et prinrent par un faux jugement une cause pour autre, comme souvent aux maladies internes telles gens prennent Montmartre pour Paris. Deux jours avant son décez, elle fit son testament et laissa son fils héretier universel, réservant à la Princesse, sa fille, les droits de légitime que les loix et costumes lui donnoient sur toutes les terres qu'elle possédoit, outre le tiers de toutes ses bagues et joyaux (le grand colier et le grand ruby balay, enga-

---

1. On a ajouté : *réformées*.

gez en Angleterre, exceptez), lesquels elle vouloit demeurassent héréditaires à la maison de Navarre. Par ce mesme testament, elle exortoit le fils de persévérer en la[1] religion [réformée], l'entretenir et maintenir en sa souveraineté de Béarn, où elle vouloit aussi la Princesse, sa fille, estre ramenée, pour y estre nourrie jusques à ce que Dieu lui offrit parti de mariage de sa religion et dignité; que son corps fut rapporté au mesme païs, pour y estre enterré au sépulcre de ses ancestres[2] sans nulle pompe ny sompteuse cérémonie, ains suivant la simplicité des enterremens de ceux de sa religion. Mais la malice du tems n'a encore permis l'exécution de cest article, et son cors est demeuré à Vendosme[3].

1. Variante : *sa*.
2. La cathédrale de Lescar.
3. Pour transporter le corps de la reine de Navarre à Vendôme et pourvoir à ses obsèques, il fallut emprunter 6,000 livres à Jean Viala, conseiller au parlement de Paris (Arch. des Basses-Pyrénées, B. 35).

TABLE ALPHABÉTIQUE

A

ABBADIE (Guillaume d'), chanoine d'Oloron, s'empare de la maison épiscopale, 119.
ABBADIE (Samson d'), homme d'armes, commande à Pontacq pour les catholiques, 201.
ABBADIE (Saubat d'), jurat de Bellocq, rançonné par les catholiques, 215.
ABBADIE D'IZESTE (Jean d'), capitaine catholique, 298 ; fait prisonnier à Tarbes, 303.
ABÈRE (Johanot de Cauna, seign. d'), capitaine catholique, tué à Navarrenx, 251.
Abère d'Asson, château (Basses-Pyrénées), saccagé par les catholiques, 261.
ABÈRE D'ASSON (Pascal, seign. d'), sa mort, 261.
ABIDOS (Henri, seign. d'), capitaine catholique, fait prisonnier à Orthez, 271 ; massacré à Navarrenx, 282.
Abjuration du catholicisme par Jeanne d'Albret, 108.
Accous (Basses-Pyrénées), brûlé par les protestants, 290.
ACIER. — Voy. GENOUILLAC.
Adour (l'), fleuve, 245, 259.
Afrique (l'), 112.
Agen (Lot-et-Garonne), 177 ; Monluc s'y retire, 290.
Agenais (les officiers d') invités par le roi de France à favoriser la conquête du Béarn, 176.

Agriculture en Béarn, favorisée par Henri II, roi de Navarre, 41.
Aire (Landes). Monluc y arrive, 264.
ALAIN, sire d'Albret, tuteur de Henri II, roi de Navarre, 3.
ALBANY (Jean Stuart, duc d'), 17.
ALBE (Frédéric de Tolède, duc d'), prend Saint-Jean-Pied-de-Port en 1512, 6.
ALBE (Ferdinand-Alvarez de Tolède, duc d'), bat les Français dans les Pays-Bas, 330.
Albigeois (l'). Les troupes protestantes s'y rassemblent, 255, 256.
ALBON (d'). — Voy. SAINT-ANDRÉ.
ALBRET. — Voy. ALAIN, JEAN, JEANNE, MIOSSENS.
Albret (sirerie et duché d'), 53.
ALBRET (Louis d'), évêque de Lescar, conseiller de Henri, prince de Navarre, 56.
ALBUQUERQUE (Bertrand de La Cueva, duc d'), 64.
ALENÇON (Charles IV, duc d'), mari de Marguerite d'Angoulême, 31.
ALENÇON (le duc d'), frère de Charles IX, 151, 154 ; promet 25,000 livres de dot à Marguerite, sa sœur, 332.
ALEXANDRE LE GRAND. Henri IV lui est comparé, 1.
ALEXANDRE VI, pape. Ses paroles à propos de l'expédition de Charles VIII en Italie, 281.

ALEXANDRINI (le cardinal), légat en France, 329; manque de respect à Jeanne d'Albret, 331.

ALEZIEU, ministre protestant à Garlin, sa mort, 263.

Allemagne. François Ier y cherche des alliances, 32; le duc de Clèves y mènerait Jeanne d'Albret, sa femme, 34, 36, 37; il y retourne, 39; protestants de cette région, 179.

AMARO (le capitaine), prisonnier échangé contre le capitaine Lalanne, 145.

Amboise (conjuration d'), 79, 101.

AMOU (Jean Paulon, seign. d'), capitaine catholique, parlemente à Orthez avec Mongommery, 270.

ANANIAS, cité 324.

ANDELOT (François de Coligny, seign. d'), poursuivi par les Guises, 151, 316.

Andelys (les) (Eure), lieu de la mort d'Antoine, roi de Navarre, 114.

ANDOINS (Paul de Béarn, seign. d'), sénéchal de Béarn, 115.

ANDOINS. — Voy. CORISANDE.

ANDRAUT (le receveur), massacré à Bordeaux, 47.

Angleterre. Marie Stuart y est exécutée, 110; Jeanne d'Albret écrit à la reine Elisabeth, 164; les joyaux de Jeanne d'Albret y sont engagés, 333 et 334.

ANGOSSE, capitaine catholique, arrive à Pontacq, 201; prend Nay, 203.

ANJOU (le duc d') plus tard Henri III, 151, 154; Jeanne d'Albret lui écrit, 156; son capitaine des gardes tue le prince de Condé, 192; sa lettre aux jurats de Pau, 216, 217; cité dans une lettre de Tarride, 219; Monluc écrit que le duc fait pendre tous les ministres protestants, 265; il est excusé par l'évêque de Valence d'avoir trempé dans la Saint-Barthélemy, 283; sa lettre à Bonnasse, 294, 295; il promet 25,000 livres de dot à Marguerite, sa sœur, 332.

ANTIN (Arnaud d'), sénéchal de Bigorre, abandonne le parti de la reine de Navarre, 174.

ANTIN (Bertrand d') rend le château de Lourdes à Mongommery, 286.

ANTOINE DE BOURBON, roi de Navarre, épouse Jeanne d'Albret, 39, 40; succède à Henri II de Navarre, 51, 52; quitte le Béarn, 53; reçoit Le Gay comme ministre de l'église réformée de sa maison, 54; il est soupçonné de protestantisme par le roi de France, 55; il donne congé à Le Gay, 56; il protége Henri de Barran, 58, 61; il demande à être compris dans le traité de Câteau-Cambrésis, 62; fait faire une expédition contre Fontarrabie, 62 à 64; il essaie de faire soulever les provinces basques espagnoles, 64 à 66; prétend avoir la tutelle de François II, 67; il en est écarté par les Guises, 68; le connétable l'engage en vain à prendre le gouvernement, 70 à 72; il promet aux protestants de les défendre, 73; ses conseillers le trahissent en faveur des Guises, 74; il se rend à la cour; accueil qu'il y reçoit, 75, 76; intrigues des Guises contre lui, 77; accusé par eux d'être le chef des conjurés d'Amboise, 79; il est rejoint par le prince de Condé en Gascogne, 80; les députés des églises réformées l'invitent à se rendre aux Etats-Généraux, 81; les Guises poussent le roi de France à l'attirer à la cour, 82; ses plaintes contre les Guises, 83; il est regardé comme le chef des protestants, 84 ; remontrances que lui fait le cardinal d'Armagnac à ce sujet, 84 à 86 ; sa réponse, 87 ; il fait chanter la messe à Nérac, 88 ; la cour lui envoie M. de Crussol pour le décider à venir trouver le roi de France, 88 à 90 ; remontrances des députés des églises réformées sur son voyage en France, 90 à 101 ; il renouvelle ses promesses, 101 ; il renvoie Théodore de Bèze, 104 ; il est traité à Orléans comme un criminel, 104, 105 ; les Guises complotent sa mort, 105 ; ses paroles à Ranti, 106 ; la Reine mère arrête les Guises dans leurs desseins meurtriers, 107 ; il se réconcilie avec eux, 107 ; Jeanne d'Albret le détourne de la religion réformée, 108 ; il provoque le colloque de Poissy, favorise les protestants, puis s'unit aux Guises contre la Réforme, 109 ; il veut divorcer et faire enfermer sa femme, 110 ; il interdit la religion réformée en Béarn, 111 ; on lui promet la royauté de Sardaigne, 112, 113 ; sa mort, 114 ; sa mémoire rappelée dans une lettre de Jeanne d'Albret à Elisabeth, reine d'Angleterre, 160 ; l'intérêt de ses dettes payé par son fils Henri de Navarre, 332.

ANTOINE, duc de Lorraine, fils de René de Vaudemont, 92.

APESETCHE, capitaine basque catholique, arrive à Bellocq, 215.

Aragonais (les) campent à Sainte-Marie-d'Oloron, 28 ; favorisent l'expédition des catholiques contre le Béarn, 274.

ARAMITS (Pierre d'), capitaine protestant, assiégé dans le château de Mauléon, 288.

ARBLADE (d'), capitaine catholique de l'armée de Monluc, 264.

ARBLADE (d'), capitaine protestant, gouverneur d'Eauze, 292.

ARBOUET, capitaine du château de Sauveterre pour les protestants ; il capitule, 213, 214.

ARBUS (Pierre d'), dit Arbusio, avocat, est nommé conseiller par les catholiques au Conseil souverain de Béarn, 254.

AREAU (Guillaume d'), avocat général au Conseil souverain, destitué par les catholiques, 254.

AREU (Jean d'), avocat général au Conseil souverain, envoyé en France près de Jeanne d'Albret, 125.

ARGENCE (d'), chambellan de Charles IX ; le prince de Condé se rend à lui, 191.

ARIUS, son hérésie condamnée à Nicée, 102.

Armagnac (l') (Gers). Les États de Béarn demandent que ce pays soit compris dans le ressort du Conseil souverain de Pau, 240, 242.

ARMAGNAC (Georges, cardinal d'), écrit à Charles IX que le Pape menace Antoine de Bourbon d'excommunication comme hérétique, 55 ; il tient les États de Béarn, 56 ; il persécute Henri de Barran, 57 à 61 ; envoyé comme légat en Navarre et Béarn, 84 ; ses remontrances à Antoine de Bourbon, 85, 86 ; il avertit la cour de France des projets du roi de Navarre, 87 ; les Guises l'emploient pour engager celui-ci à venir à la cour sans troupes, 99 ; il écrit à Jeanne d'Albret, 118.

ARMENDARITS (Jean, seigneur d'), capitaine basque catholique, arrive à Bellocq, 214 ; ses cruautés, 215 ; les catholiques l'envoient vers le roi de France pour demander des secours, 293 ; cité dans une lettre de Charles IX, 294 ; dans une lettre du duc d'Anjou, 295 ; il rapporte des commissions pour les levées de troupes, 295.

ARNAUD L'ORGANISTE, serviteur du capitaine Gohas, assassine un vieillard au sac de Nay, 204.

ARNÉ (François d'), lieutenant de la compagnie d'hommes d'armes d'Antoine de Bourbon, tente de surprendre Fontarrabie, 62 ; les catholiques le nomment lieutenant de Roi en Bigorre, sa mort, 289.

AROTIS, vieillard protestant noyé par ordre de Tarride, 262.

ARRAS (Bertrand d'), capitaine catholique, fait prisonnier au siége de Navarrenx, 251.

ARROS (François, baron d') facilite la fuite de Henri II, roi de Navarre, prisonnier dans le château de Pavie, 30 ; gardien du château Trompette à Bordeaux, 49.

ARROS (Bernard, baron d'), capitaine de la vallée d'Ossau, prend part à l'expédition de Fontarrabie, 63 ; lieutenant-général de Jeanne d'Albret en Navarre et Béarn, 168 ; se prépare à la lutte contre les catholiques, assemble les États de Béarn, 170, 171 ; blâme la convocation illégale des Etats de Navarre, 172 ; il attaque les troupes catholiques, 173 ; il reçoit les lettres des chefs basques qui promettent de déposer les armes, 174 ; sa réponse à l'envoyé de Monluc, 176 ; ses troupes sont infidèles, 180, 181 ; il distribue le commandement des places fortes du Béarn, 181 ; il se retire à Navarrenx, 182 ; il tente de s'emparer d'Oloron, 192 à 197 ; Gramont l'abandonne, 199, 200 ; il se rend à Pau, 200 ; il rentre dans Navarrenx, 205 ; il refuse de remettre sa charge à Gramont, 206 ; il est assiégé dans Navarrenx, 243 à 259 ; il fait une sortie et pille le camp ennemi, 262 ; son château est brûlé par Bonnasse, 266 ; il chasse celui-ci de la vallée d'Aspe, 290 ; la lieutenance générale est partagée entre lui et Montamat, 291 ; il déloge les troupes catholiques d'Oloron, 297 ; il n'ose attaquer Bonnasse dans Lourdes, 299 ; il fait le siége de Tarbes, qu'il prend, 301 à 304 ; il rentre en Béarn, 305 ; se retire à Nay, 310 ; tient les États en Navarre, 311.

ARROS (les deux fils de Bernard d'), capitaines protestants, retirés dans Navarrenx, 243 ; le plus jeune est tué dans une sortie, 256.

ARTIGOSSE, protestant décapité à Puyòo par les catholiques, 216.

ARTIGUES, capitaine protestant, met Saint-Sever en état de défense, 292.

Artix (Basses-Pyrénées). Mongommery y reçoit la nouvelle de la prise de Pau et de Nay par les protestants, 280.

Arudy (Basses-Pyrénées). Sainte-Coloinme écrit à Bonnasse, de l'y joindre, 199 ; pillé par Bonnasse, 276.

Arzacq (Basses-Pyrénées). Dix compagnies de troupes catholiques y sont logées, 192.

ASA, cité 136.

Ascain (Basses-Pyrénées). Bonnivet y loge, 19.

Aspe (la vallée d') (Basses-Pyrénées). Les Aragonais y entrent, 28 ; ses fors et coutumes, 43 ; ses milices se mutinent, 63 ; ses députés dirigent la révolte contre Jeanne d'Albret, 127 ; elle fournit cent arquebusiers, 130 ; les prisonniers protestants y sont envoyés, les chefs séditieux s'y retirent, 132 ; Sainte-Colomme écrit à Bonnasse de faire marcher les troupes qu'elle fournit, 199 ; elles arrivent devant Nay, 202 ; Luger, syndic, écrit aux jurats de la vallée d'Ossau qu'elle est du parti catholique, 275 ; Bonnasse s'y réfugie, 286 ; il y rassemble des troupes, 289 ; les habitants s'engagent par écrit à rester dans le parti catholique, 293 ; Bonnasse s'y retire de nouveau, 298.

Asson (Basses-Pyrénées). Ses milices se mutinent, 64 ; les habitants se joignent aux troupes protestantes, 272 ; l'armée protestante s'y attarde, 298.

Astarac. — Voy. Fontarailles, Montamat.

Auch (Gers) refuse de payer tribut aux troupes de Mongommery, 291.

Audaux, (Basses-Pyrénées). La garnison de Navarrenx y brûle des maisons, 244 ; en représailles, Tarride fait noyer un protestant, 262.

Audaux (Armand de Gontaut, seign. d'), lieutenant de Roi en Béarn, protége l'arrivée de Jeanne d'Albret en Béarn, 110 ; nommé sénéchal de Béarn, 116 ; dénonce à la reine de Navarre une conjuration formée contre elle, 128, 129 ; il apaise une sédition, 130, 131 ; l'un des chefs du parti catholique, 179 ; chevalier de l'Ordre, 209 ; il somme Orthez de se rendre, 212, 213 ; reçoit commission des États de Béarn pour destituer les jurats protestants, 253.

Audéjos (Bernard de la Torte, dit); chanoine de Lescar, l'un des chefs du parti catholique, pendu à Pau, 281.

Auga. — Voy. Gouze.

Auga (Jean d'), seigneur de Susmiou, capitaine protestant, gouverneur à Pau, 181 ; résiste aux troupes catholiques, 212.

Augustins (la porte des) à Bordeaux, Anne de Montmorency y passe pour châtier les séditieux, 48.

Aumale (Claude de Lorraine, comte de Guise et duc d'), prend part à l'expédition contre la Navarre, 17, 18 ; demande la ruine de Fontarrabie, 21.

Aure (d'). — Voy. Larboust.

Aurensan (d'), capitaine catholique de l'armée de Monluc, 264.

Aurignac (le seign. d'), capitaine du pays de Foix, tué à Tiebas, 15.

Auronce (le bois de l'), à Lucq (Basses-Pyrénées). On y tue deux ministres d'Oloron, 248.

Aurout, capitaine catholique, arrive à Pontacq, 201 ; fait prisonnier à Orthez, 271.

Avalos. — Voy. Pescaire.

Avenelles (Pierre), avocat au Parlement de Paris, dénonce la conjuration d'Amboise, 79.

Avignon (Vaucluse). Antoine de Bourbon songe à s'en emparer, 113.

Aydie. — Voy. Sainte-Colomme.

B

Balis, capitaine protestant, 292.

Bar (René, duc de), 92.

Barcus (Basses-Pyrénées). Les troupes catholiques s'y rassemblent, 296.

Barétous (la vallée de) (Basses-Pyrénées). Ses fors et coutumes, 43 ; ses milices se mutinent, 63 ; Sainte-Colomme écrit à Bonnasse d'y prendre des troupes, 199; Bonnasse les mène à Nay, 202; Luger, syndic, écrit aux jurats d'Ossau qu'elle est du parti catholique, 275; les jurats sont secrètement prévenus de préparer des vivres, 296; Luxe les invite à chasser les troupes protestantes, 306.

BARRAN (Pierre-Henri de), ministre; son séjour à Pau, 57; persécuté par le cardinal d'Armagnac, 58 à 61; sa présence à la cour d'Antoine de Bourbon, 84; ce prince le prend sous sa protection, 87.

BARRAUTE (Bertrand de Navailles, seign. de), capitaine catholique, arrive à Bellocq, 214.

BARRY. — Voy. LA RENAUDIE.

BASILLAC (Jean, baron de) accompagne Henri de Navarre dans le pays basque, 145; se range dans le parti catholique, 174; maitre de l'artillerie de l'armée catholique, 246; parlementaire et prisonnier au siége d'Orthez, 270, 271.

Basque (prédication de la religion réformée et impression de livres saints en), 116, 311.

Basques (les) en garnison à Fontarrabie, 23; se révoltent contre Jeanne d'Albret, 139; ils viennent à Nay, 202; ils saccagent les maisons des protestants de Sauveterre, 214; pillent Bellocq, 216; ils abandonnent Pau, 224; empêchent Tarride de lever le siége de Navarrenx, 252; le quittent et retournent chez eux, 260; les protestants les chassent dans leurs montagnes, 288; ils recommencent la guerre, 293; battus par les protestants au pont d'Osserain, 297; Bonnasse trouve qu'ils ont trop de confiance en leurs jambes, 298.

Bassac (Charente). Le prince de Condé y est tué, 191.

BASSILLON (Bertrand, seigneur de), gouverneur de Navarrenx, colonel de l'infanterie de Béarn, 172; l'un des défenseurs de Navarrenx, 243; sa mort, 284; soupçons de Mongommery sur sa fidélité, 287.

Bastanès (Basses-Pyrénées). Tarride y assemble les chefs du parti catholique, 257.

Bastide-Clairence (la) (Basses-Pyrénées). Leiçarrague y est envoyé comme ministre, 116.

Bastide d'Armagnac (la) (Landes). Montamat y séjourne, 291.

BAUDÉAN, capitaine catholique, arrive à Pontacq, 201; sa compagnie se mutine devant Pau, 224.

BAULON (François de), conseiller au parlement de Bordeaux, signe une lettre de cette cour à Tarride, 229.

Baure, château (Basses-Pyrénées). Gramont et Mongommery y ont une entrevue, 276.

Bayonne (Basses-Pyrénées). Les fuyards français s'y réfugient, 16; Bonnivet s'y rend avec des troupes, 18; la garnison espagnole de Béhobie y est envoyée prisonnière, 20; La Palice se dirige sur cette ville, 23; Lautrec la met en défense et soutient le siége, 24, 25; le prince d'Orange entre en Guienne près de la ville, 26; Antoine de Bourbon y séjourne, 65; les officiers sont invités à favoriser l'expédition catholique contre le Béarn, 176; les catholiques en tirent de l'artillerie, 207, 245.

Bazas (Gironde). Un cordelier de cette ville est massacré à Bordeaux, 48.

BÉARN. — Voy. ANDOINS, BON-

NASSE, CHARLES, Fors, GERDEREST, LOUVIE.

BEAUMONT. — Voy. LÉRIN.

BEAUMONT (Don Francisco de) fait Esparros prisonnier à Tiebas, 15.

BEAUVAIS (Louis Goulard, seign. de), gouverneur de Henri de Navarre, 115 ; envoyé à la cour de France pour le mariage de Henri, 318 ; son retour en Béarn, 319.

BÉDAT (Mathieu du), ministre à Lembeye, arrêté par les catholiques, 202 ; mis à mort, 222.

Bedous (Basses-Pyrénées), brûlé par les protestants, 290.

BÉGOLLE (Antoine de), capitaine catholique, arrive à Pontacq, 201 ; se joint à Bonnasse à Lourdes, 299.

Bégueyre ou Béqueyre (la rue) à Bordeaux ; un pâtissier de cette rue, chef d'une sédition, 47.

Béhobie (Basses-Pyrénées). Bonnivet y passe la rivière, 19 ; il fait le siège du château, 20.

BELASCO (Inigo de), connétable de Castille, rassemble des troupes contre les Français, 11 ; il entre à Sanguesa, 13 ; gagne la bataille de Tiebas sur les Français, 14.

BELCIER (Antoine de), président au parlement de Bordeaux, signe une lettre de cette cour à Tarride, 229.

BELLAY (Guillaume du), seign. de Langeais ; son opinion sur Esgoarrabaque, 12.

BELLEGARDE (Roger de Saint-Lary, seign. de), l'un des généraux de l'armée catholique, 257 ; il laisse passer la Garonne à Mongommery, 258 ; se prépare à joindre l'armée de Monluc, 264, 265 ; écrit à Peyre qu'il va joindre Monluc, 266 ; le syndic Luger écrit aux jurats d'Ossau qu'il va au secours d'Orthez, 275 ; n'ose entrer en Béarn, 281 ; laisse l'armée protestante entrer en Bigorre, 285.

Bellocq (Basses-Pyrénées), pris et pillé par les catholiques, 214 à 216.

BELLOCQ. — Voy. BERTRANET.

BELLOCQ (Menaut de), capitaine protestant, commande à Sauveterre, 181 ; il capitule, 213.

BELZUNCE (Jean de), gouverneur de Soule, 170.

BÉNAC (Philippe de Montaut, baron de) accompagne Henri de Navarre dans le pays basque, 145 ; des protestants se réfugient chez lui, 224 ; il somme et prend Lourdes, 286.

BENAUGES, protestant mis à mort à Pau, 222.

Bénéjac (Basses-Pyrénées). Les troupes protestantes y arrivent, 259.

Bérérenx (Basses-Pyrénées). Sainte-Colomme y installe l'artillerie pendant le siège de Navarrenx, 246.

BERGARA (Pierre de), maître-d'hôtel de Jeanne d'Albret, envoyé en Navarre pour calmer une sédition, 141.

Bergerac (Dordogne). Jeanne d'Albret y arrive, 156 ; elle y écrit à Charles IX, 159.

BÉRILLAC (de), capitaine protestant de l'armée de Mongommery, 256.

BERRY (Charles, duc de), frère de Louis XI, 96.

BERTRANET (Bertranet de Bellocq, dit), sergent de l'armée protestante, fait une sortie de Navarrenx, 251.

BEUDOAT, prisonnier, envoyé par Peyre pour traiter avec les protestants de la reddition de Pau, 277.

Beuste (Basses-Pyrénées). Un habitant protestant est brûlé par les catholiques, 204 ; son ministre est mis à mort à Pau, 263.

Bèze (Théodore de). Antoine de Bourbon le renvoie, 104 ; son *Histoire ecclésiastique* citée, 108.

Biarritz (Basses-Pyrénées), pillé par le prince d'Orange, 29.

Bidache (Basses-Pyrénées), pris par le prince d'Orange, 27 ; Gramont s'y retire, 200.

Bidassoa (la), rivière; Bonnivet la passe, 19; les Français s'y arrêtent, 63.

Bielle (Basses-Pyrénées). Jeanne d'Albret y apprend une conjuration ourdie contre elle, 129.

Bigorre (la) (Hautes-Pyrénées), se révolte contre Jeanne d'Albret, 173 ; les troupes catholiques s'y rassemblent, 177, 192 ; les gouverneurs prêtent de l'artillerie aux catholiques, 198 ; les États de Béarn demandent sa réunion au ressort du Conseil souverain de Béarn, 240, 242 ; Tarride y envoie des éclaireurs au-devant des troupes protestantes, 259 ; l'armée de Mongommery y entre, 285 ; elle est réduite à l'obéissance de Jeanne d'Albret, 286 ; elle se révolte de nouveau, 288 ; d'Arné y est nommé lieutenant de Roi, 289 ; fausse nouvelle d'une défaite de Montamat, 296 ; Bonnasse y arrive, 298.

Biran. — Voy. Gohas.

Biron (Armand de Gontaut, baron de), sollicite Jeanne d'Albret pour le mariage de Henri de Navarre, 327.

Bisquerre, capitaine protestant de l'armée de Mongommery, 256.

Blanc (Thomas), protestant mis à mort à Pau, 222.

Blanc-Castet, capitaine protestant. Bonnasse se rend à lui, 303.

Blois (Loir-et-Cher). François II y séjourne, 79 ; Charles IX et sa mère y reçoivent un envoyé de Jeanne d'Albret, 318 ; cette reine y décide le mariage de Henri de Navarre, 331.

Bodin (Jean). Son explication de l'incendie de Nay, 46.

Bois (Pierre du), ministre de Lescar, mis à mort à Pau, 263.

Boisnormand. — Voy. Le Gay.

Bonas en Pardiac. La femme du ministre Buisson, fille de cette maison, 248.

Bonfilh (Antoine), cloutier de Nay, protestant mis à mort, 204.

Bonnasse (François de Béarn, seign. de), capitaine catholique, débauche des soldats du parti protestant, 180 ; amène des troupes à Oloron, 196 ; les Bigourdans viennent l'y joindre, 198 ; il assiége Nay, 202 ; il prévient Tarride de l'arrivée des protestants, 259 ; ceux-ci brûlent sa maison, 260 ; il fait massacrer le seigneur d'Abère d'Asson, 261 ; il reçoit l'ordre de secourir Pau, 266, 275 ; se retire dans la vallée d'Ossau, en pille les villages, 276 ; abandonne Nay, 278, 279 ; se réfugie en Lavedan, 286 ; rassemble des troupes dans la vallée d'Aspe, 289 ; il est chassé jusqu'à Lescun, 290 ; se met à la tête des catholiques, 293 ; reçoit les lettres de Charles IX et du duc d'Anjou qui lui donnent la seigneurie de Nay, 294, 295 ; il se retire dans la vallée d'Aspe et se défie des Basques, 298 ; se réfugie à Lourdes, 299 ; ses soldats tuent par mégarde un commissaire aux vivres, 300 ; il est assiégé dans Tarbes, 301, 302 ; sa mort, 303.

Bonnefont (Pierre de), conseiller au Conseil souverain de Béarn, chargé d'établir l'église réformée à Oloron, 119.

BONNIVET (Guillaume Gouffier, seign. de), gouverneur de Guienne, commande l'expédition française en Navarre, 17, 18; il prend Fontarrabie, 21; il ramène ses troupes en France, 22.

Bordeaux (Gironde). Bonnivet y arrive, 18; théâtre d'une sédition, 47 à 49; procédures du parlement contre le Béarn, 168, 176 à 178; il écrit à Tarride 228, 229; remontrances du syndic au sujet de sa lettre, 229 à 242; Lansac écrit de cette ville pour exciter la guerre en Béarn, 295.

BORDENAVE (Jean de), conseiller au Conseil souverain de Béarn, l'un des chefs catholiques, 126; chargé de rassembler des vivres à Navarrenx, 191; nommé président du Conseil souverain par les catholiques, 254; son apostrophe aux avocats protestants, 255; sa lettre aux jurats d'Ossau, 272, 273.

BORDENAVE (Nicolas de), auteur de l'*Histoire de Navarre et Béarn*. Renseignements biographiques, I à V.

Bordes (Basses-Pyrénées). Les Etats de Béarn y écrivent à Tarride, 211.

Bordes d'Espoey (les) (Basses-Pyrénées), lieu d'étape désigné pour les troupes catholiques, 210.

BORDIU (Du). — Voy. POQUERON.

BORY, capitaine protestant, s'attarde à Nérac, 292.

BOUCHARD (Amaury), chancelier de Foix et Béarn, trahit Antoine de Bourbon, 87.

BOUGIER, capitaine protestant, tué au siége de Tarbes, 303.

BOULOGNE (Jean Lescrivain, dit), secrétaire d'Antoine de Bourbon, chargé d'interdire la religion réformée en Béarn, est arrêté par ordre de Jeanne d'Albret, 111.

BOURBON. — Voy. ANTOINE, CATHERINE, CONDÉ, CONTI, LA ROCHE-SUR-YON, LAVEDAN.

Bourbon (la maison de). Animosité des Guises contre elle, 77; sa ruine méditée par la cour de France, 312; Paris mal disposé pour elle, 332.

BOURBON (le duc de), beau-frère du roi Charles V, tuteur de Charles VI, 98.

BOURBON (Charles, dit le connétable de), conduit l'armée impériale en Italie, 29.

BOURBON (Charles, cardinal de) accompagne la reine d'Espagne, 76; envoyé par Charles IX auprès du roi de Navarre, 84, 88; son discours à Antoine de Bourbon, 89; ses craintes pour ses frères, 99, 100; il les décide à venir à la cour de France, 103; Jeanne d'Albret lui écrit, 156; cité dans une lettre de cette reine à Catherine de Médicis, 162; va au-devant de Jeanne d'Albret à Tours, 331; Charles IX décide qu'il célébrera le mariage de Henri de Navarre, 332.

BOURBON (Suzanne de), femme de Jean d'Albret, baron de Miossens, gouvernante de Henri de Navarre, 53, 56.

Bourguignons (les) dirigent les affaires en Espagne, 5.

Boursiers de l'Université de Béarn, leur organisation, 326.

BRASSALAY (Fortic de), capitaine protestant, fait partie de la garnison de Navarrenx, 243; exécute des sorties, 249, 250; nommé gouverneur d'Orthez, 285; sa compagnie se retire en désordre de Sainte-Marie-d'Oloron, 297.

Bretagne (la). D'Andelot devait y être arrêté, 152.

BRETCHAIRE, conseiller de Thierry III, 94.
BRODEAU (Victor), secrétaire d'Etat de Navarre. Sa remontrance à Antoine de Bourbon, 64.
Brouage (Charente-Inférieure). Cité à propos de la Saint Barthélemy, 330.
BRUNIQUEL (Bernard-Roger de Comminges, vicomte de), capitaine protestant de l'armée de Mongommery, 256.
BUISSON (Antoine), ministre d'Oloron, mis à mort ainsi que sa femme, 247, 248.
BURIE (Charles de Coucy, seign. de), lieutenant de Henri II, roi de Navarre, en Guienne, dirige une expédition contre Fontarrabie, 62; ses troupes se débandent, 63.

C

CABENAC, capitaine catholique, tué au siége de Navarrenx, 251.
CALVET, capitaine protestant, tué devant Orthez, 267.
CAMPAGNE (le seign. de) recueille des protestants, 224.
CANDAU (François de la Salle, seign. de), capitaine catholique, pris à Orthez, 271; tué à Navarrenx, 282.
CANDÉ (le sieur de), secrétaire d'Etat de Jeanne d'Albret, communique une pièce à l'auteur, 122.
CANTET, capitaine catholique; ses arquebusiers à cheval perdent leur drapeau, 310.
CARACALLA, empereur romain, ses noces citées, 317.
CARDAILLAC. — Voy. SARLABOUST.
CARMAIN. — Voy. NÈGREPELISSE.
CARRÈGES, capitaine français, tué en Espagne, 21.
CARSUSAN (Pierre-Arnaud de), chanoine d'Oloron, l'un des chefs du parti catholique, 127, 128.
CASABANT (Assibat de Casanabe, dit), capitaine protestant, revient de La Rochelle, 181; fait partie de la garnison de Navarrenx, 244; exécute une sortie, 249; nommé gouverneur de Lourdes, 286; son lieutenant rend cette place aux catholiques, 288.
CASALIS, capitaine protestant, gouverneur de Tartas, remplacé, 292.
CASANABE. — Voy. CASABANT.
CASE (Arnaud de), juge-mage de Bigorre, destitué par les catholiques, 174.
CASSAGNÈRE. — Voy. PEYRELONGUE.
CASSAGNET. — Voy. SAINT-ORENS, TILLADET.
CASTÉRAN (Jean), capitaine catholique, parlemente au siége de Rabastens, 308.
CASTET (Julian de), sergent de la compagnie d'Espalungue, livre une porte de Nay aux catholiques, 203.
Castille (la). Elle se soulève contre le roi d'Espagne, 4; les adversaires du roi de Navarre s'y retirent, 10; Logroño, ville réunie à ce royaume, 12.
Castille (l'amiral de), chef de l'armée espagnole, 11; s'empare de Logroño, 13.
Castres (Tarn). Mongommery y séjourne, 255; il y rassemble ses troupes, 256.
Câteau-Cambrésis (Nord). La paix y est signée entre la France et l'Espagne, 61; le roi de Navarre y est omis dans le traité, 71.
CATHERINE, reine de Navarre, 3; censurée par le Pape, perd son royaume, 85.
CATHERINE DE BOURBON, sœur de Henri de Navarre; les catholiques veulent s'en emparer,

127; revient en Béarn avec sa mère, 139; Charles IX et Catherine de Médicis désirent la « caresser », 150; guet-à-pens dressé par la cour de France pour la saisir, 152; craintes des protestants pour elle, 153; elle quitte Nérac avec sa mère, 155; citée dans une lettre de Jeanne d'Albret à Catherine de Médicis, 160; dans une lettre de sa mère à Elisabeth d'Angleterre, 164, 167; dans les lettres d'Arros aux villes de Navarre, 172; le roi de France veut la prendre sous sa protection, 183; citée dans un discours du président Etchart, 190; guet-à-pens contre elle rappelé, 346; part de la Rochelle avec sa mère pour venir en Béarn, 319; ses droits à la succession de sa mère, 333; vœux de celle-ci à son égard, 334.

CATHERINE DE MÉDICIS, tutrice du roi Henri II, son fils, 67; son irritation de la faveur des Guises, 69; elle fait chasser de la cour Diane de Poitiers, 70; Antoine de Bourbon proteste de sa confiance en elle, 82; elle envoie M. de Crussol auprès du roi de Navarre, 88; elle sauve ce dernier de la mort, 107; elle lui montre que le roi d'Espagne le trompait, 112; elle reproche à Jeanne d'Albret l'abolition du catholicisme, 118; désire voir la reine de Navarre et ses enfants, 150; ses projets contre les réformés, 153; lettre que lui écrit Jeanne d'Albret, 156, 159 à 163; craintes des protestants à son égard, 315; son empire sur Charles IX, 317; son bon accueil à l'un des gouverneurs du prince de Navarre, 318; elle veut que le mariage de ce prince se fasse à Paris et devant l'église romaine, 332.

CAUBIOS (Auger, seign. de), capitaine catholique, conduit les troupes à Lescar, 206.

CAUMONT. — Voy. LAUZUN.

CAUMONT (François de), capitaine protestant, fait partie de l'armée de Mongommery, 256.

CAUNA. — Voy. ABÈRE.

CÉSAR. Ses paroles citées, 281.

CHABANNES. — Voy. LA PALICE.

CHALON. — Voy. ORANGE.

Chalosse (la) (Landes). Monluc y met des garnisons, 177; l'armée protestante y passe, 286.

CHAMBON (Michel), tailleur de Jeanne d'Albret, mis à mort à Pau par les catholiques, 263.

Chambord (Loir-et-Cher). Charles IX commande à Antoine de Bourbon de s'y rendre, 106.

Champagne (la), envahie par les troupes de Charles-Quint, 23, 24.

CHARLEMAGNE. Sa postérité meurt avec Charles, duc de Lorraine, 91; les Guises se donnent faussement pour ses successeurs, 92.

CHARLES-LE-CHAUVE, 98.

CHARLES IV LE BEL, 94.

CHARLES V, roi de France, règle la tutelle de son fils, 98.

CHARLES VI, 98.

CHARLES VIII. Les États-Généraux lui donnent des tuteurs, 98; paroles du Pape sur son expédition en Italie, 281.

CHARLES IX (son nom revenant presque à chaque instant depuis la page 115, cette table eut été surchargée de trop nombreuses citations.)

CHARLES, duc de Mosellane et de Lorraine, ancêtre des Guises, 92.

CHARLES, prince de Navarre, dit le Vacher de Béarn, est pris et meurt devant Naples, 31.

CHARLES-MARTEL, 230.
CHARLES - QUINT. Craintes de François Ier sur une alliance de Henri II, roi de Navarre, avec lui, 3; il est élu empereur, 4; des seigneurs espagnols feignent de quitter son parti, 10; il attaque la Champagne, 23; prend Pedro Navarre à son service, 26; son armée entre en Italie, 29; le roi de France cherche des alliances en Allemagne contre lui, 32, 38; le duc de Clèves lui dispute l'héritage de Bourgogne, 35; ils se réconcilient, 39; il appelle son fils, Philippe II, en Flandres, 49; ses conquêtes rappelées, 312.
CHASTELIER (le sieur du), lieutenant général de l'armée de mer, envoyé par Jeanne d'Albret à la reine d'Angleterre, 167.
Château-Pignon (Basses-Pyrénées). Assiégé par les Français, 7, 18.
Château-Trompette (le), à Bordeaux. Le lieutenant général en sort, 47; les séditieux s'en emparent, 49.
Châtellerault (Vienne). Le mariage de Jeanne d'Albret et du duc de Clèves y est célébré, 38.
CHATILLON (Gaspard de Coligny, dit le maréchal de), meurt à Dax, 22.
Chenonceaux (Indre-et-Loire). Charles IX y mande Antoine de Bourbon, 106.
CHIROUSE, secrétaire de Tarride, 219.
CLAVERINE (Peyroton de), protestant de Pontacq, mis à mort à Coarraze, 203.
CLÈVES (Guillaume, duc de), épouse Jeanne d'Albret, 32; les Etats de Béarn s'opposent à ce mariage, 33 à 38; il quitte sa femme, 39.
Coarraze (Basses-Pyrénées). Les catholiques y noient un protestant, 204; les troupes protestantes y passent, 259; les protestants en tirent des troupes, 272.
Cognac (Charente). Jeanne d'Albret y arrive, 164.
COIMBRES, capitaine espagnol, facilite l'évasion de Henri II, roi de Navarre, du château de Pavie, 30.
COLIGNY. — Voy. ANDELOT, CHATILLON.
COLIGNY (Gaspard de), amiral. Sa vie menacée par les Guises, 151; il accompagne le prince de Condé, 155; il échappe aux catholiques, 156; vient à Cognac, 163; prépare une expédition dans les Pays-Bas, 312; les embûches des Guises contre lui rappelées, 316.
Collége de Lescar. Son entretien, 117.
COLOMIÈS (Archambaud de), juge d'Oloron, chargé d'établir l'église réformée à Oloron, 119.
COMMINGES. — Voy. BRUNIQUEL.
CONDÉ (Louis Ier, prince de), chef de la conjuration d'Amboise, 79; il échappe aux Guises, 80; ceux-ci lui envoient le maréchal Saint-André, 82; le roi de France lui ordonne de venir à la cour, 83; le cardinal d'Armagnac l'accuse d'hérésie, 84; il l'engage à aller trouver le roi de France pour se disculper, 85; les Guises le rendent odieux au Roi, 87; le cardinal de Bourbon ébranle ses résolutions, 88; Crussol lui fait espérer qu'il balancera l'influence des Guises, 89; les réformés demandent qu'il aille en armes aux Etats-Généraux, 95; son voyage à la cour de France est résolu, 99 à 101; il part malgré sa femme, 103; il est

arrêté, emprisonné et condamné à mort, 104 et 105 ; la mort de François II le sauve, 107 ; il prévient Jeanne d'Albret de la prise d'armes des protestants, 139 ; guet-à-pens des Guises, 151 ; il erre en France, 155, 157 ; haine des Guises contre lui, 162 ; il arrive à Cognac, 163 ; il prend le commandement des troupes protestantes, 164 ; il se retire à la Rochelle, 185 ; il est tué à Bassac, 191 ; sa mort cause la défection de Gramont, 212 ; la haine de la cour contre lui rappelée, 316.

CONDÉ (Henri Ier, prince de), quitte La Rochelle avec Jeanne d'Albret et vient en Béarn, 319.

Condom (Gers). Monluc l'abandonne, 290 ; les troupes catholiques l'environnent, 291.

Condomois (le) (Gers). Les officiers favorisent l'expédition catholique contre le Béarn, 176.

Conjuration d'Amboise, 78 à 80.

Conseil ecclésiastique de Béarn, son institution, 322.

Conseil souverain de Béarn, créé par Henri II, roi de Navarre, 42.

CONSTANTIN LE GRAND convoque le concile de Nicée, 102.

CONTI (François de Bourbon, prince de), quitte La Rochelle avec Jeanne d'Albret et vient en Béarn, 319.

CORCELLES (Michelle de), femme de Peyre, gouverneur de Pau. Elle assiste à l'exécution des protestants, 263.

CORISANDE D'ANDOINS. Son mariage, 149.

CORTADE (Guillaume de), capitaine protestant, fait partie de la garnison d'Oloron ; arrête l'abbé de Sauvelade, 129 ; se retire à Navarrenx, 243 ; exécute des sorties, 249, 250 ; sa compagnie abandonne en désordre Sainte-Marie-d'Oloron, 297.

COUCY. — Voy. BURIE.

COURTEVILLE, frère de Mongommery, prisonnier des catholiques, échangé contre Tarride, 270.

COURTOISIE, sergent d'Esgoarrabaque, ouvre par mégarde une porte d'Oloron aux protestants, 194.

Couserans (l'évêque de). — Voy. GRAMONT.

Coutumes. — Voy. Fors.

CRUSSOL (Antoine, comte de), envoyé du roi de France vers Antoine de Bourbon, 84 ; favori de Catherine de Médicis, 88 ; ses remontrances au roi de Navarre, 89.

CUNIGA. — Voy. MIRANDA.

D

DAILLON. — Voy. LUDE.

DAMVILLE (Henri de Montmorency, baron de), maréchal de France, commande un corps d'armée catholique, 257, 281 ; il s'approche du Béarn, 287 ; il arrête le pillage de Mont-de-Marsan, 288 ; se retire vers Toulouse, 289 ; il refuse de l'artillerie à Bonnasse, 300.

DANGU (Nicolas), évêque de Mende, chancelier de Navarre, trahit Antoine de Bourbon, 74, 87.

DAUPHIN (le), fils du roi Jean, 99.

DAVID, ministre protestant, séjourne près d'Antoine de Bourbon, 84 ; menacé d'excommunication, 86 ; Ant. de Bourbon le prend sous sa protection, 87.

Dax (Landes). Le maréchal de Châtillon y meurt, 22 ; les catholiques en tirent de l'artillerie, 207 ; deux compagnies de catholiques s'y retirent,

287; Monluc y envoie chercher de l'artillerie, 307.

Dédicace de l'*Histoire de Béarn et Navarre* à Henri IV, 1 et 2.

Départ, faubourg d'Orthez (Basses-Pyrénées). Les catholiques s'y défendent, 267.

DESPOURRIN (Jean), d'Oloron, met à mort deux ministres protestants, 248.

DESSAULT (Raymond), capitaine de Bordeaux, décapité à la suite d'une sédition, 48.

DIANE DE POITIERS, duchesse de Valentinois, chassée de la cour, 70.

DINA (les noces de) citées, 317.

DOMEZAIN (Valentin de), capitaine basque catholique, se révolte contre Jeanne d'Albret, 139; confère avec Monluc, 142; la reine de Navarre lui pardonne, 150; il convoque illégalement les Etats de Navarre, 172; il prend Sauveterre et Salies, 213, 214; se met de nouveau à la tête des catholiques, 293.

DONA-MARIA, capitaine espagnol, abandonne le roi de Navarre, 10; fait prisonnier le sieur de Tournon, 15.

Draperie. Henri II, roi de Navarre, en encourage l'industrie dans le Béarn, 41, 42.

DURAS (Symphorien de Durfort, seign. de), accompagne Antoine de Bourbon dans une expédition contre la Navarre, 65.

DURBAN. — Voy. LABASSÈRE.

DURFORT (Hugues d'Espagne, seign. de), capitaine français, tué à la bataille de Tiebas, 15.

E

Eaux-Chaudes (les) (Basses-Pyrénées. Jeanne d'Albret s'y rend, 129; elle y séjourne pour sa santé, 319.

Eauze (Gers). Les catholiques l'abandonnent; Tarride y meurt, 290; les protestants en partent en hâte, 292.

Ebre (l'), fleuve d'Espagne. Esparros se retire en deça, 13.

EBROÏN, maire du palais sous Thierry III, 94.

ÉCHAUX (Antoine, vicomte d'), capitaine basque catholique, obtient son pardon de la reine de Navarre, 150.

ÉCHAUX (Dollique d'), capitaine français, combat les Espagnols, 7; colonel, 15.

Égypte (l'alliance d') reprochée à Salomon, 315.

Égyptiens (les) cités, 136.

ELICÉIRY, capitaine catholique, arrive à Bellocq, 215; il reprend les armes, 306.

ÉLISABETH, reine d'Angleterre. Jeanne d'Albret lui écrit, 164 à 167.

ÉLISABETH, reine d'Espagne, femme de Philippe II. Son mariage, 62; on la conduit jusqu'aux Pyrénées, 76.

ENÉE. Sa fuite citée, 155.

ESCARS (d'). — Voy. SAINT-BONNET.

ESCARS (François de Peyrusse, comte d'), conseiller d'Antoine de Bourbon. Il le trahit, 74, 87; il sert les Guises, 110; envoyé en Espagne par Antoine de Bourbon, 113; Jeanne d'Albret lui échappe, 156; il refuse le commandement de l'expédition catholique contre le Béarn, 180.

Escot (Pène d'), montagne (Basses-Pyrénées). Les protestants y arrivent dans la vallée d'Aspe, 290.

ESCOUT (Guillaume l'), chirurgien protestant mis à mort à Pau, 263.

ESGOARRABAQUE. — Voy. SAINTE COLOMME.

ESGOARRABAQUE (Jacques II de Sainte-Colomme, seign. d'),

capitaine catholique, gouverneur d'Oloron, 63 ; il apaise une sédition, 130 ; se fait remettre Oloron, 132 ; Arros lui confie la garde d'Oloron, 181 ; il refuse de lui rendre cette place, 192, 193 ; il est emprisonné, 194 ; sa femme défend la ville, 195 ; Arros lui rend la liberté, 197 ; les Etats de Béarn rappellent son arrestation, 208 ; il promet de ne pas laisser entrer les troupes catholiques à Oloron, 248 ; il reçoit le collier de Saint-Michel, 252 ; les Etats de Béarn lui donnent procuration pour faire en Espagne un emprunt destiné au soutien de la guerre contre les protestants, 253 ; il abandonne Oloron et s'enfuit en Espagne, 280 ; ses fausses promesses rappelées, 282.

Eslayou (Jean de Soulenx, seign. d'), capitaine catholique, refuse l'entrée de Lescar à Arros; ouvre cette ville aux troupes catholiques, 206.

Espagne. Les Etats de Béarn y font faire un emprunt, 253 ; on y craint l'entrée de l'armée protestante, 271 ; Esgoarrabaque s'y enfuit, 280 ; Bonnasse y passe, 286 ; captivité de François Ier rappelée, 312.

Espagne. — Voy. Charles-Quint, Durfort, Philippe.

Espalungue (Bertrand d'), capitaine protestant, commande à Nay, 181 ; il protége la retraite d'Arros abandonnant Oloron, 196 ; sa compagnie se débande à Nay, 202, 203 ; fait partie de la garnison de Navarrenx, 244 ; exécute une sortie, 249 ; gouverneur d'Ossau, 285 ; il brûle Urdos, 290 ; il fait prisonnier Abbadie d'Izeste, 303.

Esparros. — Voy. Foix.

Esparse, espagnol au service d'Antoine de Bourbon, arrête Gamboa, 66.

Espoey (Basses-Pyrénées). Tarride y loge, 219.

Estella (Navarre espagnole) se rend aux Français, 11.

Estienne (Marc), serviteur du capitaine Gohas, tue un protestant à Nay, 204.

Estoupignan, capitaine protestant, gouverneur de Saint-Sever, 292 ; son lieutenant tué au siége de Tarbes, 303.

Etats-Généraux convoqués par François II, 72 ; à Meaux, 81 ; puis à Orléans, 83 ; assemblés à Tours sous Louis XI, 96 ; les réformés demandent à y être librement entendus, 101.

Etats de Béarn. Ils délibèrent sur le mariage de Jeanne d'Albret avec le duc de Clèves, 32 à 37 ; tenus par le cardinal d'Armagnac, 56 ; assemblés à Pau, composés de catholiques, 133 ; votent des subsides contre l'invasion du Béarn, 171 ; ils écrivent à Tarride, 208 ; convoqués par lui à Lescar, 216 à 219 ; ils interdisent l'exercice de la religion réformée, 222 ; convoqués à Lucq par le roi de France, 252 à 254 ; réunis à Pau par Jeanne d'Albret, en 1571, ils demandent l'abolition de la religion catholique, 319 à 327.

États de Bigorre, tenus par Jeanne d'Albret à Tarbes, 131.

États de Navarre, réunis à Lantabat, 143 ; à Saint-Palais, 149 ; assemblés par ordre de Charles IX, 169 ; convoqués illégalement par les chefs du parti catholique, 172 ; tenus par Arros, 311.

Etchart (Jean d'), procureur général en Béarn, puis président du Conseil souverain, envoyé à Oloron pour apaiser une sédition, 132; puis en Navarre dans le même but, 141; sa harangue aux Basques, 146; son discours aux Béarnais, 184 à 191; prisonnier, il est chargé de traiter de la reddition de Pau aux troupes protestantes, 277; il sauve la vie d'un capitaine catholique qui avait empêché qu'il ne fût pendu, 278; les catholiques l'oublient en quittant Pau, 280.

Étienne II, pape. Son décret sur la succession au trône de France, 91.

Évreux. — Voy. Philippe.

F

Fabas (Jean de), capitaine protestant, défend Mont-de-Marsan contre Monluc, 288.

Faget, capitaine protestant, gouverneur de Tartas, 292.

Falces (Alonso Carillo de Peralta, marquis de), capitaine navarrais, prend Tudela, 11.

Faron, capitaine catholique. Mongommery le fait brûler dans le château de Sainte-Colomme qu'il défendait, 261.

Faur (Auger du), protestant de Beuste, brûlé par les catholiques, 204.

Fauroux, guidon de la compagnie de Tarride, envoyé vers les États de Béarn, 218; maréchal de camp, 246; fait prisonnier à Orthez, 271.

Ferdinand, roi de Hongrie, donne sa fille en mariage au duc de Clèves, 39; renonce au titre de roi des Romains, 49.

Ferdinand-le-Catholique, sa conquête de la Navarre, rappelée, 35.

Fizes (Simon), baron de Sauves, secrétaire du duc d'Anjou, 217.

Flamands (les) gouvernent la Castille, 5.

Flamarens (Renaud de Grossoles, baron de), sénéchal de Marsan, envoyé par Monluc en Béarn pour un désarmement, 176, 177; s'enfuit précipitamment de Mont-de-Marsan à l'approche de Mongommery, 286, 287.

Flandre (la). Charles-Quint y appelle Philippe, son fils, 49; terre vassale du roi de France, 312.

Fleur-de-Lys, capitaine catholique de l'armée de Tarride, commissaire des vivres, 246.

Foix (le comté de). Jeanne d'Albret s'y rend pour le visiter, 139; les troupes protestantes s'y rassemblent, 255.

Foix (André de), seign. d'Esparros, chef de l'armée française, 6; il traverse les Pyrénées, 7; il assiége et prend Pampelune, 8, 9; il refuse des sauf-conduits aux Navarrais infidèles, 10; il s'empare des villes de Navarre, 11; il licencie les Gascons; assiége Logroño, 12; livre et perd la bataille de Tiebas contre les Espagnols, 13, 14; rendu aveugle par un coup de lance, il est fait prisonnier, 15.

Foix (Jacques de), évêque de Lescar, demande en vain à Henri II, roi de Navarre, la grâce d'un criminel, 43.

Foix (Monsieur de) vient trouver Jeanne d'Albret à Tours, 331.

Foix (Odet de), vicomte de Lautrec, son frère, commande l'armée française, 6; met Fontarrabie en état de défense, 24; se retire à Bayonne et soutient le siége, 24, 25; il fait pendre les traîtres, 26; commande l'armée française devant Naples, 31.

Fontainebleau (Seine-et-Marne).

Jeanne d'Albret rappelle à Catherine de Médicis les promesses qu'elle lui a faites en ce lieu, 160.

FONTARAILLES (Michel d'Astarac, baron de), sénéchal d'Armagnac, protége le voyage de Jeanne d'Albret, 155.

Fontarrabie (Espagne), menacé par Bonnivet, 19; assiégé, 20; capitule, 21; pris par le prince d'Orange par une trahison, 24 à 26; échec de deux expéditions d'Antoine de Bourbon, 62 à 66.

FONTENILLES (Philippe de La Roche, baron de), capitaine catholique de l'armée de Monluc, 264.

FORPELAT. — Voy. LAAS.

Fors de Béarn, renouvelés par Henri II, roi de Navarre, 43.

FOUR (Arnaud du), jurat de Nay, protestant; Bonnasse en fuyant lui remet les clés de la ville, 279; il envoie à Pau la nouvelle du départ de Bonnasse, 280.

Francfort-sur-le-Mein. Charles-Quint y est élu empereur, 4.

FRANCISCO, valet de chambre de Henri II, roi de Navarre, prépare et presse la fuite de son maître du château de Pavie, 30.

FRANÇOIS Ier, roi de France, fait venir en France Henri II, roi de Navarre, 3; déclare la guerre à l'Empereur, 4; le bruit se répand en Navarre que la conquête est faite à son profit, 9; son expédition en Italie; il est fait prisonnier, 29; marie Jeanne d'Albret avec le duc de Clèves, 32 à 38; il donne le gouvernement de Guienne à Henri II, roi de Navarre, 46; il lui promet de lui faire restituer la Navarre, 62; rappel de sa prison en Espagne, 312.

FRANÇOIS II, roi de France. Sa tutelle, 67; il est gouverné par les Guises, 68 à 70; mauvais accueil qu'il fait à Antoine de Bourbon, 75; il échappe aux conjurés d'Amboise, 79; il convoque les États-Généraux, 81; il envoie le maréchal Saint-André et le cardinal d'Armagnac vers le roi de Navarre, 82 à 85; sa colère contre les Bourbons, 88, 89; il défend à Antoine de Bourbon et au prince de Condé d'entrer dans aucune ville fermée, 104; les Guises le décident à faire mourir le roi de Navarre, 105; dispute préméditée entre eux, 106; sa mort, 107.

FRANÇOIS-PHŒBUS, roi de Navarre, 3.

FRANGET (Lanusse, dit), capitaine béarnais, gouverneur de Fontarrabie, 23; il livre cette place aux Espagnols, 25; il est dégradé de noblesse à Lyon, 26.

FRAY-JOAN (Jean de La Salle, dit), habitant de Navarrenx, tente de livrer cette place aux catholiques, 244; il est mis à mort, 245; suites de sa trahison, 250.

G

GACHISSANS. — Voy. SALLES.

GALOSSE (Gaillard), juge-mage de Bigorre, nommé par les catholiques, 174; se rend à Toulouse pour demander au Parlement de saisir le Béarn, 175.

Gamarthe (Basses-Pyrénées). Henri, prince de Navarre, y assemble les Basques, 146.

GAMBOA, valet de chambre d'Antoine de Bourbon. Il le trahit, 64, 65; il est mis à mort, 66.

Garlin (Basses-Pyrénées). Le ministre de ce lieu est mis à mort à Pau, 263.

GARLIN, lieutenant du gouverneur de Rabastens, 308.

Garonne (la), rivière. Des églises réformées se fondent en-deçà et en-delà, 55; Audaux vient jusqu'à cette rivière au-devant de Jeanne d'Albret, 110; cette reine la passe à Tonneins, 155; l'armée protestante arrive sur ses bords, 256; l'armée catholique se propose d'en défendre le passage, 257; Mongommery la traverse au pont de Miramont, 258.

Garris (Basses-Pyrénées). Le capitaine Lalanne s'y installe, 144; il en est chassé par les catholiques, 145; trois des assiégeants catholiques de ce château sont pendus, 149; Luxe s'empare du château, 170; Arros blâme cette saisie, 172.

GARRO. — Voy. ZOLINA.

Gascogne (la). Des habitants viennent au prêche à Mazères près Pau, 54; le prince de Condé s'y rend, 80; le maréchal Saint-André y est envoyé par la cour de France, 81; les Guises y députent aussi vers le roi de Navarre, 83, 84; Catherine de Médicis y envoie M. de Crussol, 88; Domezain y va conférer avec Monluc, 142; Tarride y rassemble ses troupes, 188; ses milices se mutinent, 224; Monluc appréhende d'y être défait, 265; on s'y étonne des succès de Mongommery, 271; celui-ci la traverse, 290; Bonnasse s'en approche, 298; des Béarnais du parti catholique s'y réfugient, 300; après la paix, les troupes étrangères s'y retirent, 310.

Gascons (les) tiennent garnison à Fontarabie, 23; joignent l'armée française devant Naples, 31; ils entrent à Lescar, 206; ils mettent le feu aux faubourgs de Pau, 224.

GASSION (Jean de), procureur général en Béarn, destitué par les catholiques, 255.

Gaube, château (Landes), résidence de Monluc, évêque de Valence, 283.

Gave de Pau (le), rivière. Des protestants y sont noyés, 204; les troupes catholiques logent sur ses bords entre Nay et Pau, 208; les troupes de Montamat le passent à Coarraze, 259; un vieillard protestant y est noyé à Orthez, 262; des soldats catholiques s'y noient à Orthez, 267; Mongommery le met entre lui et les troupes catholiques, 287; Bonnasse le traverse près d'Asson, 298.

Gave d'Oloron (le), rivière. Le prince d'Orange le traverse, 26; Luxe y installe de l'artillerie pour le siége de Navarrenx, 246; l'abbé de Sauvelade y fait jeter les corps de deux ministres, 248.

Généalogie des Guises, 91, 92.

Genève (Suisse). Les officiers du roi de Navarre y envoient un député pour avoir un ministre, 53; Le Gay y retourne, 56; Jeanne d'Albret en fait venir Raymond Merlin, 116.

GENOUILLAC (Jacques Galiot de), seigneur d'Acier, grand maître de l'artillerie, fait partie de l'expédition de Navarre, 17.

GERDEREST (Gabriel de Béarn, baron de), l'un des chefs du parti catholique, 126; il se rend maître du Vic-Bilh, 202; fait prisonnier à Orthez, 270; tué à Navarrenx, 282.

GERDEREST (Menauton, bâtard de), abandonne la vallée d'Aspe aux Espagnols, 28.

GERNAC. — Voy. JARNAC.

Gimont (Gers). La Valette quitte ce lieu, 305.

Gnostiques (les). Les protestants leur sont comparés par leurs ennemis, 54.

GOHAS (de Biran, seigneur de), capitaine catholique, vient à Tarbes, 192; menace Pontacq, 198, 201; un protestant infirme est pendu à sa fenêtre, 202; ses domestiques tuent à Nay un protestant, 204.

GOHAS (Gui de), capitaine catholique, mestre de camp de l'armée de Tarride, arrive à Tarbes, 177; part d'Orthez, 246; fait prisonnier à Orthez, 271; tué à Navarrenx, 282.

GONDRIN. — Voy. MONTESPAN.

GONGORA (le seigneur de) abandonne le roi de Navarre, 10.

GONTAUT. — Voy. AUDAUX, BIRON; SAINT-GENIEZ.

GOUFFIER. — Voy. BONNIVET.

GOULARD. — Voy. BEAUVAIS.

GOUZE (Jean d'Auga, seign. de), capitaine protestant, gouverneur d'Orthez, 181; il capitule, 213.

GRAMONT (Antoine de), lieutenant-général en Béarn et Navarre, 120; protège la Réforme; son portrait, 123; suspend la publication des ordonnances de Jeanne d'Albret, 125; résiste aux catholiques pendant la tenue des États de Béarn, 139; accompagne le prince de Navarre dans le pays basque, 145; plaintes des catholiques contre lui, 148; il exhorte les États de Béarn à la fidélité, 171; il bat les troupes catholiques, 173; il conseille à Arros de faire venir Esgoarrabaque, 192; il fait mettre celui-ci en liberté, 197; il se sépare d'Arros et se retire à Bidache, 199, 200; le Conseil de Pau souhaite qu'il reprenne le gouvernement, 206; son lieutenant empêche l'entrée de Tarride, 207; nouvelles plaintes des catholiques contre lui, 212; cité dans une lettre du duc d'Anjou, 216; des protestants se réfugient chez lui, 224; il confère avec Mongommery, 276; il se retire à Bidache, 277.

GRAMONT (Arnaud de) s'enfuit d'Espagne à Bayonne, 16.

GRAMONT (Charles de), évêque de Couserans, conseiller d'Esparros, 6; empêche celui-ci de se renfermer dans Pampelune, 13; s'enfuit à Bayonne, 16.

GRAMONT (Philibert de). Son mariage, 149.

GRATIAN (Gratien de Lurbe, dit), capitaine protestant, commande le château d'Orthez, 181; il capitule, 213.

GRAVILLE (la maison de) alliée à celle de Lorraine, 92.

Grenade-sur-l'Adour (Landes), indiqué comme étape aux troupes catholiques, 211; Montamat y arrive, 292.

GROSSOLES. — Voy. FLAMARENS.

Gueldres (le duché de) contesté par le duc de Clèves à Charles-Quint, 35.

GUELDRES (le duc de). — Voy. CLÈVES.

GUENARE (don Pedro Belas de) soutient le siége dans Logroño, 12.

GUENDULAIN (le seign. de) abandonne le roi de Navarre, 10.

Guienne (la). Bonnivet y lève de l'infanterie, 18; attaquée par les troupes impériales, 23; envahie par le prince d'Orange, 26; son gouvernement est donné à Henri II, roi de Navarre, 46; une sédition y éclate, 47 à 49; des églises réformées s'y établissent, 55; défense faite par Monluc aux habitants de trafiquer avec les Béarnais, 177;

ses forces réunies dans la main de Monluc, 301.
GUILLASSOT (Ramonet d'Ostabent, dit), capitaine catholique, conduit les troupes catholiques à Lembeye, 305.
Guipuzcoa (les seigneurs du) s'abouchent avec un serviteur d'Antoine de Bourbon, 64.
GUISE. — Voy. AUMALE, LORRAINE.
GUISE (Claude, duc de), fils de René de Vaudemont, 92.
GUISE (François de Lorraine, duc de), aspire à la tutelle du roi François II, 67 ; ses intrigues contre les Bourbons, 67 à 90 ; sa généalogie, 91, 92 ; il circonvient le roi de France, 94 à 100 ; menace la vie d'Antoine de Bourbon et du prince de Condé, 105 ; il se réconcilie avec eux, 107 ; se ligue avec le roi de Navarre contre Jeanne d'Albret, 109 ; sa haine contre les Bourbons rappelée dans une lettre de Jeanne d'Albret à Catherine de Médicis, 159.
GUYOT, capitaine protestant, s'attarde à Nérac, 292 ; jeté du haut de la tour de Rabastens, 308.

H

Hà (le château du) à Bordeaux, pris par les séditieux, 49.
Hagetmau (Landes). Henri II, roi de Navarre, y meurt, 40 ; Gramont s'y retire, 199.
Hastingues (Landes), brûlé par les Espagnols, 27.
Hendaye (Basses-Pyrénées). Les Français veulent s'y fortifier, 21 ; La Palice y passe, 23 ; les troupes d'Antoine de Bourbon s'y arrêtent, 63.
HENRI II, roi de France, marie Jeanne d'Albret, 39 ; il déclare au contrat qu'Antoine de Bourbon était, à défaut d'hoirs mâles, l'héritier de la couronne de France, 40 ; les impôts dont il frappe la Guienne excitent une sédition, 46 ; il écrit avec menaces à Antoine de Bourbon, 55 ; il craint de déplaire au roi d'Espagne, 62 ; sa mort, 67 ; sa maîtresse chassée de la cour, 70.
HENRI Ier, roi de Navarre, 51.
HENRI II, roi de Navarre. Il succède à sa mère, 3 ; demande la restitution du royaume de Navarre, 4, 5 ; Esparros s'empare de Pampelune en son nom, 9 ; plusieurs Navarrais abandonnent sa cause, 10 ; il se prépare à marcher sur la Navarre, 14 ; ses partisans sont poursuivis en Espagne, 16 ; Bonnivet néglige ses intérêts, 22 ; il séjourne à Pau, 28 ; il est pris à Pavie, 29 ; s'évade du château de cette ville, 30 ; épouse Marguerite d'Angoulême, 31 ; hésite à marier sa fille au duc de Clèves, 32 ; les Etats de Béarn lui adressent des remontrances, 33 ; il consent au mariage, 38 ; sa mort, 40 ; deuil du peuple béarnais, 41 ; son administration, 42 à 44 ; il fait venir sa fille à Pau pour ses couches, 45 ; François Ier le nomme gouverneur et amiral de Guienne, 46.
HENRI, prince de Navarre, plus tard Henri III de Navarre et IV de France. (Depuis la page 45, son nom est mêlé à tous les récits.) Bordenave lui dédie son livre, 1.
HENRI. — Voy. BARRAN...
HERCULE. Henri IV lui est comparé, 1 et 2.
Hongrie (le roi de). — Voy. FERDINAND
HONORIUS III, pape, érige en loi l'adoration de l'hostie, 117.
HORGUES, capitaine catholique. Tarride l'envoie comme éclai-

-reur en Bigorre, 259; pris à Orthez et de nouveau à Tarbes, 293.

Hugues-Capet, 91.

I

Idron (Jean d'), chanoine de Lescar, va trouver Bonnasse à Tarbes, 299; les Béarnais fugitifs lui écrivent, 300, 301; il est tué au siége de Tarbes, 303.

Ilharre, capitaine basque catholique, arrive à Bellocq, 215.

Incamps (Antoine d'), capitaine protestant, enseigne de la compagnie d'Espalungue, charge les révoltés d'Oloron, 196; forme une compagnie béarnaise, 272.

Invasion du Béarn par les troupes catholiques, 198.

Isabeau, fille de Charles, duc de Mosellane, 92.

Italie. Les Français y commencent la guerre, 4; leurs principales forces y sont occupées, 24; Henri II, roi de Navarre, y accompagne François Ier, 29.

J

Jaca (le merin de) promet des troupes aux catholiques, 296.

Jacobins de Morlàas. Leur couvent est rendu sans combat aux catholiques, 202.

Jarnac (de). Sa compagnie prend part à une expédition contre Fontarrabie, 65; un de ses hommes d'armes commande à Pontacq pour les catholiques, 201.

Jean, roi de France, 98.

Jean, fils de Henri II, roi de Navarre, mort en bas âge, 31.

Jean d'Albret, roi de Navarre, 3; censuré par le Pape, 85.

Jeanne Ire, reine de France et de Navarre, femme de Philippe-le-Bel, 51.

Jeanne II, reine de France et de Navarre, femme de Philippe d'Évreux, 51.

Jeanne d'Albret. (L'ouvrage lui étant consacré presque en entier, les dimensions de cet article de la table auraient dépassé toutes proportions.)

Jeanne de Navarre, fille de Henri II de Navarre, meurt en bas âge, 31.

Joers (Basses-Pyrénées) brûlé par les protestants, 290.

Joyaux de Jeanne d'Albret engagés en Angleterre, 333, 334.

Jules III, pape, menace Antoine de Bourbon de l'excommunication, 55.

Juliers (duc de). — Voy. Clèves.

L

Laas (Per-Arnaud de Forpelat, seign. de), capitaine catholique, tué devant Oloron, 196.

La Barthe. — Voy. Thermes.

Labassère (Jean de Durban, seign. de); châtelain de Montaner. Ses fraudes sur la solde des troupes; refuse de recevoir les soldats protestants, 205.

Labatut (Jean de Rivière, vicomte de), capitaine commissaire des vivres, tué par mégarde à Tarbes par les soldats catholiques, 300.

Laborde (Bernard de), capitaine protestant, commande au château de Pau, 212; puis à Montaner, 285; repousse l'attaque de l'armée de Monluc, 309.

Laborde (Bertrand de), dit le Loup, marchand protestant de Lagor, fait prisonnier par les catholiques, 132; rendu, 133.

LABORDE (Guillaume de), conseiller au Conseil souverain de Béarn, envoyé à Oloron pour apaiser une sédition, 131.

LABORDE (Louis de), jurat de Morlàas, rend le couvent des Jacobins aux troupes catholiques, 202.

LABORDE, capitaine protestant, enseigne de la compagnie de Moret, en garnison à Rabastens, 308.

Labourd (le) (Basses-Pyrénées). Lautrec y prend des vivres, 24 ; pillé par les Espagnols, 29 ; les Etats de Béarn demandent qu'il soit réuni au ressort du Conseil souverain, 240, 242.

LABROSSE (Pierre de), conseiller de Philippe-le-Hardi, 94.

La Cassagne (Hautes-Pyrénées), attaqué par La Valette, 305.

La Cassaigne (Gers). Sa garnison attaque les troupes protestantes, 291.

LA CAZE (Pons de Pons, seign. de), gouverneur de Henri de Navarre, 115.

LA CHAPELLE (Antoine de Lanusse, seign. de), commissaire des vivres de l'armée catholique, 211, 246.

LA CHASSAIGNE (Geoffroy de), président au parlement de Bordeaux, intervient dans une sédition, 47 ; mis malgré lui à la tête des révoltés, 48.

LA CUEVA. — Voy. ALBUQUERQUE.

LADOU, capitaine protestant, gouverneur de Rabastens, 308 ; néglige les approvisionnements, 309.

LA GAUCHERIE, précepteur de Henri, prince de Navarre, menacé d'excommunication, 86 ; Antoine de Bourbon le prend sous sa protection, 87 ; zélé protestant, 115.

Lagor (Basses-Pyrénées). Un de ses habitants pris à Oloron comme protestant, 132 ; deux capitaines catholiques se proposent d'y aller boire de bon vin clairet, 306.

LAHET (J. de), procureur général au parlement de Bordeaux, signe la lettre du Parlement à Tarride, 229.

LALANNE. — Voy. SAINT-PÉE.

LALANNE, capitaine navarrais protestant, maitre de l'infanterie de Béarn, commande à Garris, 144 ; il capitule et est échangé contre un autre prisonnier, 145.

LA MARQUE, valet de chambre de Charles IX, apporte les lettres de convocation des Etats de Navarre, 169 ; celles des Etats de Béarn, 252.

LA MOTHE-FÉNELON (Bertrand de Salignac, seign. de), obtient le pardon des catholiques navarrais, 149 ; engage Jeanne d'Albret à aller à la cour de France, 150 ; envoyé par le roi de France pour empêcher la reine de Navarre de se joindre aux réformés, 155 ; sa mission échoue, 156 ; retourne en France avec la réponse de Jeanne d'Albret, 159, 161, 163.

LA MOTTE (Jean de), capitaine protestant. Son entretien avec Esgoarrabaque, 194 ; attaque Oloron, 195 ; son combat avec Làas, 196 ; quelques-uns de ses soldats sont massacrés, 197 ; fait partie de la garnison de Navarrenx, 243 ; il est blessé au siége de Tarbes, 303.

LA MOTTE (Michel de), vice-chancelier de Navarre, 144.

LA MOTTE (Pierre de), capitaine protestant, enseigne de la compagnie de Gouze, se retire à Navarrenx, 213.

LA MOTTE-GONDRIN (Antoine de Pardaillan, seign. de). Des

protestants se réfugient chez lui, 224; sa compagnie fait partie de l'armée de Tarride, 264.

Landes (les). Les officiers favorisent l'expédition catholique contre le Béarn, 176; Lons les traverse, 246.

Langeais. — Voy. Bellay (du).

Languedoc (le). Mongommery ménage ses troupes pour le garder, 289.

Lansac (Louis de Saint-Gelais, seign. de). Il intervient auprès du roi de France pour que Jeanne d'Albret pardonne aux Navarrais révoltés, 149; il écrit à Luxe, son gendre, de marcher sur le Béarn, 295.

Lantabat (Basses-Pyrénées). Les Etats de Navarre s'y réunissent, 143.

Lanusse. — Voy. Franget, La Chapelle.

Lanusse (Ferrier de), frère du vice-roi d'Aragon. Il attaque Oloron, 28, 29.

Laon (Aisne). Charles, duc de Lorraine, y est défait par Hugues-Capet, 91.

La Palice (Jacques de Chabannes, seign. de), commande une expédition française contre la Navarre, 22; il prend Fontarrabie, 23.

La Pierre. — Voy. Le Gay.

Larboust (Menaud d'Aure, seigneur de), gouverneur de Saint-Jean-Pied-de-Port, 6.

Larboust (Savary d'Aure, baron de), accompagne Henri de Navarre dans le pays basque, 145; il se tient près de M. de Gramont, 199; cherche à empêcher Tarride d'entrer en Béarn, 207.

La Renaudie (Godefroy de Barry, seign. de), chef avoué de la conjuration d'Amboise, 78; son indiscrétion, 79.

La Renaudie, capitaine protestant. Son entretien avec Esgoarrabaque, 194; exécute une sortie de cavalerie à Navarrenx, 250.

La Rive (Jean de), ministre protestant basque, envoyé à Saint-Palais, 116; menacé par les catholiques, 140.

La Roche. — Voy. Fontenilles.

La Roche (Cornélis de), capitaine protestant, blessé au siége de Tarbes, 303.

La Rochelle (Charente-Inférieure). Jeanne d'Albret y arrive, 164; elle y écrit à Elisabeth d'Angleterre, 167; le roi de France prétend que la reine de Navarre y est prisonnière, 178; elle s'y retire, 179; des capitaines envoyés par Arros en reviennent, 181; le prince de Condé s'y trouve avec Jeanne d'Albret, 185; un messager en venant est pris par les catholiques lorsqu'il voulait entrer à Navarrenx, 251, 252; la reine de Navarre y signe une amnistie, 305; elle en part pour venir en Béarn, 319.

La Roche-sur-Yon (Charles de Bourbon, prince de). Il accompagne la reine d'Espagne jusqu'aux Pyrénées, 76; envoyé auprès d'Antoine de Bourbon pour l'engager à venir à la cour de France, 84.

La Roquette, enseigne de la compagnie de Gohas, fait prisonnier à Pau ainsi que son frère; ils sont relâchés, 278.

La Rose (Antoine de), trésorier ecclésiastique de Béarn, 117.

La Rose (Auger de), trésorier général de la reine de Navarre. Son serviteur pris devant Navarrenx, 251.

Larraga (Navarre espagnole) se rend aux Français, 11.

Lartet, chanoine de Lescar, l'un des chefs du parti catholique, 127; chargé de lever un impôt de guerre, 128.

LARTIGUE (le capitaine), vice-amiral de Bretagne. La Palice l'attend près de Saint-Jean-de-Luz, 23.

LA SALLE. — Voy. CANDAU, FRAY JOAN.

LA SALLE, capitaine protestant, se noie devant Orthez, 268.

LA SALLE (Bertrand de), capitaine basque catholique, arrive à Bellocq, 215.

LA TASTE, capitaine protestant, tué au siége de Tarbes, 303.

LA TORTE. — Voy. AUDÉJOS.

LAUR (Gabriel de Mauben, seign. du), chargé de la conduite des troupes protestantes licenciées, 310.

LAUTREC. — Voy. FOIX.

LAUZUN (François Nompar de Caumont, comte de), capitaine catholique de l'armée de Bellegarde, 265.

LA VALETTE (Jean de Nogaret, baron de), capitaine catholique de l'armée de Monluc, 264; il part de Gimont, 304; attaque La Cassagne, 305.

Lavedan (le) (Hautes-Pyrénées). Bonnasse s'y retire, 286.

LAVEDAN (Henri de Bourbon-Malauze, vicomte de), accompagne le prince de Navarre dans le pays basque, 145; recueille des protestants chez lui, 224.

LAVIGNE (Guillaume de), second président au Conseil souverain de Béarn, mis à mort par les catholiques, 264.

Lectoure (Gers), résiste aux troupes protestantes, 291.

Léès-Athas (Basses-Pyrénées), brûlé par les troupes protestantes, 290.

LE FRÈRE (Jean), de Laval, écrivain catholique. Ses erreurs, 259.

LE GAY (François), dit Boisnormand, dit La Pierre, ministre protestant, vient de Genève à la cour de Navarre et prêche à Mazères, près Pau, 54; ses calomniateurs confondus, 55; Antoine de Bourbon le renvoie, 56; son séjour à Nérac, 57; le roi de France se plaint de sa présence à la cour de Navarre, 84; il est menacé d'excommunication, 86; Antoine de Bourbon le prend sous sa protection, 87.

LÉGER (Jean), capitaine protestant, défend La Cassagne, 305; porte secours à Rabastens, 308.

LEIÇARRAGUE. — Voy. LISSARAGUE.

Lembeye (Basses-Pyrénées). Ses deux ministres sont pris par les catholiques, 202; Montespan s'en empare, 305.

LÉON X, pape, fait alliance avec François Ier, 4.

LÉRIN (Louis de Beaumont, comte de). Il arrive devant Saint-Jean-Pied-de-Port, 7; rejoint l'armée espagnole, 10; entre dans Logroño, 13.

Lescar (Basses-Pyrénées). Henri II de Navarre y est enterré, 40; entretien de son collége, 117; son chapitre s'oppose à l'introduction de la Réforme, 127; et fournit des fonds pour la guerre, 128; ferme ses portes à Arros et les ouvre aux troupes catholiques qui mettent la ville au pillage, 206, 207; les États de Béarn s'y assemblent, 210, 216; Tarride y séjourne, 222; des troupes catholiques s'y retirent, 260; son ministre est mis à mort à Pau, 263; Lons s'en empare, 277; Peyre, gouverneur de Pau, y envoie des parlementaires pour se rendre, 277; Jeanne d'Albret demande à y être inhumée, 334.

Lescar (évêques de). — Voy. Albret (Louis d'), Foix (Jacques de).

Lescrivain. — Voy. Boulogne.

Lescun (Basses-Pyrénées). Bonnasse y est chassé, 290.

Lestonnac (Jean de), jurat de Bordeaux, exécuté pour s'être mis à la tête d'une sédition, 49.

Lestrem, lieutenant du commandant protestant de Lourdes, rend cette place ; il est pendu à Pau, 288.

Limousin (le). D'Escars écrit au roi de France que les huguenots ne s'y assembleront pas, 156.

Lissarague ou Leiçarrague (Jean de), ministre protestant, envoyé à La Bastide Clairence, traduit en basque le Nouveau Testament, 116.

Lizos, capitaine catholique, arrive à Pontacq, 201 ; sa compagnie se mutine, 224 ; son enseigne est pris devant Navarrenx, 251.

Logroño (Navarre espagnole). La garnison du château de Pampelune s'y réfugie, 8 ; les Français l'assiégent, 12.

Lomagne. — Voy. Saint-Salvy, Sérignac, Tarride.

Lons (Jean, seign. de), capitaine protestant, parcourt les Landes, 245 ; Mongommery l'envoie saisir Lescar, 277 ; nommé gouverneur de Pau, 285 ; il brûle Mauléon, 288.

Lorges. — Voy. Mongommery.

Lorraine (le duché) change de maîtres, 91.

Lorraine. — Voy. Antoine, Aumale, Charles, Guise.

Lorraine (Charles, duc de), frère de Lothaire, défait par Hugues-Capet, 91.

Lorraine (Charles de Guise, cardinal de). Ses ruses, 68 ; ses intrigues contre les Bourbons, 67 à 90 ; sa généalogie, 91, 92 ; lui et son frère circonviennent le roi de France, 94 à 100 ; il menace la vie du roi de Navarre et de son frère, 105 ; ils se réconcilient, 107 ; se ligue avec Antoine de Bourbon contre Jeanne d'Albret, 109 ; sa haine rappelée dans une lettre de cette Reine à Charles IX, 158 ; sa tyrannie citée dans une lettre de la même à Elisabeth d'Angleterre, 165 ; ses rapports avec les officiers d'Antoine de Bourbon, 180 ; il écrit à Monluc, 307.

Losses (Jean de), gouverneur de Henri de Navarre, destitué par Jeanne d'Albret, 114, 115 ; reçoit commission d'enlever la reine de Navarre et ses enfants, 152 ; ce fait rappelé dans des lettres de Jeanne d'Albret, 162, 166 ; reçoit le commandement général de l'armée catholique, 295 ; il se déclare malade, 307.

Lostau (Pierre de), ministre de Lembeye, pris par les catholiques, 202 ; mis à mort à Pau, 222.

Lothaire, roi de France, 91.

Louis II, roi de France, 98.

Louis V, roi de France, 91.

Louis-le-Hutin, roi de France et de Navarre, 51.

Louis XI, roi de France. Mauvais gouvernement de ses ministres, 96.

Louis XII, roi de France. Sa promesse de faire rendre le royaume de Navarre à son légitime roi, 62.

Louis III, duc d'Anjou, 92, 98.

Lourdes (Hautes-Pyrénées). Rendu aux troupes protestantes, 286 ; repris par les catholiques, 288 ; Bonnasse quitte le château, 299.

Louvie (François de Béarn, seign. de), sénéchal de Béarn,

gouverneur d'Oloron; défend cette ville, 28, 29.

LOUVIE (le seign. de), capitaine protestant. Son laquais pendu devant Navarrenx, 251 ; nommé gouverneur d'Oloron, 285; défend la tour de Moumour, 296 ; colonel de l'infanterie béarnaise, blessé au siége de Tarbes, 303.

Louvie-Juzon (Basses-Pyrénées) pillé par Bonnasse, 276.

LUC (J. du), ministre protestant. mis à mort à Pau, 222.

LUCBARDÈS, capitaine protestant, en garnison à Pau, 212 ; défend Mont-de-Marsan, 288.

Lucq-de-Béarn (Basses-Pyrénées). Deux ministres y sont massacrés, 248 ; les Etats de Béarn y sont convoqués, 253.

LUDE (Jacques de Daillon, seign. du), commande à Fontarrabie, 21 ; il défend cette place, 22 ; rentre en France, 23.

LUGER (Martin de), syndic de Béarn, somme Orthez de se rendre à Tarride, 212 ; va faire des remontrances à ce général, 219 à 221 ; s'oppose aux projets des parlements de Toulouse et de Bordeaux, 226, 227 ; son mémoire au roi de France, 229 à 242; sa lettre aux jurats d'Ossau, 273 à 275.

LURBE. — Voy. GRATIAN.

LURBE (Simon de), capitaine protestant, attaque Oloron, 195, 196 ; plusieurs de ses soldats se révoltent, 197 ; il fait partie de la garnison de Navarrenx, 244.

LURBE (de), frère du précédent, capitaine protestant, fait partie de la garnison de Navarrenx, 244 ; enseigne de la colonelle, exécute une sortie et prend un drapeau, 309.

Lusignan en Poitou. Le Gay s'y rencontre avec Antoine de Bourbon et Jeanne d'Albret, 56.

Luxe (Basses-Pyrénées). Deux ministres basques y sont conduits prisonniers, 141.

LUXE (Jean, baron de), répand de faux bruits en Navarre, 9 ; appelle les Espagnols en Guienne, 26.

LUXE (Charles, comte de), l'un des chefs de l'armée catholique, 139 ; Jeanne d'Albret lui fait faire des reproches, 142 ; son beau-père obtient son pardon, 149 ; il reçoit le collier de l'Ordre, 150 ; reçoit commission du roi de France pour entrer en Béarn, 168 ; il assemble les États de Navarre, 169 ; il lève des troupes dans le pays basque, 170 ; Arros lui écrit, 172 ; il a des espions parmi les Béarnais. 173 ; le parlement de Toulouse lui envoie un messager, 175 ; Monluc lui écrit, 176 ; il arrive devant Nay, 202 ; ne pouvant piller, il quitte Pau avec ses troupes, 224 ; il dresse son artillerie à Susmiou contre Navarrenx, 246 ; Bonnasse cherche à le rejoindre, 286 ; il assiége Mauléon, 288 ; il prépare une nouvelle expédition, 293 ; il lève des troupes en Navarre, 295 ; il attaque Moumour, 296 ; il se fortifie à Sainte-Marie d'Oloron, 297 ; il retourne en Navarre, 298 ; il écrit aux jurats de Barétous pour les faire révolter, 306.

LUXEMBOURG. — Voy. MARTIGUES.

Lyon (Rhône). Franget y est dégradé, 26 ; arrivée de Henri II de Navarre, 30 ; Charles IV, duc d'Alençon, y meurt, 31 ; un complot des protestants y est découvert, 87.

M

MABRUN, conseiller au parlement de Bordeaux, signe la

lettre du Parlement aux États de Béarn, 229.

Magret, hameau d'Orthez (Basses-Pyrénées). Une escarmouche y a lieu, 266.

MALRAS. — Voy. YOLET.

Manciet (Gers). Des troupes de Monluc y séjournent, 264.

MANSAN, capitaine catholique, défend Vic-Bigorre, 304.

MARCA (Jérôme de), conseiller au Conseil souverain de Béarn, chargé d'approvisionner Navarrenx, 191 ; ses soldats se joignent à Bonnasse, 276.

Marcadet, quartier d'Oloron (Basses-Pyrénées). Les habitants se défendent contre Arros, 195.

MARCHASTEL, assassin de Bassillon, gouverneur de Navarrenx, 284.

Marciac (Gers). Les troupes catholiques y arrivent, 305.

MARGUERITE, fille de Henri II, roi de France, épouse Philibert, duc de Savoie, 62.

MARGUERITE D'ANGOULÊME, femme de Henri II, roi de Navarre. Son mariage avec lui, 31 ; sa mort, 40.

MARGUERITE DE VALOIS, femme de Henri III, roi de Navarre. Projet de son mariage, 312, 332.

Mariages : de Henri II, roi de Navarre, 31 ; de Jeanne d'Albret, 32 à 40 ; de Henri III, roi de Navarre, 312 à 333.

MARIE, duchesse de Clèves, 39.

MARIE STUART, reine d'Ecosse et de France, 67 ; par son influence le cardinal de Lorraine s'insinue dans les bonnes grâces de François II, 68 ; les Guises font espérer sa main à Antoine de Bourbon, 110.

MARIGNY (Enguerrand de), conseiller de Philippe-le-Bel, 94.

MARIMPOEY (Bernard de), canonnier à Navarrenx. Sa trahison, 250.

Marsan (le) (Landes). L'armée protestante le soumet, 286.

Marseille (Bouches-du-Rhône). L'armée impériale menace cette ville, 29.

MARTIGUES (Sébastien de Luxembourg, vicomte de), tente de saisir d'Andelot, 152.

Mas d'Agenais (le). Le maréchal Saint-André y trouve Antoine de Bourbon et le prince de Condé, 82.

Mas d'Aire (le) (Landes). Son archidiacre ami de Barran, 58.

MAUBEN. — Voy. LAUR.

Mauléon (Basses-Pyrénées), saccagé par les Espagnols, 27 ; son château pris par Charles de Luxe, 170 ; Tarride y fait conduire une partie de son artillerie, 260 ; brûlé par les protestants, 288.

MAULÉON (Charles de), tué à la bataille de Tiebas, 15.

Maya (Navarre espagnole), pris par le vice-roi de Navarre, 17 ; assiégé par les Français, 18, 19.

MAZÈRES (François, seign. de). Les premiers prêches en Béarn ont lieu chez lui, 54.

Meaux (Seine-et-Marne). Les États-Généraux y sont convoqués, 81, 83.

MÉDICIS. — Voy. CATHERINE.

Méditerranée (la mer), 112.

MEDRANO (Jaime de Belas de) se réfugie à Maya, 16, 17.

MELET, capitaine catholique. Ses cruautés à Puyòo, 215.

Mende (l'évêque de). — Voy. DANGU.

Méritein (Basses-Pyrénés). On y trame une trahison pour livrer Navarrenx aux catholiques, 244 ; les protestants y font une sortie, 250.

MERLIN (Raymond), ministre de Genève, appelé par Jeanne d'Albret, 116.

Metz (Lorraine). Charles IX y

donne commission à Tarride pour saisir le Béarn, 232.

Metzin (le). Des troupes en sont tirées par le roi de France, 95.

Meuse (la), fleuve, 92.

MIOSSENS. — Voy. SAMSONS.

MIOSSENS (Etienne d'Albret, baron de), commande à Sauveterre, 27 ; il capitule, 28.

MIOSSENS (Henri d'Albret, baron de), sort devant Nay contre les troupes catholiques, 310.

MIOSSENS (Jean d'Albret, baron de). Sa femme est la gouvernante de Henri de Navarre, 53, 56.

MIRAMBEAU, maison noble de Saintonge, 115.

Miramont (Haute - Garonne). Mongommery y passe la Garonne sur son pont, 258.

MIRAMONT ou MIREMONT, avocat général au parlement de Toulouse, envoyé pour saisir le Béarn, 225 ; il écrit à Tarride, 226.

MIRANDA (Francisco de Cúniga, comte de), vice-roi de Navarre, prend Maya et fortifie Pampelune, 16, 17.

Moïse, cité, 314.

Monbalou, colline près Navarrenx (Basses-Pyrénées). L'artillerie catholique y est installée pour le siége, 246, 247, 255.

Moncayolle (la tour de) à Navarrenx. Les têtes de trois traîtres y sont exposées par les protestants, 245.

MONCLA (Antoine de Rabastens, vicomte de), capitaine protestant de l'armée de Mongommery, 256 ; prend Départ, 267 ; secourt Mauléon, 288.

Moncontour (Vienne). Les protestants y sont défaits, 291.

MONDRAGON, capitaine espagnol, rend aux Français le Château-Pignon, 18.

MONEIN (Tristan de), lieutenant-général en Guienne, tué dans une sédition à Bordeaux, 47 ; son cadavre outragé, 48 ; il confie à François d'Arros le Château-Trompette, 49.

MONGINOT (Jean), laboureur protestant. Sa constance étonne les catholiques, 215.

MONGOMMERY (Gabriel de Lorges, comte de), lieutenant-général de Jeanne d'Albret, tue dans un tournoi le roi Henri II, 67 ; il rassemble des troupes, 255, 256 ; passe la Garonne, 258 ; brûle le château de Sainte-Colomme, 260, 261 ; son armée est suivie par celle de Bellegarde, 264 ; Monluc demande que Viret lui écrive de faire cesser les massacres de Pau, 265 ; il assiége Orthez, 267 ; prend cette ville, 269 ; la vallée d'Ossau reconnaît son autorité, 272 ; Luger, syndic de Béarn, écrit aux jurats d'Ossau pour les en empêcher, 274 ; fausse lettre de lui, 275 ; son entrevue avec Gramont, 276 ; il se dirige vers Pau, 277 ; il apprend à Artix la reddition de Pau, Nay et Oloron, 280 ; il publie un pardon général, 284 ; il soumet le Marsan, 286 ; ses soupçons contre Bassillon, 287 ; il passe en Bigorre, 289 ; il quitte le Béarn, 290 ; son départ ranime les espérances des catholiques, 293, 295, 299.

MONLUC (Blaise de). Il accompagne Antoine de Bourbon dans une expédition contre Fontarrabie, 65 ; il laisse échapper Jeanne d'Albret, 110 ; ses menaces contre elle, 111 ; il confère avec Domezain, 142 ; il reçoit l'ordre d'aider à l'enlèvement de Jeanne d'Albret et de son fils, 152 ; les troupes protestantes se rassemblent à son insu, 156; il demande le désarmement des troupes béarnaises, 176; son ordonnance contre le Béarn, 177; il refuse le commandement de l'expédition contre ce pays, 180; il demande de l'artillerie, 198; il défend le passage de la Garonne, 257; il arrive à Aire et fait connaître ses forces à Tarride, 264; Bellegarde se dispose à le rejoindre, 266; Tarride attend son secours, 269; il se rapproche de l'armée protestante, 287; prend Mont-de-Marsan, 288; se retire à Agen, 290; fausse nouvelle de sa victoire en Bigorre, 296; il écrit à Bonnasse, 300; il prend Rabastens et y est blessé, 307, 308; il quitte l'armée, 309.

Monluc (Fabien de), fils du précédent, capitaine catholique, 264.

Monluc (J. de), frère de Blaise, évêque de Valence. Son erreur dans sa harangue aux Polonais, 283.

Montamat (Bernard d'Astarac, baron de), capitaine protestant, accompagne Jeanne d'Albret, 155; son laquais entre à Navarrenx, 255; il fait partie de l'armée de Mongommery, 256; il s'avance jusqu'à Bénéjac, 259; il secourt Mauléon, 288; son séjour à La Bastide d'Armagnac, 291; il s'approche du Béarn, 292; fausse nouvelle de sa défaite, 296; il bat les catholiques au pont d'Osserain, 297; poursuit Bonnasse, 299; assiége Tarbes, 302; retire ses troupes en Béarn, 305; il licencie l'armée protestante, 310.

Montaner (Basses-Pyrénées). Tromperie du gouverneur du château, 205; le capitaine Laborde y est nommé commandant, 285; résiste à l'armée catholique, 309, 310.

Montauban (Tarn-et-Garonne). Mongommery y arrive, 255; le guidon de Monluc y est prisonnier, 265.

Montaulieu (le seign. de), tué dans une sédition à Bordeaux, 47.

Montaut. — Voy. Bénac.

Montaut, capitaine catholique, commissaire des vivres de l'armée de Tarride, 246.

Mont-de-Marsan (Landes). Tarride y envoie une reconnaissance, 245; Monluc y met garnison, 264; les protestants l'abandonnent, 286, 287; son pillage par les troupes de Monluc, 288.

Montespan (Antoine de Pardaillan, baron de), capitaine catholique, s'empare de Lembeye, 305; Monluc lui laisse le commandement de l'armée, 309; menace Nay, 310.

Montesquieu (le sieur de), favori de Henri II de Navarre, lui demande en vain la grâce d'un criminel, 42.

Montesquiou (de), capitaine des gardes du duc d'Anjou, meurtrier du prince de Condé, 191.

Montlhéry (bataille de), 96.

Montmartre, cité dans un proverbe, 333.

Montmorency. — Voy. Damville.

Montmorency (Anne de), connétable, entre à Bordeaux pour châtier les séditieux, 48; il avertit le roi de Navarre des intrigues des Guises, 70; ce prince se joint à ses ennemis, 71; il entre dans la ligue contre Jeanne d'Albret, 109.

Montpezat (Melchior des Prez, seign. de), sénéchal de Poitou, défend au roi de Navarre d'entrer dans les villes fermées, 104.

More (Guillaume), prêtre devenu protestant, mis à mort à Pau, 264.

Moret (Jean du ou de), capitaine protestant, commande à Morlàas, 181 ; fait partie de la garnison de Navarrenx, 243 ; exécute une sortie, 249 ; sa compagnie est surprise à Sainte-Marie-d'Oloron, 297 ; son enseigne assiste au siége de Rabastens, 308.

Morlàas (Basses-Pyrénées). Moret est nommé pour y commander ; les troupes catholiques y sont reçues, 202 ; indiqué comme étape à l'armée de Tarride, 211.

Mosellane. — Voy. Charles.

Moulins (Allier). Le mariage de Jeanne d'Albret y est fait, 39.

Moumour (Basses-Pyrénées). La tour est attaquée par les catholiques, 296.

Munein (Guillaume de) découvre une conspiration contre Jeanne d'Albret, 128 ; se rend aux Eaux-Chaudes près de la Reine, 129.

Mussidan (Dordogne), assiégé par les catholiques, 198.

N

Nabas (Charles de), Navarrais, tué à la bataille de Tiebas, 16.

Nagera (Don Antonio Manrique, duc de), vice-roi de Navarre, appelé en Castille, 7 ; il entre à Logroño, 13 ; soupçonné d'être partisan des Français, 16.

Naples, assiégé par les Français, 31 ; Charles de Navarre y meurt, 32 ; des nobles italiens en sont bannis, 62 ; expédition de Charles VIII, 281.

Naples (royaume de). Restitution d'une moitié au roi de France, 4 ; toutes les Reines du nom de Jeanne lui sont fatales, 54.

Nassau (Ludovic, comte de), prépare l'expédition des Pays-Bas avec Charles IX, 312 ; il quitte La Rochelle avec Jeanne d'Albret, 319.

Navailles (Basses-Pyrénées). Le capitaine Sus, catholique, occupe le château, 202.

Navailles. — Voy. Barraute, Pérulh, Peyre, Saint-Saudens.

Navarre. — Voy. Charles, François Phoebus, Henri, Jean, Jeanne, Philippe.

Navarre (Frédéric de). Sa fuite à Bayonne, 16.

Navarre (Pedro de) s'empare de Tafalla et Olite, 11 ; il tient garnison à Fontarrabie, 23 ; il abandonne le parti français, 26.

Navarrenx (Basses-Pyrénées). Henri II de Navarre y séjourne, 14 ; pris par les Espagnols, 27 ; Henri II de Navarre y construit des fortifications, 44 ; Bassillon en est gouverneur, 172 ; Jeanne d'Albret mande à Arros de conserver cette place, 182 ; on y garde le trésor de la reine de Navarre, 189 ; son approvisionnement, 191 ; Esgoarrabaque y est amené, 192 ; Arros se propose de s'y retirer, 193 ; Gramont y arrive, 197 ; son magasin d'armes, 200 ; Arros s'y enferme, 205 ; des troupes y arrivent de Pau et de Sauveterre, 213, 214 ; Tarride l'envoie reconnaître, 222, 223 ; son siége, 243 à 252 ; saisie des biens de ceux qui s'y étaient réfugiés, 253 ; Tarride lève le siége, 262 ; son artillerie sert au siége d'Orthez, 269 ; les prisonniers d'Orthez y sont conduits, 271 ; ils y sont tués, 282 ; le sieur de Salles est

nommé gouverneur, 284; ses canons sont demandés pour le siége d'Oloron, 297; et pour celui de Tarbes, 301.
Nay (Basses-Pyrénées). Résidence de l'auteur; son incendie, 45; un synode y est tenu en 1563, 123; Espalungue y commande, 181; il capitule, 203; cruautés des catholiques, 204; l'armée protestante s'en approche, 259; fournit quelques soldats aux protestants; Bonnasse s'enfuit, 278 à 280; Poqueron est nommé gouverneur par les protestants, 285; Charles IX en donne la seigneurie à Bonnasse, 294; sa garnison ne secourt pas Rabastens, 309; l'armée catholique menace les troupes protestantes qui y étaient renfermées, 310.
Nays (Samson de), capitaine protestant. Son aventure devant le château de Montaner, 205.
Nébot, capitaine catholique, fait prisonnier au siége d'Orthez, 271.
Nébouzan (le) (Haute-Garonne). Jeanne d'Albret y passe, 139.
Nègrepelisse (Louis de Carmain, seign. de); capitaine catholique de l'armée de Tarride, 246; de l'armée de Monluc, 264; une partie de sa compagnie prisonnière au siége d'Orthez, 271.
Nemours (le duc de) arrête les conjurés d'Amboise, 79; ses promesses, 101.
Nérac (Lot-et-Garonne). Le Gay y séjourne, 57; les députés des Églises réformées y engagent le roi de Navarre à aller en armes aux Etats-Généraux, 81; le cardinal d'Armagnac y vient comme légat, 84; Antoine de Bourbon y fait chanter la messe, 88; Jeanne d'Albret s'y retire, 152; elle en part, avec ses enfants, 155, 156; les troupes protestantes s'y attardent, 292.
Nicée. Son concile, 102.
Nicolaïtes (les). Les protestants leur sont comparés, 54.
Nogaret. — Voy. La Valette.
Nogaro (Gers). Monluc y rassemble ses troupes, 307.
Notre-Dame de Paris. Le mariage de Henri de Navarre doit y être célébré, 333.
Nousty (Basses-Pyrénées); étape indiquée pour les troupes catholiques, 210.
Nouveau-Testament traduit en basque, 116, 311.
Noyers (Loir-et-Cher). La cour de France veut y faire arrêter le prince de Condé, 151, 316.
Noyon (Oise). Exécution du traité qui y avait été conclu entre la France et l'Espagne, 4.

O

Olignon (Jean), jardinier de la reine de Navarre, pendu par les catholiques, 263.
Olite (Navarre espagnole), se rend aux Français, 11.
Oloron (Basses-Pyrénées), menacé par les Aragonais, 28, 29; ses fors et coutumes, 43; une sédition y éclate à l'occasion de l'établissement de la Réforme, 119, 128 à 133; nouvelle sédition, 181; Esgoarrabaque refuse de remettre la ville à Arros, 192; les troupes protestantes y combattent, 194 à 197; Bonnasse y est rejoint par les troupes de Bigorre, 198; Sainte-Colomme lui écrit de rompre le pont, 199; ses ministres sont massacrés, 248; Tarride y met en sûreté une partie de son artillerie, 260; Esgoarrabaque l'abandonne aux troupes protestantes, 280; Louvie en est

nommé gouverneur, 285 ; Arros y arrive, 297.

Oloron (évêque d'). — Voy. RÉGIN.

ORANGE (Philibert de Chalon, prince d'). Le commandement de l'expédition de Fontarrabie lui est donné par Charles-Quint, 23, 24 ; il fortifie cette place, 26 ; il est joint à Sauveterre par les Aragonais, pille le Labourd et se retire en Espagne, 29.

ORGANISTE (l'). — Voy. ARNAUD.

Orléans (Loiret). Les États-Généraux y sont convoqués, 83 ; Charles, duc de Lorraine, y meurt prisonnier, 91 ; les Guises y amènent des troupes pendant la tenue des États, 95 ; ils y attirent le roi de Navarre et le prince de Condé désarmés, 99 ; ces princes y arrivent, 104.

Orthez (Basses-Pyrénées). Gouze y commande, 181 ; sommé de se rendre à Tarride, 212 ; les archives qui y sont prises servent à l'auteur, 243 ; Tarride y renferme son artillerie, 245 ; il en part avec son armée, 246 ; la femme du ministre Buisson y est tuée, 248 ; Tarride s'y réfugie, 260 ; un vieillard protestant y est noyé par les catholiques, 262 ; Mongommery arrive sous ses murs, 366 ; il l'assiège, 267 à 271 ; Bonnasse apprend sa reddition, 276 ; Brasselay en est nommé gouverneur, 285.

Ossau (vallée d') (Basses-Pyrénées). Ses fors et coutumes, 43 ; ses milices se mutinent, 63, 64 ; ses députés s'opposent à l'établissement de la Réforme, 127 ; Bonnasse arrive à Nay avec ses milices, 202 ; l'autorité de Mongommery y est reconnue, 272 ; le syndic Luger écrit aux jurats, 273 à 275 ; Bonnasse en pille les villages, 276 ; Espalungue en est nommé gouverneur, 285 ; les habitants le chassent et prennent son bagage, 286 ; ses milices s'arrêtent à Asson, 298.

Osse (Basses-Pyrénées), brûlé par les protestants, 290.

Osserain (le pont d') (Basses-Pyrénées). Les soldats béarnais refusent de le passer, 63 ; les catholiques y sont battus par Arros, 173 ; par Montamat, 297.

Ostabaret (l') (Basses-Pyrénées). Son ministre est fait prisonnier par les catholiques, 141.

OSTABENT. — Voy. GUILLASSOT.

OTHON II, empereur d'Allemagne, 91.

P

Pampelune (Navarre espagnole) se révolte contre les Castillans, 7 ; les Français s'en emparent, 8 ; ils l'abandonnent, 13 ; la garnison de Maya y est conduite prisonnière, 17.

PARADIN (Guillaume). Son erreur touchant la sédition de Bordeaux, 48.

PARDAILLAN. — Voy. LA MOTTE-GONDRIN, MONTESPAN.

Pardiac (le) (Gers). D'Arné y est nommé lieutenant de Roi, 289.

PARDIES (Pierre de), receveur général nommé par les catholiques, 222.

Paris. Les Béarnais ne peuvent y trouver de ministre, 53 ; Henri II, roi de France, y est tué, 67 ; son siège sous Louis XI, 96 ; Henri de Navarre doit s'y marier, 332.

Parlement de Pau. — Voy. Conseil Souverain.

Parlements de Bordeaux et de Toulouse. Leurs procédures contre le Béarn, 168 et suiv., 225 à 229.

Parthes (les), cités, 317.

Pau (Basses-Pyrénées). La garnison de Sauveterre s'y retire, 28; Jeanne d'Albret y met au monde Henri de Navarre, 45; la cour de Navarre y séjourne, 54; présence de Barran, 57; Gamboa y est mis à mort, 66; Jeanne d'Albret y abjure le catholicisme, 108; un synode y est tenu en 1563, 117; les séditieux d'Oloron y sont amenés, 120, 132; les États de Béarn y sont convoqués, 133; Amaro y est détenu, 145; Jeanne d'Albret y accorde le pardon des chefs basques révoltés, 150; Arros y assemble les États, 171; les catholiques y tiennent conseil, 176; Auga est nommé gouverneur, 181; Arros y arrive, 200; il en part pour Navarrenx, 205; les troupes catholiques logées aux environs, 208, 209, 211; les troupes protestantes se rendent, 212, 213; lettre du duc d'Anjou aux jurats, 216; Tarride l'assiége avec l'artillerie, 223; séjour des troupes catholiques, 223, 224; départ de Tarride, 243; des troupes du siége de Navarrenx s'y retirent, 260; exécution des protestants, 262 à 264; Peyre s'enfuit, 277; les troupes protestantes y rentrent, 278; Mongommery y arrive, 280; il y publie un pardon général, 284; Lons en est nommé gouverneur, 285; un officier protestant y est pendu, 288; l'artillerie des protestants y est renfermée, 304; Jeanne d'Albret y assemble les États, 319; un synode y est convoqué en 1571, 322.

Paulin (Bertrand de Rabastens, vicomte de), capitaine protestant de l'armée de Mongommery, 256; prisonnier échangé contre Tarride, 270.

Paulon. — Voy. Amou.

Pavie (Italie). Henri II de Navarre, fait prisonnier, s'évade du château, 29 à 31; la bataille rappelée, 312.

Payrol, capitaine catholique, défend Rabastens, 289.

Pays-Bas (les). Une expédition y est projetée par Charles IX, 312, 330.

Pène d'Escot. — Voy. Escot.

Peralta. — Voy. Falces.

Périgord (le). Des troupes protestantes s'y assemblent, 156.

Perrens, capitaine catholique, pris au siége d'Orthez, 271.

Pérulh (Arnaud de Navailles, seign. de), enseigne du gouverneur protestant de Rabastens, 308.

Pescaire (Ferdinand-François d'Avalos, marquis de), chef de l'armée de Charles-Quint en Italie, 29.

Pesquitez, cordelier d'Oloron, excite une sédition, 131, 132.

Pey (Peyrot de), jurat catholique de Nay, 199; tué par les catholiques, 204, 205.

Peyre (Henri de Navailles, seigneur de), l'un des chefs du parti catholique, 126; il rassemble des troupes dans le Vic-Bilh, 199; il arrive à Morlàas, 202; nommé gouverneur de Pau, 224; ses cruautés, 262 à 264; Monluc lui écrit, 265; il s'enfuit de Pau, 277; des soldats de sa compagnie sont pendus, 280.

Peyrehorade (Landes), saccagé par les Espagnols, 27.

Peyrelongue (Bernard de Cassagnère, seign. de), capitaine catholique, envoyé à la cour de France par les catholiques, 254; amène les troupes catholiques à Lembeye, 305.

Peyrusse. — Voy. Escars.

Pharnace, cité, 281.

Philippe-le-Bel, 51, 94.

Philippe-le-Hardi, 94.

PHILIPPE II, roi d'Espagne, va en Flandre trouver son père, 49; reçoit le serment des Navarrais, 50; conclut la paix de Câteau-Cambrésis, 61; le roi de France craint de lui déplaire, 62; intrigues d'Antoine de Bourbon contre lui, 64; son alliance avec les Guises, 74; il engage le roi de France à sévir contre les Réformés, 85, 89; il trompe le roi de Navarre, 112; il fait passer des troupes en France contre les protestants, 293; s'oppose au mariage de Henri de Navarre, 328.

PHILIPPE D'ÉVREUX, roi de Navarre, 51.

Picardie (la) menacée par les Espagnols, 23. 24; on en tire des troupes, 95.

PIE IV, pape. Ses plaintes contre Antoine de Bourbon soupçonné de protestantisme, 85, 86; il fait espérer à ce prince la restitution de la Navarre, 110; fulmine contre Jeanne d'Albret, 120 à 122.

Piémont (le). Le roi de France en tire des troupes, 95.

Pignon. — Voy. Château-Pignon.

PINDARE, cité, 241.

PINSUN, capitaine protestant, secourt Rabastens, 308.

PLANTIER (Augier), ministre à Beuste, mis à mort à Pau, 263.

POINET (DU), conseiller au parlement de Bordeaux, signe la lettre du Parlement aux États de Béarn, 229.

Poissy (Seine-et-Oise). Son colloque, 109.

Poitiers (Vienne). Antoine de Bourbon et le prince de Condé y arrivent, 104; Jeanne d'Albret y rencontre le légat du Pape, 331.

Polonais (les) harangués par l'évêque de Valence, 283.

Pontacq (Basses-Pyrénées) attaqué par les catholiques, 198, 201; un habitant protestant est tué à Coarraze, 203; les troupes protestantes y logent, 259; fournit des recrues aux protestants, 272; pillé par les catholiques, 302.

PONTET (Bertrand de), dit Ponteto, ministre d'Oloron, pris par les catholiques, 132; relâché, 133; mis à mort, 247.

POPELINIÈRE (La), historien protestant, 108.

POQUERON (Jean du Bordiu, dit), capitaine protestant, revient de La Rochelle, 181; sergent-major de la garnison de Navarrenx, 244; exécute une sortie, 249; arrête deux traîtres, 250; arrive à Nay, 280; en est nommé gouverneur, 285; son enseigne est blessé au siége de Tarbes, 303.

PORCHER, conseiller de Théodebert, roi de Metz, 94.

PORDIAC, capitaine catholique de l'armée de Tarride, pris à Orthez, 271; tué à Navarrenx, 282.

Port-Sainte-Marie (Lot-et-Garonne). L'armée protestante en part, 291.

Portugal. — Voy. SÉBASTIEN.

POUDENX (Grec de), capitaine catholique, pris devant Orthez, 267; il arrive en Bigorre, 298; repris au siége de Tarbes, 303.

POURRAT (Antoine), ministre de Tarbes, mis à mort à Pau, 263.

PRAT (Pierre du), dit Prato, syndic de Béarn, trahit Jeanne d'Albret, 134.

PREZ (Des). — Voy. MONTPEZAT.

Provence (la). L'armée espagnole y passe, 29.

PUJOL, capitaine protestant, meurtrier de Bassillon, 284.

PUY (Jacques du) reçoit procuration pour emprunter au profit du parti catholique, 254; pendu par les protestants, 281.

Puyòo (Basses-Pyrénées). Le capitaine Melet y tue un protestant, 215.

Q

Quercy (le). Des troupes protestantes s'y rassemblent, 255.

R

Rabastens (Hautes-Pyrénées) menacé par les troupes protestantes, 289; assiégé et pris par Monluc, 307 à 309.

RABASTENS. — Voy. MONCLA, PAULIN.

RANTI (le capitaine). Paroles que lui adresse Antoine de Bourbon, 105, 106.

Réforme en Béarn et en Navarre (établissement de la), 53, 116, 117.

RÉGIN (Claude), évêque d'Oloron, apaise une sédition, 130; assiste aux États de Béarn, 133; les séditieux s'assemblent chez lui, 134; Gramont lui tient tête, 139; nommé par les catholiques surintendant des finances, 222; poursuit les protestants, 253; réfugié en Espagne, écrit à Bonnasse, 301.

REMY (Pierre), trésorier de Charles-le-Bel, 94.

RENÉ. — Voy. BAR.

RICHARD (Christophe), conseiller au parlement de Toulouse, envoyé pour saisir le Béarn, 175.

RIVIÈRE. — Voy. LABATUT.

Rivière-Basse (pays de) (Hautes-Pyrénées et Gers). D'Arné y est nommé lieutenant de Roi, 289.

ROCHEFORT (François de), seign. de Viviers, facilite l'évasion de Henri II de Navarre du château de Pavie, 30, 31.

Rome. Jeanne d'Albret y fait placarder son appel de l'excommunication, 122.

Roncevaux (Navarre espagnole), 7, 18.

ROQUE (Jean Secondat, seign. de), maître d'hôtel de Jeanne d'Albret, envoyé en Navarre, 141; chargé d'une mission près de Catherine de Médicis, 160.

ROQUELAURE (Bernard, seign. de), capitaine catholique, tué devant Navarrenx, 251.

Rouen (Seine-Inférieure). Antoine de Bourbon est blessé pendant le siége, 114.

S

SABATIER ou SABATTIER (P.), conseiller au parlement de Toulouse. Ses lettres à Tarride, 225 à 228.

SAINT-ANDRÉ (Jacques d'Albon, dit le maréchal), cède son logement au roi de Navarre, 75; envoyé en Agenais près de lui, 81; ses remontrances à Antoine de Bourbon, 82, 83; les Guises se servent de lui, 99, 106; il se ligue avec le roi de Navarre contre Jeanne d'Albret, 109.

SAINT-ANDRÉ (Pierre de) prend part à l'expédition de Navarre, 17, 18.

Saint-Barthélemy (projet du massacre de la), 330.

SAINT-BONNET (Gabriel d'Escars, seign. de), gouverneur de Fontarrabie, tué à Sainte-Marie, 21.

Sainte-Colomme (Basses-Pyrénées). Mongommery en brûle le château, 260, 261.

SAINTE-COLOMME. — Voy. ESGOARRABAQUE.

SAINTE-COLOMME (Antoine d'Aydie, seign. de), sénéchal de

Béarn. Jeanne d'Albret lui refuse la confirmation de son office, 115 ; l'un des chefs du parti catholique, 179, 180 ; sa lettre à Bonnasse, 198, 199 ; fait le siége de Navarrenx, 246 ; son château est brûlé. 261 ; pris à Orthez, 271 ; tué à Navarrenx. 282.

Sainte-Colomme (Jacques Ier de), seign. d'Esgoarrabaque, prend part à l'expédition d'Esparros en Navarre, 6 ; colonel de l'infanterie, il entre à Pampelune, 8 ; ses concussions, 12 ; s'enfuit à Bayonne, 16.

Sainte-Colomme (Jacques III de) excite la sédition à Oloron, 181, 192, 196 ; tué au siége de Tarbes, 303.

Sainte-Colomme (Tristan de), abbé de Sauvelade, excite la sédition à Oloron, 129, 130, 181, 192, 196 ; fait massacrer, puis déterrer deux ministres, 248 ; pille Pontacq, 302 ; tué au siége de Tarbes, 303.

Sainte-Ligue, gouvernement des Navarrais, 5.

Saint-Eloi à Bordeaux, 47, 48.

Sainte-Marie (Navarre espagnole), 21.

Sainte-Marie-d'Oloron (Basses-Pyrénées). Les Aragonais l'attaquent, 28 ; sédition à l'occasion de l'établissement de la Réforme, 119, 129, 130 ; les protestants s'en emparent, 297.

Sainte-Mesme (de), capitaine français, prend part à l'expédition de Bonnivet contre Fontarrabie, 17.

Sainte-Vit, capitaine catholique. Il arrive à Pontacq, 201.

Saint-Félix, capitaine catholique, pris à Orthez, 270.

Saint-Gaudens (Haute-Garonne). Jeanne d'Albret y passe, 139.

Saint-Gelais. — Voy. Lansac.

Saint-Geniez (Bernard de Gontaut), enseigne des gens d'armes du prince de Navarre, 128 ; il arrête l'abbé de Sauvelade, 129.

Saint-Germain-en-Laye (Seine-et-Oise). Jeanne, fille de Henri II de Navarre, y meurt en bas âge, 31.

Saint-Jean-d'Angely (Charente-Inférieure). Charles IX et le duc d'Anjou y écrivent à Bonnasse, 294.

Saint-Jean-de-Luz (Basses-Pyrénées). Bonnivet y arrive, 18 ; La Palice y rassemble ses troupes, 23 ; les Espagnols y entrent, 24 ; pillé par le prince d'Orange, 29.

Saint-Jean-Pied-de-Port (Basses-Pyrénées), assiégé par les Français, 6 ; Henri de Navarre y poursuit les Basques révoltés, 146.

Saint-Lary. — Voy. Bellegarde.

Saint-Martin (Jean, seign. de), capitaine navarrais tué à Tiebas, 15.

Saint-Martin (le sieur de) va à Genève chercher un ministre, 53.

Saintonge (la). Henri II de Navarre en tire des laboureurs, 41 ; sédition à cause des gabelles, 46.

Saint-Orens (François de Cassagnet de Tilladet, seign. de), capitaine catholique. Monluc lui laisse le commandement de l'armée, 309 ; vient en vue de Nay, 310.

Saint-Palais (Basses-Pyrénées). Un ministre y est envoyé, 116 ; on y prêche paisiblement, 123 ; les catholiques s'y assemblent, 140 ; Jeanne d'Albret y réunit les Etats de Navarre, 149.

Saint-Pée (Jean de Lalanne, seign. de), capitaine catholique, pris à Orthez, 271.

Saint-Pée-de-Gères (Hautes-Pyrénées). Sainte-Colomme y

écrit à Bonnasse, 199 ; celui-ci y arrive, 298.

Saint-Pierre, faubourg d'Oloron (Basses-Pyrénées). Les catholiques s'en emparent, 129 ; les troupes de Jeanne d'Albret y éprouvent un échec, 196, 197.

Saint-Romans, capitaine français, tué à Sainte-Marie, 21.

Saint-Salvy (Gabriel de Lomagne, seign. de), capitaine catholique, pris à Orthez, 270.

Saint-Saudens (Gratianne de Navailles, dite de), femme d'Esgoarrabaque, défend l'entrée d'Oloron, 195, 196.

Saint-Sever (Landes) reçoit une garnison protestante, 287 ; mis en état de défense, 292 ; les troupes protestantes y sont licenciées, 310.

Saint-Victor, capitaine protestant de l'armée de Mongommery, 256.

Salerne (Ferdinand de San-Severino, prince de), banni de Naples, 62.

Salettes (Jean de), président au Conseil souverain de Béarn, protestant sauvé de la mort par Roquette, 278 ; prisonnier oublié par les catholiques, 280.

Salies (Basses-Pyrénées). Les habitants se rachètent du pillage des troupes catholiques, 214 ; Mongommery s'y retire, 287.

Salies, capitaine catholique, pris à Orthez, 271 ; tué à Navarrenx, 282.

Salignac. — Voy. La Mothe-Fénelon.

Salle (la). — Voy. La Salle.

Salles (Arnaud de Gachissans, seign. de), maître d'hôtel du prince de Navarre, arrive de La Rochelle, 181 ; fait partie de la garnison de Navarrenx, 244 ; nommé gouverneur de cette place, 284.

Salomon. Sa faiblesse pour sa femme, 315.

Salviati (Bernard), cardinal, envoyé à la cour de France pour empêcher le mariage de Henri de Navarre, 329.

Samsons (Bertrand de Miossens, seign. de), lieutenant du gouverneur catholique de Pau, 278 ; protége des protestants et obtient la vie lors de la prise de la ville par les réformés, 281.

Sanguesa (Navarre espagnole). Les Aragonais s'en emparent, 13 ; l'évêque d'Oloron s'y réfugie, 301.

San-Severino. — Voy. Salerne, Somma.

Saphira, cité, 324.

Sarasa (Juan de), capitaine navarrais tué à Tiebas, 16.

Sardaigne (la). Le roi d'Espagne promet ce royaume à Antoine de Bourbon en échange de la Navarre, 112, 113.

Sarlaboust (Raymond de Cardaillac, baron de), capitaine catholique de l'armée de Bellegarde, 265.

Sarrance (Basses-Pyrénées) brûlé par les protestants, 290.

Sarron (Landes). Étape indiquée pour l'armée catholique, 211.

Saulx. — Voy. Tavannes.

Saut (de). — Voy. Dessault.

Sauvelade (l'abbé de). — Voy. Sainte-Colomme (Tristan de).

Sauves. — Voy. Fizes.

Sauveterre (Basses-Pyrénées), pris par les Espagnols, 27 ; Menaut de Bellocq en est nommé gouverneur, 181 ; pris et pillé par les catholiques, 213, 214.

Savoie. — Voy. Villars.

Savoie (Louise de), régente en France, 30.

Savoie (Philibert, duc de), épouse Marguerite, sœur de Henri II, roi de France, 62.

Sébastien, roi de Portugal, pro-

posé comme mari pour Marguerite de Valois, 329.
SECONDAT. — Voy. ROQUE.
SÉGALAS, capitaine catholique, pris à Orthez, 271.
Segousne. (Lettre du duc d'Anjou aux Etats de Béarn écrite du camp de), 217.
SÉNÉGAS (Charles Durand, baron de), capitaine protestant de l'armée de Mongommery, 256.
SÉRIGNAC (Géraud de Lomagne, vicomte de), capitaine protestant, 256 ; brûle Mauléon, 288.
SERRES, capitaine catholique, sergent-major de l'armée de Tarride, 246.
Sévignac près Thèze (Basses-Pyrénées). Étape indiquée pour l'armée catholique, 211.
Sichémites (les), 317.
SOLAN ou SOULAN (de), capitaine protestant de l'armée de Mongommery, 256 ; ravage la vallée d'Aspe, 290.
SOMMA (Jean-Bernard de San-Severino, duc de), banni de Naples, 62.
SORBÉRIO (Bernard de), avocat, nommé conseiller au Conseil souverain par les catholiques, 254.
Sorde (Landes), brûlé par les Espagnols, 26.
Soule (le pays de) (Basses-Pyrénées). Des habitants catholiques s'assemblent à Saint-Palais, 140 ; ses milices vexent les protestants, 170 ; les États de Béarn demandent sa réunion au ressort du Conseil souverain, 240, 242.
SOULENX. — Voy. ESLAYOU.
SOULER (Bertrand du), capitaine catholique, défend Vic-Bigorre, 304.
Soumoulou (Basses-Pyrénées). Étape indiquée pour l'armée catholique, 210.
STUART. — Voy. ALBANY, MARIE.
SUPERSANTIS (Jean), avocat, l'un des chefs du parti catholique, 126 ; excite une sédition à Oloron, 128, 130 à 133 ; nommé procureur général par les catholiques, 254 ; cherche des recrues en Espagne pour l'armée catholique, 297.
Sus (Antoine-Gabriel, seign. de), capitaine catholique de l'armée de Tarride, pris à Orthez, 271 ; tué à Navarrenx, 282.
Sus de Bourgaber, capitaine catholique envoyé au château de Navailles, 202.
Susmiou (Basses-Pyrénées). Une partie de l'artillerie catholique y est installée contre Navarrenx, 246.
SUSMIOU. — Voy. AUGA.
Synodes : de Nay, 1563, 123 ; de Pau, 1563, 117 ; 1571, 322.

T

Tafalla (Navarre espagnole), pris par les Français, 11 ; leurs troupes s'y rassemblent, 15.
Tanlay (Yonne). La cour de France veut y saisir Coligny, 151, 316.
Tarbes (Hautes-Pyrénées). Jeanne d'Albret y tient les États de Bigorre, 131 ; elle en part pour Nérac, 152 ; les catholiques y font dresser la poste jusqu'à Toulouse, 174 ; ils y rassemblent des troupes, 177, 192 ; elles en partent pour entrer en Béarn, 198 ; les commissaires du parlement de Toulouse y écrivent à Tarride, 225 à 228 ; l'armée protestante passe en vue, 259 ; son ministre est mis à mort à Pau, 263 ; Bellegarde y arrive, 264 ; l'armée protestante y entre, 285, 293 ; Bonnasse s'y retire, 299 ; on y amasse des vivres, 300 ; les protestants en font le siège et s'en emparent, 302 à 303 ; considérations sur sa ruine, 304.

Tardets (Basses-Pyrénées). Le capitaine Lalanne y est conduit prisonnier par les catholiques, 145.

TARDETS, ministre d'Ostabaret, pris par les catholiques, 141.

TARRIDE ou TERRIDE (Antoine de Lomagne, seign. de), chef de l'armée catholique, reçoit de Charles IX le commandement de l'expédition contre le Béarn, 180 ; il rassemble des troupes, 188, 192 ; les catholiques hâtent son arrivée, 198, 199 ; Larboust cherche à l'arrêter, 207 ; il blâme les massacres et fait connaître aux États sa commission, 207, 208, 218 à 221 ; il jure de conserver les fors et coutumes du pays, 221 ; il arrive devant Pau, entre à Lescar, 222 ; il prend Pau, visite Pierre Viret, 223 ; les commissaires du parlement de Toulouse lui écrivent, 225 à 228 ; il part de Pau, passe à Orthez, arrive devant Navarrenx, 243 ; il commence le siége, 246 ; il le lève, se retire dans Orthez, 260 ; il y est assiégé, 266 ; il capitule et est mis à rançon, 270 ; il meurt à Eauze, 290.

Tartas (Landes). Le capitaine Faget y remplace comme gouverneur le capitaine Casalis, 293.

TASTA (Alamanet de), avocat, excite une sédition contre les protestants d'Oloron, 126 ; il est fait prisonnier et conduit à Pau, 132 ; ramené à Oloron pour être jugé, 133.

TAVANNES (Gaspard de Saulx, seign. de), tente de saisir Coligny, 151.

Testament. — Voy. Nouveau-Testament.

Testament de Jeanne d'Albret, 333, 334.

THÉODEBERT, roi de Metz, 94.

THÉODOSE, empereur romain, 136.

THERMES (Paul de La Barthe, dit le maréchal de), rencontre à Poitiers Antoine de Bourbon et le prince de Condé, 104 ; reçoit l'ordre de saisir Jeanne d'Albret et ses enfants, 107.

THIBOVILLE (Claude de), commissaire de l'artillerie de l'armée de Tarride, assiége Mussidan, 198 ; part d'Orthez, 246.

THIERRY III, roi de France, 94.

Tiebas (Navarre espagnole). Les Français y sont défaits par les Espagnols, 13, 14.

TILH (Pierre du), capitaine, en garnison à Oloron, 130 ; y arrête Tasta, 132 ; passe au parti catholique à Pau, 213 ; tente d'entrer à Navarrenx par trahison, 244.

TILLADET. — Voy. SAINT-ORENS.

TILLADET (Antoine de Cassagnet, seign. de), maître de camp de l'infanterie de Monluc, tué à Mont-de-Marsan, 288.

TOLÈDE. — Voy. ALBE.

TOLET, capitaine français du château de Pampelune, 8.

Tonneins (Lot-et-Garonne). Jeanne d'Albret y passe la Garonne, 155, 156.

Toulouse (Haute-Garonne). Procédures de son parlement pour saisir le Béarn, 168, 176 à 178, 225 à 228 ; l'armée de Damville s'y dirige, 289 ; des Béarnais fugitifs y sont retirés, 300 ; Monluc y prend des munitions, 307.

TOURNON (Antoine, seign. de), conseiller d'Esparros pendant l'expédition de Navarre, 6 ; il se rend au capitaine Dona Maria à la bataille de Tiebas, 15.

TOURNON (François de), cardinal, presse Jeanne d'Albret, le jour de son mariage avec le duc de Clèves, de dire si elle le veut pour mari, 39.

Tours (Indre-et-Loire). Le mariage de Jeanne d'Albret y est annulé, 39; les États-Généraux s'y assemblent, 96 ; l'auteur y reçoit un document, 122 ; Jeanne d'Albret y arrive, 331.

Trompette. — Voy. Château-Trompette.

Tudela (Navarre espagnole), pris par les Français, 11 ; Philippe II y reçoit le serment des États de Navarre, 50.

Turcs (les). Le Pape demande en vain à Charles IX de leur déclarer la guerre, 329.

U

Uhart (Jayme, baron d'), capitaine catholique, arrive à Bellocq, 214.

Université de Béarn, 326, 327.

Urbain IV, pape, condamne les processions, 117.

Urdez (Lucas d'), substitut du procureur général au parlement de Toulouse, 175.

Urdos (Basses-Pyrénées), brûlé par les protestants, 290.

Ursua (Sanche d'), capitaine navarrais, découvre une trahison au roi de Navarre, 65.

V

Vacher de Béarn (Le). — Voy. Charles, prince de Navarre.

Val Carlos (Le) (Navarre espagnole). Les révoltés basques s'y réfugient, 145, 146.

Valence (l'évêque de). — Voy. Monluc (J. de).

Valladolid (Espagne). Une sédition s'y élève, 5.

Vaudemont (Antoine de), 92.

Vaudemont (Ferry de), fils d'Antoine, 92.

Vaudemont (René de), fils de Ferry, 92.

Vaupillière (Antoine Martel, seign. de La), revient de la cour de France trouver Jeanne d'Albret, 153.

Vauzé (Bernard de), se rend près des commissaires du parlement de Toulouse chargés de saisir le Béarn, 226.

Venaissin (comtat) (Vaucluse). Antoine de Bourbon songe à s'en saisir, 113.

Vendôme (Loir-et-Cher). Le corps de Jeanne d'Albret y est déposé, 334.

Vendôme (duc de). — Voy. Antoine.

Vendômois (le). Jeanne d'Albret rappelle à Catherine de Médicis qu'elle y a reçu ses lettres, 160.

Vera (Don Diego de), capitaine espagnol, se réfugie à Fontarrabie, 20.

Verteuil d'Agenais (Lot-et-Garonne). Théodore de Bèze y quitte Antoine de Bourbon, 104.

Vic-Bigorre (Hautes-Pyrénées). Bellegarde y écrit au gouverneur de Pau, 266; assiégé par les protestants, 304.

Vic-Bilh (Le) (Basses-Pyrénées). Peyre y rassemble des troupes, 199; il le saccage, 202 ; l'armée protestante le traverse, 285.

Viellenave, capitaine catholique, arrive à Pontacq, 201.

Viellepinte (Jean, seign. de), capitaine catholique, arrive à Pontacq, 201 ; il rejoint Bonnasse, 299.

Vignaulx (Michel), ministre de Pau, député du Synode vers Jeanne d'Albret, 123 ; pendu à Pau, 263.

Villambits, capitaine catholique, reçoit de Monluc l'ordre de rejoindre Bonnasse, 266, 275 ; il parcourt la vallée d'Ossau, 276; il abandonne Nay, 279.

Villanueva (Navarre espagnole). Esparros y reçoit la soumission des Navarrais, 8.

Villars (Honorat de Savoie, marquis de), vient trouver

Jeanne d'Albret à Tours, 331.

Villecomtal (Gers). Mongommery y séjourne, 289.

Villeneuve d'Agen (Lot-et-Garonne). Monluc y rassemble ses troupes, 156.

VIRET (Pierre), ministre, prisonnier à Pau, visité par Tarride, 223, 224 ; Monluc demande qu'il écrive à Mongommery, 265 ; oublié par les catholiques, 280.

VISPALIE (Jacques de), contrôleur des munitions de Navarrenx, tente de livrer cette place aux catholiques, 244 ; il est exécuté, 245 ; suites de sa trahison, 250.

VIVIERS. — Voy. ROCHEFORT.

Y

YOLANDE, femme de Ferry de Vaudemont, 92.

YOLET (Pierre de Malras, baron d'), capitaine protestant de l'armée de Mongommery, 256 ; fait prisonnier à Nérac, 292.

Z

ZOLINA (Juan de Garro, vicomte de), gouverneur d'Estella, 11.

www.ingramcontent.com/pod-product-compliance
Lightning Source LLC
Chambersburg PA
CBHW050426170426
43201CB00008B/555